金融制度改革与创新丛书

发展中的自贸区金融创新与改革研究

上海金融学院
国购·自贸区金融研究院 编

中国财政经济出版社

图书在版编目（CIP）数据

发展中的自贸区金融创新与改革研究／上海金融学院，国购·自贸区金融研究院编．—北京：中国财政经济出版社，2015.4

（金融制度改革与创新丛书）

ISBN 978－7－5095－6070－9

Ⅰ.①发… Ⅱ.①上… ②国… Ⅲ.①地方金融—研究—上海市 Ⅳ.①F832.751

中国版本图书馆CIP数据核字（2015）第049896号

责任编辑：吕小军　　责任校对：杨瑞琦

封面设计：思梵星尚　　版式设计：兰　波

中国财政经济出版社出版

URL：http：//www.cfeph.cn

E－mail：cfeph@cfeph.cn

社址：北京市海淀区阜成路甲28号　邮政编码：100142

发行处电话：010－88190406　北京财经书店电话：010－64033436

北京财经印刷厂印刷　各地新华书店经销

787×1092毫米　16开　15.5印张　342 000字

2015年1月第1版　2015年1月北京第1次印刷

定价：32.00元

ISBN 978－7－5095－6070－9/F·4888

（图书出现印装问题，本社负责调换）

本社质量投诉电话：010－88190744

前　言

中国经济增速回落的主导型因素是结构性的趋势下滑，凯恩斯主义的逆周期调控理论难以成为宏观调控的核心理论基础，需求导向的强刺激也难以成为当前宏观经济政策框架的合理选择。促进经济结构优化升级，发挥市场在资源配置中的决定性作用，推动创新驱动、转型发展的经济发展模式成为我国经济发展的主流方向，换言之，中国经济正迈入新常态。

作为经济发展的排头兵和改革开放的前沿阵地，上海责无旁贷地承担起为全国先行先试诸项改革试验和制度创新的重任。2013 年 9 月 29 日中国（上海）自由贸易试验区挂牌成立，2014 年 8 月明确了上海建设成全球有影响力的科技创新中心的战略目标，所有这些既需要冲破思想观念的障碍，又需要突破利益固化的藩篱；既需要自我革新的勇气和胸怀，又需要深化改革的决心和智慧。

上海金融学院顺应时代变化、把握发展大势，于 2013 年 11 月 25 日成立了国购·自贸区金融研究院，以自贸区金融改革与创新为主线，辐射到整个金融开放格局和相关配套制度改革的研究。研究院定位为学术型智库，即建立在学术研究基础上，以学术研究为支撑，以政府决策需要为落脚点，服务于上海经济社会发展和长三角洲区域联动发展。

研究院以协同共建方式联合政府部门、金融机构、行业协会、中介组织等各方力量，打破体制机制壁垒，实现多方资源整合，共同开展适应金融改革开放和自贸金融创新的课题研究，逐步形成系列成果，它们具有以下重要特点：

第一，坚持决策服务。研究院围绕国家和上海的战略需求，聚焦自贸试验区建设和金融改革开放进程中亟待解决的热点、难点和焦点问题，开展高层次的应用对策研究和战略咨询，服务政府决策。

第二，坚持调研为基。没有调研就没有发言权，研究院组织研究团队，深入政府、行业、企业进行实地调研，下大工夫掌握国家和地方改革发展动态，下大工夫了解行业企业发展需要。

第三，坚持开放合作。研究院汇集国内外智力资源，力求将国际视野与国内实践相结合，理论研究与应用研究相结合，前瞻研究与对策落地相结合，促使研究成果实现创新价值。

研究院汇集整理部分研究成果结集出版形成系列丛书，既旨在全面呈现研究人员的真知灼见，又期待促进研究成果的交流交锋，并达成更广泛传播扩大服务政府、社会发展的目的。

真心希望本系列丛书的出版，能为中国全面深化改革的新征程贡献一份应有的力量。

王洪卫

2015 年 1 月

目　录

上　篇

发展中的自贸区金融市场体系建设

下　篇

发展中的自贸区金融制度创新

上篇

发展中的自贸区金融市场体系建设

第1章
交叉性金融业务
跨关、跨区、跨市场风险研究

本章摘要

在市场竞争和多元化金融需求的推动下，以理财产品为代表的交叉性金融业务与产品呈现出快速增长的趋势，不仅加速了风险在金融体系内的交叉传染，而且对于当前分业监管的格局产生了巨大冲击。在自贸区建设过程中，交叉性金融业务与产品将伴随着金融市场对内、对外开放而迅速发展起来。自贸区发展交叉性金融业务与产品将存在哪些风险？自贸区应该如何发展交叉性金融业务与产品？对于交叉性金融业务与产品的风险，自贸区应如何监管？这些问题的回答对于自贸区的健康发展具有重要意义。

鉴于此，本书在简要分析国内交叉性金融业务与产品发展现状的基础之上，讨论自贸区交叉性金融业务与产品的跨关、跨区与跨市场风险及其监管。

第一，本书分析了自贸区发展交叉性金融业务和产品可能存在的风险。与区外交叉性金融业务与产品存在一定差异，风险的“跨区（境）传染”是自贸区交叉性金融业务与产品的重要特征。针对这一点，本书讨论了交叉性金融业务与产品在离岸、在岸套利资金流动中“通道性”的作用，实证分析了离岸、在岸套利资金对于离岸、在岸金融市场间风险双向溢出的影响，明确未来自贸区交叉性金融业务与产品开放的风险监管目标与方向。

第二，面对自贸区交叉性金融业务与产品的潜在风险，本书从事前防范、事中处置、事后化解三个方面，分析当前区外在交叉性金融业务与产品风险管控方面存在的问题与不足，案例分析国外发达经济体金融监管协调的经验，提出自贸区应在当前金融工作协调推进小组的框架下，从信息披露共享、联合审批审查入手，充分发挥市场主体作用，形成以金融机构内部风险控制为基础、行业自律为重点、市场监管为补充的风险监管协调体系，建立一个以相对独立、无缝对接的风险管控机制。

第三，在区外资产证券化试点常态化的背景下，本书以跨境资产证券化为例，分析了自贸区交叉性金融业务与产品的开放路径。跨境资产证券化是典型的交叉性金融业务与产品。我们认为，在自贸区内开展跨境资产证券化试点，将为区内企业和金融机构提供全新的融资方案和风险管理工具，对提升金融服务实体经济能力、加速人民币国际化、推动上海自贸区和国际金融中心建设具有重要意义。当前，区内试点跨境资产证券化已有一定基础：自贸区离岸人民币金融市场发展定位、区内利率市场化进程稳步推进、区外资产证券化试点常规化、“影子银行”业务监管日趋严格，都为区内试点跨境资产证券化提供了良好的外部环境和政策基础。但是，自贸区在证券化产品二级市场建设、监管协调，以及外汇、法律与税务等制度建设方面也存在不足。自贸区应以融资租赁为突破口，坚持“先企业资产证券化、后信贷资产证券化”，“审慎选择、适度扩大”基础资产范围；坚持“先跨境外币资产证券化、后跨境人民币资产证券化”，稳步推动人民币国际化；完善监管政策，强化监管协同；完善税收制度，简化审批流程，积极推进区内利率市场化改革，加速境内资本市场对外开放，为区内跨境资产证券化试点营造良好的市场环境。

1.1 交叉性金融业务研究的基本构想

1.1.1 交叉性金融业务研究意义

交叉性金融业务与产品是金融机构之间跨市场、跨关、跨区融合创新的产物。在市场竞争和多元化金融需求的推动下，以理财产品为代表的交叉性金融业务与产品呈现出快速增长的趋势。伴随着合作进程的加速，金融机构之间的联系日益密切，金融风险的跨行业、跨市场、跨关、跨区传染的可能性急剧增大，由单一机构风险引发的风险连锁传导，可能危及系统性金融稳定，甚至引发金融危机。

在交叉性金融业务与产品的冲击下，当前分业监管的格局已经难以适应交叉性金融业务与产品风险监管的需要。一方面，由于缺乏对于交叉性金融业务与产品整体风险负责的监管主体，且分业监管存在差异，因此，在交叉环节可能出现监管盲点；另一方面，由于交叉性金融业务与产品面临着多个部门的监管，而各监管机构的监管标准、要求、手段和工具并不一致，因此，金融机构普遍面临着重复性的过度监管。因此，加强交叉性金融业务与产品风险监管的理论研究，对于加强监管部门之间的监管协作具有重要意义。

本书将在分析交叉性金融业务与产品发展现状的基础之上，考察交叉性金融业务与产品存在的跨关、跨区与跨市场风险，讨论微观金融机构、宏观监管机构对于交叉性金融业务与产品风险的事前预警、事中控制与事后化解的协同机制。

1.1.2 交叉性金融业务研究的主要内容

在简要分析国内交叉性金融业务与产品发展现状的基础上，本章主要研究了以下三个方面的内容：

第一，分析了交叉性金融业务和产品在监管套利、流动性、道德风险等方面存在的风险。特别地，针对自贸区交叉性金融业务与产品的“跨区（境）”特征，以香港离岸人民币金融市场为研究对象，讨论了交叉性金融业务与产品在离岸、在岸套利资金流动中的作用机制，实证分析了套利资金对于离岸、在岸金融市场间风险双向溢出的影响，明确未来自贸区交叉性金融业务与产品风险监管的目标与方向。

第二，面对交叉性金融业务与产品监管协调的迫切性，本书的案例分析了国外金融监管协调的经验，为自贸区交叉性金融业务与产品的风险监管提供借鉴。交叉性金融业务与产品风险监管的核心是协调。（1）从事前防范、事中处置、事后化解三个方面分析当前区外在交叉性金融业务与产品风险管控方面存在的问题；（2）分析了美国、英国、澳大利亚、德国在金融监管协调机制方面的经验，为自贸区交叉性金融业务与产品风险管控的协调提供政策建议。

第三，针对自贸区未来发展交叉性金融业务与产品的需求，本书以跨境资产证券化为例，分析了自贸区交叉性金融业务与产品的发展路径。当前，自贸区试点跨境资产证券化已具有一定基础条件，但自贸区在证券化产品二级市场建设、监管协调，外汇、法律与税务制度建设方面存在不足。自贸区应以融资租赁为突破口，坚持“先企业资产证券化、后信贷资产证券化”，“审慎选择、适度扩大”基础资产范围；坚持“先跨境外币资产证券化、后跨境人民币资产证券化”，稳步推动人民币国际化；完善监管政策，强化监管协同；完善税收制度，简化审批流程，积极推进区内利率市场化改革，加速境内资本市场对外开放，为区内跨境资产证券化试点营造良好的市场环境。

本章的创新之处主要体现在以下两个方面：一是在研究方法上，本书采用了案例分析与实证分析相结合的方法，结合香港离岸人民币金融市场的发展经验，分析了交叉性金融业务与产品在离岸、在岸套利资金流动中的“通道性”作用，并使用 CoVaR 方法估计了离岸、在岸金融市场间的风险溢出，实证分析套利资金流动对于双向风险溢出的影响。二是在研究内容方面，在自贸区交叉性金融业务与产品的发展上，提出以融资租赁行业为突破口，推动自贸区试点跨境资产证券化，加速自贸区交叉性金融业务与产品的发展；在自贸区交叉性金融业务与产品的风险监管上，提出在自贸区金融工作协调推进小组框架下，从信息披露共享、联合审批审查入手，充分发挥市场主体作用，形成以金融机构内部风险控制为基础、行业自律为重点、市场监管为补充的风险监管协调体系，建立一个相对独立、无缝对接的风险管控机制。

1.2 当前我国交叉性金融业务与产品发展的现状

所谓交叉性金融业务与产品，是指具有跨市场、跨机构、跨区（境）等交叉性特征的金融创新业务与产品，涉及银行、保险、证券、信托、基金等各类金融机构，包含多种金融业务与产品的相互组合，具有较强的复杂性特征。

在当前我国"分业经营、分业监管"的金融管理体制下，为了实现市场化经营、增强自身竞争力以及规避监管，金融机构之间加快了跨市场、跨机构、跨区（境）融合创新的步伐；交叉性金融业务与产品迅速增长，对于分业经营的格局产生了巨大冲击。具体地，当前我国交叉性金融业务与产品的发展现状表现出以下特征：

1.2.1 适应资产管理行业发展

特点1：以资产管理为突破口，以市场驱动监管，推动我国金融行业进入"大资管"时代。

资产管理业务是我国交叉性金融业务与产品主要组成部分。基金业是资产管理的最初始形态，而银行理财与信托业的快速膨胀使得资产管理具有明显的跨市场、跨机构等交叉性特征。以资产管理为突破口，在市场竞争与合作的驱动下，2012年以来，监管部门密集出台了一系列政策，放松了对资产管理业务准入的限制（见表1－1）。在政策影响下，银行、信托、基金、证券、保险等不同性质金融机构的资产管理业务不断突破长期封闭发展的壁垒，推动了我国金融行业进入"大资管"时代。

表1－1　2012年以来资产管理行业的主要政策性文件

时间	部门	政策文件	主要内容
2012.7	保监会	《保险资金委托投资管理暂行办法》	允许证券公司、证券资产管理公司、证券投资基金管理公司及其子公司作为资产管理人受托管理保险资金
2012.9	证监会	《期货公司资产管理业务试点办法》	允许期货公司开展资产管理业务
2012.10	保监会	《保险资金投资有关金融产品的通知》 《保险资金参与金融衍生产品交易暂行办法》 《保险资金参与股指期货交易规定》 《基础设施债权投资计划管理暂行规定》 《关于保险资产管理公司有关事项的通知》 《保险资金境外投资管理暂行办法实施细则》 《有关保险资产管理公司有关事项的通知》	大大拓宽保险资金的投资范围，保险资产管理公司开展资产管理业务几乎没有特殊的限制

续表

时间	部门	政策文件	主要内容
2012. 10	证监会	《证券公司客户资产管理业务管理办法》 《证券公司集合资产管理业务实施细则》 《证券公司定向资产管理业务实施细则》	取消集合计划行政审批；扩大资产管理的投资范围和资产运用方式；调整资产管理的相关投资限制；允许集合计划份额分级和有条件转让
2012. 11	证监会	《证券投资基金管理公司管理办法》 《证券投资基金管理公司子公司管理暂行规定》 《基金管理公司特定客户资产管理业务试点办法》	基金公司可以通过设立资产管理计划从事特定资产管理业务，基金公司子公司可以开展专项资产管理业务
2013. 2	证监会	《资产管理机构开展公募证券投资基金管理业务暂行规定》	公募基金门槛降低，符合规定的券商、保险、私募证券基金，甚至私募股权机构和创投都将获得发行公募基金
2013. 3	证监会	《非银行金融机构开展证券投资基金托管业务暂行规定》	为非银行金融机构开展基金托管业务提供可能性
2013. 4	证监会、银监会	《证券投资基金托管业务管理办法》	
2013. 2	保监会	《中国保监会关于保险资产管理公司开展资产管理产品业务试点有关问题的通知》	允许保险资产管理公司发行集合理财产品
2013. 3	银监会	《监管部门扩大商业银行设立基金管理公司试点范围的通知》	允许城商行设立基金公司

资料来源：网络搜集整理。

1.2.2　以银行类金融机构为主导

特点2：以银行类金融机构为主导，以融合创新为手段，交叉性金融业务与产品日益多元化。

协同与合作是交叉性金融业务与产品创新的基础。从跨机构合作的角度看，在我国间接融资为主的金融体系下，银行类金融机构凭借资金、渠道、清算与声誉等方面的先天优势，成为我国交叉性金融业务与产品的核心，与证券、保险、信托、基金等其他类金融机构进行了广泛合作，占据了主要的市场份额。

根据金融业务与产品的功能差异，商业银行交叉性金融业务与产品可以被划分为四类。一是银行依托渠道优势为其他类金融机构提供了代理代销业务。截至2011年年底，银行拥有20.09万家营业网点，相比之下，证券公司仅有4557家营业部[1]。二是资金结算业务。资金结算业务与代理代销业务同属于基础层面的跨机构合作。但是，2012年11月，我国证监会发布了《证券公司代销金融产品管理规定》，大幅放开证券公司代销金融

① 巴曙松、陈华良、王超：《2013年中国资产管理行业发展报告》，中国人民大学出版社2013年版。

产品范围；随后，2013 年 6 月，证监会发布了《保险机构销售证券投资基金管理暂行规定》，允许保险机构销售基金产品；2013 年 8 月，国泰君安证券公司加入央行支付系统。这一系列的政策与事件意味着，银行的渠道与结算优势正逐步弱化，在未来基础层面的交叉性金融业务和产品合作可能出现更加多元化的发展趋势。其他的商业银行交叉性金融业务与产品分属于融资类与资产管理类（见表 1－2）。这两类业务综合了各类金融机构在资金、技术、牌照等各方面的优势，是相对复杂和高级的协同创新。

表 1－2　　商业银行主要的交叉性金融业务与产品

类型	商业银行主要的交叉性金融业务与产品
代理代销	银行代销托管基金、银行代收保费、代支保险金、代销保险
资金结算	银证转账、第三方存管、银证联名卡、银期转账、期货保证金封闭运行、期货保证金安全存管
融资	股票质押贷款、商业银行为证券公司发债提供担保、商业银行购买证券公司短期融资券、资产证券化、银行同业拆借、国债市场回购、保证金第三方存管；保险资金投资商业银行次级债券、寿险保单质押贷款、保险资金在银行的协议存款、出口信用保险融资、住房抵押贷款保险、汽车消费贷款保证保险；银期合作的标准仓单抵押贷款等、投资连结保险、分红保险、万能寿险
资产管理	银行理财；集合理财计划；保险资金投资商业银行次级债券、银行与信托合作的证券投资信托计划

资料来源：丁浩和许长新（2008）、周伟忠和谢斌（2004）等。

1.2.3　经营混业发展的需要

特点 3：以“产品混业”推动“经营混业”，加速金融控股集团全牌照布局，以“经营混业”反哺“产品混业”，推动交叉性金融业务与产品创新发展。

交叉性金融业务与产品创新合作的方式一般有两种：一是通过签订合作协议形成松散的战略联盟，以期在合约框架下实现金融服务的融合。虽然这种合作方式较为灵活，但是具有较大的不确定性，而且法律文本漏洞可能导致合作方在风险暴露的情况下不能理顺权利与义务关系。二是在金融控股集团的框架下，实现跨机构与跨市场创新。相比松散的战略联盟，这一合作框架具有股权关系的制约，合作关系较为固定，合作方沟通渠道更为顺畅，更有利于交叉性金融业务与产品的发展。我国交叉性金融业务与产品的发展表现出了“产品混业”与“经营混业”相互作用、相互影响的特征。在“经营混业”方面，不仅平安集团、中信集团与光大集团三大金融综合经营试点已形成全牌照架构，而且银行业的综合经营也快速发展，形成了以工银集团、中银集团为代表的银行控股集团。在“经营混业”的反哺下，“产品混业”也进入快速发展的轨道。例如，中信集团推出了“金融通”服务，使得中信旗下的银行、证券、保险、基金、信托、期货等子公司的客户资源实现共享。平安集团则通过“一账通”服务整合平安旗下银行、证券、保险、基金等金融账户和社保、电邮、航空公司等非金融账户。

1.2.4　互联网金融发展的支撑

特点 4：以电商为平台，以端口与流量为抓手，互联网金融成为未来发展新方向。

2013 年以来，互联网金融的异军突起对于交叉性金融业务与产品产生了巨大的推动力。以支付宝公司与天弘基金推出的“余额宝”服务为例，支付宝用户可以将账户余额购买基金产品，在实现账户增值的同时，仍然具有随时支付的功能。当前互联网金融已经形成了五种模式：第三方支付、P2P 网贷、大数据金融、众筹以及金融产品互联网销售（见表 1－3）。

表 1－3 主要互联网金融商业模式总结

模式	对应传统金融领域	国内出现的时间	行业规模（2013 年）	业务模式
第三方支付	银行支付结算	1999 年	20.7 万亿元	具备一定实力和信誉保障的非银行机构，借助通信、计算机和信息安全技术，采用与各大银行签约的方式，在用户与银行支付结算系统间建立连接的电子支付模式
P2P 网贷	银行零售业务	2007 年	1000 亿元	个人或法人通过独立的第三方网络平台相互借贷
金融产品互联网销售	基金销售、银行中间业务	2004 年	6000 亿元	指基金、保险等传统金融产品通过互联网渠道宣传与销售
大数据金融	小贷公司	2010 年	1000 亿元	依托海量、非结构化的数据，通过互联网、云计算等信息途径对数据进行专业化的挖掘和分析，并与传统金融服务相结合，创新性开展相关资金融通
众筹平台	VC、PE	2011 年	1 亿元	项目发起者通过利用互联网和社交网络传播的特性，发动众人的力量，集中大家的资金、能力和渠道，为小企业、艺术家或个人进行某项活动、某个项目或创办企业提供资金援助的一种融资方式

资料来源：根据艾瑞咨询报告等资料研究整理。

1.3 交叉性金融业务与产品开放的风险

在微观层面，交叉性金融业务与产品开放为投资者提供了更加丰富的财富管理与投资渠道，有助于金融机构优化业务结构、改善盈利水平；在宏观层面，交叉性金融业务与产品开放也有利于推动金融综合经营、提高金融资源配置效率，对于促进实体经济增长具有积极影响。但与之相伴随的是，交叉性金融业务与产品开放使得金融机构之间的业务联系日益密切，权利与义务关系愈加复杂，各种因素相互交织、相互影响，对系统性金融稳定产生潜在的威胁。

1.3.1 监管套利风险

在当前“分业经营、分业监管”的金融体制下，交叉性金融业务与产品的跨机构、跨市场与跨区（境）特征不仅使其监管权归属与监管冲突问题趋于复杂化。与此同时，监管协调机制的缺位，导致监管重复与监管真空不可避免，最终催生监管套利机会。

当前主要存在两类监管套利路径。

一是利用体制摩擦、政策调整以及法制基础薄弱寻求监管套利。因此，这类交叉性金融业务与产品具有“打擦边球”的特征。例如，长期以来，我国未能明晰对私募投资基金的管理办法①。利用这一模糊地带，商业银行通过在境外设立投资银行子公司，曲线开展私募股权投资，并且间接为投资项目提供贷款资金支持。在“打擦边球”的短期博弈心态影响下，这类交叉性金融业务与产品往往存在较大的变异性特征。例如，“同业代付”业务因为被用以规避信贷规模管控而被监管部门“叫停”，但不久市场就异化出类似的“同业偿付”业务。

二是创设“通道业务”，打破监管限制。“银信合作理财”是通道业务的典型代表，其关键特征在于银行同时掌握资金与项目，信托仅利用其牌照优势，为银行提供资金通道。“银信合作理财”的积极意义在于拓宽了银行理财资金投资范围，因此，2008 年，银监会公布了《银行与信托公司业务合作指引》，明确了这一业务形态的合法性。但是，在货币政策从紧的情况下，这一合作机制往往被银行用于信贷资产“表外化”、变相放贷以及操控监管指标，催生影子银行；同时，在宽松的货币政策环境中，银行通过购买其他银行发行的“银信合作理财产品”，规避监管部门对于资金运用方式、数量与对象的限制。

1.3.2 流动性风险

期限错配是交叉性金融业务与产品的重要特征。以银行理财产品为例，其流动性风险突出反映为“资金池—资产池”的运作模式：第一，银行借助信托、证券、基金子公司等通道，配置证券、货币市场工具、票据、信贷资产等，建立一个虚拟的“资产池”；第二，银行通过发行理财产品募集的客户资金，建立一个与“资产池”规模大致相当的“资金池”，用以采购资产；第三，银行通过滚动发行理财产品与资产采购，对“资金池—资产池”实现动态管理。在市场竞争的压力下，银行为了提高理财产品的预期收益率，将资金过多投向流动性较差的高风险资产，进一步加剧期限错配，增大理财产品的流动性风险。

交叉性金融产品与业务开放的流动性风险的另一个典型代表是同业业务，即以金融同业客户为服务与合作对象，以同业资金融通为核心的业务，其横跨信贷市场、货币市场和资本市场的业务特征使之成为最具创新活力的业务领域。对于期限错配的依赖是同业业务盈利性的典型特征。在利益的驱使下，一些银行通过扩大期限错配，拆短投长，将同业存放资金、拆入资金投资于期限较长的票据类资产及流动性较差的非标准化资产。一旦银行间市场流动性紧张，则容易引发流动性风险。2013 年 6 月末的“钱荒”事件即

① 2013 年 3 月，证监会公布了《私募证券投资基金业务管理暂行办法（征求意见稿）》，私募投资基金的法律地位与管理办法才正式明确。

是由于同业业务的过度膨胀直接导致的。

1.3.3 道德风险

道德风险突出反映在交叉性金融产品的销售环节。我国投资者教育总体水平较低，风险意识普遍不强，对日益复杂的交叉性金融业务与产品缺乏基本认识。出于竞争的需要，金融机构对产品的宣传过度，片面强调收益性，而刻意忽略风险，导致交叉性金融业务与产品市场开放存在较大的道德风险。

交叉性金融产品设计也扭曲了金融客户与投资者双方的法律关系，进一步加剧了道德风险。以银行理财产品为例，银行理财的本质是商业银行作为资产管理人，接受投资者委托，依照相关法律法规与投资者签订资产管理合同，并按照合同约定，为投资者提供资产管理服务，因此，投资者与商业银行之间是“委托—代理”关系，相应的风险将按合同由投资者自行承担。但是，一些理财产品承诺保证收益，赋予投资者收回本金并取得固定或浮动收益的权利，将“委托—代理”关系变异为事实上的“债权—债务”关系，导致投资者往往把对银行信用的信任转变为对银行出售的理财产品的信任，将银行理财产品等同于银行存款产品。在“声誉”的影响下，商业银行被迫承担更多的风险。

1.3.4 经营风险

交叉性金融业务与产品的创新发展，对于金融机构的经营存在正反两面的影响：一方面，有利于优化业务结构、提高盈利水平；另一方面，加重业务复杂度，加大经营风险。具体地，交叉性金融业务与产品从以下几个方面影响了金融机构的经营风险：

一是金融机构往往自身大量持有交叉性金融产品。大量持有次级住房贷款抵押证券是导致美国雷曼兄弟公司破产，并引发美国次贷危机的直接原因。截至2008年第二季度末，雷曼兄弟的总资产为6394亿美元，负债为6132亿美元，而净资产仅为263亿美元，杠杆率达到24.3倍①。伴随房地产价格不断下跌，次级住房贷款证券化资金链出现断裂，次级住房贷款抵押证券信用风险迅速向外扩散，最终引发次贷危机。

二是交叉性金融业务中存在违规经营。例如，在“资金池—资产池”管理模式下，商业银行往往滚动发售不同期限的理财产品，获取期限错配溢价、流动性溢价与信用风险溢价，较少对单个理财产品进行独立核算。当理财产品实际收益率未能达到产品说明书所要求的预期收益率时，一些银行甚至违规通过转移内部收益填补收益缺口，以保证理财产品预期收益的刚性兑付。

三是业务合作中存在利益冲突，而冲突的集聚可能催生经营风险。在交叉性金融业务与产品合作过程中，合作主体对于权利义务关系的认识可能并不统一，对于业务合作的依赖程度不一致，导致合作主体在业务开展过程中不能尽职完成相应责任。例如，在银信合作理财业务中，信托机构往往默认其职责仅限于为合作银行提供合法合规的资金

---

① 贾清显、陈妍：“商业银行金融创新与金融风险内部控制——基于雷曼的案例分析”，《生产力研究》2010年第3期。

通道，而并没有按照合同约定，对项目进行风险评估，并跟踪管理资金投向；而在市场竞争的压力下，银行为了抢夺市场份额，往往承担了本应由信托机构完成的风险评估工作，从而增加银行的经营风险。当风险暴露以后，合作主体间往往缺乏有效约束，相互推诿责任，拖延对于风险的善后处理，不仅进一步加剧了经营风险，而且危害投资者的权益。

1.3.5 套利资金跨区（境）流动风险

交叉性金融业务与产品为套利资金的跨区（境）流动提供了通道，是金融风险跨区（境）传染的重要载体。区外交叉性金融业务与产品的风险特征主要体现在跨机构与跨市场两个方面。与区外交叉性金融业务存在一定差异，自贸区发展交叉性金融业务与产品将要面临的主要风险则是跨区（境）的套利资金流动风险。

经过多年的发展，香港人民币离岸金融市场已经颇具规模。本节将以香港人民币离岸金融市场为研究对象，考察套利资金如何通过交叉性金融业务与产品实现跨区（境）流动，以及对于境内在岸金融市场产生了哪些方面的影响，从而为自贸区交叉性金融业务与产品的风险监管提供借鉴。

1. 套利资金的跨区（境）流动通道

套利资金主要通过哪些交叉性金融业务与产品实现跨区（境）流动？结合香港人民币离岸金融市场的发展经验，可以发现套利资金主要通过以下交叉性金融业务与产品流入流出，实现套利交易：

一是借助跨境人民币贸易结算，进行汇差套利。这一套利机制是建立在香港离岸人民币外汇市场（CNH 汇率）与在岸人民币外汇市场（CNY 汇率）之间存在显著价差的基础之上（见图 1－1）。跨境人民币贸易结算为套取人民币即期汇差提供了合法途径；具体地，当离岸人民币现汇价格高于境内人民币现汇价格时，境内出口商将在境内出售出口所获美元，境内进口商将在离岸人民币金融市场购入进口所需美元；相反，当离岸人民币现汇价格低于境内人民币现汇价格时，境内出口商将在离岸人民币金融市场出售出口所获美元，而境内进口商将在内地购入进口所需美元。

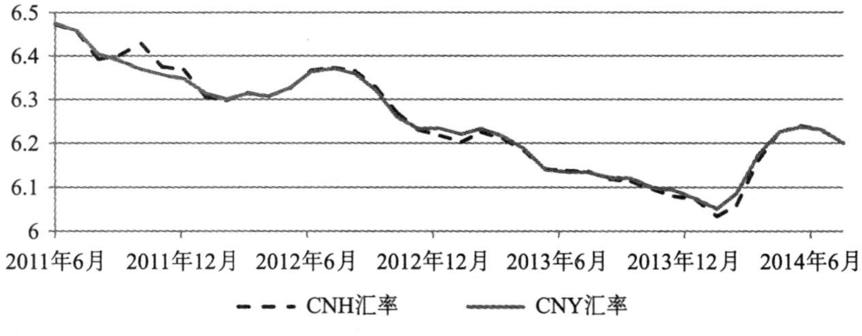

图 1－1 CNH 汇率与 CNY 汇率

资料来源：Wind 数据库。

二是借助人民币 NDF 等远期工具，进行“套息交易（carry trade)”。香港人民币 NDF 市场始于 1996 年，是最主要的离岸人民币远期交易市场之一。NDF 市场的主要参与者为国际金融机构。一方面，NDF 反映了市场对于人民币汇率变动的预期，为规避汇率波动风险提供了工具；另一方面，NDF 市场不涉及本金交割，因此监管环境较为宽松，市场的投机氛围也比较浓厚（见图 1－2)。

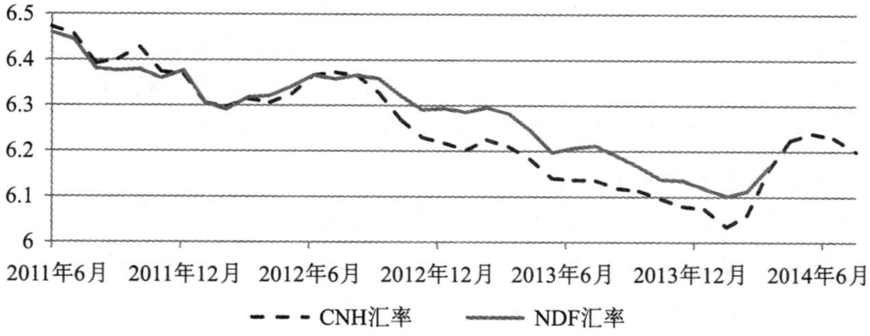

图 1－2 CNH 汇率与 NDF 汇率

资料来源：Wind 数据库。

假设以美元作为融资货币，当人民币升值预期较强时，套利者在离岸人民币金融市场借入美元，并买入人民币（投资于人民币资产，从而获得人民币与美元之间的息差），与此同时，借助人民币 NDF，卖出人民币，买入美元（从而获得人民币升值收益），即所谓的“套息交易”；当人民币贬值预期较强时，套利者进行套息交易的反向操作，借入人民币资金，并买入美元，同时在人民币 NDF 市场，卖出美元，买入人民币。当投资期满时，投机者不仅获得了人民币升值收益，也获得人民币与美元之间的息差（见图 1－3)。

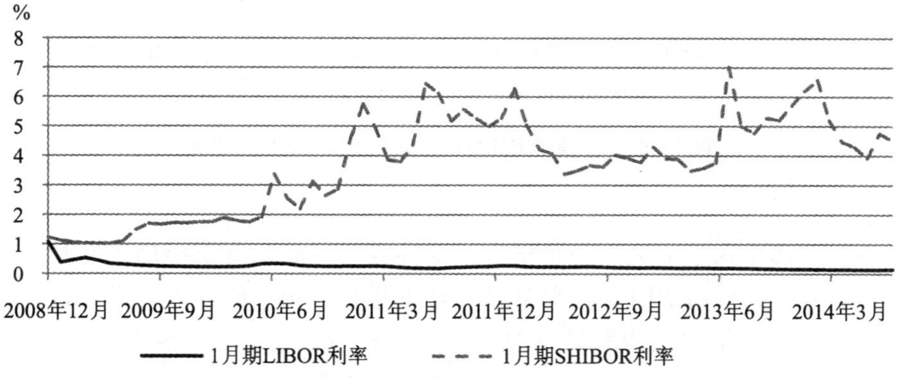

图 1－3 1 月期 LIBOR 利率与 SHIBOR 利率

资料来源：Wind 数据库。

三是借助内保外贷套取汇差与息差。所谓内保外贷，是指境内企业将自身资产抵押给境内银行，以获得银行保函或信用证，企业进一步以保函或信用证为抵押，通过其离岸子公司向境外离岸银行申请人民币贷款。

内保外贷为套利资金跨境流动提供了通道。在这一套利机制下，一些企业通过虚构贸易背景，获得境内银行的人民币信用证，并以此为抵押向离岸银行申请低利率的人民币或外币贷款：如果企业获得离岸人民币贷款，企业可以利用 CNH 汇率与 CNY 汇率的价差，套取即期汇差；如果企业获得离岸银行的外币贷款，其可以进一步借助 NDF 等外汇衍生品，进行套息交易，进一步套取人民币升值收益与中外息差。

四是借助外资融资租赁公司套取汇差与息差。监管部门对外资融资租赁公司在外债使用方面的管理相对宽松。投机者正是利用这一优势通过融资租赁公司实现套利资金跨区（境）流动。具体地，中外合资或外资融资租赁公司向境内银行申请保函，为离岸银行给其贷款提供担保；在获得资金后，融资租赁公司再通过售后回租的方式，将资金流回融资企业，融资租赁公司仅仅承担了“通道”的角色。

五是借助于跨境人民币借贷或发行人民币离岸债券，进行息差套利。境内在岸金融市场的资金借贷成本要明显高于离岸金融市场，表现在境内资金的借贷利率、证券发行成本都比离岸人民币金融市场更高（见图 1－4）。因此，一方面，境内企业通过在离岸金融市场发行人民币债券，获得以套取香港发债成本与内地发债成本之间的利差；另一方面，一些投机者借入低利率短期离岸人民币资金，投资于股票、债券、银行理财等在岸人民币资产，博取离岸、在岸人民币息差。

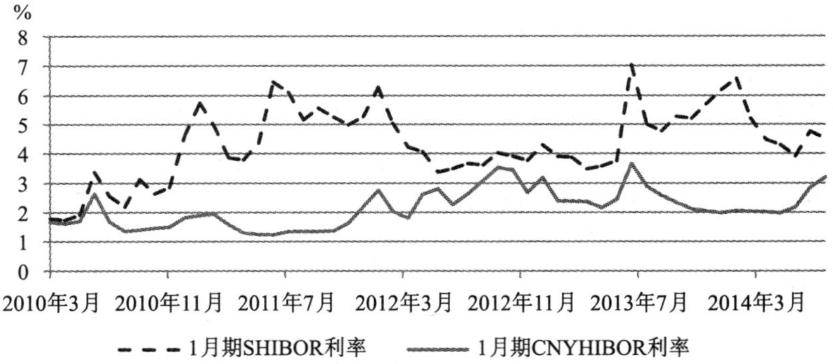

图 1－4　1 月期 SHIBOR 利率与 CNYHIBOR 利率

资料来源：Wind 数据库。

总体而言，离岸在岸金融市场价格体系的并存，为套利资金提供了套利空间；借助跨境人民币结算、人民币 NDF、内保外贷、融资租赁公司、跨境人民币借贷等交叉性金融业务与产品，套利资金实现跨区（境）流动，进行汇差套利、息差套利与套息交易，以获得离岸在岸人民币即期汇差，离岸在岸人民币即期息差、人民币升值收益、人民币与外币息差。

2. 跨区（境）套利资金流动风险的实证评估

套利资金流动是驱动离岸在岸金融市场风险传染的主要原因吗？对于这些问题，本节以香港离岸人民币金融市场为对象，讨论离岸在岸金融市场间的跨境套利资金流动是否推动离岸在岸金融市场之间的风险溢出。

（1）实证方法。

①样本选择。本书的数据来源于 Wind 数据库与中国银行（香港）有限公司网站。结合数据可得性，样本观测期为 2011 年至 2014 年，数据频率为日度数据。

对于香港人民币离岸金融市场，本书分别选择 1 月期的香港人民币同业拆借隔夜利率刻画人民币离岸货币市场，使用香港人民币兑美元 CNH 汇率刻画人民币离岸货币外汇市场，使用中银香港人民币离岸债券指数代表离岸人民币债券市场。

对于境内在岸金融市场，本书分别选择 1 月期的银行间同业拆借加权利率、沪深 300 指数、中证全债指数与境内人民币兑美元 CNY 汇率刻画境内货币市场、股票市场、债券市场与外汇市场。

除香港人民币同业拆借隔夜利率与银行间同业拆借利率之外，其他市场的收益率被计算为：

$$r_t = \log(p_t) - \log(p_{t-1}) \tag{1-1}$$

根据前面所述，息差套利、汇差套利与套息交易是人民币离岸在岸套利的基本策略，因此，本书重点考察三种套利策略对于离岸在岸金融市场间双向风险溢出的影响。实际上，汇差套利与息差套利属于空间套利范畴，其套利收益来自于离岸在岸金融市场的汇率与利率价差，因此，汇差套利收益被计算为：

$$R_t^S = \log(e_t^{on}) - \log(e_t^{off}) \tag{1-2}$$

其中，e_t^{on}——t 期境内 CNY 外汇市场美元兑人民币即期汇率定盘价；

e_t^{off}——香港离岸人民币 CNK 外汇市场美元兑人民币即期汇率定盘价。

类似地，离岸在岸人民币息差被计算为：

$$R_t^I = ior_t - cnyhibor_t \tag{1-3}$$

其中，ior_t——境内银行间同业隔夜拆借加权利率；

$cnyhibor_t$——香港离岸人民币隔夜拆借利率。

套息交易则具有强烈的时间套利特征，其收益来自于人民币汇率升值收益与人民币与外币息差收益两部分，本书将离岸在岸人民币套息交易收益计算为：

$$R_t^F = \log(e_t^{off}) - \log(ndf_t) + (ior_t - libor_t) \tag{1-4}$$

其中，ndf_t——t 期的 NDF 汇率；

$libor_t$——t 期伦敦银行间市场美元隔夜拆借利率。

②风险溢出测度。本书使用 *CoVaR* 模型计算离岸在岸金融市场间的风险溢出。*CoVaR* 模型是在险价值 *VaR*（Value at Risk）模型的延伸与扩展。*VaR* 被定义为，在一定持有期内和置信水平 q 下，金融机构 i 投资组合价值或收益率 X^i 的潜在最大损失，即：

$$P(X^i \leqslant VaR_q^i) = q \tag{1-5}$$

作为风险测度的主要工具，*VaR* 模型对于风险管理具有重要影响，被金融机构与监管部门广泛使用。例如，《巴塞尔协议》明确提出了基于 *VaR* 模型的市场风险资本监管要求。随着风险管理实践的深入，*VaR* 逐渐暴露出自身的局限性，尤其是 *VaR* 模型只能估计正常市场条件下的潜在风险，无法讨论极端市场条件下的潜在损失。Adrian & Brunnermeier（2009）在 *VaR* 模型的基础上提出了条件在险价值 *CoVaR*（Conditional Value at

Risk）模型，即在一定的持有期内和置信水平 q 下，当金融机构 j 的投资组合价值或收益率 X^j 低于 $VaR_q{}^j$ 水平时，金融机构 i 的投资组合价值或收益率 X^i 的潜在最大损失，从而体现出了金融机构之间的风险溢出效应。

$$P(X^i \leqslant CoVaR_q^{i,j} \mid X^j = VaR_q^j) = q \tag{1-6}$$

进一步地，金融机构 j 对金融机构 i 的风险溢出强度为：

$$\Delta CoVaR_q^{i|j} = CoVaR_q^{i|j} - VaR_q^i \tag{1-7}$$

类似地，对于不同的金融市场 i 和 j 而言，可以使用 $CoVaR$ 模型研究金融体系 j 对于金融体系 i 的系统性风险溢出。

从统计学的角度看，VaR 和 $CoVaR$ 都是分位数。因此，$CoVaR$ 值可以通过分位数回归估计获得。分位数回归提供了回归变量 X 和因变量 Y 的分位数之间线性关系的估计方法。相比一般回归模型，分位数回归能够更好地度量回归变量在分布上尾和下尾的影响，从而能更好地描述金融时间序列普遍存在的尖峰厚尾等特征。

具体地，假设随机变量 Y 的概率分为 $F(y) = P(Y \leqslant y)$，随机变量 Y 的 τ 分位数定义为满足 $F(y) \geqslant \tau$ 的最小 y 值，即 $q_\tau = inf\{y \mid F(y \geqslant \tau), 0 < \tau < 1\}$。分位数模型则为 $q_\tau(X = x, \beta_\tau) = x\beta_\tau$，其中，$x$ 为解释变量 X 的分位数取值，β_τ 是 τ 分位数下的系数向量。

为了测度离岸在岸金融市场之间的双向风险溢出，给定置信水平 q，我们进行如下分位数回归：

$$R_t^i = \alpha_q^{i,j} + \beta_q^{i,j} R_{t-1}^j \tag{1-8}$$

其中，R_t^i——t 期境内金融市场（离岸金融市场）收益；

$R_t{}^j$——离岸金融市场（境内金融市场）收益。

因为 $CoVaR_q^{i,j}$ 被定义为金融机构或金融市场 j 的投资组合价值或收益率处于 VaR_q^j 水平时，金融机构或金融市场 i 的在险价值水平 VaR_q^i，即

$$CoVaR_{qv}^{i,j} = VaR_q^i \mid VaR_q^j = \alpha_q^{i,j} + \beta_q^{i,j} VaR_q^j \tag{1-9}$$

根据（1-9）式可知，估计 $CoVaR$ 需要测算相应的 VaR 水平。根据（1-5）式对于 VaR 的定义，VaR 被计算为：

$$VaR_q = S\sigma N^{-1}(q)\sqrt{T} \tag{1-10}$$

其中，S 为资产的初始价值，被假设为 1；T 为持有期限，也被假设为去 1，$N^{-1}(\cdot)$ 为标准正态分布累积分布函数的逆函数，σ 为条件波动率。因此，条件波动率的估计是计算 VaR 的关键。

表 1-4　离岸金融市场收益率序列相关性的 Q 检验结果

滞后阶数	离岸人民币货币市场		离岸人民币外汇市场		离岸人民币债券市场	
	Q 统计量	p 值	Q 统计量	p 值	Q 统计量	p 值
6	5404.9199	0.0000	45.3237	0.0000	226.0915	0.0000
12	9409.2895	0.0000	108.6296	0.0000	240.7964	0.0000
18	9999.9900	0.0000	116.1523	0.0000	266.1418	0.0000
24	9999.9900	0.0000	130.4989	0.0000	276.3587	0.0000

表 1-5　离岸在岸金融市场收益率序列平稳性检验

收益率序列	无截距项与趋势项		截距项		有截距项与趋势项	
	RHO 统计量	*p* 值	RHO 统计量	*p* 值	RHO 统计量	*p* 值
离岸货币市场	-1.2247	0.4360	-23.0875	0.0056	-33.9091	0.0033
离岸外汇市场	-1007.3607	0.0001	-1070.6361	0.0001	-1104.5458	0.0001
离岸债券市场	-154.2491	0.0001	-156.4297	0.0001	-159.6278	0.0001
境内股票市场	-2333.3398	0.0001	-2352.5551	0.0001	-2406.8191	0.0001
境内债券市场	-927.9153	0.0001	-1017.8958	0.0001	-1019.0006	0.0001
境内外汇市场	-695.7981	0.0001	-784.9855	0.0001	-801.7574	0.0001
境内货币市场	-6.2833	0.0844	-47.1525	0.0019	-71.5765	0.0008

我们使用 GARCH（1，1）模型估计各收益率的条件波动率。在估计 GARCH 模型之前，我们分别对离岸在岸金融市场收益率序列进行了序列相关性的 *Q* 检验与平稳性检验。平稳性检验结果表明，所有收益率序列都是平稳的，因此，可以使用 GARCH 模型建模；*Q* 检验结果表明，各收益率序列均存在不同程度的序列相关性，检验结果见表 1-4、表 1-5 和表 1-6。为了控制序列相关性，针对不同的收益率序列，我们分别在各均值方程中引入不同的滞后项，具体的模型设定与估计结果见表 1-7 和表 1-8。

表 1-6　在岸金融市场收益率序列相关性的 Q 检验结果

滞后阶数	境内股票市场		境内债券市场		境内外汇市场		境内货币市场	
	Q 统计量	*p* 值	*Q* 统计量	*p* 值	*Q* 统计量	*p* 值	*Q* 统计量	*p* 值
6	17.2294	0.0085	212.2173	0.0000	13.2484	0.0393	9493.1287	0.0000
12	29.4897	0.0033	329.4692	0.0000	21.3954	0.0449	9999.9900	0.0000
18	46.4788	0.0003	388.6983	0.0000	39.1465	0.0027	9999.9900	0.0000
24	51.8975	0.0008	425.8250	0.0000	47.2619	0.0031	9999.9900	0.0000

表 1-7　离岸金融市场的 GARCH 模型估计

滞后项	离岸外汇市场		离岸货币市场		离岸债券市场	
	参数估计	*p* 值	参数估计	*p* 值	参数估计	*p* 值
均值方程						
常数项	-0.0103	0.0015	0.0205	0.0000	0.0107	0.0008
滞后 1 阶	0.0780	0.0440	1.0602	0.0000	0.2311	0.0000
滞后 2 阶	-0.0776	0.0486			0.1017	0.0079
滞后 4 阶					0.1002	0.0127
滞后 5 阶					0.0931	0.0247
滞后 8 阶			-0.1142	0.0000		
滞后 9 阶			0.0396	0.0000		
方差方程						
常数项	0.0008	0.0000	0.0012	0.0000	0.0001	0.0000
ARCH 项	0.2351	0.0000	2.2871	0.0000	0.1429	0.0000
GARCH 项	0.7369	0.0000	0.1831	0.0000	0.8715	0.0000

表 1-8　　在岸金融市场的 GARCH 模型估计

	境内外汇市场	境内股票市场	境内货币市场	境内债券市场
均值方程				
常数项	-0.0027 (0.1257)	0.0409 (0.1585)	0.0730 (0.0000)	0.0048 (0.0032)
收益率滞后 1 阶			0.6064 (0.0000)	0.1643 (0.0000)
收益率滞后 2 阶			0.2376 (0.0000)	0.0688 (0.0040)
收益率滞后 3 阶				0.0404 (0.0694)
收益率滞后 4 阶				0.0534 (0.0106)
收益率滞后 5 阶	0.0597 (0.0517)			0.0506 (0.0127)
收益率滞后 6 阶		-0.0606 (0.0050)		
收益率滞后 7 阶		0.0360 (0.0781)		
收益率滞后 10 阶		0.0478 (0.0168)		0.0612 (0.0000)
收益率滞后 12 阶			0.0672 (0.0000)	
收益率滞后 14 阶				0.0687 0.0000
收益率滞后 16 阶			0.0315 (0.0045)	0.0313 (0.0274)
收益率滞后 18 阶			0.0321 (0.0048)	
方差方程				
常数项	0.0001 (0.0000)	0.0188 (0.0010)	0.0136 (0.0000)	0.0005 (0.0000)
ARCH 项	0.3133 (0.0000)	0.0451 (0.0000)	0.2909 (0.0000)	0.2390 (0.0000)
GARCH 项	0.7627 (0.0000)	0.9492 (0.0000)	0.6761 (0.0000)	0.7615 (0.0000)

注：括号中参数估计的 p 值。

根据前面对 $CoVaR$ 模型的介绍可以知道，VaR 与 $CoVaR$ 均为负数值，因此，根据（1-3）式对于金融风险溢出 $\Delta CoVaR_q^{i,j}$ 的定义，当 $\Delta CoVaR_q^{i,j}$ 小于零时，市场 j 对于市场 i 存在风险溢出，当 $\Delta CoVaR_q^{i,j}$ 大于零时，市场 j 反而有利于降低市场 i 的波动。

图 1-5 至图 1-7 计算了香港离岸人民币金融市场对于境内在岸金融市场的 $\Delta CoVaR$，可以看出，对于境内外汇、股票、债券市场，离岸人民币货币市场、外汇市场、债券市

场均存在较强的风险溢出，对于境内货币市场，离岸人民币金融市场不存在风险溢出，反而有助于稳定境内货币市场波动。

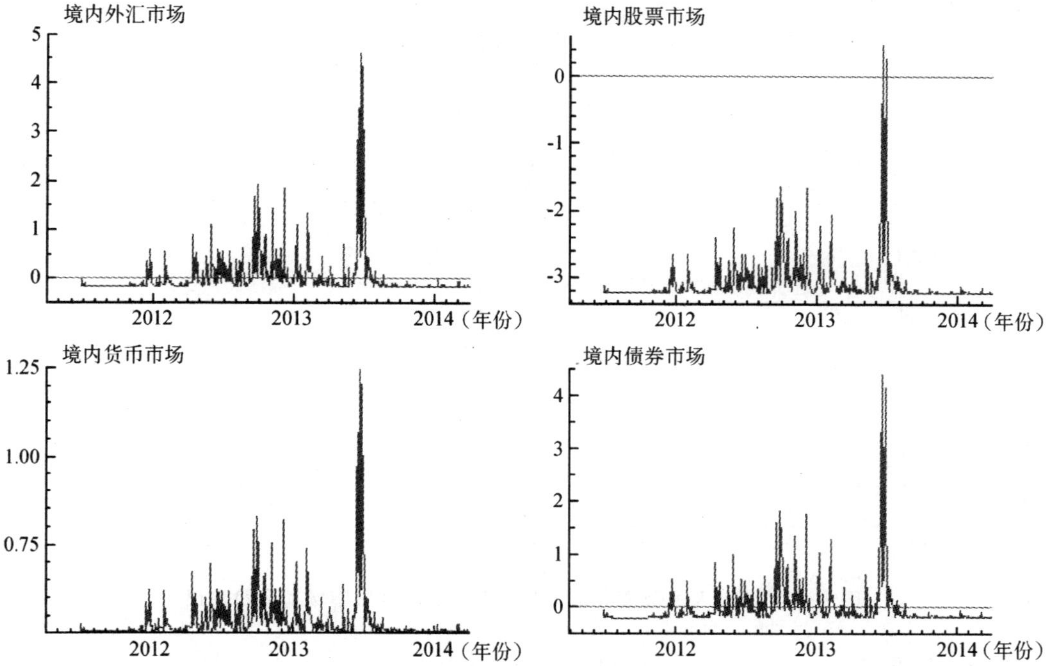

图 1－5 离岸人民币货币市场对于境内在岸金融市场的风险溢出

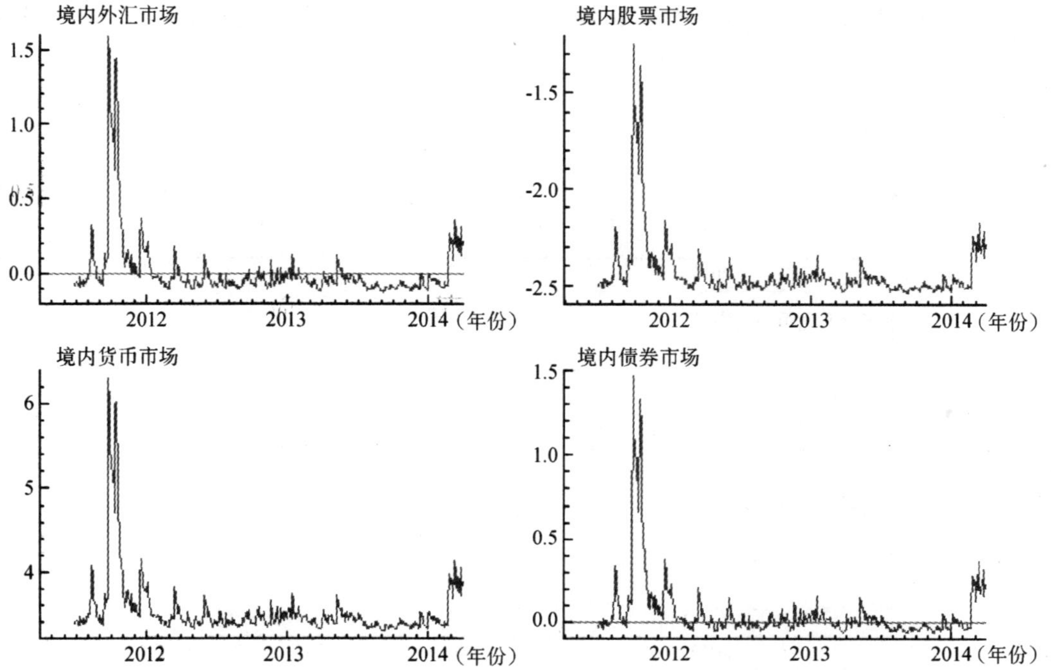

图 1－6 离岸人民币外汇市场对于境内在岸金融市场的风险溢出

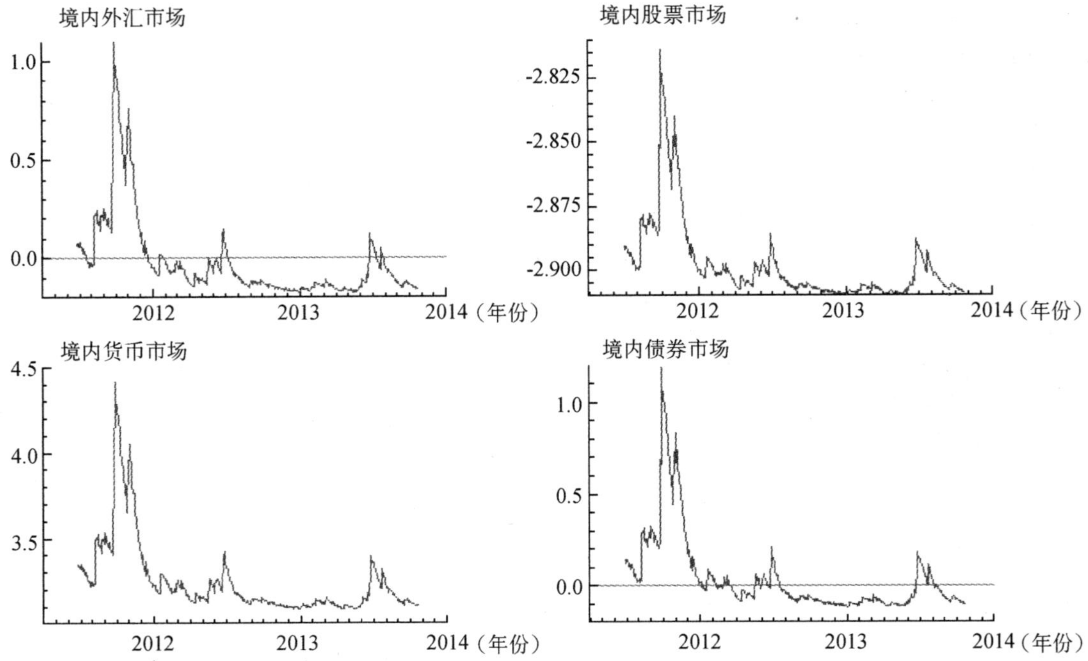

图 1－7　离岸人民币债券市场对于境内在岸金融市场的风险溢出

图 1－8 至图 1－11 是境内金融市场对于离岸人民币金融市场的 $\Delta CoVaR$。图 1－8 与图 1－9 表明，境内股票市场与货币市场对于离岸人民币金融市场并不存在风险溢出。图 1－10 和图 1－11 则说明，境内外汇市场与债券对于离岸人民币外汇、债券市场存在较强风险溢出。

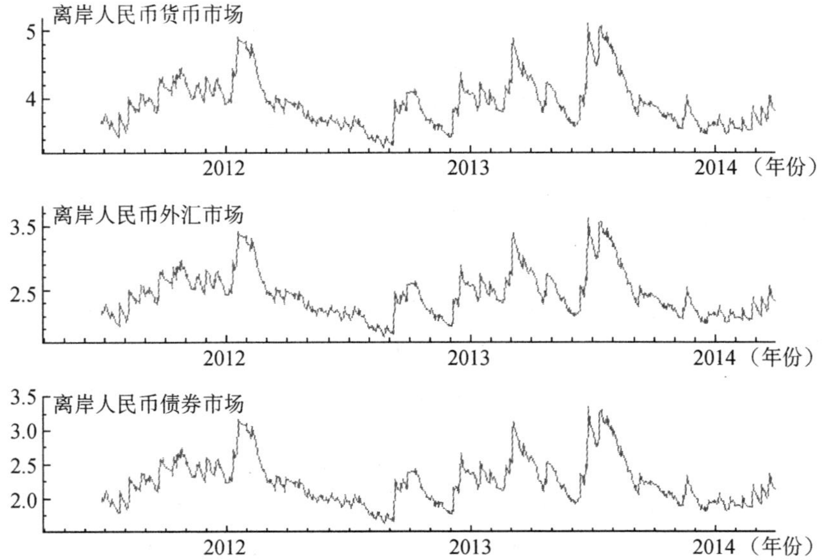

图 1－8　境内股票市场对于离岸人民币债券市场的风险溢出

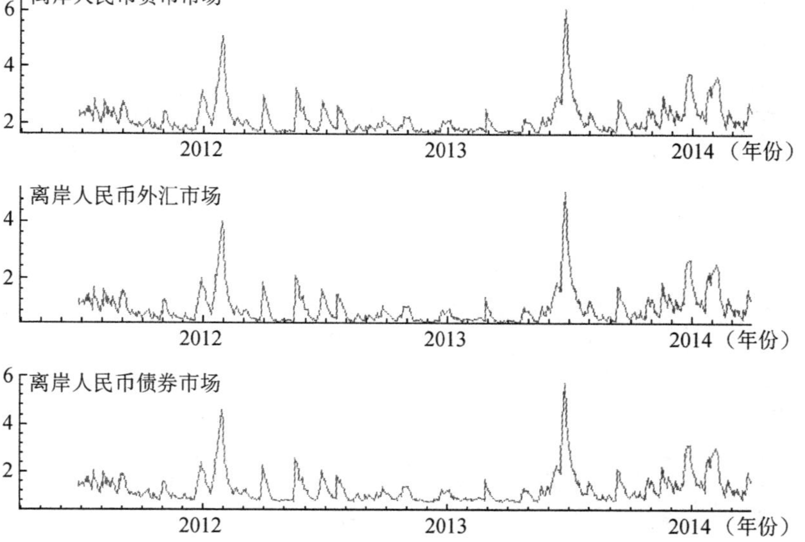

图 1－9 境内货币市场对于离岸人民币金融市场的风险溢出

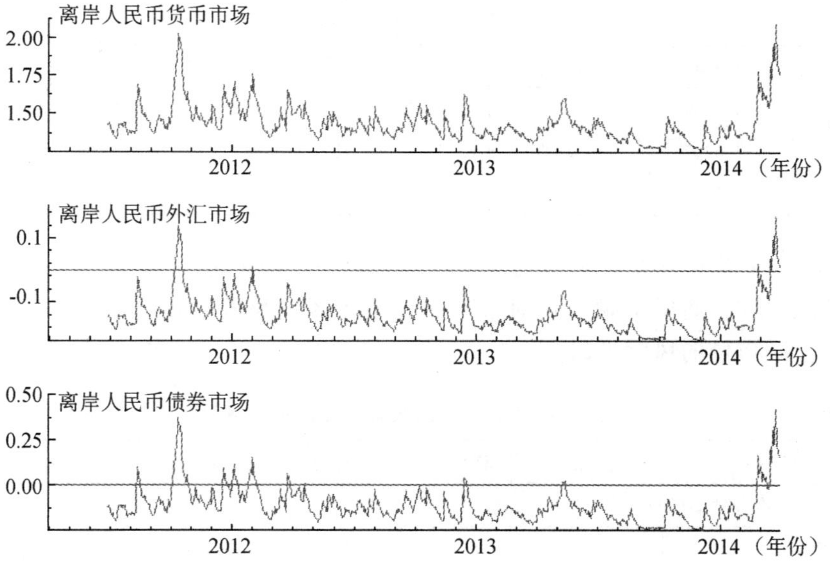

图 1－10 境内外汇市场对于离岸人民币金融市场的风险溢出

③样本描述统计与平稳性检验。我们首先对相关变量进行了描述统计。表 1－9 是对套利收益的描述统计。从套利收益均值可以看出，息差套利收益最高，汇差套利收益最低，套息交易收益居中。标准差与偏度一定程度反映了套利收益的风险。从标准层与偏度上看，息差套利与套息交易的风险较高，汇差套利的风险则较低。

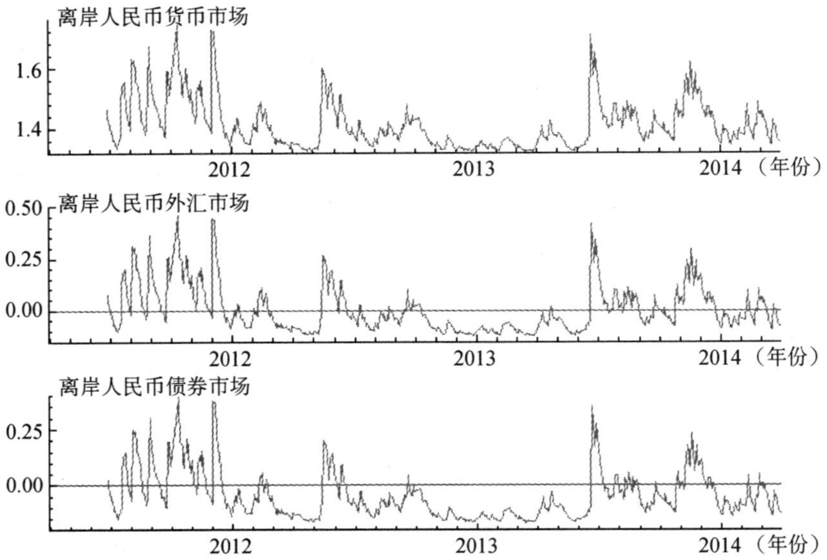

图 1－11　境内债券市场对于离岸人民币金融市场的风险溢出

表 1－9　　离岸在岸套利收益的描述统计

收益率	最小值	最大值	均值	标准差	偏度	观测数
汇差套利	－2. 1630	0. 6314	0. 0150	0. 2595	－2. 9790	752
套息交易	－4. 6297	6. 2827	1. 2210	1. 4382	0. 0179	649
息差套利	－4. 7525	6. 9007	1. 4030	1. 3178	0. 6446	1004

表 1－10 是对离岸在岸金融市场间风险溢出状况的描述统计。与图 1－4 与图 1－11 反映出的情况一致，离岸金融市场对于在岸金融市场的风险溢出，明显高于在岸金融市场对于离岸金融市场的风险溢出。

表 1－10　　离岸在岸金融市场间风险溢出的描述统计

风险溢出序列	最小值	最大值	均值	标准差	偏度	观测数
离岸货币市场对境内金融市场的风险溢出						
境内货币市场	0. 5052	1. 2431	0. 5333	0. 0646	6. 1988	618
境内债券市场	－0. 1946	4. 4071	－0. 0192	0. 4027	6. 1988	618
境内外汇市场	－0. 1632	4. 6191	0. 0191	0. 4185	6. 1988	618
境内股票市场	－3. 2319	0. 4623	－3. 0911	0. 3232	6. 1988	618
离岸外汇市场对境内金融市场的风险溢出						
境内股票市场	－2. 5352	－1. 2458	－2. 4394	0. 1469	4. 9326	616
境内债券市场	－0. 0598	1. 4657	0. 0535	0. 1739	4. 9326	616
境内外汇市场	－0. 1155	1. 5865	0. 0109	0. 1940	4. 9326	616
境内货币市场	3. 3090	6. 2870	3. 5302	0. 3394	4. 9326	616

续表

风险溢出序列	最小值	最大值	均值	标准差	偏度	观测数
离岸债券市场对于境内金融市场的风险溢出						
境内股票市场	-2.9096	-2.8140	-2.8986	0.0146	2.6001	515
境内债券市场	-0.1145	1.1855	0.0359	0.1980	2.6001	515
境内外汇市场	-0.1728	1.0979	-0.0258	0.1935	2.6001	515
境内货币市场	3.0871	4.4115	3.2403	0.2017	2.6001	515
境内股票市场对于离岸金融市场的风险溢出						
离岸货币市场	3.2776	5.1203	3.9304	0.3650	0.9350	618
离岸外汇市场	1.7850	3.6143	2.4331	0.3624	0.9350	618
离岸债券市场	1.6263	3.3499	2.2370	0.3414	0.9350	618
境内债券市场对于离岸金融市场的风险溢出						
离岸货币市场	1.3255	1.7384	1.4125	0.0782	1.3957	618
离岸外汇市场	-0.1201	0.4657	0.0034	0.1109	1.3957	618
离岸债券市场	-0.1645	0.3977	-0.0460	0.1064	1.3957	618
境内外汇市场对于离岸金融市场的风险溢出						
离岸货币市场	1.2754	2.0914	1.4374	0.1187	2.0803	618
离岸外汇市场	-0.2187	0.1677	-0.1420	0.0562	2.0803	618
离岸债券市场	-0.2445	0.4273	-0.1111	0.0977	2.0803	618
境内货币市场对于离岸金融市场的风险溢出						
离岸货币市场	1.6515	6.0782	2.1302	0.5532	3.1042	588
离岸外汇市场	0.4073	5.0607	0.9105	0.5816	3.1042	588
离岸债券市场	0.7591	5.7009	1.2935	0.6176	3.1042	588

表1-11和表1-12分别是离岸在岸套利收益率序列与离岸在岸风险溢出序列的ADF平稳性检验结果，结果表明，套利收益率序列与风险溢出序列均是平稳的。

表1-11　　离岸在岸套利交易收益率的平稳性检验

收益率	无截距项与趋势项		截距项		有截距项与趋势项	
	RHO 统计量	p 值	RHO 统计量	RHO 统计量	p 值	RHO 统计量
汇差套利	-47.6912	0.0001	0.0018	-47.9107	-54.2642	0.0008
套息交易	-26.8189	0.0001	0.0018	-53.3037	-60.4906	0.0007
息差套利	-34.8348	0.0001	0.0018	-96.4545	-97.0073	0.0008

表 1-12　　离岸在岸金融市场间风险溢出序列的平稳性检验

风险溢出序列	无截距项与趋势项		截距项		有截距项与趋势项	
	RHO 统计量	*p* 值	RHO 统计量	RHO 统计量	*p* 值	RHO 统计量
离岸货币市场对境内金融市场的风险溢出						
境内货币市场	-0.6872	0.5310	-150.6842	0.0001	-150.8710	0.0001
境内债券市场	-146.6770	0.0001	-150.6842	0.0001	-150.8710	0.0001
境内外汇市场	-150.6846	0.0001	-150.6842	0.0001	-150.8710	0.0001
境内股票市场	-0.5354	0.5625	-150.6842	0.0001	-150.8710	0.0001
离岸外汇市场对境内金融市场的风险溢出						
境内股票市场	-0.1324	0.6528	-41.5995	0.0018	-45.4312	0.0008
境内债券市场	-36.6342	0.0001	-41.5995	0.0018	-45.4312	0.0008
境内外汇市场	-41.2560	0.0001	-41.5995	0.0018	-45.4312	0.0008
境内货币市场	-0.3020	0.6142	-41.5995	0.0018	-45.4312	0.0008
离岸债券市场对于境内金融市场的风险溢出						
境内股票市场	-0.0005	0.6828	-19.4314	0.0131	-24.8029	0.0246
境内债券市场	-18.6350	0.0024	-19.4314	0.0131	-24.8029	0.0246
境内外汇市场	-19.1243	0.0021	-19.4314	0.0131	-24.8029	0.0246
境内货币市场	-0.0655	0.6679	-19.4314	0.0131	-24.8029	0.0246
境内股票市场对于离岸金融市场的风险溢出						
离岸货币市场	-1.0501	0.4645	-15.6139	0.0344	-18.6255	0.0920
离岸外汇市场	-1.2336	0.4348	-179.7289	0.0001	-188.8935	0.0001
离岸债券市场	-0.3264	0.6087	-81.9354	0.0019	-82.7069	0.0008
境内债券市场对于离岸金融市场的风险溢出						
离岸货币市场	-7.3518	0.0612	-182.2793	0.0001	-183.4941	0.0001
离岸外汇市场	-2.0414	0.3261	-15.6139	0.0344	-18.6255	0.0920
离岸债券市场	-164.0708	0.0001	-179.7289	0.0001	-188.8935	0.0001
境内外汇市场对于离岸金融市场的风险溢出						
离岸货币市场	-9.0893	0.0365	-81.9354	0.0019	-82.7069	0.0008
离岸外汇市场	-38.8566	0.0001	-182.2793	0.0001	-183.4941	0.0001
离岸债券市场	-2.1076	0.3186	-15.6139	0.0344	-18.6255	0.0920
境内货币市场对于离岸金融市场的风险溢出						
离岸货币市场	-179.7270	0.0001	-179.7289	0.0001	-188.8935	0.0001
离岸外汇市场	-30.1467	0.0001	-81.9354	0.0019	-82.7069	0.0008
离岸债券市场	-23.3748	0.0006	-182.2793	0.0001	-183.4941	0.0001

（2）实证评估结果。表1-11和表1-12的平稳性检验结果为建立回归模型提供了可能性。为了考察套利资金对离岸在岸金融市场间风险溢出影响，本书的回归模型被设定为：

$$y_t = c + k_1 \times y_{t-1} + ,\cdots, + k_s \times y_{t-s} \times + b \times R_{t-1} + u_t \quad (1-11)$$

其中，c 是截矩项；y_t分别代表了离岸人民币金融市场（境内在岸金融市场）对于境内在岸金融市场（离岸人民币金融市场）的金融风险溢出；y_t滞后项的引入是为了控制序列相关性；R_{t-1}为 $t-1$ 期的套利收益向量，即：

$$R_{t-1} = (R_{t-1}^S \quad R_{t-1}^I \quad R_{t-1}^F) \quad (1-12)$$

其中，R_{t-1}^S——离岸在岸人民币汇差套利收益；

R_{t-1}^F——人民币套息交易收益；

R_{t-1}^I——离岸在岸人民币息差套利收益；

b——R_{t-1}的回归系数向量。

误差项被表示为 u_t，对于某些风险溢出序列，引入 y_t的滞后项并不足以控制序列相关性，而且 y_t还存在较强的异方差特性，因此，相应的 u_t被建模为 $ARMA(p,q)$ - GARCH(1,1)过程①，即

$$u_t = \beta_0 + \beta_1 u_{t-1} + ,\cdots, + \beta_p u_{t-p} + \theta_1 \varepsilon_{t-1} + ,\cdots, + \theta_q \varepsilon_{t-q} \quad (1-13)$$

$$\sigma_t^2 = \omega + \alpha u_{t-1}^2 + \gamma \sigma_{t-1}^2 \quad (1-14)$$

其中，ε_t——$ARMA(p,q)$过程的误差项；

σ_{t-1}^2分别为条件方差、滞后阶数 p 和 q 根据各序列的特征选定。

对于离岸人民币货币市场向境内金融市场的风险溢出，实证结果表明（见表1-13），对于境内外汇市场、股票市场与货币市场而言，汇差套利、息差套利与套息交易的回归系数均显著为负，即套利收益越大，相应的风险溢出测度 $\Delta CoVaR$ 越小，溢出程度越大，因此，离岸在岸套利交易推动了离岸人民币货币市场风险向境内外汇、股票、货币市场溢出。对于境内债券市场而言，汇差套利与套息交易的回归系数不显著，但是息差套利的回归系数显著为负，表明息差套利是推动离岸人民币货币市场风险向境内债券市场溢出的主要原因。

表1-13 离岸在岸套利对于离岸人民币货币市场向境内金融市场风险溢出的影响

解释变量	境内外汇市场	境内股票市场	境内货币市场	境内债券市场
均值方程				
常数项	-0.0229 (0.0001)	-0.6160 (0.0000)	0.1203 (0.0000)	-0.0027 (0.7897)
风险溢出滞后1阶				0.5798 (0.0000)

① 对于个别序列，使用ARCH模型建模。

续表

解释变量	境内外汇市场	境内股票市场	境内货币市场	境内债券市场
风险溢出滞后4阶	0.8095 (0.0000)	0.8064 (0.0000)	0.7684 (0.0000)	0.3772 (0.0000)
汇差套利	-0.0007 (0.0940)	-0.0009 (0.0814)	-0.0002 (0.2028)	-0.0005 (0.2473)
套息交易	-0.0009 (0.0376)	-0.0014 (0.0062)	-0.0006 (0.0000)	0.0005 (0.1161)
息差套利	-0.0020 (0.0000)	-0.0020 (0.0002)	-0.0005 (0.0000)	-0.0026 (0.0000)
方差方程				
常数项	0.0000 (0.2057)	0.0000 (0.2059)	0.0000 (0.0000)	0.0000 (0.4140)
ARCH 项	1.3922 (0.0000)	1.0502 (0.0000)	0.8189 (0.0000)	0.5906 (0.0000)
GARCH 项	0.7207 (0.0000)	0.7553 (0.0000)	0.7931 (0.0000)	0.8312 (0.0000)

注：括号内为参数估计的 p 值。

表 1-14 是离岸在岸套利对离岸人民币外汇市场向境内金融市场风险溢出的影响的估计结果。从表 1-14 可以发现，对于境内所有的金融市场而言，汇差套利与息差套利的回归系数均显著为负，而套息交易的回归系数并不显著，因此，离岸人民币外汇市场向境内金融市场风险溢出主要受到汇差套利与息差套利的驱动。对于离岸人民币债券市场向境内金融市场的风险溢出，表 1-15 的估计结果与表 1-14 表现出较强的一致性，即汇差套利与息差套利是导致离岸人民币债券市场向境内金融市场溢出的主要原因，而套息交易的作用并不明显。

表 1-14　离岸在岸套利对离岸人民币外汇市场向境内金融市场风险溢出的影响

	境内外汇市场	境内股票市场	境内货币市场	境内债券市场
均值方程				
常数项	-0.0353 (0.0000)	-3.0858 (0.0000)	4.3277 (0.0000)	0.0234 (0.0046)
风险溢出滞后1阶	-0.0364 (0.3334)	-0.2499 (0.0000)	-0.2499 (0.0000)	-0.2499 (0.0000)
汇差套利	-0.1004 (0.0000)	-0.0688 (0.0000)	-0.1589 (0.0000)	-0.0814 (0.0000)

续表

	境内外汇市场	境内股票市场	境内货币市场	境内债券市场
套息交易	0.0005 (0.8105)	0.0001 (0.9405)	0.0003 (0.9402)	0.0001 (0.9404)
息差套利	-0.0023 (0.0192)	-0.0019 (0.0101)	-0.0043 (0.0101)	-0.0022 (0.0101)
误差项的 ARMA 过程：				
AR（1）	0.8574 (0.0000)	1.0882 (0.0000)	1.0883 (0.0000)	1.0882 (0.0000)
AR（2）		-0.1992 (0.0000)	-0.1992 (0.0000)	-0.1992 (0.0000)
方差方程				
常数项	0.0007 (0.0000)	0.0004 (0.0000)	0.0022 (0.0000)	0.0006 (0.0000)
ARCH 项	1.2361 (0.0000)	1.2988 (0.0000)	1.2989 (0.0000)	1.2988 (0.0000)
GARCH 项	0.0283 (0.0373)	0.0038 (0.7409)	0.0038 (0.7411)	0.0038 (0.7409)

注：括号内为参数估计的 p 值。

表 1-15　离岸在岸套利对离岸人民币债券市场向境内金融市场风险溢出的影响

	境内外汇市场	境内股票市场	境内货币市场	境内债券市场
均值方程				
常数项	-0.0206 (0.0000)	-0.3186 (0.0000)	0.3716 (0.0000)	-0.0015 (0.0000)
风险溢出滞后 1 阶	0.8563 (0.0000)	0.8904 (0.0000)	0.8809 (0.0000)	0.9277 (0.0000)
汇差套利	-0.0082 (0.0057)	-0.0006 (0.0032)	-0.0081 (0.0026)	-0.0162 (0.0000)
套息交易	0.0004 (0.3761)	0.0000 (0.3651)	0.0004 (0.3452)	0.0033 (0.0000)
息差套利	-0.0010 (0.0469)	-0.0001 (0.0902)	-0.0009 (0.0718)	-0.0034 (0.0000)
误差项的 ARMA 过程：				
AR（2）	0.0427 (0.5936)			
AR（4）	0.1124 (0.0855)			

续表

	境内外汇市场	境内股票市场	境内货币市场	境内债券市场
方差方程				
常数项	0.0000 (0.0512)	0.0000 (0.0322)	0.0000 (0.0356)	0.0000 (0.6456)
ARCH 项	0.3054 (0.0000)	0.2875 (0.0000)	0.2882 (0.0000)	6.8954 (0.0000)
GARCH 项	0.8844 (0.0000)	0.8915 (0.0000)	0.8894 (0.0000)	0.1872 (0.0000)

注：括号内为参数估计的 p 值。

因此，总体而言，在离岸人民币金融市场向在岸金融市场风险溢出方向，汇差套利与息差套利的影响较大，套息交易仅影响了离岸人民币货币市场风险向境内外汇、股票与货币市场溢出。

以上的研究考察了离岸在岸套利对离岸人民币金融市场向在岸金融市场风险溢出的影响。接下来考察离岸在岸套利在相反方向上风险溢出的作用。我们首先考察了境内外汇市场对于离岸人民币金融市场的风险溢出，因为境内外汇市场向离岸人民币金融市场的风险溢出序列并不存在序列相关性与异方差特征，因此，回归的残差项使用 ARMA 模型建模。表 1-16 是离岸在岸套利对境内外汇市场与股票市场向离岸人民币金融市场风险溢出的影响的估计结果。表 1-15 的实证结果表明，在境内外汇市场向各类离岸人民币金融市场的风险溢出中，息差套利与汇差套利的回归系数均显著为负，这说明，汇差套利与息差套利加速了境内外汇市场风险向离岸人民币金融市场溢出；与这两类作用的方向相反，套息交易具有降低境内外汇市场风险溢出的作用，但是回归系数较小，因此作用较弱。在境内股票市场向各类离岸人民币金融市场的风险溢出中，息差套利、汇差套利与套息交易的回归系数均不显著，因此，离岸在岸套利交易对其没有影响。

表 1-16 离岸在岸套利对境内外汇、股票市场向离岸人民币金融市场风险溢出的影响

解释变量	境内外汇市场的风险溢出			境内股票市场的风险溢出		
	离岸货币市场	离岸外汇市场	离岸债券市场	离岸货币市场	离岸外汇市场	离岸债券市场
常数项	0.1678 (0.0000)	-0.0129 (0.0000)	-0.0071 (0.0223)	0.1570 (0.0006)	0.0940 (0.0011)	0.0863 (0.0011)
风险溢出滞后 1 阶	0.8878 (0.0000)	0.8878 (0.0000)	0.8878 (0.0000)	0.9579 (0.0000)	0.9579 (0.0000)	0.9579 (0.0000)
汇差套利	-0.0256 (0.0009)	-0.0121 (0.0009)	-0.0210 (0.0009)	-0.0008 (0.9630)	-0.0007 (0.9630)	-0.0007 (0.9630)
套息交易	0.0048 (0.0484)	0.0023 (0.0484)	0.0040 (0.0484)	0.0030 (0.5552)	0.0030 (0.5552)	0.0028 (0.5552)
息差套利	-0.0071 (0.0078)	-0.0033 (0.0078)	-0.0058 (0.0078)	0.0031 (0.5756)	0.0031 (0.5756)	0.0029 (0.5756)

注：括号内为参数估计的 p 值。

表 1－17 是离岸在岸套利影响境内货币、债券市场向离岸人民币金融市场风险溢出的估计结果。对于境内货币市场向离岸人民币金融市场的风险溢出序列，由于存在异方差特征，因此，回归残差被建模为 ARMA（1，1）－ARCH（1）过程。从回归结果上看，离岸在岸套利反而有利于降低在岸货币市场向离岸金融市场的风险溢出，其中，汇差套利与套息交易的作用是显著的，两者的回归系数均显著为正；对于境内债券市场对于离岸金融市场的风险溢出，汇差套利者起到了推动性作用，其回归系数显著为负，表明其增大了境内债券市场向离岸金融市场的风险溢出，相反，息差套利的回归系数显著为正，意味着其降低了境内债券市场向离岸金融市场的风险溢出，套息交易的回归系数并不显著。总体而言，对于境内金融市场向离岸人民币金融市场的风险溢出，离岸在岸套利的作用具有较强的混合性。

表 1－17　离岸在岸套利对境内货币、债券市场向离岸人民币金融市场风险溢出的影响

解释变量	境内外汇市场的风险溢出			境内股票市场的风险溢出		
	离岸货币市场	离岸外汇市场	离岸货币市场	离岸外汇市场	离岸货币市场	离岸外汇市场
均值方程						
常数项	0.3825 (0.0000)	0.1209 (0.0015)	0.1975 (0.0001)	0.2393 (0.0000)	－0.0080 (0.0126)	－0.0172 (0.0000)
风险溢出滞后 1 阶	0.7884 (0.0000)	0.7883 (0.0000)	0.7883 (0.0000)	0.8258 (0.0000)	0.8630 (0.0000)	0.8258 (0.0000)
汇差套利	0.1051 (0.0002)	0.1104 (0.0002)	0.1173 (0.0002)	－0.0316 (0.0000)	－0.0369 (0.0000)	－0.0430 (0.0000)
套息交易	0.0522 (0.0000)	0.0549 (0.0000)	0.0583 (0.0000)	－0.0012 (0.5015)	－0.0023 (0.3431)	－0.0017 (0.5015)
息差套利	0.0136 (0.1154)	0.0143 (0.1151)	0.0152 (0.1152)	0.0054 (0.0041)	0.0072 (0.0047)	0.0074 (0.0041)
误差项的 ARMA 过程：						
AR（1）	0.5337 (0.0000)	0.5336 (0.0000	0.5337 (0.0000)	0.1314 (0.0096)		0.1314 (0.0096)
MA（1）	－0.1518 (0.0257)	－0.1517 (0.0258)	－0.1517 (0.0258)			
方差方程						
常数项	0.0250 (0.0000)	0.0277 (0.0000)	0.0312 (0.0000)			
ARCH 项	0.9696 (0.0000)	0.9690 (0.0000)	0.9693 (0.0000)			

注：括号内为参数估计的 p 值。

1.4 自贸区交叉性金融业务与产品开放的风险管控

前面的研究表明，交叉性金融业务与产品的发展将使得区内外金融机构的业务联系日益紧密，为风险的跨机构、跨市场与跨区（境）传染提供了新渠道，对交叉性金融业务与产品的风险管控提出了新挑战。

当前自贸区尚未形成相对独立的金融监管体系。伴随着自贸区交叉性金融业务与产品的开放，自贸区将面临与区外风险监管相类似的问题。当前区外交叉性金融业务与产品风险管控存在什么问题？自贸区应该采取哪些针对性的措施？

1.4.1 区外交叉性金融业务与产品风险管控面临的问题

交叉性金融业务与产品蓬勃发展使得金融机构的关联性更为紧密与复杂，加速风险在金融体系内的交叉传染。面对交叉性金融业务与产品开放的冲击，当前金融监管体系存在多方面的问题，已经难以适应交叉性金融业务与产品风险监管的需要。具体地，在事前预防、事中处置与事后化解等方面，当前金融监管体系主要存在以下问题：

1. 在事前风险预防方面，没有统一的金融综合统计体系与风险监测框架，缺乏统一的行业准入与风险评估标准，使得风险监管陷于被动

一是金融综合统计体系缺位，信息共享机制尚未建立。目前，不同行业、不同市场的金融统计主要由各自对应的金融监管部门负责，与交叉性金融产品与业务相对应的金融综合统计体系尚未建立，与此同时，各部门之间往往缺乏有效的信息沟通与共享。这进一步导致监管部门无法实时监测交叉性金融业务与产品的风险，无法准确预警风险的交叉传染。当风险暴露时，监管部门只能被动应对，被市场推着走。

二是缺乏统一的行业准入与风险评估标准。市场准入是预防交叉性金融业务与产品风险的第一道关口。但是，目前交叉性金融业务与产品的开放往往源于金融机构自发性创新，监管部门并没有统一明确的行业准入与风险评估标准，使得交叉性金融业务与产品鱼龙混杂，不利于风险的事前防范。

2. 在事中风险监管方面，以机构为导向的分业监管体系往往缺乏有效协同，监管重复、监管冲突与监管真空并存，降低了风险监管效率

一是分业监管体系难以有效防范交叉性金融业务与产品风险。当前我国金融监管体系是以机构为导向的分业监管，监管权力被分配给多个监管部门，各部门各自为政、自成体系。对于交叉性金融业务与产品而言，在业务交叉环节，监管部门不仅在监管工具与标准方面存在差异，而且对于业务风险的认识存在差异，不可避免地将驱动各部门间的监管竞争。在积极的监管竞争下，重复性监管，甚至冲突性监管大量存在，金融机构必须遵守不同的监管要求，使得不少交叉性金融业务与产品市场被人为割裂，往往使得金融机构的业务发展无所是从，直接抑制了金融创新；在消极的监管竞争下，各部门对于风险监管的回避，将导致监管真空产生，催生监管套利空间，加剧交叉性金融业务与产品风险。

二是我国当前金融监管协调机制尚不健全。2013 年 8 月，国务院批复中国人民银行报送的《关于金融监管协调机制工作方案的请示》，同意建立由中国人民银行牵头的金融监管协调部际联席会议制度。实际上，这并不是我国第一次尝试建立金融监管协调机制。早在 2003 年 4 月，银监会就曾经尝试建立以银监会为主导的银监会、证监会、保监会“三会”联系会议制度；2008 年 6 月，金融旬会制度建立，以加强中国人民银行、银监会、证监会、保监会的监管协调，但均以失败告终。此次金融监管协调部际联席会议制度的重启，意味着我国金融监管协调机制向前迈出了重要一步。但即便如此，目前的金融监管协调部际联席会议制度依然存在着较大局限性。这是因为，在制度安排上，金融监管协调部际联席会议并没有明确的决策机制，这说明金融监管协调部际联席会议依然停留在信息沟通阶段。

3. 在事后的风险化解方面，相关法律、法规、政策规则不统一，难以有效约束交叉性金融业务与产品的过度创新

法律法规滞后对交叉性金融业务与产品的影响突出反映在资产管理行业当中。2001 年，我国《信托法》正式颁布实施，并在此基础之上形成了《证券投资基金法》、《信托投资管理办法》、《信贷资产证券化试点管理办法》等一系列信托法律，为我国资产管理行业的规范发展提供了基础。在交叉性金融业务与产品的推动下，资产管理行业迅速成长，但与此同时，一些矛盾也突出暴露出来。

一是不同部门的监管规则不统一，导致不同金融机构在资产管理领域存在不公平竞争。伴随着资产管理行业的发展，信托原理被广泛应用于各类资产管理业务当中，包括基金公司、保险公司、证券公司等机构都在运用信托原理开展“类信托”业务。尽管在产品性质上并不存在较大差异，但是相比之下，信托公司在资金募集、产品设计、产品销售等多个渠道均存在较大限制，使得信托公司与其他金融机构之间存在较严重的不公平竞争。

二是法律与监管规则之间不统一，不能约束交叉性金融业务与产品的过度创新。例如，尽管商业银行的理财业务是典型的资产信托，但是《商业银行个人理财业务管理暂行办法》的制定，是依据《中华人民共和国银行业监督法》与《商业银行法》，而没有涉及《信托法》，并以“委托关系”替代“信托关系”。同样，对于证券公司专项资产管理计划，证监会制定《证券公司客户资产管理业务管理办法》时则完全不涉及其法律关系。这都为交叉性金融业务和产品发展提供了更强烈的模糊性，不利于完善业务的风险分担机制，约束金融过度创新。

总体而言，监管协调机制的缺位、监管法律法规的不统一是当前区外交叉性金融业务与产品风险管控的主要问题。目前，自贸区尚未形成相对独立的金融监管体系，因此，在区内交叉性金融业务与产品开放过程中，自贸区必然也将面临着同样的问题。自贸区金融监管协调机制应该如何构建?

1.4.2 金融监管协调的国际经验

1. 美国的金融监管协调

在2007—2008年国际金融危机之前，美国金融监管协调工作由联邦金融机构检查委员会负责。联邦金融检查委员会成立于1978年，由美联储、货币监理署、联邦存款保险公司、国家信用社管理局、储贷监理署五家机构组成，委员会主席由各成员机构轮流担任，其主要任务是建立统一的监管原则、标准与报告形式，协调联邦监管机构与州监管机构的监管业务。1999年，《金融服务现代化法案》进一步明确了美联储、联邦货币监理署、联邦存款保险公司和证券交易委员会的监管职责，并对监管机构在信息共享、监管协商、监管冲突解决等方面的协调提出了要求。

但是，在美国“双重多头”的金融监管模式下，金融监管职能由分属于联邦和州的监管机构分别承担，有限的监管协调不足以防范系统性金融风险，在国际金融危机中暴露出了重大缺陷。针对美国金融监管体系中存在的问题，2010年，美国众议院通过了《多德—弗兰克华尔街改革和消费者保护法》，正式设立金融服务监督委员会，强化金融监管协调。

根据《多德—佛兰克华尔街改革和消费者保护法》，金融服务监督委员会由财政部牵头成立，由财政部部长担任主席，并由总统任命一名美联储董事会成员作为监督委员会副主席，为委员会提供政策建议；除此以外，其他成员机构包括美联储、联邦存款保险公司、联邦住房金融局、国家信用管理局和消费者保护局的负责人，以及不具有投票权的金融研究办公室、联邦保险办公室、州银行监管部门、州保险监管部门和州证券监管部门的代表。

金融服务监督委员会将负责统一监管标准、协调监管冲突、处理监管争端、评估系统性金融风险。具体地，包括以下两方面：一是信息收集与共享。在信息收集方面，金融服务监督委员会不仅授权下属金融研究办公室作为其专门的信息收集与分析机构，而且有权向成员机构、其他联邦和州政府金融监管机构、联邦保险局或特定金融机构收集信息。在信息共享方面，金融服务监督委员会将建立统一的报表格式与要求，协调各监管机构的数据与信息收集与共享。二是在检查职能方面，金融服务监督委员会不仅负责统一协调各监管部门的检查活动、评估与提示系统性金融风险、监督监管政策落实，还授权美联储监管非银行金融机构，以增强美联储在监管协调中的作用与地位。

2. 英国的金融监管协调

在国际金融危机之前，英国的金融监管协调机制是建立在英格兰银行、财政部和金融服务局三方签署的《财政部、英格兰银行和金融服务局之间的谅解备忘录》的基础之上。一是明确了金融服务局与英格兰银行在信息收集与共享方面的制度安排，以降低信息收集成本；二是成立常务委员会作为三方协调的组织结构；三是细化在政策变动、对外交往、监管记录保存与使用等方面的协调。

尽管如此，面对国际金融危机的冲击，这一监管协调机制表现僵化，对冲击无法作出及时有效的反应。针对危机中暴露出的问题，2010年，新组建的联合政府撤销了金融服务局，转而在英格兰银行内部设立金融政策委员会，负责宏观审慎监管，至此英格兰银行成为英国唯一的金融监管机构。与此同时，按照改革方案的规划，英格兰银行将下设两个专门的金融监管机构：一是审慎监管局，负责对商业银行、投资银行、建筑业协会与保险公司的微观审慎监管；另一个是消费者保护及市场管理局，负责金融服务活动的市场监管，以维护金融市场声誉与消费者信心。

对于金融政策委员会、审慎监管局与消费者保护及市场管理局之间的监管协调，改革方案也作出相应的规定：一方面，由金融政策委员会对审慎监管局与消费者保护和市场管理局的监管业务进行监督，并就涉及的宏观审慎监管工具向审慎监管局与消费者保护和市场管理局提供业务指导与政策建议；另一方面，对于可能对金融稳定有重大影响的事项，审慎监管局与消费者保护和市场管理局有义务与金融政策委员会进行协商。

3. 澳大利亚的金融监管协调

澳大利亚的金融监管协调机制是建立在金融监管理事会的框架下。金融监管理事会由储备银行、审慎监管局、证券及投资委员会以及财政部共同组成，理事会主席则由储备银行行长担任。

在协调机制上，金融监管理事会的日常运行依据三个层次的规范性文件。

一是纲领性的《金融监管理事会宪章》。这一文件明确了理事会的目标与职责。具体地，理事会的目标是促进金融监管机构与财政部之间的交流与合作、提高监管效率、维持金融系统稳定。主要承担的职责包括：识别金融系统存在的潜在威胁、针对不稳定因素作出适当的协调应对措施、协调成员机构解决监管重复问题、规范监管与报告制度、降低监管成本。

二是通过签订的谅解备忘录，就监管立法中尚未细化的事项或权责模糊的地带，在备忘录中予以明确或确立协调合作的制度性安排。目前，金融监管理事会成员机构之间已经两两签订了四份谅解备忘录，如表 1 - 18。

表 1 - 18　澳大利亚金融理事会谅解备忘录

时间	谅解备忘录	主要内容
1998 年	《澳大利亚储备银行与澳大利亚审慎监管局之间达成的谅解备忘录》	规定储备银行与审慎监管局之间设立协调委员会；在明确监管分工的基础上，规定了储备银行与审慎监管局在信息共享、对金融风险采取共同行动、共同参与协商审慎监管事宜、协商参与国际监管事务等方面的合作
1998 年	《澳大利亚审慎监管局与澳大利亚证券及投资委员会达成的谅解备忘录》	规定审慎监管局与证券及投资委员会应就完善监管政策进行商讨，在信息交换、监管协作、遵守与执行有关立法规定方面相互给予支持，在信息收集与共享、共同监管课题调研、员工培训、行业协商与国际监管事务交流等事项上相互协助
1999 年	《澳大利亚审慎监管局与澳大利亚财政部之间达成的谅解备忘录》	明确了双方机构的监管权责，对信息交流与监管合作进行了制度性安排，明确了双方针对金融监管不同事项的决策权限分配
2002 年	《澳大利亚证券及投资委员会及澳大利亚储备银行达成的谅解备忘录》	确定证券及投资委员会与储备银行每年至少召开一次高级官员会议；规定了监管政策的相互通知义务、优先咨询权、协商权、信息收集与共享权，对第三方机构的通知义务及年度评估的报告义务等事项

资料来源：根据郑睿（2013）整理。

除此以外，成员机构还与其他相关机构也以签署谅解备忘录的形式，对监管中存在的重叠与合作进行协调。例如，证券及投资委员会与公平竞争和消费者委员会、证券交易所、税务局、公共会计师协会分别签订了谅解备忘录。

三是针对系统性危机而发布的特别备忘录，以细化危机管理规定。例如，2008 年发布的有关危机管理的备忘录，按照“检测危机—评估危机和应对措施—公布应对措施—跨境合作”的流程，对金融危机管理的职责作出了具体安排。

在危机监测阶段，储备银行负责监测金融市场和支付结算系统；审慎监管局负责监测金融机构和审慎监管；证券及投资委员会负责监测金融服务提供商；财政部负责总体协调，以便政府掌握总体情况。在评估危机和应对措施阶段，储备银行主要承担评估系统性金融风险的性质和规模，以及与流动性相关的应对措施；审慎监管局负责评估被监管机构在流动性和偿付能力等方面所受的冲击，以及相应的监管应对方案；证券及投资委员主要评估监管对金融市场与投资者的影响；财政部则就应对措施向政府提出政策性意见。在措施公布阶段，成员机构将在职责范围内向公众披露应对措施，并就告知义务进行协调。

4. 德国的金融监管协调

1962 年《联邦银行法》实施以后，德国金融业监管体系逐渐成形，形成了以联邦银行监管局、有价证券交易监督局、保险监督局为主要监管机构的分业监管体系，分别承担银行业、保险业、证券业的主要监管责任。作为德国的央行，德意志联邦银行也具有银行业监管的责任。

面对混业经营的监管需求，2002 年，德国推行金融监管体制改革，通过了《统一金融服务监管法》，正式合并联邦银行监管局、有价证券交易监督局、保险监督局三家机构，组建成联邦金融监管局，负责综合性监管。合并后的联邦金融监管局分设银行监管部、保险监管部、证券及资产管理监管部，继承分业监管体制下的主要监管职能；与此同时，对于存在跨机构、跨市场特征的金融业务监管，则由三个部门负责，即国际/金融市场部、消费者与投资者保护部和金融体系综合部，其中，国际/金融市场部承担了金融集团、银行业与保险公司的信息披露、金融市场监管；消费者与投资者保护部负责处理金融服务投诉等消费者保护事务；金融体系综合部则负责处理非法金融业务。

尽管联邦金融监管局承担大部分金融监管职能，但是，德意志联邦银行仍保留部分银行监管职能，而德意志联邦银行与联邦金融监管局主要从以下几个方面展开监管协调：一是联邦金融监管局并不在德国各地分设下属机构，而是委托德意志联邦银行承担常规性的监管事务，金融监管局仅根据需要开展特殊的现场检查；对于检查结果，联邦金融监管局具有最终决策权，而德意志联邦银行则享有建议权。二是定期的联席会议机制。根据 2002 年的《综合性金融服务监管法》，联邦金融监管局与德意志联邦银行共同组织“金融市场监管论坛”，意在加强双方的沟通与协商。三是在信息收集和共享方面，德意志银行负责金融信息收集与统计，联邦金融监管局所需的信息由德意志联邦银行提供，双方共享数据库与信息系统。四是在监管法规的制定方面。对于涉及货币政策的监管法规，在政策发布前，联邦金融监管局必须与德意志联邦银行进行协商，并征询意见。

5. 各国金融监管协调的基本方式与内容

由金融监管协调的国际经验，我们可以发现，因为各国的金融环境存在差异，所以各国金融监管协调的路径并不一致，总体而言，根据协调机制约束力的强弱，可以归纳为以下几种方式：

一是签署谅解备忘录。总体而言，谅解备忘录的优点在于具有较强的灵活性，不仅可以细化职权范围、业务监管归属等法律规定较为模糊的内容，还可以对信息收集与共享、监管政策沟通与协商等方面的协调作出具体的制度性安排。例如，澳大利亚的金融监管协调机制主要建立在金融理事会成员机构之间两两签订的谅解备忘录的基础之上，而且，针对危机事件，金融理事会还签订特别备忘录，以明确危机管理流程。尽管如此，谅解备忘录并不具备法律约束力，因此，往往在非法定的协调机制下被广泛使用（例如，澳大利亚的金融理事会即为非法定的监管协调机制）。

二是成立专门的金融监管协调机构或交叉监管机构。设立专门监管协调机构是提高监管协调效率的必要条件，对于提高监管协调效率具有重要作用。例如，在国际金融危机爆发前，美国联邦金融检查委员会的主要职责之一就是为了促进监管机构间的交流与协调；类似地，为了方便监管协调，英国成立由英格兰银行、金融服务局与财政组成的常务委员会。德国联邦金融监管局则成立国际/金融市场部、消费者与投资者保护部和金融体系综合部三个部门负责跨机构业务监管。

三是以法律的形式对金融监管协调机制予以制度性保障。这首先体现为法律对各监管机构权利与义务的明确。例如，英国通过修改《英格兰银行法》重新规定了英格兰银行的职能，并明确了英格兰银行、金融服务监管局以及其他监管机构的职权范围。其次是法律对于协调机制的制度性安排。例如，德国《综合性金融服务监管法》对于联邦金融监管局与德意志联邦银行在信息共享、联合检查、政策法规制定等方面的协调作出明确规定。

针对共同的监管对象，各国金融监管协调内容则主要侧重于以下几个方面：

一是职权划分。分工明确具体是建立全面、无缝的金融监管体系的前提条件。明确职权划分是各国金融监管协调的首要内容。

二是信息共享与标准化。对于监管机构而言，信息共享与标准化有利于降低监管成本，提高监管效率；对于被监管机构而言，监管机构间的信息共享也有利于减轻监管负担，是各国金融监管协调的重要内容。

三是联合检查或委托检查。联合检查或委托检查避免了对同一监管对象实施重复性检查，有利于节约监管成本。例如，由于德国金融监管局不下设分支机构，因此，日常的检查工作主要委托德意志联邦银行代为执行。

四是政策沟通与协商。当监管政策对其他监管机构的职责范围具有潜在影响的时候，各国均要求监管机构在政策制定与公布的过程中，应事先与其他监管机构进行沟通与协商，以尽可能地避免监管冲突的发生。

五是监管争议与冲突解决。尽管存在信息共享、政策协商，但是监管冲突依然可能发生。监管协调机制为监管冲突的解决提供了平台。例如，解决成员机构之间的司法争端是美国金融服务监督委员会的重要目标之一。

1.4.3 完善自贸区交叉性金融业务与产品风险管控的政策建议

上海自贸区尚未形成相对独立的金融监管体系，因此，区内交叉性金融业务与产品的风险管控面临着与区外同样的问题。

目前，上海自贸区金融工作协调推进小组已经成立，成员由人民银行上海总部、上海证监局、上海银监局、上海保监局、自贸区管委会，上海市政府金融办等多个机构组成，主要任务是配合国家金融管理部门协调推进自贸区的金融开放创新，为国家金融管理部门在自贸区的金融开放创新营造良好的环境，并提供服务和保障。

金融工作协调推进小组的成立，意味着上海自贸区金融风险监管协调的基本框架已经搭建完成。在这样一个框架下，针对交叉性金融业务与产品风险，自贸区应该进一步完善监管协调机制，细化监管协调内容，建立一个相对独立、无缝对接的风险管控机制。

1. 统一金融统计管理办法，以自贸区信息共享平台为基础，完善交叉性金融业务与产品的信息共享

在分业监管的体制下，信息共享是实现交叉性金融业务与产品风险监管协同的基础，有利于统一各监管部门对风险的认识，全面把握风险状况。不仅如此，自贸区交叉性金融业务与产品的风险监管不仅要实现金融监管部门之间的信息共享，也需要工商、税务、海关等行政部门的信息沟通与交流①。目前，在“上海市网上行政审批平台”的基础上，自贸区信息共享平台已经开始搭建，对于推动海关、检验检疫、人民银行、外汇管理局、金融监管部门的信息协调有着重要的积极作用。自贸区可以此为基础，进一步推动和完善交叉性金融业务与产品的信息共享，为相应的风险监管奠定稳固的基础。

2. 统一金融统计分类与标准，统一金融管理办法，打造标准化、全口径的交叉性金融业务与产品的市场监测体系

标准化与全口径的金融统计是交叉性金融业务与产品风险监测的必要条件，但是长期以来，金融统计分别由“一行三会”根据各自的统计管理规定分别进行，各部门规定之间往往缺乏协同，产生了不少统计上的重复与空白，不仅统计范围不全，缺乏对交叉性金融业务与产品的监测，而且标准化程度低，缺乏统一的统计分类与标准，存在着重复与矛盾，不利于监管部门准确评估风险状况。自贸区应该从统一金融统计标准与管理办法入手，通过梳理区内交叉性金融业务与产品的发展状况，完善金融统计口径，打造标准化、全口径的交叉性金融业务与产品的市场监测体系，实现风险的动态把握。

3. 以 FTA 账户体系、交叉性金融业务与产品的市场监测体系为基础，建立多样化的风险预警机制

预警是自贸区防范交叉性金融业务与产品风险跨市场、跨机构与跨区（境）传染的首要环节。交叉性金融业务与产品的市场监测体系与 FTA 账户（自由贸易账户，下文简称 FTA 账户）体系为预警系统的构建提供了可能性。预警机制的建立应以人民银行为主

---

① 例如，对于贸易真实性的审核等方面。

导，这是因为：从信息共享的角度看，人民银行负责金融综合统计，负责 FTA 账户体系的清算，拥有相对全面的信息，从监管协调的角度看，人民银行负责牵头金融监管协调部际联席会议，具有较高的权威性。预警手段应该多样化，可以及时追踪评估自贸区交叉性金融业务与产品的风险溢出，实现实时的警报发布。

4. 建立市场准入的联合审查机制，从源头控制自贸区交叉性金融业务与产品风险

面对交叉性金融业务的跨市场、跨机构与跨区（境）特征，自贸区应该建立业务准入的联合审查机制，从业务源头控制风险。联合的业务准入审查可以分为两个层级：一是对于交叉性金融业务与产品创新的风险准入审查，全面评估业务创新的风险特性，推动适度创新；另一层是对开展相应业务的金融机构与高管的准入资质审查。对于业务风险的联合审查，自贸区应联合人民银行、外管局以及各级金融监管部门，成立业务风险审查委员会开展业务准入的联合审查；对于业务资质审查，自贸区应坚持简化行政审批的原则，在控制风险的前提下，联合银行、保险、证券等各个行业协会对业务合作方的资质进行联合审查。

5. 以跨境资产管理行业为切入点，建立政策沟通与协商机制，统一监管原则，杜绝不公平竞争和监管套利；建立灵活的联合行动机制，提高监管效率，降低监管成本

交叉性金融业务与产品的发展使得行业边界日益模糊，业务属性逐渐趋同，因此，任一监管机构单方面的行为都将涉及其他机构的监管业务，容易引发监管竞争，催生监管套利。这突出反映在资产管理行业当中。例如，伴随着资产管理行业的发展，银行理财、信托、基金、券商资产管理、保险资产管理的差异不断缩小，但是，各自在投资标的、产品设计、风险管理等多方面受到的监管却存在较大差异，从而产生监管套利空间。作为金融支持自贸区建设的重要内容，银监会支持区内银行业金融机构推进跨境资产管理和财富管理业务，证监会支持证券期货经营机构在区内设立资产管理子公司，保监会也积极研究在自贸区试点扩大保险机构境外投资范围和比例，因此，区内跨境资产管理业务的发展必然面临着类似的问题。

上海自贸区可以跨境资产管理行业为切入点，针对不同机构的跨境资产管理业务监管要求，在政策制定过程中，鼓励监管机构之间积极展开协商，相互征询意见；在政策发布前，明确相互通知的义务，建立顺畅的政策沟通与协商渠道，保证政策逻辑上的一致性，降低套利风险。除此以外，针对交叉性金融业务与产品的跨市场、跨机构与跨区（境）特征，自贸区金融监管协调应开展联合检查执法行动，保证行动上的一致性。

6. 加强金融机构内部风险控制，加强行业协会以及交易所的自律监管，形成以金融机构内部风险控制为基础、行业自律为重点、市场监管为补充的风险监管协调体系

加强金融机构的内部风险控制是实施有效金融监管的基础，是避免交叉性金融业务与产品风险传染的前提。首先，应在金融机构内部建立严格的防火墙机制，通过实现业务独立操作、资金独立保管与核算、管理人员的独立任职，隔离交叉性金融业务与产品风险；其次，应完善内部稽核监督机制，通过建立健全内部稽核部门、完善内部风险级别评估与预警办法，提高对交叉性金融业务与产品风险的敏感度。

行业自律监管则更加贴近市场，具有更高的监管效率。作为行业自律监管最主要的两类机构，行业协会与交易所应在自贸区交叉性金融业务与产品风险监管中发挥重要的作用。

从交易所的角度考虑，目前，上海国际能源交易中心已在区内挂牌成立，上海联合产权交易所已在区内设立资产交易服务平台，上海国际黄金交易所已办理工商注册登记，上海国际金融资产交易中心正在加紧筹建；未来，中国外汇交易中心、中国金融期货交易所、上海清算所和上海股权交易中心，都将在上海自贸区内新设或增设交易场所，为区内交叉性金融产品的流通提供场所。因此，交易所可以与监管机构以签订谅解备忘录的形式，确定监管协调机制，以避免可能出现的利益冲突，明确监管范围。从行业协会的角度考虑，虽然我国行业协会并没有司法权，但是，行业协会可以在信息收集与沟通、业务调研与政策建议等方面与监管机构展开协作，故其对业务监管也具有重要的促进作用。

7. 以信息披露为抓手，完善消费者权益保护

因为交叉性金融业务与产品的复杂性，所以消费者权益保护问题在其风险监管中显得尤为突出。目前，我国“一行三会”已经分别建立了各自的消费者保护机构，但是相应的监管协调机制尚未形成。

面对区内未来交叉性金融业务与产品的发展，自贸区可以从以下几个方面建立对消费者权益保护的监管协调：一是在金融监管协调推进小组的框架下，建立消费者权益保护的协调机构，统一金融机构的义务与责任认定标准；二是要建立交叉性金融产品风险披露制度，明确消费者的风险披露、通报与建议权；三是要加强消费者教育，倡导和推广标准化的服务流程；四是以风险预警为手段，加强交叉性金融业务与产品风险的前置化监管。

1.5 自贸区交叉性金融业务与产品开放的路径——以跨境资产证券化为例

尽管交叉性金融业务与产品开放具有一定程度的潜在风险，但是作为金融支持自贸区发展的重要内容，跨境资产管理、跨境财富管理等交叉性金融业务受到了人民银行、银监会、证监会与保监会的大力支持，对于推动金融综合经营、提高金融资源配置效率与促进实体经济增长具有重要意义。自贸区应该如何设计交叉性金融业务与产品的开放路径？针对这一问题，本节将以“跨境资产证券化”这一典型的交叉性金融业务与产品为例，在分析资产证券化业务模式与发展现状的基础上，分析自贸区试点跨境资产证券化业务的必要性、可行性与不足，为区内跨境资产证券化的发展提供相关政策建议。

1.5.1 资产证券化的业务模式

资产证券化，是采用证券化技术，通过重组流动性欠佳、但具有可预期现金流的基础资产，发行标准化有价证券，以实现融资和风险转移功能的一种交叉性金融业务。

资产证券化业务流程较为复杂，涉及资产的出售、特殊目的机构（Special Purpose Vehicle，下文简称 SPV）的设立、出售资产的重组分级、证券化产品的信用增级以及产品发行后的服务与支持等多个环节，需要发起人、SPV、资金和资产托管机构、信用增级机构、信用评级机构、证券承销人与证券投资者等多个对手方和中介机构的协同与合作才能够顺利完成。

资产证券化的业务模式一般包括三种：表外模式、表内模式与跨境模式。在跨境模式下（见图 1－12），资产证券化主要由以下流程构成：第一步，跨境资产证券化的发起人，即资产的原始权益人，分析自身融资需求，确定用以证券化的境内基础资产。第二步，发起人将 SPV 设立于离岸金融市场，并将基础资产转移给 SPV。SPV 是一个没有破产风险的实体，发起人将基础资产转移给 SPV 时，必须满足真实出售的要求，从而实现破产隔离。第三步，SPV 将基础资产汇集成资产池，以资产池所产生的现金流为支撑，设计证券化产品。第四步，为吸引投资者并降低融资成本，发起人与信用增级机构分别采取措施为证券化产品进行信用增级。第五步，在完成信用评级之后，SPV 委托证券承销商，面向国际金融市场发售证券。第六步，SPV 从证券承销商那里获得发行现金收入，并按事先约定的价格向发起人支付购买基础资产的价款，同时，SPV 委托受托人按时足额向投资者偿付本息。

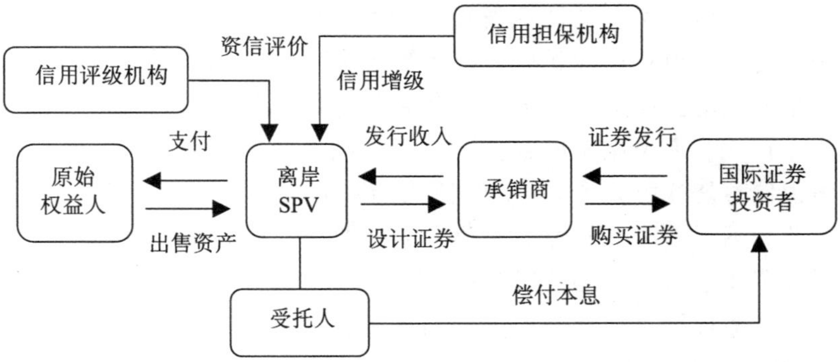

图 1－12 跨境资产证券化的基本流程

三种资产证券化模式的核心差异在于 SPV 的设立，以及由此产生的破产隔离效应。资产证券化的跨境模式与表外模式均需要设立 SPV 以彻底隔离破产风险，但是，在表外模式下，SPV 设立于在岸金融市场；在跨境模式下，SPV 则设立于离岸金融市场，因此，资产证券化的表外模式并不具有离岸金融业务优势。而在表内模式下，发起人并不设立 SPV，而是直接发行证券，因此，基础资产仍然被保留在发起人的资产负债表上，不能实现完全的破产隔离。

比较资产证券化的三种模式可以发现，在跨境模式下，SPV 的设立、基础资产的转让、证券化产品的发售等主要业务环节将在离岸金融市场运作，因此，其兼具离岸金融业务与资产证券化业务的双重特点（见表 1－19）。对于发行机构而言，除了实现融资与风险转移等资产证券化的基本功能以外，进行跨境资产证券化不仅不受离岸货币国的税收与金融管制，充分享有手续简便、税收优惠、市场利率更富有竞争性等离岸金融业务优势，而且跨境资产证券化面向国际金融市场，有利于扩大证券化产品的需求面，从而保证证券化产品成功发行。

表 1－19　　资产证券化表外模式、跨境模式与表内模式的差异比较

	跨境模式	表外模式	表内
SPV 的设立	设立在离岸金融市场	设立在岸金融市场	不设立 SPV
破产风险隔离	完全破产风险隔离	完全破产风险隔离	不完全破产风险隔离
基础资产转让、评级等业务运作场所	离岸金融市场	在岸金融市场	在岸金融市场
证券化产品发行对象	面向国际金融市场与国际证券投资者发现	面向境内金融市场与境内证券投资者	面向境内金融市场与境内证券投资者
计价货币	本币或外币	本币	本币

1.5.2　资产证券化的发展现状

1. 国外资产证券化发展现状

美国是全球最大的资产证券化市场，其资产证券化业务最早出现在 20 世纪 60 年代末，这与当时美国房地产市场的高速发展与利率市场化改革具有密切的关系。首先，60 年代以来，美国房地产市场高速扩张，导致美国金融体系积累了大量的长期贷款，恶化了美国金融体系的流动性风险。其次，70 年代以后，美国启动利率市场化改革；伴随改革进程的推进，存款利率上限不断被提高，银行利差收入日益缩小，以住房抵押贷款为主要业务的美国储蓄贷款协会等金融机构陷入期限错配困境。

在这样的背景下，美国政府着手推动住房抵押贷款证券化。1968 年，美国国会通过了《住房与城市发展法案》，正式允许发行住房抵押贷款担保证券。经历 40 多年的发展，美国资产证券化业务规模迅速增长，交易结构不断创新，基础资产与产品类型日益丰富（见图 1－13、图 1－14）。

在业务规模上，虽然受“次贷危机”的影响，美国资产证券化产品的发行总量与未偿余额比危机前出现回落，但是仍然保持较高水平。2013 年，美国共发行 2.14 万亿美元的资产支持证券，占美国债券市场发行总量的 33.35%，而资产支持证券的未偿余额约为 10 万亿美元，占美国债券市场未偿余额总量的 25.07%。

在产品类型上，美国的资产证券化产品已经形成了抵押贷款证券 MBS（Mortgage－Backed Securitization）、资产支持证券 ABS（Asset－Backed Security）与担保债务凭证 CDO（Collateralized Debt Obligation）三大系列。图 1－15 描述了当前美国资产证券化产品的种类。

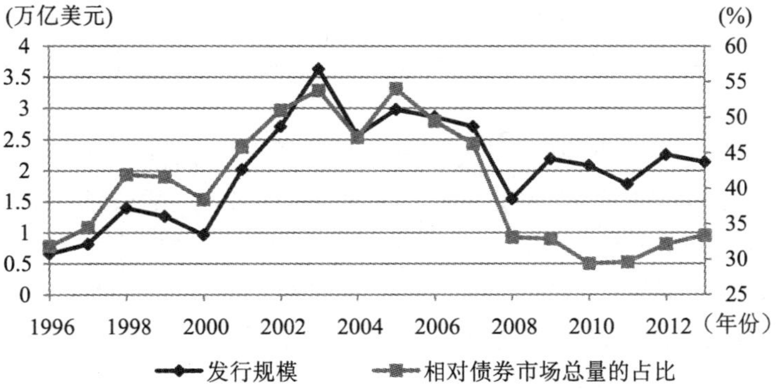

图 1－13　美国资产证券化产品的发行规模及其相对债券市场总量的占比

资料来源：美国证券业及证券市场协会（SIFMA）。

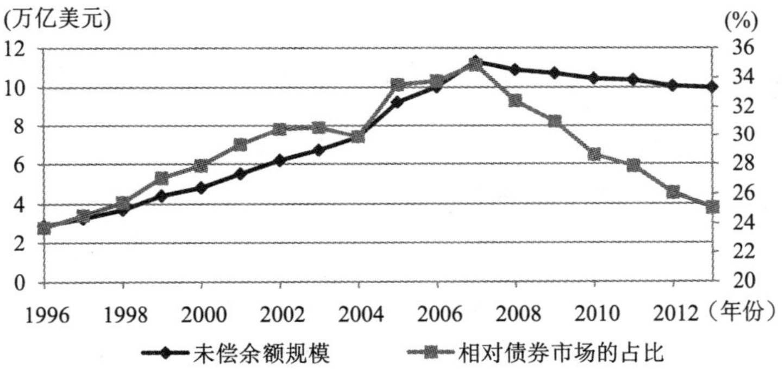

图 1－14　美国资产证券化产品的未偿余额规模及其相对债券市场总量的占比

资料来源：美国证券业及证券市场协会（SIFMA）。

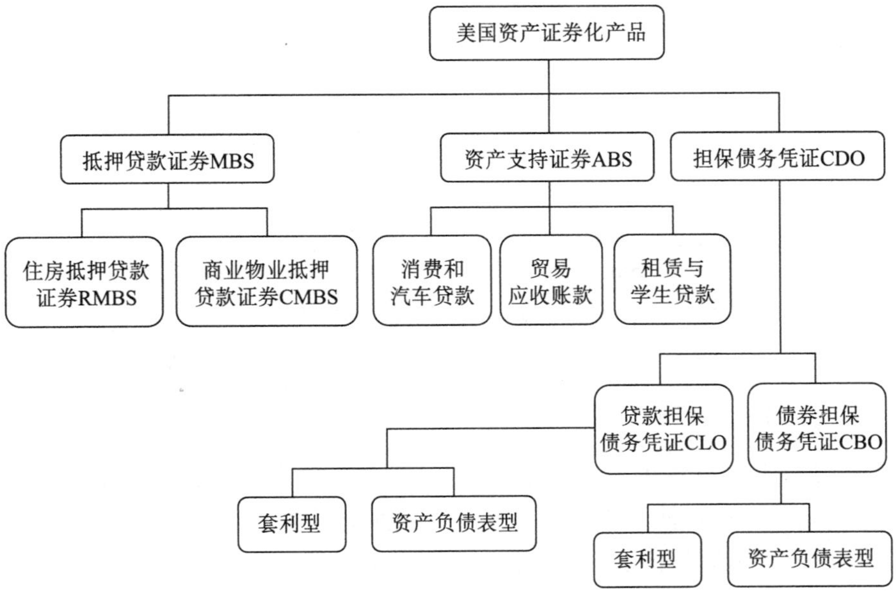

图 1－15　美国资产证券化产品分类

在业务模式上，美国资产证券化业务广泛采用表外业务与跨境业务模式。特别地，为了鼓励跨境资产证券化业务的发展，1990 年，美国证监会通过了 S 条例，放宽了对于资产证券化产品跨境发行与销售的管制。

由于在金融体制和法律体现上与美国存在较大差异，因此，欧洲的资产证券化业务主要采用表内模式，但同样受“次贷危机”的影响，2007 年后，欧洲资产证券化业务规模出现大幅下滑。至 2013 年，欧洲共发行 23.97 百亿美元的资产证券化产品，未尝余额为 198.06 百亿美元（见图 1－16）。在产品类型方面，抵押贷款证券 MBS 是欧洲金融市场中最主要的证券化产品，而资产支持证券 ABS 与担保债务凭证 CDO 的市场规模则相对较小（见图 1－17）。

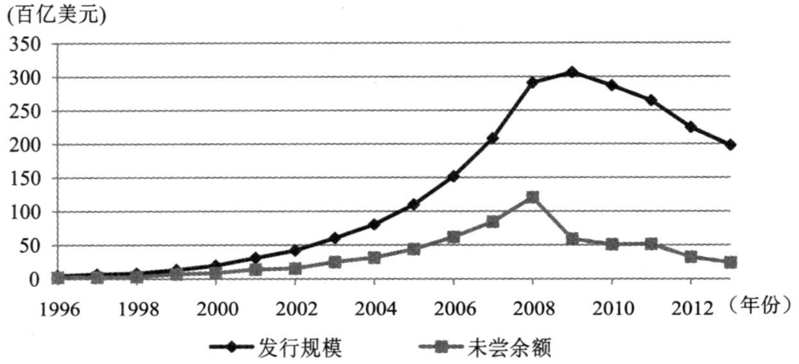

图 1－16 欧洲资产证券化产品的发行规模与未偿余额

资料来源：美国证券业及证券市场协会（SIFMA）。

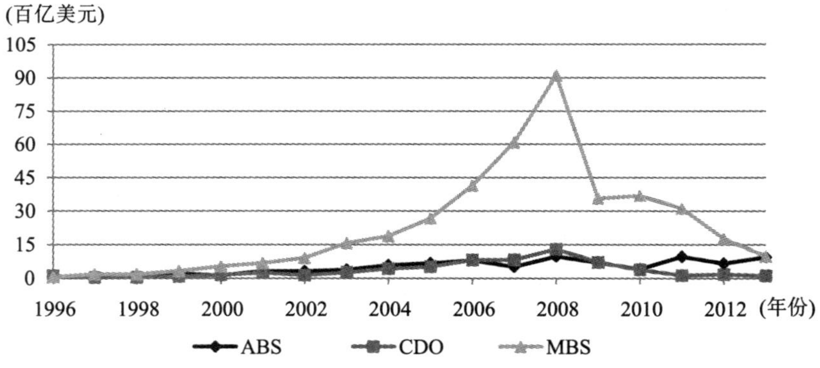

图 1－17 ABS、CDO 与 MBS 在欧洲金融市场的发行规模

资料来源：美国证券业及证券市场协会（SIFMA）。

20 世纪 90 年代，亚洲资产证券化市场迅速发展。目前，日本、韩国和澳大利亚已经成为亚洲最为活跃的资产证券化市场。日本是亚洲最早尝试资产证券化的国家。80 年代末，在日本房地产泡沫的压力下，日本金融系统改革委员会着手讨论资产证券化问题。1990 年，日本允许银行资产组合进行有限制的资产证券化。1993 年，日本的非银行机构被允许合法地将租赁应收款、信用卡应收款、分期付款应收款与汽车应收款等基础资产的资产证券化。但是，这些资产支持证券不能在境内的二级市场流通，因此，东南亚金融危机爆发前，日本的资产证券化发展较为缓慢。

东南亚危机爆发后，日本、韩国、澳大利亚等国的金融机构产生了大量的不良贷款。在这种外部环境下，政府的推动是亚洲资产证券化发展的关键因素。危机爆发后，日本修改了证券法和投资信托法，通过“特殊目的公司法”，不仅允许在境内发行资产支持证券，而且大幅放宽资产证券化的基础资产范围，从而摆脱了早期资产证券化发展的困境。韩国则制定了《有效处理金融机构不良资产及成立韩国资产管理公司的法案》、《资产证券化法案》、《住房抵押债券证券化公司法》，为韩国资产证券化市场的健康发展提供了保障。

在业务模式上，亚洲资产证券化较多侧重跨境资产证券化。在东南亚危机爆发之前，由于日本和韩国对于境内资产证券化的严格管制，两国的资产证券化基本采用跨境模式。在东南亚危机爆发之后，为了确保资产支持证券在境内外发行成功，韩国在证券化产品的发行过程中，分别与境内外设立了两个证券化公司。澳大利亚证券化产品的发行也由最初的境内市场向离岸市场转移，2000 年后，其证券化产品的离岸发行量已经占据了主要的份额。

2. 区外资产证券化发展现状

根据基础资产的不同，我国资产证券化被区分为企业资产证券化与信贷资产证券化两大类，且发展历程可以被划分为三个阶段：准资产证券化阶段、资产证券化试点阶段和资产证券化常态化阶段。

准资产证券化阶段，是指 20 世纪 90 年代初期，由于各方面制度因素的限制，只能部分实现资产证券化功能的交易阶段。在准资产证券化阶段，证券化产品的交易形式与信托交易凭证并无较大差异，有关资产证券化的法律、税收等制度并没有建立起来。在企业资产证券化方面，出现了包括珠海公路交通收费资产证券化、中远集团应收账款资产证券化、中集集团应收账款资产证券化和信达不良资产证券化等跨境资产证券化（见表 1－20）。在信贷资产证券化方面，1997 年 7 月，中国人民银行颁布的《特种金融债券托管回购办法》规定，由部分非银行金融机构发行的特种金融债券均需办理资产抵押手续，并委托中央国债登记结算公司负责相关事项，为不良资产的证券化创造了条件，也意味着信贷资产证券化的逐渐放开；2000 年，中国人民银行批准建设银行、工商银行为住房贷款证券化试点单位，并出现了“华融不良资产证券化”、“工商银行宁波分行不良资产证券化”等几笔大额不良资产证券化。

表 1－20　　准资产证券化阶段我国跨境资产证券化案例

发起人	发起时间	发行额度	基础资产	投资者
珠海市政府	1996 年	2 亿美元	公路收费	美国机构投资者
中远集团	1997 年	3 亿美元	应收款项	美国机构投资者
中集集团	2000 年	8000 万美元	应收款项	国际商业票据投资者
信达资产管理公司	2003 年	2.44 亿美元	不良资产	海外机构投资者

2003 年，中国证监会颁布了《证券公司资产管理业务试行办法》，正式明确了企业资产证券化的渠道。2005 年，中国人民银行和银监会联合发布了《信贷资产证券化试点管理办法》；同年，银监会发布《金融机构信贷资产证券化试点监督管理办法》。至此，我国资产证券化市场的发展正式进入了试点阶段。

2007 年，信贷资产证券化试点继续扩大。在信贷资产证券化方面，资产证券化试点正式确立了以信贷资产为融资基础、由信托公司组建信托型 SPV、在银行间债券市场发行和流通资产支持证券的基本框架；在企业资产证券化方面，资产证券化试点明确了非金融机构通过证券公司定向资产管理业务、集合资产管理业务和专项资产管理业务，发行资产支持融资工具的途径。表 1－21 比较了企业资产证券化与信贷资产证券化的基本框架。特别地，在跨境资产证券化方面，2006 年，万达集团与麦格理集团合作，通过注册开曼群岛的王朝资产控股公司发行 1.45 亿美元的 CMBS 证券。但是，受 2008 年美国次贷危机的影响，监管部门对于资产证券化业务趋于谨慎，资产证券化试点被暂停。

表 1－21　企业资产证券化和信贷资产证券化的基本框架比较

	信贷资产证券化	企业资产证券化
监管机构	中国人民银行、银监会	证监会
主要法律法规	《中华人民共和国信托法》 《中国人民共和国合同法》 《信托资产证券化试点管理办法》 《金融机构信贷资产证券化监督管理办法》 《信贷资产证券化会计处理规定》 《关于信贷资产证券化有关税收政策问题的通知》 《关于信托投资公司开展集合资金信托业务创新试点有关问题的通知》	《中华人民共和国合同法》 《中华人民共和国证券法》 《中华人民共和国担保法》 《证券公司企业资产证券化业务试点指引（试行）》 《证券公司客户资产管理业务管理办法》 《证券公司资产证券化业务管理规定》
法律结构	特殊目的信托（信托关系）	资产管理计划（委托关系）
产品名称	资产支持证券	资产支持受益凭证
发起人	金融机构	无规定
发行人	特殊目的信托	获得证监会创业信物试点资格的证券公司
合格投资者	除保险公司外的参与银行间市场的金融机构	除银行、保险机构外，尚无限定
交易平台	银行间债券市场	证券交易所
登记机构	中央国债登记结算有限责任公司	中国证券登记结算有限公司

资料来源：根据穆迪：《中国资产证券化之路：现状和前瞻》、《2013 年中国资产证券化年度报告》整理。

2011 年，证监会重启对企业资产证券化项目的审批。2012 年 5 月，央行和银监会联合下发了《关于进一步扩大信贷资产证券化试点有关事项的通知》，重启并批准了 500 亿元的信贷资产证券化的试点额度。2013 年，证监会正式颁布了《证券公司资产证券化业务管理规定》。2013 年 7 月，国务院办公厅发布了《关于金融支持经济结构调整和转型升级的指导意见》，指出“逐步推进信贷资产证券化常规化发展，盘活资金支持小微企业发展和经济机构调整”。这一系列明确的法规、政策支持标志着我国资产证券化进入了常态化阶段。

从 2013 年开始，监管机构确定了新一轮 3000 亿元的信贷资产证券化试点额度。2013 年全年共有 10 家银行和企业发行了资产证券化产品，发行规模达到 231.71 亿元，比 2012 年增加 37.29 亿元，增幅为 3.25%。其中，通过银行间市场发行 157.73 亿元，占上年信贷支持证券总规模的 81.89%；以券商专项资产管理计划发行 73.98 亿元，占上年企业资产支持证券总规模的 232.64%。截至 2014 年 3 月 31 日，重启后的企业资产证券化和信贷资产证券化共募集资金 960.12 亿元（见图 1-18）。

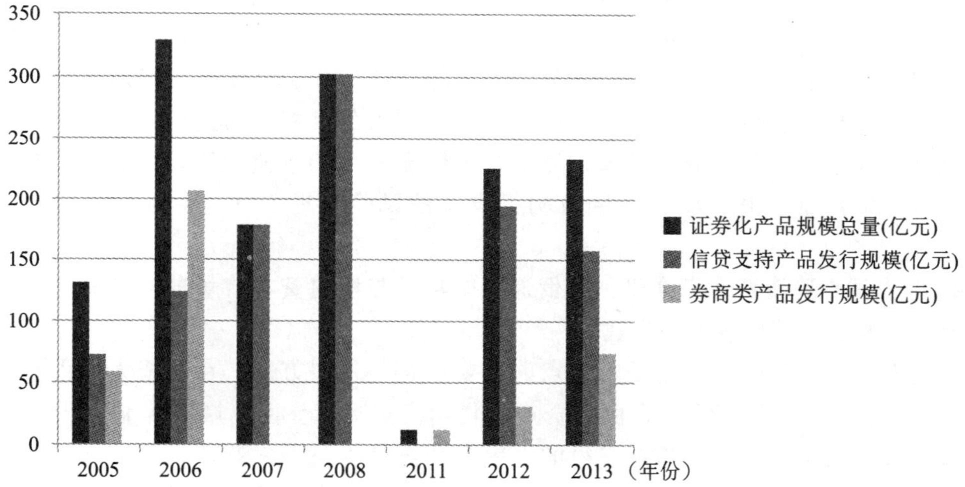

图 1-18　2005 年至 2013 年我国资产证券化产品的发现规模

资料来源：《2013 年中国资产证券化年度报告》。

1.5.3　区内试点跨境资产证券化的必要性

在境内区外资产证券化试点常规化的背景下，推动区内试点跨境资产证券化，不仅为跨境融资开辟了新的路径，而且将倒逼境内资本市场对外开放，推动上海自贸区和上海国际金融中心建设。

1. 区内试点跨境资产证券化，有利于利用外资推动混合所有制改革

融资与治理机制的转变是混合所有制改革的核心内容。资本市场是国有企业融资的重要途径，但是，当前境内资本市场深度有限，IPO 效率较低，因此，推动国企上市或者已上市国企的减持与并购重组，并不是推动混合所有制改革的主要路径；同时，海外上市、产权交易则存在区域性限制，引入 PE、VC 等战略投资者对于资产质量要求也较高。综合比较，资产证券化是推动混合所有制改革的较好选择，而在区内试点跨境资产证券化，则进一步有利于国有企业利用外资推动混合所有制改革。

2. 区内试点跨境资产证券化，有利于利用外资解决中小企业融资难的问题

跨境资产证券化对于丰富中小企业的融资方案具有重要意义。目前，商业银行信贷是中小企业融资的主要渠道，但是，一方面，商业银行信贷规模有限；另一方面，质押、抵押、担保物有限等诸多因素导致中小企业贷款难以有效保障。除此之外，受限于规模与资质，大多数中小企业无法通过发行股票与债券融资。在区内试点跨境资产证券化，为中小企业融资提供了一个新的融资方案，有利于中小企业利用外资降低其融资成本。与此同时，跨境资产证券化能够帮助商业银行提高资金流动性、降低资金占用，进一步提高其对中小企业的信贷效率。

3. 区内试点跨境资产证券化，有利于金融机构化解流动性风险，优化业务结构，提升业务创新能力

作为资本市场的重要参与者与组织者，在跨境资产证券化过程中，银行、券商、信托、基金等各类金融机构都将作为产品的发起人、设计人、承销商、交易商、做市商、财务顾问、投资咨询机构、投资者参与资产证券化的运作。因此，在区内试点跨境资产证券化，将有利于金融机构业务结构的优化与创新力的发展。与此同时，资产证券化是推动金融机构健康发展的重要支撑，为金融机构提供资产负债和流动性管理工具。在区内试点跨境资产证券化，将为金融机构提供新的风险管理工具，将风险由境内向境外转移。

4. 区内试点跨境资产证券化，将倒逼资本项目与境内资本市场的对外开放，加速人民币国际化与上海国际金融中心建设

跨境人民币资产证券化是区内试点的重要内容与发展方向。在跨境人民币资产证券化的过程中，证券化发起人将人民币资产出售给离岸 SPV，由离岸 SPV 向投资者发行以人民币计价的证券化产品，筹集获得的人民币资金将支付予发起人，证券本息的偿还则依赖于基础资产所产生的现金流。因此，在跨境人民币资产证券化的起始端，发起人通过发起跨境人民币资产证券化获取人民币融资。这就要求人民币跨境结算与融资方面提供更大的便利，从而倒逼资本项目进一步开放。在跨境人民币资产证券化的终端，投资者将通常获得人民币资产证券化产品，而证券化产品的流通性将对跨境人民币资产证券化能否成功发行具有重要的作用，从而进一步倒逼证券化产品二级市场建设或境内资本市场的对外开放，进而推动人民币国际化与上海国际金融中心建设。

5. 区内试点跨境资产证券化，将有利于解决境内区外资产证券化试点进程中面临的障碍与问题，进一步推动金融市场市场化改革

必须认识到，当前境内区外的资产证券化试点存在规模较小、投资者群体单一、流动性差等诸多问题。例如，2013 年，境内区外资产证券化试点共发行 231.71 亿元的证券化产品，仅占扩大试点总额度的 5.75%。在资产证券化实际操作过程中，业务流程复杂，涉及金融机构和监管部门较多，业务审批周期较长等因素，是制约当前资产证券化业务发展的重要原因。在区内试点跨境资产证券化，将要求以离岸金融业务模式运作资产证券化业务，对法律、会计、税收、监管等多个方面提出较高要求，从而倒逼市场监管改革，一定程度解决阻碍当前资产证券化发展的因素。

1.5.4 区内试点跨境资产证券化业务的可行性与不足

总体而言，上海自贸区离岸人民币金融市场的发展定位为区内试点跨境资产证券化业务提供了坚实的政策基础；自贸区利率市场化改革的推进也有利于区内跨境资产证券化产品的定价与发行；境内区外资产证券化试点的重启，银行理财、同业等“影子银行”业务监管日趋严格，为区内试点跨境资产证券化提供了良好的外部环境和潜在需求。

1. 自贸区离岸人民币金融市场的发展方向，为区内试点跨境资产证券化提供了坚实的政策基础

《中国（上海）自由贸易试验区总体方案》（下文简称《总体方案》）显示，一方面，自贸区将坚持“一线放开、二线管住”；另一方面，自贸区允许区内符合条件的中资银行开办离岸业务。换句话说，自贸区将成为一个离岸区域，区域内将允许开办离岸业务。这实际上也就意味着“离岸人民币金融市场”将是自贸区未来的重要定位与发展方向。

与此同时，中国人民银行上海总部先后发布扩大人民币跨境使用、支付机构跨境人民币支付业务、反洗钱和反恐融资、放开小额外币存款利率上限、外汇管理等5项实施细则，为人民币跨境使用提供了条件。除此以外，银监会与证监会分别发布通知，支持区内银行业金融机构推进跨境投资金融服务，支持区内符合条件的单位和个人按照规定双向投资于境内外证券期货市场，为推动离岸人民币资本市场的建设奠定坚实的政策基础。

2. 自贸区利率市场化改革的推进，将降低区内跨境资产证券化的融资成本，有利于证券化产品的定价与发行

利率市场化改革是自贸区金融改革的重要内容。根据中国人民银行《关于金融支持中国（上海）自由贸易试验区建设的意见》，自贸区内将先行先试大额可转让存单，并适时放开小额外币存款利率上限。2014 年 3 月，上海自贸区正式放开小额外币存款利率上限，正式卖出了自贸区利率市场化改革的第一步。富有竞争力的资金价格是区内跨境资产证券化业务发展的重要保障。伴随着自贸区利率市场化改革的推进，区内跨境融资成本将显著降低，有利于吸引境内外机构通过自贸区，开展跨境资产证券化业务。

3. 境内区外资产证券化试点的常规化，为区内跨境资产证券化业务的发展提供了良好的外部环境和潜在需求

在国际金融危机的冲击下，监管部门在一段时间内曾经暂停了区外资产证券化试点。2011 年后，伴随着资产证券化试点的重启，区外资产证券化试点进入常态化阶段。2012 年 5 月，中国人民银行、银监会、财政部联合下发了《关于进一步扩大信贷资产证券化试点有关事项的通知》，对风险自留比例予以了放松，鼓励金融机构开展信贷资产证券化，丰富信贷资产证券化基础资产种类。2013 年 7 月，国务院办公厅发布了《关于金融支持经济结构调整和转型升级的指导意见》，进一步要求“逐步推进信贷资产证券化常规化发展”。而与之相伴随的是国内金融机构与企业将更加重视资产证券化的功能作用、产品结构与风险特征，从而为下一步在区内开展离岸人民币资产证券化提供了良好的外部环境和潜在需求。

4. 境内区外理财、同业等“影子银行”业务监管日趋严格，为区内跨境资产证券化业务的发展提供了增长空间

理财、同业等“影子银行”业务的挤压是资产证券化业务发展的重要障碍之一。2013 年 12 月，国务院发布了《关于加强影子银行监管有关问题的通知》，对影子银行体系进行了全面梳理，确立了影子银行体系的监管框架；2014 年 4 月，中国人民银行、银监会、证监会、保监会、外汇管理局联合发布了《关于规范金融机构同业业务的通知》，在规范同业业务之外，重申了通过推进资产证券化业务发展，帮助金融机构盘活存量、用好增量的重要性。因此，在“影子银行”监管日趋严格的形势下，资产证券化业务将存在较大的增长空间，为区内跨境资产证券化提供了可能性。

尽管如此，自贸区在跨境人民币证券化产品二级市场建设、风险监管以及外汇、法律、税务等方面还存在一定不足之处，需要进一步完善。

（1）区内尚未形成可供跨境人民币证券化产品流通的二级市场。对于跨境人民币资产证券化而言，证券化产品二级市场是区内跨境资产证券化业务发展的基础设施之一。在跨境人民币资产证券化业务链条的终端，投资者投资跨境人民币证券化产品，其投资收益在很大程度上依赖于证券化产品二级市场的深度与广度。因此，要推动区内跨境人民币资产证券化业务的发展，就必须建设具有一定规模的证券化产品二级市场。

允许跨境证券化产品在境内资本市场中流通交易，是培育证券化产品二级市场的重要途径。目前，境内区外的企业资产证券化产品和信贷资产证券化产品，分别在证券交易所市场和银行间市场发行流通。尽管监管层已经允许外资银行在银行间市场参与信贷资产证券化产品试点，但是，试点的范围和额度都非常有限；而根据证监会《证券公司专项资产管理办法的通知》的规定，企业资产证券化产品主要面向合格境内机构投资者，因此，当前境内资本市场对外开放程度有限，不利于跨境证券化产品二级市场的形成。

（2）当前分业监管的格局难以适应跨境资产证券化业务发展与风险防范的需求。跨境资产证券化涉及发起人、SPV、资金和资产托管机构、信用增级机构、信用评级机构、证券承销人与证券投资者等多个机构，从而催生出复杂的利益链条。在这个链条上，不同的参与主体都存在信息不对称问题，从而可能导致较为严重的逆向选择和道德风险。伴随着创新程度的加深，交易机制更加复杂化，参与主体的责任与义务变得越来越模糊，催生更多“委托—代理”问题。

在业务监管方面，当前的分业监管体制缺乏协同性，导致监管真空与监管过度并存，难以适应跨境资产证券化业务发展与风险防范的需求。一方面，由于缺乏对于跨境资产证券化业务风险负责的监管主体，且分业监管存在差异，因此，在业务交叉环节可能出现监管盲点；另一方面，由于跨境资产证券化业务面临着多个部门的监管，而各个监管机构的监管标准、要求、手段和工具并不一致，因此，其又面临着重复性的过度监管，不利于业务的发展。

（3）在外汇、法律、税务等管理制度方面均存在一定程度的障碍。在外汇管理方面，跨境外币资产证券化所募集的资金将以外币形式汇入，而在申请结汇时，目前的管理办法并没有明确规定汇入外币资金是按照外债审核原则，还是按照境外发债的审核原则申请结汇；当证券化产品期满回购时，对于汇出资金是否允许购汇汇出，也没有明确规定。在法律方面，当前资产证券化的法律规范主要由资产证券化的操作而定，对跨境资产证券化业务的规范、未来跨境资产证券化过程中纠纷与冲突的解决都存在空白。在税收制度方面，税收对于资产证券化的成本与结构具有决定性的作用，而相比较其他国家，我国对于 SPV 的税收制度并不存在优势，不利于境外机构集聚自贸区开展跨境资产证券化业务。

1.5.5 促进区内跨境资产证券试点健康发展的政策建议

针对当前自贸区存在的不足，我们认为，应该从以下几个方面入手，推动区内跨境资产证券化试点健康发展：

1. 以融资租赁为突破口，鼓励融资租赁公司开展跨境资产证券化

融资租赁行业的快速发展是自贸区的亮点之一。截至 2014 年 5 月，区内已累计引进 406 家境内外融资租赁母公司和 SPV 项目子公司。其中，自贸试验区挂牌成立后引进的各类融资租赁公司 225 家，占累计总数的 55%，新增注册资本 189 亿元，占累计总数的 66%，形成了一定的集聚效应。与区内其他机构相比，融资租赁公司已经具备了开展跨境资产证券化的基础。

首先，融资租赁公司存在资金难题，需要开展跨境资产证券化。2007 年，新修订的《金融租赁公司管理办法》允许合格金融机构参股或设立融资租赁公司。伴随大型商业银行的进入，我国融资租赁行业进入高速发展阶段的同时，也出现了资金难题。一方面，融资租赁公司的经营杠杠有着严格的监管要求；另一方面，融资租赁公司的融资渠道有限，局限于自有资金、股东增资、银行信贷、同业拆借与发行债券等，而这些融资方式往往都无法满足由于业务高速增长而产生的资金需求，而跨境资产证券化为融资租赁公司提供了一个新的融资途径。

其次，自贸区为融资租赁公司跨境资产证券化提供了基本条件。一是自贸区为融资租赁公司跨境资产证券化提供了更为优惠的政策。根据《总体方案》，自贸区将允许和支持各类融资租赁公司在试验区内设立项目子公司并开展境内外租赁服务；项目子公司将纳入融资租赁出口退税试点范围，从境外购买空载重量在 25 吨以上并租赁给国内航空公司使用的飞机，享受相关进口环节增值税优惠政策；融资租赁公司在试验区内设立的单机、单船子公司不设最低注册资本限制；允许融资租赁公司兼营与主营业务有关的商业保理业务。二是自贸区融资租赁产权交易平台已经启动，为证券化产品提供了流通和交易场所。自贸区融资租赁产权交易平台旨在探索开展涵盖境内、跨境乃至离岸的融资租赁资产的物权、债权和股权交易，对于租赁跨境资产证券化具有重要的推动作用。

2. 坚持“先企业资产证券化、后信贷资产证券化”，“审慎选择、适度扩大”基础资产范围

美国“次贷危机”的经验教训表明，基础资产质量较低是导致资产证券化业务链条断裂，进而引发危机的重要原因。美国“次贷危机”爆发后，各国监管部门纷纷出台监管政策，严格基础资产的选择范围和执行标准。例如，“多德—弗兰克法案”要求对抵押贷款发放设立统一的联邦体系标准，禁止放贷机构为发放更昂贵的贷款而向中间商支付高额佣金，并严格监督处罚高息贷款与不负责任的借贷行为。

由于信贷资产的风险远高于企业资产，因此，在基础资产选择上，自贸区应坚持“先企业资产证券化，后信贷资产证券化”的基本原则，围绕我国经济结构的调整方向，优先选择信息技术、新材料、新能源等对经济社会发展具有重大引领作用的战略性新兴产业以及基础资产良好的中小企业，审慎选择基础资产范围。与此同时，自贸区也要适度扩大基础资产范围，通过引入住房抵押贷款、银行不良资产等信贷资产，丰富证券化产品类型，满足不同类型投资者的风险偏好。

3. 坚持“先跨境外币资产证券化、后跨境人民币资产证券化”，稳步推动人民币国际化

尽管在区内推进跨境人民币资产证券化业务试点，不仅可以消除跨境外币资产证券化业务所面临的外汇风险，也有利于推进人民币国际化，但是，在当前的情况下，区内推进离岸人民币资产证券化业务的可行性比较低。这主要是由于跨境人民币资产证券化涉及人民币证券化产品的回流与证券化产品二级市场建设，而目前自贸区并不具备条件。

相比之下，当前在区内试点跨境外币资产证券化具备一定程度的可行性。目前，自贸区内小额外币存款利率上限已经放开，预计未来外币存款利率市场化进程将进一步加速，这对跨境外币资产证券化产品的定价与发行具有较大的推动作用。除此之外，推动跨境外币资产证券化的先行先试，可以为跨境人民币资产证券化的业务发展与风险监管提供经验借鉴，有利于人民币国际化进程的稳步推进。

4. 借鉴后危机时代的国际监管经验，完善监管政策，强化监管协同，避免监管真空和监管过度

首先，对于区内跨境资产证券化的监管政策的制定，必须要充分借鉴后危机时代的国际监管经验，在风险自留、产品结构、信息披露、资本监管套利、投资者保护以及评级机构监管等方面，完善监管政策。

针对资产证券化在“次贷危机”中暴露出的问题，国际监管组织与各国监管政府纷纷出台政策与建议，加强对资产证券化业务的监管，主要包括以下几个方面：

一是通过设定最低风险自留，实现发行机构与投资者风险共担。欧洲银行监管委员会在《资本金要求指令修订案》中，明确规定信用机构投资发行人至少保留5%的净经济利益的证券化产品。

二是强化评级机构监管，提高评级机构的信息披露。多德—弗兰克法案要求美国证监会设立评级机构监管组织，其有权指派评级机构提供首次信用评级，有权确保信用评级费用的合理性，有权撤销严重违规或出现评级失误的评级机构的注册资格，有权审查信用评级模型的合理性，并要求评级机构披露更多的信息。

三是简化产品结构，限制复杂结构产品的发展。为推动产品结构的简单化，美国联邦存款保险公司规定复杂证券化产品不再受到“安全港”的庇护，而对于获得“安全港”庇护的证券化产品，其资本结构一级分档不能超过六档。

四是扩大信息披露的范围，严格信息披露要求。以抵押贷款支持证券为例，在基础资产层面，美国联邦存款保险公司要求发行机构必须逐条披露贷款资料，包括贷款的种类、结构、到期日、利率和区域等特性；在资产池层面，证券化资本和分档结构、流动性支持、信用增级安排、偿付等级次序特点等均被要求披露。

五是约束资本监管套利。美国新会计准则 FAS 166 和 167 要求，只要实体对于可变利益实体拥有实际控制权和经济利益，可变利益实体就要并入实体的资产负债表内，使得表外模式下的资产证券化全部被覆盖进资产负债表。

六是明确投资者的尽职调查义务，加强投资者保护。欧洲银行监管委员会的《资本金要求指令修订案》要求投资银行全面彻底地理解其持有的证券化资产风险，并实施与之相对应的风险管理政策。

其次，各监管部门应该强化监管协同，避免监管真空和监管过度。一是政策制定协调。各监管机构应该密切配合，统一政策原则，保证政策逻辑一致，明确不同环节的监管目标与监管责任。二是信息沟通协调。各监管机构应统一信息披露要求，为跨境资产证券化的风险监管构建统一的信息平台，努力在放松管制的基础上加强监管。

5. 完善税收制度，简化审批流程，在风险可控的前提下，积极推进区内利率市场化改革，推动境内资本市场对外开放，加速跨境证券化产品二级市场建设，为区内跨境资产证券化试点营造良好的市场环境

一要完善跨境资产证券化税收制度。目前我国对于跨境资产证券化的税收管理在预提税、国际避税与国际重复征税等方面还存在一系列的问题，这不利于吸引境外机构集聚自贸区，开展跨境资产证券化。自贸区应完善相关税法或规章条例，避免重复征税，为跨境资产证券化的发展提供更为优惠的税收便利。

二要简化项目审批流程，推动跨境资产证券化的去审批化，逐渐以备案制取代审批制。审批流程复杂、审批周期漫长是制约区外资产证券化试点发展的重要原因。在满足风险可控的前提下，自贸区应尽量简化跨境资产证券化项目审批流程，积极推动审批制向备案制过度，为跨境资产证券化提供自由灵活、快捷便利、高效新型的服务。

三要在风险可控的前提下，积极推动区内利率市场化改革。利率市场化程度是证券化产品的定价基础，决定了项目发起人的融资成本。根据我国利率市场化“先外币后本币、先贷款后存款、先长期大额后短期小额”的基本思路，自贸区应该在小额外币存款利率上限放开的基础上，在风险可控的前提下，渐进有序地推动大额外币与人民币存款利率的市场化。

四要推动境内资本市场对外开放，加速区内证券化产品二级市场建设。推动境内资本市场对外开放是培育跨境证券化产品二级市场重要途径。根据证监会《资本市场支持促进中国（上海）自由贸易试验区若干政策措施》，区内符合条件的单位和个人可以按照规定双向投资于境内外证券期货市场。按照这一思路，自贸区可以通过允许跨境证券化产品在境内资本市场流通，允许境内外合格投资者投资跨境证券化产品，推动境内资本市场对外开放，加速跨境证券化产品二级市场建设。

第2章 自贸区交叉性金融业务的风险传导与防范研究

本章摘要

2013年8月22日，国务院正式批准成立中国（上海）自由贸易试验区，自贸区建设迈出实质性的一步。

上海自贸区制度创新的重要内容是金融服务业的开放及区内利率市场化、汇率市场化以及资本账户的开放先行先试。一方面，上海自贸区是我国一次重大的理论和实践创新，意义堪比深圳特区。另一方面，上海自贸区金融改革开放进入纵深领域，利率、汇率及资本账户开放均进入一个新的阶段，银行、保险、证券、基金以及其他如信托财务公司等影子银行机构为寻求更大的发展空间，展开了多样化、多边联手的优势互补的创新产品，一批具有跨关、跨行业、跨市场特性的交叉金融业务大量出现。金融改革开放的快速推进无疑会对交叉性金融业务增加更多的不确定性、复杂性，甚至风险的扩大化。

一年多来，自贸区交叉性金融业务快速发展。体现在，一是交叉性金融相关政策密集出台，助推跨境金融业务快速发展；二是上海自贸区交叉性金融业务快速发展，其中跨境金融业务已经开始起步。由于交叉性金融业务的复杂性和信息不透明性，可能对金融市场和货币政策产生潜在的风险。

本章第一次从交叉性金融的资产负债表开始，全面分析不同的资产负债渠道影响货币政策，并通过一个动态随机一般均衡模型（DSGE）模拟交叉性金融产品对货币政策的影响。结果显示，法定存款准备金率增加一个方差冲击后，为了补偿国内货币市场的流动性冻结，人民币汇率升值，通过交叉性金融产品从国际市场融资大幅增加，其中通过清算行渠道存放在央行的交叉性金融产品融资增加较多。另一方面，法定存款准备金利率提高一个方差冲击后，国内资金价格提高，吸引大量国际资金流入，体现为通过交叉性金融产品流入国内的资金大幅增加，货币市场利率先降低，然后逐渐回归均值。由于资金大幅流入的货币幻觉，导致消费、劳动在初期均大幅增加，相应减少资本量。由于交叉性金融产品可能带来的重要冲击，需要重新研究货币供应量口径，关注离岸市场对国内经济金融的影响。

为了防范自贸区交叉性金融业务的负面影响，监管当局应该在如下四个方面相应准备：

第一，搭建自贸区跨境支付平台，完善跨境资金流动性监测体系。中国人民银行应充分利用国内人民币支付结算平台，与周边国家构建人民币跨境结算支付体系，搭建跨境金融结算服务平台，建立高效、便捷的银行支付网络，疏通境内外银行之间安全、便捷、合法的结算渠道，提升正规金融跨境结算的竞争力，降低人民币境外的金融活动风险。

第二，强化审慎管理，提高金融机构抗风险的能力。金融监管部门应引导金融机构增加风险管理基础建设的投入，建立自身的内部风险评估系统和计量工具，培养独立、专业的风险识别和分析团队，不断提高内部评级能力，对外部评级结果进行客观分析和判断；将外部评级机构纳入监管范畴，对评级公司进入特定市场设立相应的准入标准；强化投资者的风险评估责任，引导其将外部评级结果与内部风险评估相结合。

第三，加强机构之间的监管协调，防范境内外风险传染。参与国际金融组织应对危机、维护稳定的相关工作，推动国际标准与准则的制定和修改；高度关注相关国际机构的标准制定活动，及时跟踪和掌握国际监管改革新趋势，并在制定有关自贸区金融发展战略时，注意吸收借鉴国际最新金融监管标准和原则；在参与国际金融监管合作过程中，各部门之间应加强沟通和交流，对于国际间重大金融风险要协调、统一立场，切实维护我国经济利益和金融安全。

第四，完善投资者保护制度，加大信息披露力度。加快建立存款保险制度，缓冲交叉性金融业务风险；加强证券投资者保护制度，沪港通隔离境内外证券投资风险；完善保险保障制度；强化信息披露责任。

2013 年 8 月 22 日，国务院正式批准成立中国（上海）自由贸易试验区，在 WTO 框架下单向对外开放，突出“境内关外、负面清单、港区结合”三大特征，建立以准入前国民待遇[①]和负面清单[②]为核心的投资管理新体制，建立以货物状态分类监管[③]为核心的

① 目前我国对外商投资采用核准制，核准后适用准入后国民待遇。而准入前国民待遇是将国民待遇延伸到外资进入前，内外资一视同仁，采用备案制而非核准制。

② 正面清单是“法无明文授权不可为”，负面清单是“法无明文禁止皆可为”。

③ 把货物按照保税、非保税等状态进行划分，采用不同的监管方式。

贸易监管新体制，建立以资本项目可兑换和金融服务业全面开放为标志的金融监管新体制，建立以事中、事后监管为重点的综合监管新体制。其中，“境内关外”就是将监管“O”型体制，变为“U”型体制，在不突破关界范围内货物和资金可以自由流动。

上海自贸区制度创新的重要内容是金融服务业的开放及区内利率市场化、汇率市场化以及资本账户的开放先行先试。一方面，上海自贸区是我国一次重大的理论和实践创新，意义堪比深圳特区。另一方面，上海自贸区金融改革开放进入纵深领域，利率、汇率及资本账户开放均进入一个新的阶段，银行、保险、证券、基金以及其他如信托财务公司等影子银行机构为寻求更大的发展空间，展开了多样化、多边联手的优势互补的创新产品，一批具有跨关、跨行业、跨市场特性的交叉金融业务大量出现。金融改革开放的快速推进无疑会对交叉性金融业务增加更多的不确定性、复杂性，甚至风险的扩大化。2014 年，习近平总书记在参加十二届全国人大二次会议上海代表团审议时特别强调：“在自贸区要做点压力测试，切实防范系统性风险特别是金融风险。”

由于交叉性金融业务的发展刚处于起步阶段，因此，存在着以下三方面的问题：一是金融机构对交叉性金融业务的风险防范和内控制度尚处于探索之中；二是投资者对交叉性金融业务的认识不足，风险意识不强；三是监管机构未明确划分监管职责，监管制度仍尚待完善。对交叉性金融业务风险进行研究既能更好地选择适当的方法与措施来控制风险，又能为今后应对金融混业的发展做好准备。

2.1 交叉性金融业务的内涵及基本特点

2.1.1 交叉性金融业务的内涵

交叉性金融业务是指在各金融部门间或为提供相互便利，或为共同开拓市场，或为向其他部门渗透，或为提供资金支持，而推出的涉及两个或两个以上部门的具有交叉性特征的金融业务。这些业务主要包括银证通、金融资产信托、银行代销、证券投资基金、组合理财投资、证券投资信托计划、多方委托贷款、集合性受托理财计划、投资连接保险、投资连结产品等。交叉性金融业务涉及多种金融工具，体现金融机构和投资者之间复杂的权利义务关系，蕴藏着跨市场、跨机构、跨地域的风险。

交叉性金融业务主要具有以下特征：涉及银行、证券和保险等多个金融行业；通过业务创新方式将银行、证券、保险和信托中的两个或多个业务有机融合；追求收益的最大化或规避风险；体现金融机构和投资者之间复杂的权利义务关系。由于交叉性金融业务不仅跨越了原有的业务范围，还对其涉及的其他金融领域产生直接影响，对跨行业交叉性金融业务风险的控制不仅需要银行、保险公司、证券公司等内部建立科学的风险控制机制，而且更需要有效的外部监管机制与之相配合。

按照发行主体是否是银行进行分类，交叉性金融业务可以分为两类：一是银行体系内合作，如同业融资、股票/仓单质押贷款、信贷保险、银行理财产品、券商资产管理计划等；二是银行体系内外合作，如银信合作、银保合作、互联网金融（见表2-1）。

表2-1　　交叉性金融业务分类

合作对象	合作方式	业务类别
体系内合作	融资合作	同业融资
		股票/保单质押贷款
		信贷保险
	投资组合	银行自营资金投资（含买入返售）
		保险资金运用
	资产管理	银行理财产品
		资金信托计划
		券商资管计划
		保险债权计划
	销售合作	代理基金产品
		代理保险产品
		代理信托产品
体系内外合作	融资合作	银担合作
		银贷合作
		银私合作
	结算合作	互联网金融

交叉性金融业务与影子银行业务相互之间有一定关联。“影子银行”的概念由美国太平洋投资管理公司（PIMCO）执行董事保罗·麦凯利（Paul McCulley）于2007年首次提出并被广泛采用。[①]美国财政部长盖特纳（Geithner，2008）将其称为“平行银行体系”（Parallel Banking System）。国际货币基金组织（IMF）在2008年10月的全球金融报告（GFSP）中将其称为“准银行体系”（Near-bank System）。纽约大学经济学教授Roubini（2009）将其扩展为“影子金融体系”。从本质而言，上述平行银行体系、准银行体系以及影子金融体系的概念与影子银行体系的概念是一致的。

影子银行体系与传统银行业交叉融合，业务分界较为模糊，在不同国家或地区、同一国家或地区的不同时期，影子银行体系的发展阶段、表现形式、功能作用、工具类型及其在金融市场中的地位也不尽相同。因此，金融监管部门和学术界对于影子银行体系的内涵仍存在一定的分歧，难以形成明确统一的界定。目前，国外学者和机构从不同角

① 早在2002年，英国剑桥大学教授Geoffrey Ingham在OECD出版的《货币的未来》一书中，已经使用了影子银行体系（Shadow Banking System）的金融术语，但是此概念主要是指从事地下外汇交易的机构，是地下银行系统或者跨境汇兑系统，也就是理论界认为的替代性汇款体系（Alternative Remittenc System，ARS），与目前的影子银行体系概念大不相同。

度界定影子银行体系及其构成，形成以下几种代表性观点：

美国太平洋投资管理公司执行董事保罗·麦凯利（Paul McCulley，2007）从涵盖机构角度出发，认为影子银行体系是游离于监管体系之外，由杠杆率较高的非银行金融机构所组成的系统，参与主体主要包括投资银行、货币市场基金、对冲基金、债券保险公司、结构性投资工具、非银行抵押贷款机构等。这些机构通常从事发放贷款，也接受抵押，是通过杠杆操作持有大量证券和复杂金融工具的金融机构。Gary Gorton（2009）从证券化角度出发，认为影子银行体系是回购市场与必需的抵押品，包括资产证券化债务的组合，同时分析指出政府支持型影子银行体系主要包括美国联邦住房贷款银行系统、房地美和房利美。英格兰银行金融稳定部副总裁保罗·塔克（Paul Tucker，2010）从业务功能角度出发，认为影子银行是指向企业、居民和其他金融机构提供流动性、期限配合和提高杠杆率等服务，从而在不同程度上替代商业银行核心功能的各种工具（instruments）、结构（structures）、企业（firms）和市场（markets）。这些定义可以看出，影子银行与银行之间发生的业务往来，属于银行体系内外合作的交叉性业务。

2.1.2 交叉性金融业务的相关文献综述

当前研究交叉性金融业务的文献主要分为三类：一是从金融服务实体经济出发，研究研发交叉性金融业务的经济动机；二是研究交叉性金融业务的风险，包括微观风险以及对货币政策冲击的宏观风险方面；三是从金融监管和防范金融风险出发，研究如何防范交叉性金融业务的金融风险。

1. 交叉性金融业务服务实体经济

金融服务实体经济的研究起源很早。休·帕特里克（1966）在《欠发达国家的金融发展和经济增长》中指出，在金融发展和经济的关系上，一种是“需求跟随”，即随着经济的增长，经济主体会产生对金融服务的需求，促使金融机构和相关金融服务的产生；另一种是“供给领先”，即金融机构和相关金融服务的供给先于需求。从这个意义上讲，交叉性金融业务的产生是经济发展的必然结果。

20世纪70年代后，经济学界对金融与经济增长的关系进行了更加全面系统、规范、细致和深入的诠释及剖析。Diamond（1984）和Williamson（1986）的研究都认为全能型银行具备较强的信息优势，通过混业经营为客户提供更加多样的金融产品，能够建立起与客户持续而全面的关系。同时，金融业务的全面性能够为银行机构带来更多的经济收益。但是，Stiroh（2002）经过实证研究表明：在过去的20年里，美国银行业通过多样化经营并没有取得稳定的利润或收入。Flannery（2000）、Santomeroand Eckles（2000）、Wilmarth（2001）都认为如果将交易和产品组合在一起将会提高它们之间的相关性。Calvo&Reinhart（1996）和Baig&Goldfajn（1998）通过资产价格相关性分析方法对1994年墨西哥比索危机和1997年亚洲金融危机进行研究，发现危机期各国外汇、股票、债券等市场之间的相关系数明显高于非危机期。

具体到跨境交叉性金融产品，前印度央行行长雷迪指出，不断扩大的市场广度和深度能够提供更好的价格传输信号。剑桥金融学教授詹内蒂也提到多元化产品发展可以促进价格传递从而提高金融服务的效率和机构的效益，指出跨境金融市场一体化对建设区域性金融中心的必要性。跨境交叉性金融业务对市场提供了促使经济资源跨时间、地域和产业转移的方法和机制，扩大了市场参与者的选择空间，促进了金融市场中各子市场间的联系与竞争，有助于完善金融系统的基础设施建设，为金融机构的发展和金融宏观调控与管理提供平台。

2. 交叉性金融业务的风险

20 世纪 70 年代，辛树森首先总结了各国交叉性金融产品突破金融管制的经验，掀起了一股金融改革和金融创新的浪潮。爱德华·肖和罗纳德·麦金农都对许多国家的经济发展做过全面深入的分析，指出要获得理想的经济发展绩效，交叉性金融业务可以有助于打破金融抑制。国内学者李玉泉提到，平衡风险与回报是金融机构赢得客户、取得利润的关键，为此金融机构开展各种金融创新，增加企业的价值。同时，20 世纪 70 年代前，商业银行是重要的监管对象，而非银行金融机构借机通过金融创新扩张市场份额，这迫使银行和非银行金融机构相互融合，以交叉性金融业务突破金融管制①。

由于监管滞后于金融创新，常常导致金融风险。从来源来看，一是资本市场。单个金融机构本身具有利益扩张的需求，而在经营过程中会遇到政策性壁垒、激励来源不足、边际成本上升等问题，这种经营压力使其期望通过发展交叉性金融工具连接不同市场来获得更多的利益，而资本市场则是金融机构开展交叉性金融业务的重点。一旦资本市场风险爆发，便会通过交叉性金融工具传递至与之相连的金融机构或其他市场，导致整个金融市场出现危机。二是信贷市场。目前我国的交叉性金融业务多与银行相关，银行也成为交叉性金融风险的源头。信贷业务作为银行主要的资产业务，可以通过连接资本市场、保险市场与信贷市场的交叉性金融工具扩大其贷款业务收益。但当信贷资金投资的金融产品的价格大幅下跌时，直接影响到市场主体的偿债能力和银行资产的流动性，波及整个金融市场。三是保险市场。保险资金进入资本市场购买股票、债券、基金以及国债回购，使股市、债市的波动风险通过证券资产组合传递给保险公司。四是跨境资金市场。指国际资本市场的经济进入波动风险传递到国内市场。

从宏观层面的数据看，一是削弱货币政策效果，2013 年我国表外核算的理财产品余额相当于同期各项存款余额的 5.4%，理财业务加速商业银行资产负债“表外化”，对货币政策传导机制形成冲击。二是加大金融体系关联性，商业银行投资信托受益权和券商资管计划受益权金额在资产总额中占 5.2%，系统关联性上升对宏观审慎监管形成挑战。三是增加维护金融稳定难度，2013 年全国信托贷款近 8 成投放异地项目，资产管理链条拉长和合作模式复杂化使金融稳定工作面临诸多困难。四是冲击分业监管有效性，银信合作非标业务超 4 成资金流向限制性行业，银证合作造成的票据资产漏损规模相当于同期新增社会融资规模的 10%，传统分业监管体制难以适应交叉性金融业务的发展模式。

3. 交叉性金融业务的监管

国内学者中，周伟忠、谢斌（2004）在《现阶段我国跨行业交叉性金融工具的监管》一文中首次对跨行业交叉性金融工具的特征进行了概括。通过对现阶段我国跨行业交叉

---

① 原培钧、范新河：“金融创新的风险防范研究理论述评”，《经济研究导刊》2013 年第 2 期。

性金融工具发展的现状、可能产生的金融风险以及在监管实践中存在问题的阐述，进而提出对跨行业交叉性金融风险监管的几点建议。王海龙（2006）在《跨行业交叉性金融工具的监管缺陷及其改进》一文中对跨行业交叉性金融工具的监管存在着明显的缺陷等进行了分析，提出要更新金融监管理念，正确认识发展跨行业交叉性金融工具的积极意义，建立健全对跨行业交叉性金融工具的监管机制，完善信息披露制度，加强对跨行业交叉性金融工具的监测评估等建议。盛文军（2006）在《交叉性金融工具发展和风险防范》一文中简要描述我国交叉性金融工具发展现状的基础上，着重分析了交叉性金融工具创新的内在机理和经济效应，指出必须加强对交叉性金融工具发展的监管。

实际工作中，金融监管机构难以有效监测、识别和评估交叉性金融业务风险。一是监测统计范围窄。目前仅对银行理财产品和资金信托计划按季监测，未涵盖其他非银行金融机构和小额贷款公司等新兴金融业态，且存在“重机构轻产品、重表内轻表外”倾向。二是缺乏系统性监测。除银行理财产品和资金信托计划外，现有监测和调查以一次性快速调查为主，调查随意性较强、样本不固定、指标不系统，且只收集定量数据，缺乏市场参与者的定性判断，难以全面反映交叉性金融业务发展全貌。三是缺乏对监测成果的综合利用。未根据调查结果，针对性地进行监管提示，遏制监管套利，对跨行业、跨产品存在的问题，缺乏监管部门信息共享和监管合作，影响金融监管效力。

2.2 自贸区交叉性金融业务的基本状况

2.2.1 我国交叉性金融业务发展现状

当前，国内的交叉性金融业务主要是指银行间的同业业务、银行理财业务和资金信托业务三类。跨境的交叉性金融业务主要是金融机构的同业往来、内保外贷、跨境保理等。

一是理财业务高速增长。截至 2014 年 6 月末，我国银行理财产品资金余额 11.5 万亿元，同比增长 38.6%，增速比上月低 7.8 个百分点。其中，表内理财产品资金余额 4.1 万亿元，比上年末新增 9334 亿元，同比增长 38.2%；表外理财产品资金余额 7.5 万亿元，比上年末新增 1.2 万亿元，同比增长 36.8%。表外理财产品主要投向四方面：第一，非股票证券（不含票据）3.3 万亿元，占比 39.0%；第二，股票及其他股权（不含银行理财和信托计划份额）2.2 万亿元，占比 25.9%；第三，资金信托计划 9238 亿元，占比 10.8%；第四，现金及存款 8047 亿元，占比 9.4%。

二是资金信托业务迅速增加。截至 2014 年 6 月末，我国资金信托管理资产规模 11.9 万亿元，同比增长 36%，增速比上月高 1.2 个百分点。其中，投向贷款（含回购与拆借）5.4 万亿元，占比 45.3%；投资股权 2.5 万亿元，占比 20.6%；投资非股票证券 1.6 万亿元，占比 13.1%；持有银行存款 9032 亿元，占比 7.6%。

三是同业业务创新活跃，增长较快。截至 2014 年 4 月末，我国金融机构同业资产

（包括存放同业、拆放同业、买入返售）余额 25.6 万亿元，同比增长 21.0%，占总资产的 15.3%；同业负债（包括同业存放、同业拆入、卖出回购）余额 24.1 万亿元，同比增长 43.7%，占总负债的 15.5%。同业业务已成为金融机构管理流动性、整合有效资源、增加收入的重要渠道，但也存在发展不规范、信息披露不充分、流动性风险大、规避金融监管和宏观调控等问题。

四是跨境业务迅速增长。截至 2014 年 6 月末，我国境内银行为境外银行共开立 2256 个人民币同业往来账户，账户余额 13216 亿元，比上月末增加 172.2 亿元，户均余额 5.86 亿元；其中台湾地区清算行和新加坡清算行在境内同业往来账户存款余额分别为 1617.3 亿元和 55.4 亿元。境外国家和地区的机构在境内开立人民币结算账户 17493 个，账户余额 1090.6 亿元，比上月末增加 4.5 亿元，户均余额约 623.4 万元。截至 6 月末，非居民个人人民币账户余额为 5645.9 亿元，较上月增加 506 亿元。

由于香港在我国跨境业务中处于绝对优势的地位，专栏 1 对人民币跨境业务在香港的状况进行了介绍。

专栏一　香港人民币业务状况

至 2014 年 6 月末（见表 2－2），通过中银香港渠道收付的跨境人民币结算资金共计 207819.8 亿元①，其中，内地付款 104215.8 亿元，内地收款 103604 亿元，累计流出 611.8 亿元。至 2014 年 6 月末，中银香港累计在全国银行间同业拆借市场净拆出人民币资金 2869.8 亿元，在中国银行间外汇市场累计平盘净买入人民币 3575.4 亿元。2014 年 1—6 月，境内个人账户从香港收款 35.7 亿元，向香港汇款 78.1 亿元；中国银联向香港支付 84.3 亿元。

表 2－2　2014 年 6 月香港人民币业务　　单位：亿元

业务种类	项目	本月发生	开办以来累计
1. 通过清算行渠道开展的跨境人民币结算业务	内地付款	5364.5	104215.8
	内地收款	5331.5	103604
	结算资金合计	10696	207819.8
2. 清算行同业往来账户	账户个数	1 个	222 个
	账户余额*	40.4	593.9
3. 存款及现钞	清算行在深圳中支存款余额*	109.1	471.4
	清算行在深圳中支托管账户余额	0.028	5.1
	清算行库存现钞余额*	－0.1	2.4
	清算行净缴存现钞	15.1	254.2
	中银香港（作为参加行）库存现钞余额	－0.03	4.6
	香港人民币存款（至 5 月末）	－41	9558

① 不限于贸易项下人民币结算。

续表

业务种类	项目	本月发生	开办以来累计
4. 清算行在全国银行间同业拆借市场拆借人民币资金	清算行同业拆入人民币资金	375	2763.9
	清算行同业拆出人民币资金	50.5	5633.7
	同业净拆入人民币资金	324.5	-2869.8
5. 兑换及平盘（不含购买铺底资金数）	清算行在银行间外汇市场净买入人民币	0.6	3575.4
	参加行向清算行净买入人民币	1.6	3613.6
6. 香港个人人民币业务	香港居民净汇入内地	2.6	901.9
	内地银行卡在香港交易金额合计	4.2	6775.3
	香港银行卡在内地交易金额合计	4	203.3
	香港人民币支票在内地清算金额	0.001	2.1
7. 香港人民币 RTGS 交易	交易笔数	255352	—
	交易金额加总	143238	—
8. 香港人民币债券发行	境内机构	30	1160
	财政部	0	960
	境外机构	94	3041
	合计	124	5161

2.2.2 上海自贸区交叉性金融业务发展现状

1. 交叉性金融相关政策密集出台，助推跨境金融业务发展

2013 年 12 月，中国人民银行发布了《中国人民银行关于金融支持中国（上海）自由贸易试验区建设的意见》。近段时间以来，中国人民银行上海总部和国家外汇管理局上海市分局密集发布金融细则支持上海自贸区建设，包括《关于上海市支付机构开展跨境人民币支付业务的实施意见》、《关于支持中国（上海）自由贸易试验区扩大人民币跨境使用的通知》、《关于在中国（上海）自由贸易试验区放开小额外币存款利率上限的通知》、《关于支持中国（上海）自由贸易试验区建设外汇管理实施细则的通知》。资本项下可兑换和投融资便利的有关细则也有望在近期出台。

这些政策在改革创新，深化金融支持实体经济方面，有了四项新突破：

一是试验区内居民可以设立本外币自由贸易账户，实行分账核算管理。非居民可在试验区内银行开立本外币非居民自由贸易账户。这两种账户均可以与非居民账户资金自由划转。

二是放宽区内集团内或者集团间的交叉性跨境金融业务。区内企业可开展集团内跨境双向人民币资金池业务；开展经常项下跨境人民币集中收付业务的成员企业，除集团内企业之外，可拓展至与集团内企业存在供应链关系的、有密切贸易往来的集团外企业。但企业和非银行金融机构借入资金只能用于区内或境外，不得用于投资有价证券（包括理财产品)、衍生产品，不得用于委托贷款。

三是放开区内人民币资本项下的其他投资项目限制，放宽证券投资和衍生品投资。企业和非银行金融机构借入资金可存入上海地区开立的专用存款账户，按活期计息。

注册在试验区内的中外资企业、非银行金融机构以及其他经济组织可按规定从境外融入本外币资金，开展境外证券投资和境外衍生品投资业务。自由汇兑产生的敞口头寸，应在区内或境外市场进行平盘对冲。

四是放宽银行间市场进入限制。经批准后，试验区分账核算单元可在一定额度内进入境内银行间市场开展拆借或回购交易。

因此，从国际收支平衡表看，现在我国跨境金融分为两个部分，即传统的境内关外(在现有资本账户没有完全放开的背景下受到较为严格的监管)，以及上海自贸区的跨境金融业务（与非居民业务为自由港模式）。可以设想，随着上海自贸区的跨境金融业务占全国比重的提高，全国跨境金融监管的部分也就相应降低，最终可以实现资本账户的开放（见表2－3、表2－4)。

表2－3　资本账户未完全开放时要素流动（O型体制)

境内		境外
一、经常账户		一、经常账户
A. 货物贸易		A. 货物贸易
B. 服务贸易		B. 服务贸易
C. 投资收益		C. 投资收益
D. 经常转移		D. 经常转移
二、资本和金融账户		二、资本和金融账户
A. 资本账户	传统的跨境金融业务	A. 资本账户
B. 金融账户		B. 金融账户
1. 直接投资		1. 直接投资
2. 证券投资	受到监管	2. 证券投资
3. 其他投资		3. 其他投资
三、储备资产账户		三、储备资产账户
四、净误差与遗漏		四、净误差与遗漏

其次，从国际收支平衡表看，能将经常账户与资本金融账户分开监管的关键假设是两个账户不同的交易成本。经常账户的商品、劳动力等物质生产要素交易成本相对更高。如进口商品完税价格中，海运费用、保险费用和税收比重较高，相对提高了交易成本。只要价格波动没有超过交易成本的上下限，就难以在短期大进大出，冲击国内的实体经济。而在互联网时代，资本金融账户的资金交易几乎是零成本的，可以因为预期、风险等变化而导致资金大幅流动。

表 2－4　　境内关外要素流动模式（U 型体制）

境内关内		上海自贸区		境外
一、经常账户	自由流动	自由贸易账户 人民币跨境更为宽松	自由流动	一、经常账户
A. 货物贸易				A. 货物贸易
B. 服务贸易				B. 服务贸易
C. 投资收益				C. 投资收益
D. 经常转移				D. 经常转移
二、资本和金融账户	受到监管		自由流动	二、资本和金融账户
A. 资本账户	传统的跨境金融业务			A. 资本账户
B. 金融账户			区内的跨境金融业务	B. 金融账户
1. 直接投资				1. 直接投资
2. 证券投资				2. 证券投资
3. 其他投资				3. 其他投资

2. 上海自贸区交叉性金融业务快速发展，其中跨境金融业务开始起步

（1）上海自贸区各项跨境业务迅速发展。海关数据显示，2014 年一季度上海自贸区向海关新注册企业达 1844 家，同比增长 10.4 倍，环比增长 2.14 倍。其中，3 月份新注册 805 家，创自贸区海关新注册企业数量新高。截至 3 月 31 日，自贸区海关注册企业数共 7392 家。

中国人民银行数据显示，2014 年一季度自贸区累积发生以人民币进行结算的跨境货物贸易、服务贸易及其他经常项目 351 亿元，较上年同期增长 91.8%，高于全国水平 25.3 个百分点。占全国跨境货物贸易、服务贸易及其他项目比重的 2.1%，远高于自贸区 GDP 占全国 GDP 比重。其中，跨境收入 100 亿元，跨境支出 251 亿元，同比分别增长 50% 和 116%。跨境人民币金融业务共发生 42 笔，合计金额 31 亿元。其中，人民币境外借款业务 18 笔共 12.75 亿元；个人经常项下人民币支付 3 笔共 183 万元；跨境电子商务人民币结算业务发生 7 笔共 552 万元；5 家银行为 8 家区内企业办理了跨境人民币双向资金池项下收付业务 14 笔共 17.93 亿元。

（2）自贸区建立后跨境金融业务大幅增加，也不排除以经常项目为名义，实际进行跨境金融业务操作。以 2013 年 8 月份自贸区挂牌为界限，上海货物出口人民币结算量占全国比重由平均 11.8% 提升至挂牌后的 15.3%，提高 3.5 个百分点。服务贸易及其他项目人民币结算量占全国比重由 11.6% 提升至挂牌后的 18.0%，提高 6.4 个百分点（见表 2－5）。

不排除部分“假贸易、真投资”的交易，如进口高价值的贵金属或者出口高附加值的电子设备，套取人民币升值和人民币利差。外贸数据显示，2014 年一季度上海市实现进口 619.5 亿美元，同比增长 17.5%，其中钻石、铜材进口 6.9 亿美元和 41.2 亿美元，同比分别增长 40.2% 和 43.7%。

表 2-5 上海人民币跨境结算数据 （亿元人民币，%）

时间	出口人民币结算	占出口比重	占全国比重	进口人民币结算	占进口比重	占全国比重	服务贸易及其他	占全国比重
2013.03	132.5	12.8	12.6	205.4	16.6	11.8	152.3	11.3
2013.04	107	10.9	14.0	197.7	17.0	13.5	118.7	11.4
2013.05	131.2	13.0	13.9	186.2	14.8	13.9	181.3	13.3
2013.06	86.4	8.8	9.0	166.5	14.7	15.5	127.3	9.8
2013.07	92.2	8.5	9. 7	227.7	16.7	16.7	148.7	11.9
2013.08	89.5	8.2	11.4	209.2	16.9	14.4	201.8	15.8
2013.09	124.8	11.0	16.4	221.7	16.8	13.3	240.7	16.7
2013.10	108.5	10.3	14.4	245.9	19.9	13.3	224	17.9
2013.11	216.9	18.5	23.2	291.3	22.5	11.7	322.7	19.5
2013.12	142.4	13.2	13.8	332.1	24.3	14.6	404.1	19.7
2014.01	112.5	9.4	13.0	370.2	26.5	13.1	333.1	18.3
2014.02	99.1	14.3	14.7	295.9	27.8	13.1	262	18.2

数据来源：中国人民银行。

以进口铜材为例，流程如下：①国内甲公司与境外乙公司签订进口铜合约；②以此合约为依据，甲向银行申请开具美元信用证；③甲向乙支付信用证，乙向甲出售仓单；④甲向其境外分支公司出售仓单，获取境外美元；⑤甲将境外美元向银行兑换人民币，将人民币投资到高收益市场；⑥甲公司的境外分支公司将仓单折价卖给乙公司。在这个过程中，甲公司获取低息贷款（信用证基本属于无息贷款），赚取利差收入和汇差收入。境外乙公司将一份仓单卖给公司甲，再通过甲的境外分支公司折价买回，赚取价差（见图 2-1）。

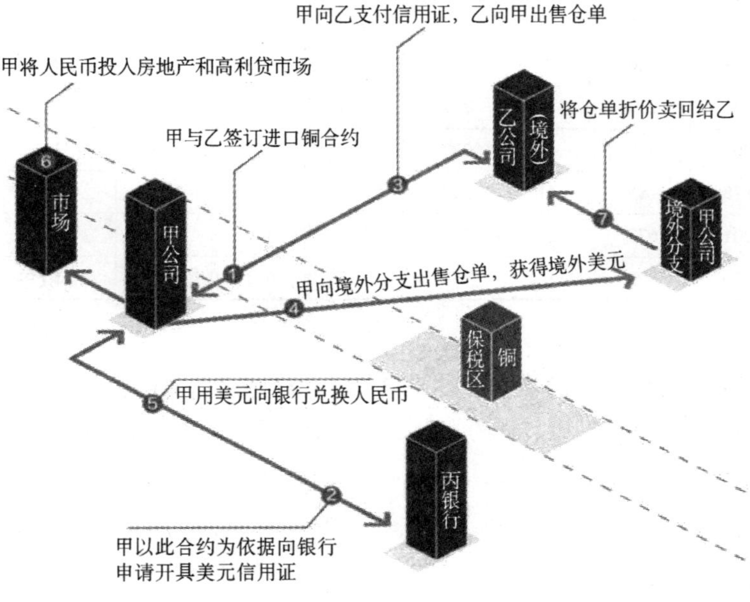

图 2-1 铜贸易融资流程

从金融机构的非居民存款数据看，跨境金融业务大幅增长。现阶段外汇管理政策对外资银行离岸账户外汇监管没有明确规定。很多境内居民在境外离岸中心注册公司，在境内外资银行开立离岸账户，通过与境内企业的关联交易进行跨境资金流动。2011—2013年，上海市非居民账户存款额分别为700.3亿元、721.5亿元、1297.8亿元。其中2013年同比增长79.9%，远高于同期M2增速66.3个百分点。

（3）上海交叉性金融业务快速发展，占全国比重上升。2013年9月份以来，上海社会融资规模占全国比例明显攀升（见表2－6），由前8个月的平均水平4.5%提高到5.6%（上年9月至2014年2月），提升1.1个百分点。其中变动较大有外币贷款，由平均水平9.0%降至－37.7%，降低46.7个百分点。交叉性金融业务中的委托贷款和信托贷款分别由平均水平6.3%、9.6%升至8.3%、13.6%，分别上升2.0、4.0个百分点。

表2－6　　上海社会融资规模数据　　单位：亿元人民币，%

时间	金额					占全国比例				
	社会融资规模	人民币贷款	外币贷款（折人民币）	委托贷款	信托贷款	社会融资规模	人民币贷款	外币贷款（折人民币）	委托贷款	信托贷款
2013.01	789	379	95	51	151	3.1	3.5	5.3	2.5	72
2013.02	461	241	128	77	61	4.3	3.9	11.1	5.4	3.4
2013.03	1126	134	109	124	309	4.4	1.3	7.2	7.1	72
2013.04	390	207	139	43	21	2.2	2.6	16.4	2.2	1.1
2013.05	467	35	59	141	93	3.9	0.5	16.4	7.2	9.5
2013.06	680	454	－49	113	128	6.6	5.3	－37.0	5.7	10.6
2013.07	456	320	－120	180	226	5.6	4.6	10.3	9.4	19.6
2013.08	904	424	－152	322	223	5.7	5.9	42.1	10.9	18.4
2013.09	1108	320	260	210	168	7.8	4.1	29.2	9.5	14.8
2013.10	544	299	－119	272	－16	6.3	5.9	－224.8	14.8	－3.7
2013.11	861	446	－41	223	204	7.0	7.1	－33.6	8.3	20.2
2013.12	178	－85	－41	127	215	1.4	－1.8	－8.0	4.7	18.6
2014.01	1201	673	35	235	107	4.6	5.1	2.2	6.0	10.1
2014.02	576	295	116	53	169	6.1	4.6	8.9	6.7	21.6

数据来源：中国人民银行。

（4）跨境金融业务开始起步。2013年12月，益海嘉里国际贸易有限公司开办首笔跨境人民币双向现金池业务成功实现跨境收、付1亿元和1.5亿元人民币。

2.3 自贸区交叉性金融风险传导及对货币政策影响

2.3.1 自贸区交叉性金融风险传导机制

当前还没有专门文献研究自贸区交叉金融产品与货币政策关系。国外相关的文献有两类：一类是有关货币政策的国际传导，即央行的资产负债表变动对跨境金融产品发展的影响。最近美国 QE 政策的推出，相关研究更成为热点。香港金管局陈茜颖（2012）等发现，发达国家央行的资产购买行为，通过国际金融传导使得新兴国家的权益价格上升，债券收益率下降以及与 CDs 价差收窄。通过 BIS 的国际银行间借贷数据，陈茜颖等人发现美国的 QE 政策并没有大幅提高国内的通胀压力，发达国家也没有因此大幅提高信贷投放，但新兴经济体如巴西、香港等大幅增加信贷投放，本币升值以及通胀压力[①]。另一类文献主要研究影子银行（跨境金融服务也是影子银行的一种）对货币政策的影响。BIS 数据显示，2008 年末，全球汇率相关的跨境金融产品价值为 4.08 万亿美元，占 OTC 衍生品市场的 11.6%。危机冲击后，2012 年年末全球汇率相关的跨境金融产品价值为 2.3 万亿美元，占 OTC 衍生品市场的 9.3%[②]。危机前，大量文献主要集中在资产证券化、资产信用增进（Gorton and Metrick 2010；Kane 2012；Acharya，Schnabl and Suarez 2013）对货币政策或者宏观审慎政策的影响。危机之后，FSB 重点监控影子银行的金融风险以及风险传染的控制（FSB，2012）。Singh[③]（2014）指出，当银行体系在危机中受损，货币政策的利率传导渠道更多通过资本市场和影子银行体系。跨境金融服务是未来货币政策不得不考虑的一个重要方面。

国内的研究文献相对较少。程逸飞、贾向锋（2013）以上海自贸区设立为例，研究放松管制对企业价格风险的影响，认为放松管制必然会带来价格波动的风险，并且这种波动会在产业链中进行传导，通过“牛鞭效应”放大，最终会对资本市场和实体经济造成冲击，甚至导致很多相关企业倒闭。焦武（2013）通过分析了上海自由贸易试验区的金融创新，研究金融创新对当前人民币资本账户开放和人民币国际化可能的影响。黄礼健和岳进（2014）分析了上海自贸区金融改革对商业银行经营带来的机遇和挑战，并对商业银行推进相关业务发展提出策略建议。

1. 传导机制

交叉性金融工具将银行、保险、证券等金融机构连接起来，形成一个网状结构，风

---

① Qianying Chen，Andrew Filardo，Dong He and Feng Zhu，International spillovers of central bank balance sheet policies，working paper，www.bis.org/publ/bppdf/bispap66p.pdf.

② 参见 Singh（2014）附录。

③ Manmohan Singh，The economic of shadow banking，www.rba.gov.au/publications/confs/2013/pdf/singh.pdf.

险通过这个网得以传导。任何风险的传导都源于资金往来和主体的心理变化，基于此，可将风险的传导机制分为资产负债表式传导机制和心理传导机制。

资产负债表式传导机制是指金融机构间有着业务上的密切往来或存在复杂的债权债务关系，一旦某个经济主体遭受金融风险造成巨额损失以致于影响到其流动性时，必然通过一定的关系传递给其他经济主体，当这种关系网越大越复杂，风险就能在各个行业间快速转移、传播和扩散，使单个或局部的金融困难演变为全局性的金融动荡。

心理传导机制是指金融市场的运作和金融机构的经营都依赖于公众的信心，公众信心的变化会引起风险在市场间的传导。银行高杠杆经营、资产负债性质不匹配的特点使得其具有先天的脆弱性，公众一旦对银行失去信心，就容易产生恐慌，这种恐慌被不断放大就会使相互合作的金融机构因为其中一个机构的声誉而受损，扩大负面影响。

2. 交叉性金融产品影响货币政策的资产负债渠道

当前跨境交叉性金融产品如内保外贷、外保内贷或跨境担保等可以通过四种渠道影响我国的基础货币和广义货币 M2（如表 2－7 至表 2－9 所示）。

表 2－7　对基础货币冲击

央行：在资产不变条件下，清算行账户挤占基础货币			
负债	备注	资产	备注
一、货币发行	基础货币	一、金融机构贷款及再贴现	
二、金融机构存款		二、外汇占款	
境内金融机构存款	基础货币	三、买入返售证券	
境外金融机构存款	清算行结算账户	四、其他资金运用	
三、财政存款			
四、卖出回购证券			
五、中央银行债券			
六、国家资本			
七、其他资金来源			

表 2－8　对货币供应量冲击

商业银行：在资产不变条件下，代理行或 NRA 账户影响 M2			
负债	项目	资产	项目
一、各项存款	M2	一、库存现金	
境外存款 NRA 账户	M2	二、各项贷款	
二、同业存款		三、有价证券	
境内非存款类金融机构存款	M2	四、买入返售资产	
境内存款类金融机构存款	M2	五、同业往来	
境外金融机构同业存款	代理行账户	六、存放中央准备金存款	
三、金融债券		七、其他资金运用	
四、卖出回购资产			
五、各项准备			
六、所有者权益			
七、其他资金来源			

表 2-9 跨境金融产品中人民币支付对货币政策影响

境内商业银行 T 型表（居民存款 - A）			
类型	负债	资产	结果
第一种情况		①：准备金存款 - A	清算①：M2 减少 A、基础货币减少 A
第二种情况	②：同业存款 + A		清算②：M2 减少 A、基础货币不变
第三种情况	③：NRA 存款 + A		清算③：M2 不变、基础货币不变

人民银行 T 型表			
类型	负债	资产	
第一种情况	①：境内金融机构存款 - A ①：境外金融机构存款 + A		清算①：基础货币减少 A

第一种是交叉性金融产品的资金往来通过中银香港、中银澳门等清算行账户挤占基础货币。境内 A 公司在上海自贸区内设立子公司 B，通过 A 公司的内保外贷、外保内贷或跨境担保等跨境金融产品，B 公司可以得到境内 C 银行的境外分支机构 D 的信贷支持。当 B 公司与非居民之间发生金融往来，非居民将人民币资产通过清算行存放在人民银行的“境外金融机构存款”账下（不属于基础货币口径），而 C 银行在人民银行的“境内金融机构存款”账下（属于基础货币口径）相应改变。因此，在清算行渠道下，体现为清算行账户对基础货币的挤出。

第二种是 B 公司与非居民之间发生金融往来后，非居民在境外金融机构人民币账户发生变化，境外金融机构在境内银行人民币“境外金融机构同业存款”账户（不属于 M2 口径）以及在央行的“准备金存款账户”发生变化，相应 C 银行在人民银行的“境内金融机构存款”账下（属于基础货币口径）改变。

第三种是 B 公司与非居民之间发生金融往来后，非居民直接在国内金融机构开立的人民币 NRA 账户（属于 M2 口径）以及该机构在人民银行的“准备金存款账户”发生变化，相应 C 银行在人民银行的“境内金融机构存款”账下（属于基础货币口径）以及 C 银行“居民存款”账户发生相反的改变。

第四种是对外币资产负债而言。境内 C 银行与境外分支机构 D 的外币资产负债变化，体现为 C 银行外币存贷款变动，不影响基础货币或者 M2，但影响资产负债表。相对来讲，这部分比例很小，对货币政策影响不大。

2.3.2 自贸区交叉性金融风险影响货币政策模型

从上述四种影响渠道看，只有前两种会对我国的货币政策造成冲击，影响基础货币和广义货币 M2，而最后一种因为规模很小我们不予考虑。

考虑一个简单的开放经济体，代表性个体通过选择交叉性金融产品、消费和劳动比例，以此最大化其一生的效用，其最大化问题形式为：

$$MaxE_0\left[\sum_{t=0}^{\infty}\beta^t U(C_t,l_t)\right] = E_0\left[\sum_{t=0}^{\infty}\beta^t\left(\frac{C_t^{1-\theta}}{1-\theta} - \phi\frac{l_t^{1-\varphi}}{1-\varphi} - \xi b_{1,t}^2\right)\right]$$

$$s.t \quad e_t R_t^f b_{1,t} + e_t \overline{R}_t b_{2,t} + k_{t+1} + \frac{\gamma}{2}(k_{t+1} - k_t)^2 + C_t = f(k_t, l_t) + (1-\delta)k_t + e_{t-1}b_{1,t-1} + e_{t-1}b_{2,t-1}$$

$$R_t^f = R_t^* - \alpha(b_{1,t} + b_{2,t}/m_t) \tag{2-1}$$

$$E_{t-1}e_t = e_{t-1}(R_{t-1}^f / R^*)$$

这里的符号中 C、l、k 分别代表消费、劳动时间和资本存量，b_1、b_2 分别对应两种交叉性金融产品。其中交叉性金融产品一 b_1 为通过代理行渠道，转变为同业存款，获取货币市场利率 R^f；交叉性金融产品二 b_2 是通过清算行渠道存放在央行，利率为存款准备金利率 $\overline{R}$，存款准备金利率为央行的货币政策变量。m 为存款准备金率；e 表示汇率；R^* 为世界市场利率。系数 β、θ、ϕ、φ、γ、δ、α 分别代表效用函数的跨期折现系数、效用函数中消费的弹性系数、消费与劳动的替代系数、效用函数中劳动的弹性系数、资本积累方程的调整成本系数、资本折旧率以及国际资本流动的交易成本系数。E 为预期算子。生产函数 $f(k_t, l_t) = A_t k_t^{\eta} l_t^{1-\eta}$ 为典型的 C－D 函数形式，资本和劳动的生产弹性系数分别为 η、$1-\eta$，技术进步为 A。

代表性个体的目标函数是指通过选择消费和劳动最大化一生的效用，同时厌恶投资交叉性金融产品 1 带来的风险（由于交叉性金融产品二存放在央行，假定为无风险的），其一生的效用为每个当期的效用通过跨期折现系数进行加总。

约束等式一为资金平衡方程。右边为 t 期的支付，包括消费 C、资本调整成本、资本累积以及两种交叉性金融产品的购买。左边为 t 期的收入，包括当期的产品、剩余的资本以及上期的两种交叉性金融产品价值。

约束条件二表示货币市场均衡方程，或者资本流动方程，表示国内的货币市场利率是国际市场利率的线性函数。由于清算行渠道的资金 b_2 直接作用于央行资产负债表，并通过存款准备金率 m 进行放大资金流动。

约束条件三为利率平价公式，即本期的汇率等于上期汇率和本外币利差的函数。

定义 Lagrange 乘子 λ，最大化问题的一阶条件为：

$$C_t^{-\theta} - \lambda_t = 0 \tag{2-2}$$

$$-\phi l_t^{\varphi} + (1-\eta)A_t k_t^{\eta} l_t^{-\eta} = 0 \tag{2-3}$$

$$-\lambda_t(1+\gamma(k_{t+1}-k_t)) + \beta E_t\{\lambda_{t+1}[\gamma(k_{t+2}-k_{t+1}) + \eta A_{t+1}k_{t+1}^{\eta-1}l_{t+1}^{1-\eta} + 1 - \delta]\} = 0 \tag{2-4}$$

$$-2\xi b_{1,t} - \lambda_t e_t(R_t^f - \alpha b_{1,t}) + \beta E_t\{\lambda_{t+1}[\alpha e_t(R_{t+1}^f b_{1,t+1} + \overline{R}_t b_{2,t+1})/R^* + e_t]\} = 0 \tag{2-5}$$

$$-\lambda_t e_t(\overline{R}_t - \alpha b_{1,t}/m_t) + \beta E_t\{\lambda_{t+1}[\alpha e_t(R_{t+1}^f b_{1,t+1} + \overline{R}_t b_{2,t+1})/(m_t R_t^*) + e_t]\} = 0 \tag{2-6}$$

考虑到在稳态条件下，技术冲击 $A_t = 1 - \rho + \rho A_{t-1} + \zeta_t, \zeta_t \sim N(0, \sigma^2)$，得到技术冲击稳态值 $A = 1$。

在稳态条件下，由最大化问题的最后两个约束条件可以得到：

$$R^f = R^* \tag{2-7}$$

$$b_1 + b_2/m = 0 \tag{2-8}$$

其中条件（2－7）表示国内货币市场利率与世界市场利率保持一致，条件（2－8）表示国内货币市场的资金流入流出保持平衡，但整体从国外流入国内的资金量为 $b_1+b_2=(1-m)b_1$。其中，

$$b_1=R^*m(\overline{R}-\beta)/[\alpha(R^*(\beta+1)-m\overline{R}\beta)] \qquad (2-9)$$

满足 $\partial b_1/\partial R^*=-m\beta\overline{R}/(.)^2<0$，即随着世界市场利率水平升高，通过交叉性金融产品流入国内货币市场资金减少；$\partial b_1/\partial\overline{R}=\alpha mR^*(R^*(\beta+1)-m\beta^2)/(.)^2>0$，即随着国内准备金存款利率提高，通过交叉性金融产品流入国内货币市场资金增加；$\partial b_1/\partial m=\alpha R^{*2}(\overline{R}-\beta)(\beta+1)/(.)^2>0$，即提高存款准备金率后，国内市场资金冻结增加，相应从国际市场筹集资金的比例提高。

在稳态附近，进行一阶线性对数化，分别得到有关 $\hat{c}_t$、$\hat{k}_t$、$\hat{l}_t$、$\hat{a}_t$、$\hat{R}^f_t$、$\hat{b}_{1,t}$、$\hat{b}_{2,t}$、$\hat{e}_t$ 的线性方程组①。

在数值模拟前，我们首先对模型中的一些基本参数进行赋值。对于模型中用到的DSGE 模型中一些常用参数，我们采用之前国内外相关研究的经典文献②中的取值：贴现因子 β 取值为 0.99，消费者风险规避系数 θ 取 2，资本折旧率按照惯例取 0.025，国际资本流动系数 α 取为 0.08，投资者对投资于货币市场的交叉性金融产品方差厌恶系数 ξ 为 20，资本调整成本系数 γ 取 0.05，技术冲击系数 ρ 取 0.8，资本的产出弹性 η 取 0.33，世界市场利率 R^* 取 1.04，国内准备金存款利率 $\overline{R}$ 取 1.01，法定存款准备金率 m 取 0.2。

图 2－2 显示了法定存款准备金率增加一个方差冲击后，为了补偿国内货币市场的流动性冻结，人民币汇率升值（或者模型中 e_t 下降），通过交叉性金融产品从国际市场融资大幅增加，其中通过清算行渠道存放在央行的交叉性金融产品融资 b_{2t} 增加较多。总体看，货币市场利率 R^f_t 变动不大。

图 2－3 显示了法定存款准备金利率提高一个方差冲击后，国内资金价格提高，吸引大量国际资金流入，体现为通过交叉性金融产品流入国内的资金大幅增加，货币市场利率 R^f_t 先降低，然后逐渐回归均值水平。由于资金大幅流入的货币幻觉，导致消费、劳动在初期均大幅增加，相应减少资本量。

总体上，两种方式均通过交叉性金融产品增加了基础货币和广义货币 M2，体现为代理行渠道来的资金 b_1 将增加同业存款，相应扩大广义货币 M2；通过清算行渠道来的资金 b_2 将既增加基础货币，又扩大了广义货币 M2。

① 推导过程也可以向作者索取。

② 国外如 Bernanke，Gertler，Gilchrist（1999），Iacoviello（2010），Gertler，Karadi（2011）；国内如康立、龚六堂和陈永未（2013）。

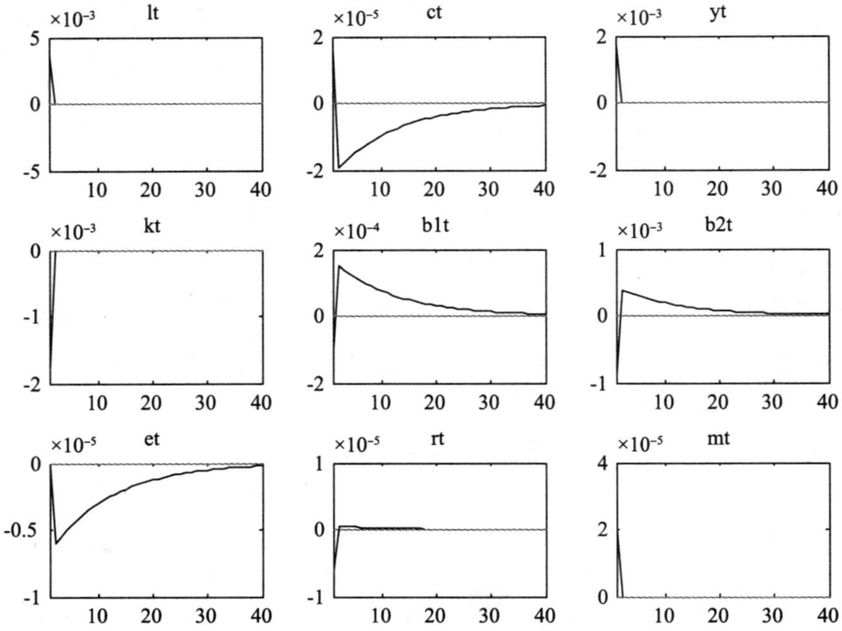

图 2-2　法定存款准备金率一个冲击的反应

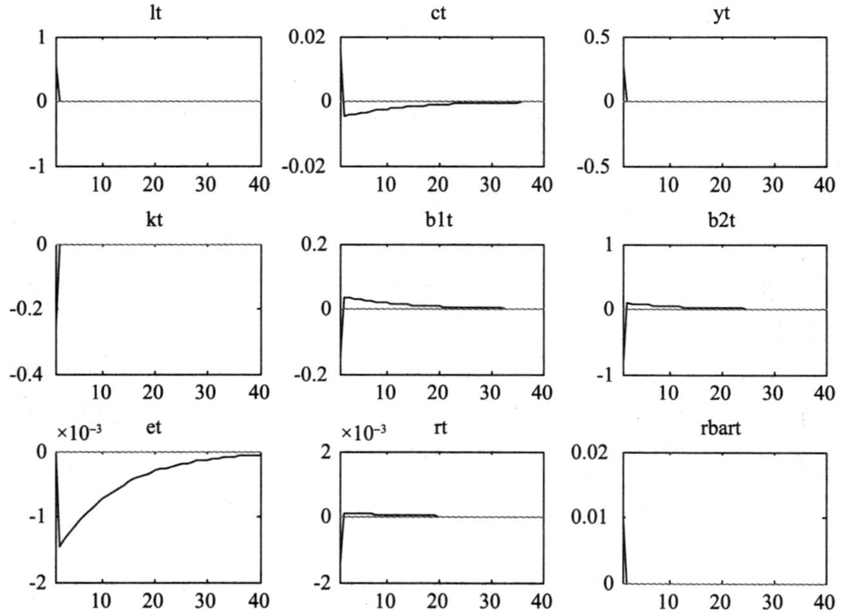

图 2-3　法定存款准备金利率一个冲击的反应

2.3.3 自贸区交叉性金融对货币政策制定和执行带来重要影响

1. 需要重新研究和明确货币供应量口径

根据美国货币统计顾问委员会（1976）报告①，美联储货币总量统计应该满足几个原则：一是货币总量应能够被精确统计；二是联邦能够在多精确的程度上、以多大的成本控制货币总量；三是货币总量变化在多大程度上和货币政策最终目标密切、可靠地相联系。事实上，货币总量的定义在各经济体存在着差异。每一个经济体都遵循着一定的标准来定义货币量，这些标准通常有：流动性、金额和最低存款要求大小、存款到期日、资产持有者特性、外币计价的资产、货币发行者类型、金融机构类型、货币持有者范围，以及接受存款机构的地点。

需要说明的是，在不同的经济体，用来区分和定义货币总量的标准各有不同。通常而言，存放在国内存款机构海外分支机构的存款不在货币总量之内，或只包含在比位于本国的存款机构的存款更广的货币层次中，例如，美国货币供应量就不包括美国银行离岸分行美元计价的存款，但墨西哥的 M4 则将居民和非居民在墨西哥银行海外机构的存款包括在内。欧央行货币总量定义，欧元区货币供应量的口径相对较窄：从货币发行部门看，货币发行部门包括欧元区的货币金融机构（MFIs）；货币持有部门包括欧元区所有的非货币金融机构（non - MFIs）居民，但中央政府部门除外；从货币金融机构的负债类型看，由于欧央行有关货币总量的定义包括位于欧元区金融机构对欧元区居民的负债，所以外国居民持有的位于欧元区金融机构的负债不包含在内（流通中货币完全包含在货币总量中，而不论它由欧元区居民持有还是由欧元区的非居民持有）。

即使在一国内，有关货币总量的定义随着金融市场发展的不同阶段，也会有多次调整，以反映实际情况的变化。以美国为例，这些变化集中在三个方面：一是对已有的货币市场工具和存款机构负债（主要指外资商业银行和官方机构的活期存款）进行增加或剔除（剔除的情况较少发生）；二是把新的货币市场工具和存款机构负债包括在内；三是对不同类型金融机构负债进行再分类。

既然货币供应量的计量是一个动态的过程，需要根据金融发展和开放不断进行调整，那么，就需要结合人民币跨境使用进程、金融体系的发展和开放、金融市场的创新，不断研究、调整货币供应量的统计范围，以使作为中介目标的货币供应量更为有效。

2. 影响货币政策独立性

在供给方面，根据蒙代尔不可能三角（三元悖论）理论，一国在货币政策独立性、汇率稳定性和资本完全流动三个目标中只能同时实现两个。在固定汇率下，外币的超额供给将影响本币供给，从而削弱货币政策的独立性。在浮动汇率制下，国际收支总是趋于平衡，不存在两国之间货币的净流动，货币当局也就无需干预市场以保证币值，因而浮动汇率制使得两国货币在供给方是完全不替代的。所以，人们普遍认为浮动汇率制有利于一国货币当局维持其货币主权。

---

① Improving the Monetary Aggregates（Report of the Advisory Committee on Monetary Statistics），1976，P. 7.

自贸区交叉性金融业务的增加，在一定程度上会替代国内对应的金融服务。微观主体对国外资金的需求变化（会导致货币跨国流动），可能成为影响中国货币政策独立性的主要途径。

3. 影响货币政策传导渠道

尽管在长期，一般认为货币是中性的；但大多数经济学家认为，至少在短期，货币政策通过影响实际产出和其他实际经济变量，因而是有效的。货币政策影响发挥作用的渠道包括利率渠道和汇率渠道，也包括货币渠道和信贷渠道。前两个渠道是价格型渠道，后两个渠道是数量型的渠道。

货币渠道论者认为，货币实际余额的变动可影响支出和收入。信贷渠道论者认为，货币政策能通过改变企业和家庭得到贷款的数量变动影响总支出，从而加强利率变化效应，而资产价格变化引起的企业净值变化，又通过贷款抵押加强了这一循环（反馈）过程。实际上，货币渠道和信贷渠道两者之间在某种程度上具有一致性，从银行资产负债表上看，信贷是银行系统的资产方，货币供应量是银行系统负债方项目（主要为存款）得出来的，资产和负债方会最终平衡，存款的同时会衍生出贷款，同时信贷的增加也会衍生出存款使货币供应量增加。因此，信贷规模和货币供应量实际上是货币政策中介目标的两面，两者相互影响、相互依存，调控信贷规模和货币供应量具有异曲同工的作用。

自贸区交叉性金融业务的快速发展促进了海外债权债务的累积，影响着货币或信贷渠道的传导。

4. 交叉性金融业务可能放大离岸市场对国内经济金融影响

自贸区交叉金融业务常常具有短期性和高频性的特点，容易对一国货币供应量、利率和汇率造成影响，进而对产出、通胀和资产价格产生冲击。

一是使货币当局更难测量并控制货币供应量。如果货币政策的制定是以某些定义的货币供应量为目标，那么合理地界定货币的数量尤为重要；如何有效控制货币供应量，使其达到预定目标，也需要认真加以研究。二是可能影响收益率曲线。对于以利率为中介目标的实施货币政策的中央银行来说，应该考虑离岸市场对在岸市场的影响。如果离岸和在岸收益率曲线存在明显差异，则离岸市场会对在岸市场的收益率曲线造成影响。三是可能影响汇率。在资本管制的条件下，离岸市场上无本金交割汇率的走向会对国内市场的判断和预期产生影响，尽管这种影响非常有限。在放开资本管制的条件下，离岸市场的净空头（多头）会对本国货币汇率产生一定影响。

这就对中央银行的货币政策提出了新的要求：一是资本更频繁地流进流出，要求中央银行不断提高对资本流动的监测质量，更好地进行流动性管理，否则货币政策预定目标将受到严重干扰；二是中央银行虽仍能有效影响基础利率，但实施难度更大，要求不断创新方法和手段；三是中央银行要做好准备，对异常的汇率变动给予适当干预。

2.4 自贸区交叉性金融风险防范

从各国的实践来看，金融自由化往往伴随着信贷的过度扩张，而这种过度扩张加上这个过程中资产价格过度膨胀，特别是不动产价格和股票价格泡沫增大了金融的脆弱性。例如，经历银行危机的几个工业化国家，信贷总额与国内生产总值比例的变化与资产价格的变化密切相关。由于新兴国家和地区的建设高峰推动了地价的上涨，证券价格的上涨也更为猛烈，因此，这些国家的资产价格泡沫更大。不论是20世纪80年代还是1997年起发生金融危机的亚洲国家，在危机爆发前大多经历了信贷迅速扩张和资产价格泡沫加剧的时期。

日本的情况更能说明问题。20世纪80年代日本的资产价格急剧上升的主要起因是金融开放和审慎监管不力。自80年代前半期开始，日本对资本流动的管制逐渐取消，存款利率也不加以限制，新的金融工具不断涌现。这些使得日本公司减少对国内银行的依赖，更多地从国际市场融资。由于银行失去了很大一部分传统客户，来自非银行金融机构的竞争也非常激烈，同时由于审慎监管不力，银行向那些小企业和房地产市场投放了更多的贷款，引发了房地产价格急剧攀升。然而，资产价格泡沫的崩溃，使得公司净值降低，加大了企业的道德风险和逆向选择，银行加强信用配给引发银行信贷的自动收缩，进而加剧了经济的周期性波动。

由此可见，自贸区交叉性金融产品一方面推进了金融自由化；另一方面作为金融创新绕过了审慎监管要求，可能对未来的经济周期活动有所冲击，因此，大力推动自贸区交叉性金融业务，在跨境流动总体规模增长时，有效防范跨境流动所带来的风险是我国经济平稳发展的必要前提。目前由于人民币跨境流动总体规模有限，还处于可控的范围。而潜在宏观经济管理风险，只要我国相关政策随着经济发展环境的变化不断调整，也是完全可控的。如何有效防范这些现实风险和宏观潜在风险，关键在于实施我们的风险防范措施。

2.4.1 搭建自贸区跨境支付平台，完善跨境资金流动性监测体系

自贸区搭建以支付结算体系为核心的金融服务平台，疏通安全、便捷、合法的结算渠道，是从源头防范跨境交叉性金融产品风险，推进自贸区金融发展最基本的制度安排。人民银行应充分利用国内人民币支付结算平台，与周边国家构建人民币跨境结算支付体系，搭建跨境金融结算服务平台，建立高效、便捷的银行支付网络，疏通境内外银行之间安全、便捷、合法的结算渠道，提升正规金融跨境结算的竞争力，降低人民币境外的金融活动风险。

针对跨境资金流动统计困难对宏观经济管理造成的不利影响，我国央行、商业银行、商务部、旅游局、海关等部门应各司其职、通力配合，积极开展资金跨境流动的监测工作。

一是中央银行通过官方渠道与周边国家和地区协商设立跨境监测点，建立双边统计

信息共享平台。例如，可以考虑在自贸区建立大额人民币出入境跟踪核查系统，对由大额支付系统分离出来的人民币跨境汇款作暂时挂账处理，待收款行向客户确认款项之后再进行入账，以防止洗钱、假币等非法性质的人民币利用贸易渠道出入境，实现大额贸易性质人民币资金从银行划转到事后跟踪的全面监督管理，推进贸易结算业务的便利化操作。

二是对交叉性金融业务带来的资金流动，要监测其流向和滞留时间。建议对资金流入境内后的滞留时限加以控制，明确规定每笔外债资金在境内停留的最短时间，以此提高投机资本的交易成本，控制投机资本以外商投资企业短期外债的形式进入我国金融市场。其次，加强外资过度流入房地产行业的管理。建立健全房地产市场信息系统和预警预报体系。加强统计分析，建立外资购买房地产的登记体系，全程跟踪资金的流动，防止外资对房地产进行炒作；充分发挥专业统计部门的信息主渠道作用，根据外资流动和房地产交易的有关数据设计一套科学的、可操作性强的、定量化的风险评价指标体系，以便及时掌握市场运行态势，制定有效的房地产市场调控政策和措施。最后，采取措施加强对外资违规进入证券市场的打击力度。在监控国际“热钱”进入股市方面，证监会和国家外汇管理局应当建立更密切的协作，完善立法与加强监管执行力度，使中外证券机构在同一套透明与严格的游戏规则下管理运作。迅速建立起更为完善的涉外证券监管法律体系，继续强化监测银行资金违规流入股市，加强对外资参股基金管理公司的审批和日常监管。

三是区分本外币交叉性金融业务的监管标准，将非居民人民币账户纳入银行账户管理体系。人民币对外计价结算与其境内履行相同的功能显然要有不同的监管标准。将非居民人民币结算账户纳入银行账户管理体系，对于降低账户风险，推进银行相关业务的稳步增长具有十分重要的意义。首先，在人民币跨境流通条件下，解决存款实名制的实名翻译问题。不同的翻译人员可能对同一个人的名字翻译出不同的名字来，由此对翻译机构的认定、翻译人员资质的认定还有待进一步研究。其次，建议各商业银行的账户管理系统设立能区别居民与非居民存款的统计系统，便于监测非居民存款的变动情况，对商业银行应对流动性风险、央行货币政策的制定及实施等都会起到良好的作用。最后，银行还应在相关部门协助下加强对账户开立时的审查，对开户时凭借的相关证件进行规范，并在海关等部门配合下确保边贸结算业务有真实的贸易背景。

2.4.2 强化审慎管理，提高金融机构抗风险能力

1. 提高金融机构资本质量和资本充足水平，加强流动性风险管理

目前，我国商业银行按照银监会2004年发布的《商业银行资本充足率管理办法》计提资本、计算资本充足率。新会计准则实施后，按照审慎性原则，银监会对计算资本充足率涉及的部分会计数据进行了调整。从监管资本和风险加权资产两方面看，当前我国银行业监管资本及资本充足率的顺周期表现不是特别明显。①我国商业银行经营以信贷业务为主，由于逐步实施巴塞尔新资本协议，存在新资本协议框架下因使用内部评级法产生的风险权重蕴含的部分顺周期性。②银行使用公允价值计量的资产及由此产生的核心资本和附属资本受顺周期性影响不大，主要体现在：股权类资产受法律和监管规定所限，数量极少；债券类资产主要是固定收益类债券和央行票据，期限较短且利率尚未完

全市场化，顺周期性较弱；银行持有投资性房地产和套期工具等数量不多，虽受顺周期性影响，但对资本的影响有限。

随着金融业改革开放的日益深入，相应的风险仍不容小视。监管部门要稳步推进新资本协议的实施，调整和优化资本结构，提升监管资本质量，推动银行业金融机构提高风险管理能力。同时，要加强流动性风险监管，建立健全金融机构流动性风险管理和监管制度，发布专门的流动性管理监管规章，要求金融机构建立有效的流动性管理框架，包括流动性治理架构、流动性管理政策、流动性风险的识别、计量（评估）和管理流程、压力测试、流动性应急预案等，完善各层次的流动性监测指标体系。

2. 加强自贸区金融机构风险管理，将外部评级机构纳入监管范畴

目前，我国金融机构还处于自身内部评级体系和风险计量模型建设的初级阶段，投资决策在很多方面依赖外部评级，如对内投资决策借助中诚信、大公国际等国内评级机构的评级，对外投资决策则依靠标普、穆迪和惠誉等国际评级机构。由于历史数据积累时间短且不完整，通过外包建立的技术和模型与我国特有的市场环境需要长时间的磨合，准确性尚待检验，而且外部评级结果高度相关，往往具有趋同性，容易产生系统性风险。

金融监管部门应引导金融机构增加风险管理基础建设的投入，从风险偏好和战略、风险治理框架和流程、数据系统和风险报告体系、压力测试等方面逐步构建全面有效的风险管理框架，建立自身的内部风险评估系统和计量工具，培养独立、专业的风险识别和分析团队，不断提高内部评级能力，对外部评级结果进行客观分析和判断。同时，将外部评级机构纳入监管范畴，对评级公司进入特定市场设立相应的准入标准，限制不合格的评级机构进入复杂产品评级市场，要求评级机构充分披露评级技术、信息依据、评级结果的历史表现等。此外，也要强化投资者的风险评估责任，引导其将外部评级结果与内部风险评估相结合。

3. 鼓励自贸区交叉性金融业务创新，加强表外业务风险管理

自贸区交叉性金融创新是金融业改革发展的动力，对于提高自贸区金融竞争力和服务水平、促进产业优化升级和增长方式转变、形成全国可复制性经验具有积极作用。但由于交叉性金融业务较少受监管资本的约束和贷款规模的限制，商业银行具有弱化风险管理的倾向。

金融监管部门应从国情出发，根据服务于实体经济需要、与市场接受程度相匹配、与投资者承受能力和监管能力相适应的原则，继续鼓励自贸区金融机构开展交叉性金融创新，并不断完善基础设施，提高市场效率，为创新业务提供更好的发展环境。同时，要密切关注金融创新带来的宏观和微观层面的风险因素，强化日常监控，掌握新产品发起、销售、交易的整个过程，跟踪分析表外衍生产品的风险传递链条，防止表外风险扩散或向表内转移；督促金融机构增加对风险管理部门的资源投入，制定严格的风险管理流程，加强信息披露，确保投资者了解基础产品的风险、交易结构以及相互关联性；强化杠杆率限制，建立覆盖总杠杆率、表内杠杆率和表外杠杆率的上限管理机制。

4. 加强自贸区金融机构公司治理建设，建立科学的激励约束机制

赫尔曼、斯蒂格利茨等认为流动性管理等措施并不能降低金融机构的道德风险，相反承担风险的金融机构自有资本越多，则金融机构进行赌博性投资的道德风险越高。另外，在审慎监管中，新的金融机构或创新产品的出现，过度竞争降低金融业的总体盈利能力，使其更容易受到不利冲击，因此更好地选择是加强金融机构的自身能力建设。

与发达国家相比，我国金融机构的公司治理结构还不健全，“三会一层”的职责边界不够清晰，董事会的独立性和董事履职的专业性均有待提高。同时，激励约束机制也存在不足，高管人员过高的薪酬与其承担的责任不匹配，缺乏有效的问责制度。某些严重亏损、国家注资重组的企业高管薪金反而高过正常运营的企业，部分金融机构如平安集团高管薪酬的畸高也曾引发较大争议。

对自贸区金融机构，监管机构应当吸收薪酬国际监管准则的要求，制定相关管理政策和指引，适度监管薪酬水平，要求金融机构的薪酬激励机制与风险调整后的中长期收益相挂钩，薪酬水平、构成以及支付时间要反映业务的风险成本和风险存续期，实际支付的薪酬水平要反映金融市场的总体状况。同时，强化董事会对管理层的监督作用，通过科学合理的薪酬机制抑制短期逐利行为，促进金融机构持续稳健经营。

5. 加强系统重要性金融机构监管，构建宏观审慎管理框架

尽管自贸区金融机构的交叉性业务规模较小，但通过系统重要性金融机构渠道，可能对全局性金融风险产生影响。当前，在我国系统重要性金融机构、市场和工具中，金融控股公司和理财产品对现行分业监管体制形成的压力最为明显（见表 2－10）。自 2005 年“十一五”规划提出“稳步推进金融业综合经营试点”后，我国银行、证券、保险行业相互介入的案例逐渐增加，不同形式的金融控股公司逐步发展壮大。同时，理财产品发展迅速。据初步估算，截至 2014 年 6 月末，商业银行、信托公司、证券公司、基金管理公司和保险公司受托管理的理财产品资金累计余额超过 20 万亿元人民币，规模超过同期居民储蓄存款余额的 30%，覆盖了 5 亿以上人口。理财产品已经成为我国最为典型的具有系统重要性的交叉性金融产品。

表 2－10　　2008 年末我国金融控股公司状况　　单位：亿元

类型	典型机构	资产规模	控股参股银行类机构	控股参股证券业务机构	控股参股保险业务机构
金融集团	中国银行	94845	—	中银基金	中银保险
	工商银行	60450	工银金融租赁	工银瑞信基金	—
	建设银行	75203	建信金融租赁	建信基金	—
			建信信托		
	中信集团	16316	中信银行	中信证券	信诚人寿
				中信建投	
			中信信托	中信金通	
				中信万通	
				华夏基金	
	光大集团	10000	光大银行	光大证券	光大永明
				申银万国	

续表

类型	典型机构	资产规模	控股参股银行类机构	控股参股证券业务机构	控股参股保险业务机构
地方政府背景	上海国际	590	上海浦发	上海证券	大众保险
			上海农村商业银行	海际大和	安信农业保险
			杭州银行	国泰君安	长江养老保险
			上海银行	申银万国	东方人寿保险
			交通银行	中银国际	太平洋保险（集团）
			兴业银行	华夏证券	太平洋人寿保险
					太平洋财产保险
	天津泰达	1096	渤海银行	泰达荷银基金	恒安标准人寿
			天津信托		渤海财产保险
大型企业背景	华能集团	193	华能贵诚信托	长城证券	永诚财产保险
				长城基金	
			华能财务	景顺长城基金	
				宝城期货	
				华能景顺罗斯投资顾问公司	
	国家电网	16462	英大国际信托	英大证券	英大泰和财产保险
					英大泰和人寿保险
					长安保险经纪
	中石油	18045	昆仑银行	—	中意人寿保险
			中油财务公司		中意财产保险
			昆仑信托		竞盛保险经纪
			中油资产管理公司		竞胜保险公估
系族组织	新希望	258	民生银行	—	民生人寿
			联华国际信托		
			民生金融租赁		
	万向系	200	浙商银行	通联期货	民生人寿
			民生银行		
			万向财务		
			浙江工商信托		

目前，我国金融监管体制对系统重要性金融机构、市场和工具的监管缺陷主要体现在以下方面：①监管不足。分业监管者主要关心本行业机构的风险，对涉足多个金融行业的金融控股集团，缺乏统一的并表监管规则，尤其是集团层面的资本充足率要求，从而难以对集团的整体风险进行有效衡量和评估。②存在监管真空。例如，国资委对央企

投资金融领域的监管主要是事前报批，而非整体风险管控。目前大型央企投资金融机构形成的产融结合型集团、地方政府主导的控股地方国有金融资产的企业集团以及一些民营实业企业投资金融业，均缺少应有的监管约束。③监管规则不统一。以理财产品为例，不同行业的监管者制定了不同的监管规则和标准，开展理财业务的银行、证券、信托、保险机构在理财市场准入、理财资金投资方向等方面面临不同的监管要求，不仅导致了不公平的竞争环境，容易形成监管套利，也难以有效保护消费者利益。

为此，建议以防范系统性风险为目标，加强信息收集和共享，构建系统重要性金融机构、市场和工具的预警和评估体系，适时组织开展压力测试，评估不同情景下的系统性风险状况，加快建立和完善我国金融控股公司和交叉性金融产品的监管制度。

2.4.3 加强监管协调，防范风险传染

1. 顺应金融业综合经营发展趋势，加强金融业监管协调

近年来，顺应金融业综合经营发展趋势，我国已经在稳步推进金融监管协调和信息共享机制建设。例如，2004 年 6 月，银监会、证监会、保监会联合发布了《金融监管分工合作备忘录》。2008 年 6 月，国务院建立了“一行三会”、外汇局参加的金融旬会制度，研究讨论重大金融问题。2008 年 9 月，人民银行牵头制定了《中国人民银行、银监会、证监会、保监会信息共享暂行办法》。尽管取得积极进展，但金融监管协调仍然存在实际运转困难、合作效率不高、流于形式、信息共享难度大等问题，有待改进。为此，建议一要切实发挥中央银行在金融监管协调机制中的作用。2008 年 7 月，人民银行“三定”方案已明确要求：“在国务院领导下，人民银行会同银监会、证监会、保监会建立金融监管协调机制，以部际联席会议制度的形式，加强货币政策与监管政策之间以及监管政策、法规之间的协调，建立金融信息共享制度，防范、化解金融风险，维护国家金融安全，重大问题提交国务院决定。”二要明确金融监管协调机制以防范系统性金融风险为主要职责和任务，具体而言：①密切关注金融体系与宏观经济的关联性，促进货币政策和监管政策之间的协调；②加强不同监管政策、法规之间的协调，避免监管漏洞和监管套利；③协调防范、化解和处置金融风险中的政策和措施，完善金融安全网的相关制度安排；④完善金融信息共享制度，强化系统性金融风险的分析和研判。

2. 顺应国际化发展趋势，加强国际监管合作

改革开放 30 多年来，我国综合国力大幅提升，目前已成为世界第二大经济体，第一大贸易国和第一大外汇储备国，国际地位显著提高。同时，经过不断改革和发展，金融业的总体运行水平和管理能力也有了较大提升，在此次国际金融危机中体现出良好的抗风险能力。危机在带来挑战的同时，也为我国全面参与国际金融监管规则的制定、提高在国际规则制定中的话语权提供了历史性机遇。

目前，我国已加入 FSB 以及 BCBS、IOSCO、IAIS、IASB、支付结算体系委员会（CPSS）、全球金融体系委员会（CGFS）六大标准制定机构，全面参与加强金融机构资本和流动性管理、完善系统重要性金融机构监管、提高会计标准等重要国际金融标准的起草、讨论、修订工作，由规则的“被动接受者”成为“主动制定者”，提高了在国际金融

体系改革和规则制定中的影响力。同时，我国于2009年8月正式启动金融部门评估规划（FSAP）工作，IMF、世界银行评估团将运用金融稳健指标、压力测试、标准与准则评估等定量和定性的方法对我国的金融风险状况进行全面评估，并从国际视角提出中国未来金融改革和发展的方向。

随着自贸区交叉性金融业务的推进，以及未来的跨境交叉性金融业务的全国推广，我国应继续增强与国际金融组织和有关国家的合作，防范国内外金融风险的传染，促进我国金融监管体系的不断完善。①继续参与国际金融组织应对危机、维护稳定的相关工作，积极参加FSB及BCBS、IOSCO、IAIS等标准制定机构的各项工作，推动国际标准与准则的制定和修改；②高度关注相关国际机构的标准制定活动，及时跟踪和掌握国际监管改革新趋势，并在制定有关自贸区金融发展战略时，注意吸收借鉴国际最新金融监管标准和原则；③在参与国际金融监管合作过程中，各部门之间应加强沟通和交流，对于国际间重大金融风险要协调、统一立场，切实维护我国经济利益和金融安全。

2.4.4 完善投资者保护制度，加大信息披露力度

较为完善的投资者保护制度主要由存款保险制度、投资者保护制度和保险保障制度三部分构成，其中存款保险制度是核心。实践证明，运作良好的投资者保护制度是一国金融安全网的重要组成部分，是维护金融体系稳定的基础性制度。投资者保护制度在有效保障存款人和投资者利益、及时化解金融风险、增强市场信心方面发挥了重要作用，成为各国政府应对金融风险的重要手段。

1. 加快建立存款保险制度，缓冲交叉性金融业务风险

目前，我国尚未建立存款保险制度。长期以来，在金融风险的处置中，政府在事实上对储蓄存款实行了全额隐性担保政策。这一政策维护了金融稳定，但存在弊端，既把政府推到了风险处置一线，增加了央行和财政负担，又助长了存款人的道德风险，不利于对金融机构的市场约束。随着我国金融机构所有制结构的多样化发展及金融开放度的不断增加，继续延用现有政策势必将出现两难选择。建立存款保险制度有利于妥善解决这一难题。同时，随着信贷规模大幅扩张，产融过剩、结构调整等因素导致的新一轮信贷风险正在形成和积累。尽快建立存款保险制度，有利于及时防范和化解金融风险，防患于未然。

从国际存款保险制度应对本次金融危机的经验教训和《有效存款保险体系核心原则》来看，我国应建立功能相对完善的存款保险制度，并通过制度设计减少道德风险。

（1）从制度上设立保护存款人合法权益、维护金融稳定的目标。（2）实行强制保险。为避免经营情况好、风险状况低的金融机构不愿主动参加存款保险体系，应当实行强制性存款保险，使“存款保险制度要覆盖所有存款类金融企业”。保险范围应包括在我国境内依法设立的具有法人资格的商业银行、合作银行、城市信用社、农村信用社和邮政储蓄机构。（3）实行差别费率。为了强化正向激励和市场约束机制，在我国建立存款保险制度，有必要从一开始就按照国际惯例，实施差别费率。美国、香港等国家和地区的实践已表明，实施差别费率，将银行划分到不同的风险档次，对高风险机构征收更多的保费，有利于对金融机构经营形成正向激励机制，促进金融机构有效控制风险和稳健经营，

引导存款机构增强风险意识。实施差别费率还有助于强化对“大而不能倒”机构风险的制约。实施风险差别的存款保险费率，对于“大而不能倒”的机构，可将最能反映其经营风险的因素，比如信贷投放迅猛增长作为征收或调整保费的依据。当这些金融机构风险急速增加时，存款保险机制调高其保费费率，可立即对其起到直接的风险警示和约束作用。（4）采用限额赔付。从国际实践来看，几乎所有的国家都采用限额保险的安排，既对存款人利益给予充分保护，又有效减少道德风险。全额保险多是在危机时期临时性地用于增强存款人的整体信心。长期实行全额保险的一大弊端在于，其道德风险太大。《有效存款保险体系核心原则》提出，危机中实行临时性全额保险的国家，应尽快实现向限额保险转换。如果从全额保险起步，公众很容易形成体制性依赖，将其转为限额保险还会面临非常大的、不确定的操作难题，很难决策。因此，我国存款保险制度在起步阶段即宜实行限额保险。在确定限额的标准时，国际上通常将80%—90%的存款人得到全额保护作为参考指标。在我国还需着重考虑两个重要因素，一是目前我国居民大多数的金融资产以存款形式存在，实行存款保险制度后，由政府隐性的全额担保过渡到显性的部分存款保险，为避免引起民众心理恐慌，引起大量存款搬家，影响中小金融机构正常经营和稳定，可考虑确定较高的赔付限额。二是现阶段我国基本社会保障机制尚不健全，储蓄承担着教育、养老、医疗等多种功能，如果存款赔付设定过低，会影响储蓄多种功能的实现。（5）赋予存款保险制度必要的风险处置功能。存款保险制度应在处置金融风险、加强金融机构市场约束和维护金融稳定中发挥积极作用。为此，存款保险管理机构承担的主要职责应包括：保费征收、基金管理与存款赔付的职责，对投保存款机构风险防范和及时纠正的辅助性职责，对投保存款机构风险处置的职责。

2. 进一步加强证券投资者保护制度，沪港通隔离境内外证券投资风险

证券投资者保护制度（又称投资者补偿计划或证券投资者补偿制度）已成为当前许多国家或地区证券市场不可或缺的重要环节。完善的证券投资者保护制度，能够在证券公司等投资银行出现风险时，及时保护投资者利益，减轻投资者在危机中的损失，推动有关风险处置工作进展，有效维护金融稳定。由于金融创新的迅猛发展，金融产品日趋复杂，综合经营趋势模糊了传统的银行业务与投行业务界限，近年来，非银行金融机构成为系统性风险隐患的可能性大大增加。

我国证券投资者保护基金公司自2005年8月成立以来，在做好基金的筹集和管理的基础上，参与了高风险证券公司的撤销、关闭或破产清算工作，完成了弥补证券公司客户交易结算资金缺口、收购个人债权等重要任务，在证券公司综合治理和风险处置工作中发挥了重要作用。

沪港通推出，资本项目开放迈出重要一步。2014年4月，沪港通试点得到大陆、香港监管部门批准。上海证券交易所和香港联合交易所规定，允许投资者通过当地经纪商买卖规定范围内对方交易所上市的股票，总额度暂定5500亿元人民币（沪股通和港股通额度分别为3000亿元和2500亿元，其中试点期间每日额度分别为130亿元和105亿元）。两地资金往来将严格封闭，投资者先换成对方货币，卖出股票后也只能取回现金，不能进行其他任何投资。

一是推动人民币资本项目开放和人民币国际化，有助于扩大境外人民币资金池，为离岸人民币提供除 QFII、RQFII 等渠道外的另一条回流渠道；有利于巩固香港国际金融中心地位，健全内地资本市场机制；有利于拓展投资者境外投资渠道，避免非法渠道投资境外导致资金的外流。

二是风险可控。从股票规模来看，沪股通额度占上海交易所股票流通市值（2014 年 4 月末为 13. 3 万亿元）的 2. 3%，每日额度占一季度日均成交额的 13. 5%。港股通额度占香港交易所主板流通市值（2014 年 4 月末为 18. 3 万亿元）的 1. 4%，每日额度占一季度日均成交额的 19. 1%。

从回流规模看，2014 年 2 月末香港特区的人民币存款余额为 9203. 5 亿元，其中非企业存款 2849. 4 亿元。3 月末香港人民币存款证余额为 3161. 5 亿元。3000 亿元的沪股通额度基本能满足香港投资者人民币回流的需要。

3. 进一步完善保险保障制度

为完善保险机构破产救济制度，2005 年 1 月，保监会公布了《保险保障基金管理办法》（以下简称《管理办法》）。按照《管理办法》要求，保险保障基金由保险公司缴纳形成，按“集中管理、统筹使用”的原则，在保险公司撤销、破产等情形下，用于向保单持有人或者保单受让公司等提供救济。当保险公司破产或撤销，如果其有效资产无法全额履行其保单责任时，保险保障基金可以按照事先确定的规则，向保单持有人提供全额或部分救济，减少保单持有人的损失，确保保险机构平稳退出市场，维护金融稳定和公众对保险业的信心。保险保障基金的成立，意味着我国长期以来实行的“金融机构破产，国家出资兜底”体制在保险行业被率先冲破，今后偿付能力严重不足的保险公司可以按照市场原则，平稳地退出市场。2008 年 9 月，保监会、财政部、人民银行联合发布了《保险保障基金管理办法》，中国保险保障基金有限责任公司正式挂牌成立，进一步明确了保险保障基金公司化运作的方向。

4. 强化信息披露责任

交叉性金融业务由于其隐蔽性和业务的复杂性，道德风险和逆向选择较为严重，解决的办法之一是信息的生产和加工。

由于市场本身可能失败和产生外部性，因此加强信息披露，使得资金价格充分反映市场信息，可以引导资金的合理配置。虽然我国的公司也将“资产写在账目”上，但许多账目并不反映实际情况，企业在信息披露上存在各种各样的问题，因此有了我国上市公司“包装”、“伪装”，以及浑水公司“做空中国”的惊人之举。2008 年金融危机也表明，加大对 CDO 和 CDs 的信息披露有助于问题的解决。

第3章 贸易项下的国际资本流动与跨境套利风险

本章摘要

当前国际短期资本流动的主要渠道有：经常项目（包括贸易收益和经常转移）、外商直接投资和地下钱庄。其中跨境套利资本通过贸易项下流动是目前国际短期资本流入、流出我国境内惯用的手段。本章我们以贸易项下国际短期资本异常波动问题为导向，从贸易项下分析国际短期资本流动的表现形式及影响因素，并分析跨境套利贸易的模式及其危害，从而基于风险治理角度提出相关政策建议。

本章首先对贸易项下国际短期资本流动分析。从贸易信贷、贸易融资和跨境人民币结算方面阐述贸易项下短期资本流动的主要形式，再从资本项目开放、利差、汇率差、国外宏观经济影响等方面，对贸易项下国际短期资本流动的影响因素进行分析。

本章总结了我国跨境套利贸易的主要模式。结合我国跨境套利贸易呈现出的从单纯价格伪报向金融衍生产品结合，套利标的物从黄金、电子产品等向大宗商品扩展等特征，从传统套利、贸易融资套利、转口套利、“一日游”、大宗商品贸易套利等方面探讨了我国跨境套利贸易的主要模式。并分析了跨境套利贸易所引发的国际短期资本大规模、频繁流动给实体经济、正常进出口贸易秩序，国际收支平衡等带来的风险。

从贸易流的角度测算跨境套利贸易所引发的国际短期资本流动规模。通过比较有关测算方法，我们选择通过构建数学模型等实证方法来测算跨境套利贸易规模。根据进出口贸易统计数据，研究了2005年我国完善人民币汇率形成机制以来，2005—2013年我国跨境套利资本规模；在此基础上，对东部沿海地区的上海市、江苏省、浙江省和广东省的跨境套利资本规模测算进行了比较。

从风险治理的角度提出政策建议。要从根本上提高对国际短期资本借道贸易项下流动的风险治理能力和水平，不能仅满足于加强监管执法等技术层面的微调，更要从理念、体制、主体和手段等顶层设计要素入手，强化风险识别与分析、风险评估、风险决策、风险行动等关键环节，重构我国贸易项下国际短期资本流动管理体系。

一是建立贸易融资的监测指标。微观层面对企业资金流和货物流、银行外汇信贷、贸易融资进行分析；中观层面，从贸易方式、企业类别和地区分类研究贸易流、资金流特征；宏观层面，通过对反映本地资金流与货物流匹配程度的贸易偏离度指标考察，从宏观上把握辖区资金流和货物流的变化趋势和方向，全面反映涉外经济发展趋势。

二是外汇管理局、海关等相关部门加强沟通，形成监管合力。由于贸易渠道进入的国际短期资本具有极强隐蔽性，为此应完善信息系统的顶层设计，将外汇管理、海关管理的几大业务系统的基础数据进行整合，并结合游资易出入的行业、领域的政策特点，及时掌握国际短期资本的动向，提前预警。

三是加强国际海关合作。目前的海关通关对经审查未能确定到岸价的进口货物采用估价完税，也在一定程度上造成了贸易渠道的资本非法流动。所以，应进一步加强各国海关之间的合作、完善信息共享机制，完善货物流控制体系。

3.1 国际短期资本流动及风险研究的基本构想

3.1.1 研究国际短期资本流动的必要性

1. 国际短期资本流动在全球资本流动中发挥着越来越重要的作用

伴随着全球化和国际金融市场自由化的深入发展，以及金融创新、大量衍生工具的不断涌现，国际资本流动日益明显并呈现短期化趋势。从1994年的墨西哥金融危机到1997年的亚洲金融危机，从俄罗斯1998年的金融危机到巴西危机再到阿根廷2000年的危机，以及2008年美国次贷危机引起的全球经济危机，国际短期资本都在其中扮演了非常重要的角色。

作为国际资本流动中最活跃的一种形式，国际短期资本流动对经济体来说是一把双刃剑。一方面可增加金融市场的流动性，降低市场主体的交易成本，提高金融市场的运作效率，可促进流入国经济稳定和增长。另一方面大量国际短期资本大进大出将造成汇率与经济震荡。若一国采取固定或盯住汇率制度，在结售汇大量增加时，央行被动冲销的难度陡增；当汇率由于短期资本的扰动脱离汇率稳定目标，央行稳定汇率干预又将对内部经济造成干扰。

由此可见，国际短期资本流动在外部经济冲击与国家宏观经济和货币政策调控之间存在内在影响，对此进行分析有利于更好地理解当前我国开放型经济建设中所遇到的问题，并制定行之有效的应对策略。

2. 国际短期资本借道贸易项下流动，导致国际贸易货物流与资金流脱节

1996年底我国实现了经常项目下的自由兑换，在“经常项目可兑换、资本项目部分管制”的情况下，贸易项目因交易规模大且频繁，其真实性难以核查，具有相当的隐蔽性，一些无真实贸易背景的国际短期资本通过贸易项下流动。特别是自20世纪90年代以来，随着我国固定资产价格上涨、人民币持续升值，贸易项下的国际短期资本流动更加频繁。

2013年初，我国进出口数据和外汇占款迅猛增加。1—4月进出口总额达13307亿美元，贸易顺差609.8亿美元；出口6958.7亿美元，增速达17.4%，其中广东、福建、广西出口分别增长35.6%、24.5%和24.6%。内地与香港外贸进出口贸易快速增长，进出口总值高达1505.9亿美元，同比增长66%；其中深港贸易总值的增长更是高达130%。与贸易高速增长不同，主要港口外贸易货物量低迷：1—4月，规模以上港口完成外贸货物吞吐量[①] 107517万吨，同比增长9.3%，增速较2012年同期放慢4.6个百分点，环比放慢0.8个百分点；沿海港口广州、深圳、湛江、厦门以及北部湾港口外贸货物吞吐量累计同比增长分别为-0.5%、2.1%、-5.2%、10.1%和3.5%。

外汇方面，2013年1—4月份延续了2012年底外汇大量净流入态势，新增外汇占款分别为6837亿元、2954亿元、2363亿元、2944亿元，合计达1.5万亿元。

针对内地贸易数据的异常波动，4月下旬以来，国家有关部门采取了一系列措施，有关海关也加强了监管。5月，跨境套利贸易的势头得到遏制。当月，我国进出口总值为3451.1亿美元，增长0.4%。其中出口1827.7亿美元，仅微增1%，大幅低于上月的14.7%；进口1623.4亿美元，下降0.3%；贸易顺差204.3亿美元。5月，内地对香港出口仅微增5.8%，较前4个月66%的增幅大幅回落。外汇方面，5月央行外汇占款仅新增1119.53亿元人民币，与上月3747.26亿元相比下降了70.12%；央行在内的所有金融机构外汇占款仅新增1315.64亿元人民币，与4月相比下降了54.05%；同时外汇储备净减少510.06亿美元，创单月最大跌幅。

3. 跨境套利贸易对我国外贸、金融和实体经济安全的影响日益显著

跨境套利贸易的盛行不仅对现行的出口退税政策、海关特殊监管区政策、银行贸易融资业务、外汇管理等治理模式带来挑战，而且干扰了正常的经济运行。

一是跨境套利贸易导致贸易统计数据虚增，严重影响我国对外贸易环境。跨境套利贸易泡沫人为扩大了我国与主要贸易伙伴间的贸易顺差，有可能进一步引发贸易摩擦。同时，虚增外贸统计数据在一定程度上掩盖了我国对外贸易面临的复杂局面。

二是与跨境套利贸易相伴的资本流动规模频率加大，加剧了我国金融风险。迫使我国形成了“贸易顺差—人民币升值预期—国际短期资本流入—外汇储备过快增长—基础

---

① 2013年1—4月全国主要港口运行综述。

货币被迫投放过多—信贷规模、投资规模增长过快—投资大于需求，供给能力过剩—贸易顺差”的恶性循环。

三是给我国实体经济的发展带来冲击。贸易项下国际短期资本的异常流入，进入房地产等部门，并通过信号效应错误地引导资源配置，鼓励企业弃实向虚，抑制实体经济的发展。此外，国际短期资本的大规模流入将不断加剧房地产泡沫，而一旦其反向流出，将给房地产业带来巨大灾难，诱发经济危机。

3.1.2 概念界定和研究对象

当前国际短期资本流动的主要渠道有：经常项目（包括贸易收益和经常转移）、外商直接投资和地下钱庄。其中跨境套利资本通过贸易项下流动是目前国际短期资本流入流出我国境内所惯用的手段。通过国际间贸易往来的资金融通与结算引起贸易项下国际资本流动，一般来说，这种资本流动从商品进口国向出口国转移，“货物流”与“资金流”匹配，且流动在单次贸易中具有不可逆转的特点。但是，在资本管制国家，跨境套利资本借助贸易渠道隐蔽流动，从而使贸易成为国际短期资本流动的重要载体。

本章的主要研究对象是我国“贸易项下国际短期资本流动及跨境套利贸易的风险治理”，其中：

“贸易项下国际短期资本流动”主要是指期限在一年以内且流动性强的、短期内可以转变流动方向，通过贸易渠道进出境内的货币资本；

“跨境套利贸易”特指市场主体在逐利的驱动下，超出正常贸易融资和汇率避险范畴，利用现行贸易便利化措施的漏洞，甚至违反现行贸易及相关外汇管理规定，将贸易异化为跨境套利工具和载体的贸易行为；

“风险治理”指基于风险管理多元参与、开放透明、责任明确、公正合理、广泛合作的行为准则，强化风险识别与分析、风险评估、风险决策、风险行动等关键环节，不仅满足于加强监管执法等技术层面的微调，而且从理念、体制、主体和手段等顶层设计要素入手，实现从传统政府监管到现代风险治理的转变。

3.1.3 研究思路和主要内容

本章研究思路是：以贸易项下国际短期资本异常波动问题为导向，从贸易项下国际短期资本流动入手，分析其表现形式及影响因素；然后重点分析跨境套利贸易的模式及其危害，并从贸易流角度测算贸易项下跨境套利资本规模；最后从风险治理角度提出相关政策建议。本课题主体部分结构为：

第一部分是对贸易项下国际短期资本流动的分析。首先，从贸易信贷、贸易融资和跨境人民币结算方面阐述贸易项下短期资本流动的主要形式。其次，从资本项目开放、利差、汇率差、国外宏观经济影响等方面，对贸易项下国际短期资本流动的影响因素进行分析。最后，从正反两方面探讨贸易项下国际短期资本流动所产生的影响。

第二部分是我国跨境套利贸易的主要模式。结合我国跨境套利贸易呈现出的从单纯价格伪报向金融衍生产品结合，套利标的物从黄金、电子产品等向大宗商品扩展等特征，从传统套利、贸易融资套利、转口套利、“一日游”、大宗商品贸易套利等方面探讨了我国跨境套利贸易的主要模式。同时，分析了跨境套利贸易所引发的国际短期资本大规模、频繁流动给实体经济、正常进出口贸易秩序、国际收支平衡等带来的风险。

第三部分从贸易流的角度测算跨境套利贸易所引发的国际短期资本流动规模。通过比较有关测算方法，选择通过构建数学模型进行实证方法来测算跨境套利贸易规模。根据进出口贸易统计数据，研究2005年我国完善人民币汇率形成机制以来，2005—2013年我国跨境套利资本规模；在此基础上，对东部沿海地区的上海市、江苏省、浙江省和广东省的跨境套利资本规模测算并进行比较。

第四部分是从风险治理的角度提出政策建议。提出要从根本上提高对国际短期资本借道贸易项下流动的风险治理能力和水平，不能仅满足于加强监管执法等技术层面的微调，而更要从理念、体制、主体和手段等顶层设计要素入手，强化风险识别与分析、风险评估、风险决策、风险行动等关键环节，重构我国贸易项下国际短期资本流动管理体系。具体的，应该以降低汇率异常波动的负面影响、保证外贸健康发展、促进跨境资金的均衡流动、实现国际收支基本平衡为原则；在充分发挥市场在资源配置中起决定性作用的基础上，完善政府宏观、微观审慎管理，做到监管与开放并重、规范与创新并举。

3.2 我国贸易项下国际短期资本流动情况

3.2.1 贸易项下国际短期资本流动表现形式及特点

1. 贸易项下国际短期资本流动的形式

贸易信贷、贸易融资和跨境人民币结算是造成贸易项下国际短期资本流动的主要原因。尽管绝大多数交易都具有真实的贸易背景，且不违反现行贸易及相关外汇管理规定，但部分交易已经超出了正常贸易融资和汇率避险范畴，具有明显的跨境套利特征，或者说，部分本该应用于促进贸易便利化的政策措施，在市场主体的逐利行为下，异化为跨境套利工具。贸易项下国际短期资本流动的主要表现形式为：

（1）贸易信贷。进出口商之间的商业信贷融资，即由于商品的资金支付时间与货物所有权发生转移的时间不同而形成的债务。预收货款一般计入当期结汇，预付货款计入当期购汇，但都不计入当期顺差。此外，延迟付款会减少当期购汇，延收货款会减少当期结汇，但都计入进出口货物流，导致结售汇与进出口产生差异。

（2）贸易融资。金融机构为进出口商提供的融资。进口项下的贸易融资会导致银行资本替代当期进口购汇。进口项下的贸易融资主要通过外汇贷款、远期信用证、海外代付、协议付款等方式进行（包括表内和表外业务）。

（3）跨境人民币结算。对于外币贸易融资来说，90天以上的海外代付、远期信用证等受银行短期外债指标控制，企业开立外币远期信用证需经外汇主管部门审批，难度较大。但跨境人民币结算不受现行外汇管理政策体系监管，在贸易融资上也没有规模限制，由此企业大量采取跨境人民币结算。

2. 贸易项下国际短期资本流动新特点

（1）物流与资金流的不匹配。顺差的背后是货物流，而顺收则是包括汇兑行为（结售汇）在内的资金流。收支缺口（贸易资金跨境净流入 - 货物净出口）主要反映跨境资金流动与实际贸易活动的背离，汇兑缺口（贸易资金净结汇 - 贸易资金跨境净流入）主要反映跨境收支与结售汇行为的背离。

贸易收付汇差额（顺收）与进出口差额（顺差）之间的差距可分解为如下等式：（顺收 - 顺差）① = 贸易信贷② + 外汇贷款③ + 代付类融资④ + 人民币结算⑤ + 自有外汇变动⑥ + 其他⑦。这一分析框架的政策含义在于，理论上“其他”项应该接近为0，②至⑥项基本可以解释①项。或者说，如果“其他”项很小，则贸易项下的违规流入不显著，差额主要由②—⑥项造成，可针对其中的“冒泡”项目进行调控。如果“其他”项很大，超过了经验上统计时滞和统计口径可解释范畴，则需考虑违规资金流入问题。

从2006—2013年顺收与顺差的背离情况来看（见表3 - 1），2012年两者背离情况最大，达1651.5亿美元；背离最小的年份为2011年，达71.4亿美元。

表3 - 1　　2006—2013年我国贸易与贸易收付汇情况　　单位：亿美元

年份	进口	出口	贸易顺差	贸易收汇	贸易付汇	贸易收付汇差
2006	9690.8	7916.1	1774.7	8066.3	6134.8	1931.5
2007	12182.7	9562.5	2620.2	10595.38	7805.46	2789.92
2008	14306.9	11325.7	2981.2	12665.1	9976.58	2688.52
2009	12016.1	10059.2	1956.9	10247.5	9035.21	1212.29
2010	15777.5	13962.4	1815.1	14574.18	12552.61	2021.57
2011	18983.8	17434.8	1549.0	18257.46	16779.85	1477.61
2012	20489.3	18178.3	2311.0	20251.05	19591.51	659.53
2013	22100.2	19502.9	2597.3	23386.75	21471.48	1915.27

（2）贸易信贷的高比例、长期限。从调查情况看，目前企业通过贸易信贷渠道套利主要集中于预收货款和延期付款。①预收货款。通常表现为企业超出正常商业信用，高比例、长期限地预收，或先预收结汇，在境内滞留一段时间后再以退汇等方式择机流出，主要发生在境内外关联方之间。有的境内企业采取在境外设立业务运营平台的方式，通过境内公司与境外平台公司签订（基于销售预测基础的）一揽子销售合同。公司主要进出口业务均通过境外关联公司操作，其资金收付对象为境外关联公司而非最终客户，预收货款成为其境内外资产摆布的一个重要手段，不排除其中有创造“预收货款”的情况。②延期付款。实质上是一种赊销，绝大部分属于正常的商业信用关系，企业先将应付资金留存境内，达到融资目的或获利后择机汇出，主要发生在关联方之间。有的境内企业

让境外关联企业代其先行支付进口货款，间接实现进口延期付款。

（3）贸易融资产品组合化。近年来，基于利率和汇率变化，以及市场间的差异衍生，银行以传统型贸易融资产品为基础，进行不同产品的创新型组合。银行在收集企业需求的基础上自主创新并大量运用，如“内保外贷”、“进口代付达”、协议付款（融资）等一系列组合类产品不断涌现。

（4）贸易融资全程化。传统贸易融资侧重于单个企业单笔交易的单个业务环节，而贸易融资组合产品则能够覆盖企业整个贸易链，为企业及贸易链的上下游客户提供全流程的融资服务。通过供应链，银行寻找到了迅速拓展贸易融资产品的简单易行的方法。以货押、订单、应收应付为基础的供应链融资产品满足了客户对供应链进行管理的需求，资产业务的集约式拓展；从本质上解决了银行的风险准入和客户可提供的授信担保条件之间的不对称问题，从而实现双方业务的对接。

（5）贸易融资运作外延化。传统的贸易融资多是境内银行利用自身资金和授信额度开展的融资业务，当前贸易融资向境内外银行联合运作的模式转变。在人民币汇率双向波动背景下，快速发展的人民币出口代付业务就是境内外银行联动，借用境外分行低成本资金，当信用证到期境外进口商支付货款用于偿还境外银行融资。

（6）贸易融资期限长期化。银行通过业务创新，改变境内银行与境外关联银行的受托关系，规避外汇管理政策特别是外债管理政策，甚至将贸易融资的期限由原先的90天以下延长至365天。诸如“远期信用证＋进出口押汇”等业务，通过不同90天期限以下融资产品进行组合搭配可实现90天以上长期限融资。

（7）目标多元化。随着贸易融资的快速发展，贸易融资目标呈现多元化特征，从单纯的融资目的到融资与套利双重目的演变。初期的如出口押汇、进口押汇等传统的贸易金融产品可以满足客户短期资金融通的需要。随着国内外市场环境发生的变化，人民币贷款利率水平不断走高，境内银行信贷规模的趋紧，新型的融资方式不仅节约企业财务成本，减少利息支出金额，而且能绕过银行贷款规模的不足，逐渐向一些利用市场机会，利用不同货币之间汇率和利率差异实现套利的产品组合演变。

3.2.2　对贸易项下国际短期资本流动影响因素简要分析

1. 我国经常项目可兑换和资本项目不完全开放

1996年12月1日，我国正式接受国际货币基金组织第八条款，实行人民币经常项目下的可兑换，即取消对经常项目外汇支付和转移的汇兑限制。但是资本项目至今仍未完全开放。在经常项目下资本自由兑换和资本项目不完全开放背景下，国际短期资本想要进出入我国，自然会选择管制少、相对自由且更为隐蔽的经常项目，以规避风险。

2. 境内外利差

资本的逐利性决定了资本将从低利率国家（地区）流向高利率国家（地区）。从近年来中美两国的利率变动情况看（以美元3个月libor月均利率和人民币3个月shibor月均为例），2010年中美利差基本在3%以内，2011年以后中美利差开始扩大，特别是2011年下半年和2014年年初，利率差一度达到5%以上。利率差与短期跨境资金流动趋势如

图3－1所示。

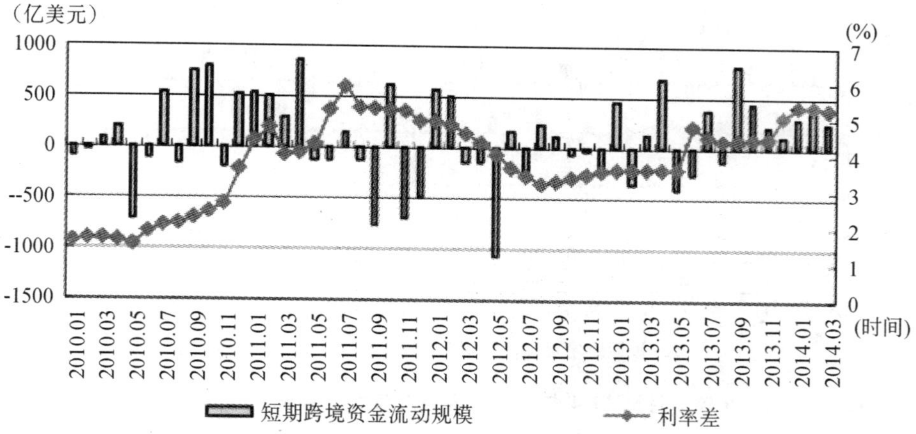

图3－1 2010年1月至2014年3月我国短期跨境资金与中美利差变动趋势图

短期跨境资本与中美利差变动趋势图显示，短期跨境资本流动与利率差曲线存在较为明显的正向相关性：2010年1月至2011年3月，利差逐步扩大、曲线处于攀升阶段，短期资本主要呈净流入趋势；2011年8月至2012年10月，利差逐步缩小，短期跨境资本在多个月份呈现净流出趋势；2012年9月至2013年7月，利差相对稳定，短期跨境资本呈流入、流出交替变化；2013年9月以后，利差稳中趋升，短期跨境资本呈净流入趋势，但规模明显减少。

3. 汇率变化

汇率变动通常是造成一国短期跨境资本流动的重要原因，如在一国本币汇率升值期间，境外套利资本会加快流入并结汇，在本国汇率升值结束后，再将先前结汇资金兑换为外汇流出，反之亦然。自2005年汇改以来，人民币走上了长期升值道路，伴随而来的是国际投资套利资本的持续涌入；但随着我国汇率市场化改革的推进，央行先后3次扩大了银行间即期外汇市场人民币兑美元的波幅，同时2014年年初人民币还出现了明显的贬值趋势，人民币单边升值预期正在弱化，投资套利资本流入的动能明显减少或不足。

考虑到国际短期资本体系中存在多种币种结算，单一的美元、欧元等汇率不能反映其他币种汇率变化对短期跨境资本流动的影响，于是我们选取了国际清算银行公布的人民币实际有效汇率作为观测指标，以此考察汇率变动与短期跨境资本流动之间的关联性。

短期跨境资本与人民币实际有效汇率变动趋势图显示（图3－2），人民币实际有效汇率在当期对短期跨境资本流动的影响不明显，但汇率对短期跨境资本的滞后影响效应较为显著，即人民币实际有效汇率在当期变动后，对后期的短期跨境资本流动产生明显的影响，如2010年1月至2010年6月，汇率逐步攀升，短期跨境资金在2010年7月至2011年4月存在明显的净流入，且净流入规模较大；2013年1月至2013年7月，汇率较快攀升，但短期跨境资金在2013年9月开始出现持续净流入。

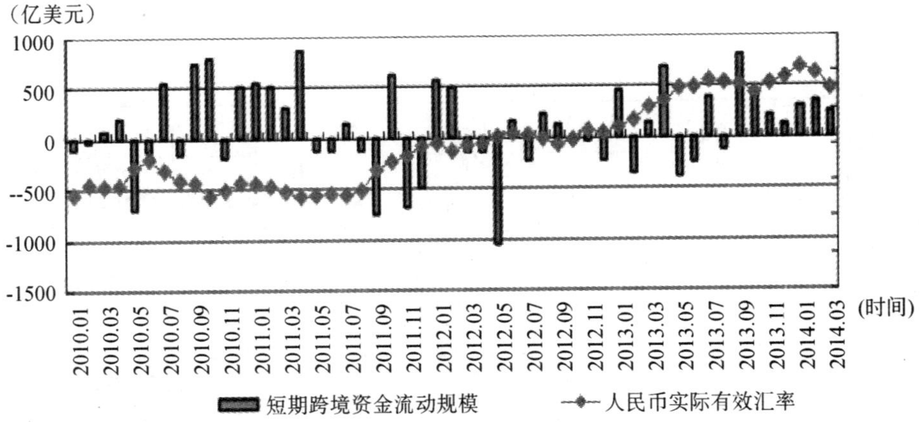

图 3-2 2010 年 1 月至 2014 年 3 月我国短期跨境资金与人民币汇率变动趋势图

4. 资产价格差

国际短期资本的流入与价格变动，尤其是国内资产价格变动密不可分。限于我国价格统计数据的可得性，我们选取较有代表性的固定资产投资价格指数，表示引起国际短期资本流入我国进行“套价”的价格因素。图 3-3 反映了 2000—2013 年我国固定资产投资价格指数的变化。

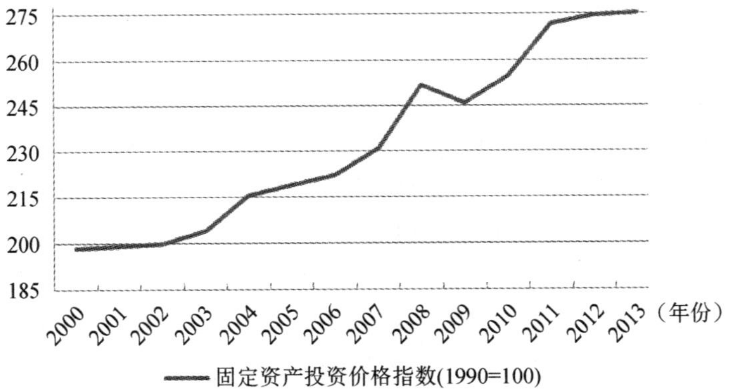

图 3-3 2000—2013 年我国固定资产投资价格指数

5. 美国量化宽松货币政策

次贷危机以后，美国的经济萎靡不振，为了振兴经济，美国自 2008 年年末开始，先后实施了四次量化宽松的货币政策，随着美国经济的逐步复苏，美国又从 2014 年 1 月逐步退出量化宽松政策，近年来调整情况如表 3-2 所示。

美国的量化宽松货币政策意味着美国在货币市场“开闸放水”，流动性会伴随跨境资本的流动进入其他国家（地区），特别是对我国这种高利率国家存在较强的冲击，而伴随着 2014 年美国量化宽松政策的逐步退出，前期涌入我国的投资套利资本又存在流出动力，投资套利资本的大进大出对我国经济产生了深远影响。

表 3-2 近年来美国量化宽松货币政策实施与退出情况

美国重要货币政策调整	时间	主要内容
QE1	2008. 11—2010. 3	投放 1. 725 亿美元流动性
QE2	2010. 11—2011. 6	维持 0—0. 25% 的历史最低基准利率；购买 6000 多亿美元的中长期国债
QE3	2012. 9—2012. 12	每月购买担保房贷债券（MBS）400 亿美元，直到劳动力市场恢复；继续保持 0—0. 25% 的历史低利率直至 2015 年
QE4	2012. 12—2013. 12	每月采购 450 亿美元国债替代扭曲操作（OT）计划；此外，有条件地把联邦基金利率保持在 0—0. 25% 的超低区间
退出 QE	2014. 1 至今	每月缩减量化宽松货币政策规模 100 亿美元

6. 国内融资环境

2011 年以来，我国货币信贷政策趋紧。对于部分资金链高度紧张的企业而言，操作程序简单、成本相对低廉且变现相对容易的跨境套利贸易融资成为救命稻草。而部分并不缺乏资金的企业，也看中了民间借贷的高回报率，同样投身于跨境套利贸易融资中，套取现金再对外放贷。在两者共同作用下，进一步推升了跨境套利贸易融资高潮。

3. 2. 3 贸易项下国际短期资本流动影响分析

贸易项下国际短期资本流动具有积极和消极影响，必须辩证看待。一方面合理的贸易融资和信贷所实现的贸易项下国际短期资本流动，对减少资本占用、提高资产流动性、提高经济资本综合效益等有积极作用，有助于资本在全球市场的高效配置；另一方面贸易项下频繁的、大规模的国际短期资本流动也引发国际收支失衡、货币政策被削弱等一系列问题。

1. 资金流与货物流的间隔加剧了国际收支阶段性失衡

贸易融资产品改变了企业收付汇和结售汇的节奏，打乱了资金实际进出境时间，导致企业提前结汇和延期购汇（人民币贬值时会出现提前购汇和延期结汇）或将结售汇环节由境内转移至境外，加大了贸易顺差、收支顺差和结售汇顺差的偏离程度，加剧了国际收支失衡程度。同时，在经济形势快速变化期和观望期，贸易融资的分割性特征易造成融资资金，尤其是境外融资资金的跨境快速流动。当一国货币存在升值空间时，短期资本往往通过包括贸易融资在内的各种渠道流入套利；而当一国货币存在贬值空间时，短期资本往往流出避险。这种短期资本流动的规模、速度通常与货币预期强度成正比，容易加剧国际收支的阶段性失衡。

2. 交易主体的逐利性引发投机套利行为

随着贸易融资产品的快速发展，尤其是在银行推动融资产品发展向根据企业需求进行产品“量身定制”的过渡时期，企业通过贸易融资投机套利的渠道逐渐增多。在人民币升值预期强烈的情况下，部分企业通过银行贸易融资延迟对外支付，利用融资时间差获得人民币升值收益。另一方面，在境内外汇差趋缓背景下，境内外利差缺口进一步加大了跨境合法合规套利资金的隐形流入。部分企业通过海外代付等融资产品借用境外低成本资金，用于对外货物支付、出口备货、出口产品生产所需，在资金和货物相对应的情况下，利差空间形成的合法合规套利资金隐形流入境内。

3. 90天期限贸易融资快速扩张潜在较大风险

按照现行规定，90天以下的海外代付业务不纳入银行短债指标管理。为规避指标规模控制，银行办理90天以下且接近90天协议付款（融资）业务的积极性较高。同时，许多银行将90天以下的远期信用证和协议融资等不占用短期外债指标的业务进行组合，如90天以下远期信用证+90天协议融资等。创新型贸易融资业务不占用短期外债指标，又能利用境外丰富和低廉的外币资金，极大地推动了贸易融资业务的快速发展，推动了商业银行短期外债膨胀，增大了短期跨境资金流动风险。另外，人民币跨境融资产品种类迅速增多，成为市场主体规避短债指标限制的重要方式。按照《关于明确跨境人民币业务相关问题的通知》规定，跨境贸易人民币结算项下涉及的居民对非居民的人民币负债，包括与跨境贸易人民币结算相关的远期信用证、海外代付、协议付款等，不纳入现行外债管理；境外机构人民币结算账户余额不纳入外债管理。一旦国内外经济金融形势发生逆转，一方面企业可能会通过各种途径抽逃资本；另一方面境外提前偿还要求可能造成资金的集中流动风险。

4. 贸易融资快速扩张削弱了货币政策有效性

一是对冲货币宏观调控政策。银行贸易融资产品通过境外银行融资减少企业即期资金支付，变相放大了国内信贷总规模，尤其是在稳健货币政策紧缩国内过剩流动性情况下，部分对冲了人民银行货币政策的调控效果，相对来说，在宽松货币政策释放流动性情况下，短期贸易融资产品的快速扩张将直接增大货币信贷乘数的放大效应，加速资金流动性释放，造成流动性过剩。二是间接增加通货膨胀风险。套利型贸易融资改变企业结售汇行为，在境内外利差缺口空间情况下，加速合法合规套利外汇资金的流入，同时，人民币跨境结算推动了人民币海外代付融资产品的快速发展，外汇的加速流入和人民币跨境支付的快速发展形成的跨境资金流动非对称性效应直接导致外汇占款迅速增加，从而加大了央行冲销操作成本，加大了央行管理通货膨胀的难度。

3.2.4 当前贸易项下国际短期资本监管存在的问题

从监管实践来看，包括各类理财融资产品在内的贸易项下外汇收支交易大部分具备真实贸易背景，未见大规模、系统性的违规资金流入，建立在真实性审核基础上的贸易外汇管理未出现明显漏洞。但随着贸易投资便利化的持续推进和外汇市场的发展，市场主体摆布本外币资产、负债和本外币转换的空间扩大，灵活度提高，传统的以真实性、合规性为核心内容的外汇监管对具备真实贸易背景的套利交易缺乏有效约束，也就是说，以往我们重在应对“假贸易，真套利”，但现在则需要应对“真贸易，真套利”。客观地讲，面对形势的发展变化，我们的管理存在滞后和缺位，亟待改善。突出表现为三大管理问题：

1. 数量化管理工具欠缺，持续有效的微调能力不足

在境内外“汇差、利差”缺口持续存在的情况下，合法合规套利利益驱动的贸易融资快速跨境流动脱离于外债规模管理之外。同时，银行贸易融资产品创新通过 90 天以下产品的不同搭配组合实现了长于 90 天期限的融资，以及人民币贸易融资完全脱离于外汇规模管理之外，尤其是在贸易融资产品呈现出的“短期化实现长期化”特性进一步削弱了当前外汇管理政策，根本上说，数量化政策管理工具的缺失和弱化，即无法根据经济发展变化实际情况进行产品融资利率调整，从而无法形成对贸易融资产品的持续性和准确性微调，进而无法有效遏制合法合规套利隐形资金的跨境流动。

2. 短期贸易融资规模缺乏有效管理控制

现有短债余额监管制度尚未实现对银行短期外债资金来源的全覆盖，部分业务监管相对宽松，成为银行短期外债的监管洼地。一是 90 天以下海外代付融资业务，以及不同产品组合创新业务。二是人民币结算融资产品不纳入现行外债管理。

3. 贸易融资双重属性引致外汇监管困境

银行贸易融资产品的货物贸易背景真实性需要使得贸易融资产品具有经常项目属性，同时，伴随着货物流与资金流的分离，表现出单独的货物流或者资金流，具有资本项目的属性，从本质上讲，贸易融资资金流动的实质是短期资本以贸易货款名义跨境流动，直接导致职责界定相对独立的外汇管理经常和资本职能部门难以有效对其进行监管。尤其是对于企业出口由境内银行运作的来自于境外银行的贸易融资，由于货物流和资金流的分离，导致境外银行代付境外进口商的资金性质难以确定。同时，后期国外进口商汇入的“货款”性质确定，以及纳入账户等问题无法准确定性，贸易融资“资本、经常”双重属性在当前资本和经常独立监管模式下引致外汇监管困境。

4. 贸易融资数据统计监测机制滞后

目前，国家外汇管理局对银行贸易融资产品的统计主要是通过简单的 EXCEL 表格进行统计，统计要素不全面，缺乏面向涉外企业的具体明细数据，尤其是贸易融资的办理对象、办理项目需求、办理的具体产品、相关产品的期限结构（包括办理日期和到期日）等具体要素，同时，银行贸易融资报表数据主要是通过银行业务人员每月进行手工填报统计，对于所填报数据，外汇局无法通过数据比对等有效手段进行准确性检查核对，银行多填报数据质量受人为因素影响较多，难以充分保障数据的准确性和全面性。

5. 企业贸易信贷管理政策存在盲点

目前，外汇局对企业贸易信贷项下的债务、债权实行登记管理，预收、预付和延付实行比例控制，延期收款暂不予控制。从监管成效看，存在下列问题：一是对分拆行为的监管不到位。目前对于单笔 5 万美元以下的预收、预付和延付货款均不纳入比例控制，个别企业通过分拆登记方式超比例办理贸易信贷。二是对企业登记信息的准确性难以识别。由于贸易信贷登记管理系统未与外汇管理相关收付汇信息系统实现链接，且系统内缺少海关货物流的相关信息，因此对企业录入信息的准确性缺乏有效识别，调查中部分分局反映监管实践中发现大量贸易信贷和贸易融资重复登记的问题。

3.3 我国跨境套利贸易的主要模式

套利是涉及两个及以上国家间的货币跨境流动，在监管宽松的国家，货币依靠市场定价，且由于外汇、本国货币可以在国家间自由流动，无需依靠贸易等手段带动资金流动。由于经常账户的完全开放和资本账户的不完全开放，我国套利贸易往往要以国际贸易为基础。跨境套利贸易存在的前提是市场的分隔、不完备、出现变化、政策等因素。其实质是根据汇率预期、存贷款利息与融资成本的综合收益等价格变化，选择合适的套利标的，借助代付、远期信用证等融资杠杆或衍生产品的组合，通过本外币、境内外、即远期资金运作获取套利。

3.3.1 跨境套利贸易的主要模式

依据贸易套利行为与企业实业经营背景和货物贸易的关系，可以将贸易项下套利行为分为企业财务运作和纯套利行为两类。运用财务运作进行套利属于企业合法、合规的资金运作逐利，依托企业的实业经营过程，具有真实的货物贸易交易背景。企业在进出口过程中对与货物流相对应的资金流进行套利操作，从而获取套利收益。这种套利活动受制于真实的外贸经营和生产周期，只是企业自有资本运作的正常收益。纯套利行为不依附于企业的实体经营活动，专门假借国际贸易的名义实现资金运作套利。近年来，我国的跨境套利贸易呈现从单纯价格伪报，逐步发展到与金融衍生产品结合；套利标的物从黄金、电子产品等向大宗商品扩展等特征。

1. 传统的贸易套利模式

（1）进出口价格伪报。进出口价格伪报是指在国际贸易中，贸易商伪开进出口价额发票，将实际成交的进出口价进行调整（或高或低）后向海关申报。按照进出口方式和伪开发票价的不同组合，进出口价格伪报可以分为：进口低报、进口高报、出口高报和出口低报。

进口低报是指进口商以低于真实合同约定的成交价格向海关申报，并与境外出口商合谋将差额部分的贸易结算资金存入出口商在境内的账户，使境外投机资本隐蔽流入境内。对于进口商来说，低报价格还可以达到逃税的目的。进口高报则与之相反。出口高报是指出口商以高于真实合同约定的成交价格向海关申报。出口商配合国外的进口商将货款转移到境内。对于部分行业的本国出口商来说，其收益还在于获得出口退税。出口低报与之相反。在资本项目尚未完全开放的国家里，进口低报和出口高报可以达到非正常资本的流入，而另外两种方式一般用于资本外逃。

（2）结付汇过程的提前错后。出口结汇提前是指一国出口商在将货物运出境之前，国外进口商即支付销售款，出口商将收到的外币换成本币。极端情况下，出口商并不真正进行出口贸易，而是等待本币升值后，借口合同未达成等“合理原因”把本币兑回外币，其实质是变相融资。进口付汇错后指一国进口商在货物运抵境内，延期支付应付款项，等本币升值后换汇支付。极端的情况是，进口商将进口商品在国内出售，直接把本币资金向境外结汇周转。实质是境外出口商对境内进口企业提供的贸易项下的融资。

2. 贸易融资套利模式

随着企业贸易融资需求的不断增加，各商业银行不断推出种类繁多的金融配套产品，品种覆盖表内表外。部分产品设计存在明显的套利性质，进一步推升了贸易融资套利。

（1）境内人民币贷款、进口信用证与境外抵押融资组合的利率套利模式。在境外人民币贷款利率低于境内人民币贷款利率的情况下，套利者在内地借入人民币后再以定期形式存入银行，以此要求银行开出保函或备用信用证。套利者在境外的关联企业或者合作商以此保函或备用信用证为抵押，向境外的银行借入人民币贷款。然后，套利者从内地出口一些小体积、高价值的货物，如黄金、高新技术产品等，发给其境外关联企业或者合作商，并借此收取出口货款，从而使境外获取的贷款流入内地，流入内地后用以偿还内地借款。境内外人民币贷款利率之差扣除内地贷款利息和物流成本的差额成为套利者的最终盈利。假设存入一年定期，若一年后人民币兑美金升值，人民币兑美金升值额及内地存款利率与境外贷款利率差为套利利润。

（2）理财产品挂钩型贸易融资套利模式。为了增大套利空间，贸易套利操作链上挂钩了理财产品，通过离岸与在岸人民币利差或高收益理财产品获利，将进口的原材料加工成简单制品后大幅虚报数量出口，用所得人民币购买银行推出的理财产品，然后再将这些理财产品作为抵押，开出融资性保函或者备用信用证担保，如果在此期间，人民币还在持续升值，则是利上加利，由此周而复始。

3. 转口贸易套利模式

（1）境内外汇贷款与TT汇款组合的转口贸易套利模式。人民币质押用于办理外汇贷款，获取存贷款利差。从事转口贸易的企业以自有资金或拆借的人民币资金作为保证金向银行申请美元流动资金贷款，以转口贸易作为对外付汇的贸易背景，放款后直接将美元通过TT（即期电汇付款）方式支付给境外关联企业。境外企业收到款项后再将资金转给境外的另一关系企业即境内客户的下游客户。最后，由该下游企业以转口贸易收汇的名义支付给境内企业，完成一个资金周转循环。在一个资金循环周期中，人民币定期存款利率与美元流动资金贷款利率之差成为套利者的利差收益。境内企业收到款项后进行结汇，再把结汇后的人民币到银行进行质押再获取美元流动资金贷款，以新的虚构转口贸易背景进行第二轮资金跨境循环。理论上企业只要有第一笔启动资金，就可以利用这一笔资金进行无数次的循环套利，同时再加上人民币升值，企业可以获得非常可观的收益。

（2）进口信用证与境外贴现组合的转口贸易套利模式。人民币质押申请开立信用证，境内开证行承兑后在境外贴现，获取境内存款和境外贴现之间的利差。境内从事转口贸易的企业与境外上下游企业签订购销合同后，以人民币存款质押向境内银行申请开立给境外上游企业的信用证。境外上游企业交单后，境内开证行对外承兑，境外上游企业即可在境外银行进行贴现。获得贴现资金后再由境外下游企业支付给境内企业。信用证承兑到期后，以质押的人民币购汇或以收到的外汇对外支付，归还境外行的贴现款项。同样，境内企业获得回流的资金后，可以结汇后再质押开立第二份信用证，如此循环借用境内开证银行的信用，套取收益。由于境外市场美元融资成本较低，境外企业也都是境内企业可控的关系企业，境内外的利差收益很容易回到境内企业。

（3）货权凭证循环买卖的转口贸易套利模式。同一家公司或关联企业的交易双方，通过真实的货权凭证循环买卖，套取银行信用证等融资支持，将境外低成本资金调往境内，实现无风险套利。例如，境内A公司与境外B、C两家关联公司签订转口贸易合同，A公司从B公司购买提单转卖给C公司，B公司再从C公司回收同一提单。在取得B公司货权凭证时，A公司通过定期存单质押的方式向银行办理转口贸易融资支付，随后C公司以支付货款名义将B公司融资款划转A公司，完成一个提单循环买卖操作，而后再开始新一轮的循环。在简单转口项下的资金循环划转中，A公司不断获取境内外利差收益。

4. “一日游”套利模式

一日游套利模式主要是加工贸易项下和海关特殊监管区域仓储物流的结合。从其发展历程来看，可以分为香港一日游和保税区一日游。

（1）“香港一日游”。源自过去我国外贸政策鼓励出口，出口企业可享受出口退税待遇。“香港一日游”套利模式是利用加工贸易名义在内地和香港之间空转货物的套利模式，套利标的物都是价值高、单笔金额大、体积小、市场流通量大、运输成本低的商品，主要有黄金和电子产品（集成电路、液晶显示板等）。企业的目的不在于进口原料，出口制成品，而是货物不断空转造成贸易背景真实的假象，以骗取银行融资和赚取汇差和利差。具体流程为：境内套利企业A办理加工企业注册、登记和合同备案手续，向海关申请进料加工手册；然后从境外关联企业B（或者合作商）处进口黄金或者高新电子产品等，并向其支付人民币。B将收到的人民币兑换为美元，并回购A粗加工的黄金制品或者简单改装高新电子产品，B以美元进行结算，该笔资金流回内地，从而完成一次套利活动。随后B对回购的黄金制品或简单改装高新电子产品反向加工成原料。这时A再次拥有现金，B又有了黄金或者高新电子产品。按照上述做法进行第二次循环操作。循环次数主要由物流效率决定。

（2）“保税区一日游”。“保税区一日游”实质上是“香港一日游”在内地的替代品。“保税区一日游”又称“出口复进口”，是利用保税区[①]“入区退税”政策，以“先出口，再进口”的方式，解决加工贸易深加工结转手续复杂、深加工增值部分不予退税等问题。对于上游企业，货物进保税区就视同出口，可以立即退税。而下游企业只需从保税物流园区进口货物，向海关以“加工贸易手册”方式申报进口，就能享受进口料件免缴关税、增值税的待遇，大大缩短了退税周期，加快资金流转。然而正是借助于这种政策上的漏

① 保税区，是经海关批准设置并监督管理的可以较长时间存储商品的区域，是我国目前开放度和自由度最大的经济区域。其最大的特点就是虽然保税区位置处于境内，但相当于“关外”的政策，即采取“境内关外”的运作方式。

洞，给不法贸易商的舞弊行为以可乘之机。由于保税区等同于“境内关外”，故企业不必到香港进行“一日游”，只需将货物入保税区“一日游”，从而大大降低运输成本和相关费用。在这种情况下，贸易活动所涉及的货物及物流运输过程是真实存在的，但整个交易过程仅是名义上的进出口。保税区一日游不仅能够骗税，而且可以利用同一批货物，重复进出保税区，达到“香港一日游”同样的目的。

5. 大宗商品融资套利模式

近年来，能源、矿产、农产品等在内的大宗商品贸易日益活跃，由于这些商品标准化程度高、市场价格透明、容易变现，并且具有现货和期货市场的特点，银行纷纷开发大宗商品贸易融资业务。我国大宗商品融资贸易主要是铜、铁矿石、钢材、大豆和棕榈油等。近年来大宗商品贸易额不断加大，资金流与物流偏离度加大，企业利用大宗商品的金融属性跨境融资套利现象突出。主要的套利模式有：

（1）一般贸易方式下的“货换现金”。一段时期内，在我国严控企业贸易融资套利的背景下，以一般贸易方式进行的套利成为国内大宗商品融资套利的主体。其具体的方式是，国内贸易商从在岸银行处获得其发行的3—6个月信用证（LC）；国内贸易商从外商处进口铜后，将LC支付给国外贸易商；在货物1个月左右到岸后，直接在国内转手卖出获得资金，因信用证尚未到期，这笔套现资金就成为短期融资，然后投向高收益领域赚取息差；最后，国内贸易商在LC到期时偿还。

（2）境内外关联公司融资套利。以境外关联公司为平台，借助转口贸易，通过内外联动方式，利用境内或境外商业银行金融产品进行融资。最典型的是境内贸易商通过境内商业银行向其境外关联公司开出远期信用证，境外关联公司以该信用证为抵押，向境外商业银行申请人民币或外币贷款。若境外关联公司融资币种是美元，既可在远期外汇市场买入美元卖出人民币来消除汇率风险，也可不进行对冲直接套取人民币升值收益。境外关联公司融资后，既可替境内贸易商代付货款，也可将资金以贸易款名义回流境内贸易商。由于离岸市场资金利率、汇率普遍优惠于在岸市场，境内贸易商和境外关联公司通过在岸、离岸两个市场套取汇差、利差。

（3）仓单质押融资套利。即国内贸易商将境外现货进口到保税区仓库后，由管理仓库的仓储公司出具记载存货人信息及仓储货物的品种、数量、质量等信息的仓单凭证；贸易商以标准仓单做质押，以一定的质押率从银行获得短期融资，这笔钱往往被投向各种快进快出的短期投资市场。在这个过程中，投资收益减去贷款成本和仓储成本，就是贸易商的最终收益。

另外，有些企业对境内仓单进行转卖，货物存放在境内保税监管区域内，获取正本仓单后，通过背书就可以转让货权，不存在运输成本，虚构贸易的成本也较小。这种情况最大的风险在于利用同一个仓单同时向多家银行申请融资。仓储公司的某些操作惯例为企业在多家银行反复融资提供了便利，主要表现在：仓储公司内部一般没有仓单背书转让的全过程记录；仓储公司一般不审核仓单背书的连续性，只要仓单未被取消或挂失，仓单持有人即是货权人；仓储公司可应最新仓单持有人的要求取消原仓单，重新出具以持有人为货权人的仓单。青岛港金融骗贷事件中，德正系企业正是利用同一批铜铝等金属，出具虚假的金属仓单，在不同银行间将同一批货物重复质押获得银行贷款资金。

3.3.2 跨境套利贸易模式的评价

1. 跨境套利贸易所涉主体的分析

短期内看，跨境套利贸易能使多方受益，企业通过金融衍生工具、杠杆手段，规避了风险，提高了收益率；商业银行业绩快速增长，从中获得中间业务利润；地方政府完成进出口指标等。

企业利用“一日游”等业务反复进进出出制造虚假出口的目的包括：一是为了骗取出口退税，前往香港和保税区兜圈回来的进出口贸易；二是“搬运”国际短期资本入境套利。通过虚增的贸易额度，使得信用证额度不断扩大。然后，通过跨境贸易的经常项下实现资金的自由流动；三是降低销售税负。为规避内销税率，采用到港“一日游”的方式，再以几乎零关税进口内地。

在“一日游”业务的套利链条中，如果说企业是以本金博收益，银行则是做了“无本的买卖”。“一日游”业务通常要提交较高比例的保证金，所以对于银行来说基本没有风险。内地银行既获得了大量的表外资金作为大额存款和低资本消耗，还可以收取可观的手续费甚至获取相应的利差。部分银行在行业竞争、监管要求、指标考核等压力下，对自身业绩和利益有更多考虑，一定程度上形成了“重资金风险、轻政策风险”的风险观，所以在具体操作中银行有所放松。

2. 大宗商品贸易融资的“异化操作”

大宗商品贸易融资是国际上银行业中较成熟的业务，在国际市场上开展了100年以上的时间，但像中国这种通过大宗商品融资进行套利的模式十分少见。从PTA（精对苯二甲酸）、融资油、融资锌，到近年来的钢材以及铜，单位价格相对较高、产品标准化、进口交易量大、市场贸易繁荣的大宗贸易商品，成为套利者的工具。银行与大宗商品企业进行贸易融资时，往往参考现货和期货市场的价格来评估货物价值，从而确定融资的额度，同时要求企业对质押的货物在期货市场进行套期保值，以规避价格波动的风险。正常进口大宗商品的这些操作都是正常的，不正常的是境内外利差、汇差的背景下，贸易商反复在多家银行循环质押获利。由于利差的存在，贸易商用同一批货物在不同银行循环质押，将获得远高于资金成本的收益。如果在人民币升值的情况下，贸易商还会获得汇率升值的收益。这种看似“无风险”的业务，在循环融资的“异化操作”下，可产生多方面的风险。青岛港的重复质押骗贷就是一例。当前我国的仓储企业存在小、散、乱的现象，对客户提的要求往往照办。这就导致部分贸易商和仓库相互配合，对仓库里的商品搞“一货多融”、重复质押。银行由于专业和精力限制，单证审核的真实性不能逐一核查。银行和仓储机构的信息不对称，部分贸易商就利用这一漏洞骗取融资。

3.3.3 跨境套利贸易带来的风险

套利贸易的大量存在，脱离了实体经济，扰乱了正常的进出口贸易秩序，虚增了外贸统计数据。同时也加剧了国际收支失衡，为异常跨境资金提供了便利通道，积聚了信贷风险。

1. 对实体经济产生挤出

套利贸易投机取巧实现跨境融资套利的示范作用，极易产生羊群效应，带动企业弃实向虚，追逐套利收益，实际业务空心化。大量资金从实体经济领域抽出，投向虚拟的投融资活动，从而挤压正常外贸经营活动的资金需求，抑制实体经济和正常外贸的发展。例如，在保税区"一日游"跨境套利模式下，使得保税区内运输、仓储成本大幅增长，从而对区内其他生产性加工业务以及物料配送型物流业务产生不利影响。

2. 加大银行信贷风险

套利贸易在贸易过程中产生的大量资金，会直接导致银行存款的急升。新增存款又会扩大银行的贷款规模，重新投向虚拟经济，从而扩大银行的信用杠杆，引发存贷比虚增并产生泡沫，导致信贷风险的积聚。当境内企业与境外关联企业或合作商交易时，银行很难有效识别贸易的真实性。企业进行循环操作，实际上就是借新债还旧债来维持运转。一旦上下游企业出现资金问题或企业套取资金亏损，可能会导致境内企业资金链断裂，造成自偿性不足问题，引发银行信贷风险。

3. 虚增进出口贸易数据

套利贸易只是利用了一张真实的或者虚假的货权单证，并没有真实的贸易背景。套利贸易在不断重复循环操作后，会泡沫式地制造出大量的贸易额，虚增进出口统计数据，使得进出口贸易的统计失实。"虚增"的外贸数据使国家宏观经济判断出现偏差，直接影响宏观经济调控和决策。

4. 影响国家宏观调控效果

由于套利贸易融资的循环操作，资金使用难以与其贸易进出口活动一一对应，大多是混入企业资金池，导致银行难以监控资金用途和流向。部分企业可能通过各种方式将从境外获取的资金或从境内银行套取的信用资金，用于房地产或股票市场投资，或进入民间借贷领域，或流向国家限制类行业，可能弱化国家宏观调控效果。

5. 加剧国际收支失衡

利用跨境套利贸易融资的行为，实质上是利用境内银行的信誉到境外举借外债或者套取国内银行信用，并利用国内外的利差及本外币的汇差套利进行投机，加剧了短期资本流动和国际短期资本流入，助推人民币升值。

3.4 我国跨境套利贸易流动规模测算

2005年，我国完成汇率形成机制改革，人民币自此进入升值通道。同时，境内证券市场和楼市升温，以及境内企业存在强烈的资金需求，叠加发达经济体的宽松货币政策，跨境套利贸易成为国际短期资本进入我国的重要渠道。隐藏在跨境套利贸易中的资本正是为了套取信用或利差、汇差和人民币资产价格上涨收益等，通过跨境套利贸易流入的资本规模大小，直接关系到我们对真实外部不平衡程度的认识及相应的政策制定。

3.4.1 我国对外贸易中存在跨境套利贸易的证据

2000—2004 年，我国贸易顺差平均在 300 亿美元左右，2005 年汇改后，贸易顺差迅速增长，2008 年达到峰值 2981 亿美元。由于内需、外需、国内企业生产率、进出口体制等因素在短期内均不可能发生明显改变，因此顺差的迅猛增长可能伴随着大量以跨境套利贸易为掩护的资本流动。因为跨境套利贸易一般不会涉及商品的远洋运输，所以主要港口货物吞吐量指标相对客观地反映了真实贸易水平。2003 年至 2008 年 9 月国际金融危机爆发前，我国出口增长率和进口增长率均高于沿海主要港口货物吞吐量增长率，平均分别高出 13.8 和 7 个百分点（见表 3－3、图 3－4），两组数据的对比显示出对外贸易中存在较多套利成分。

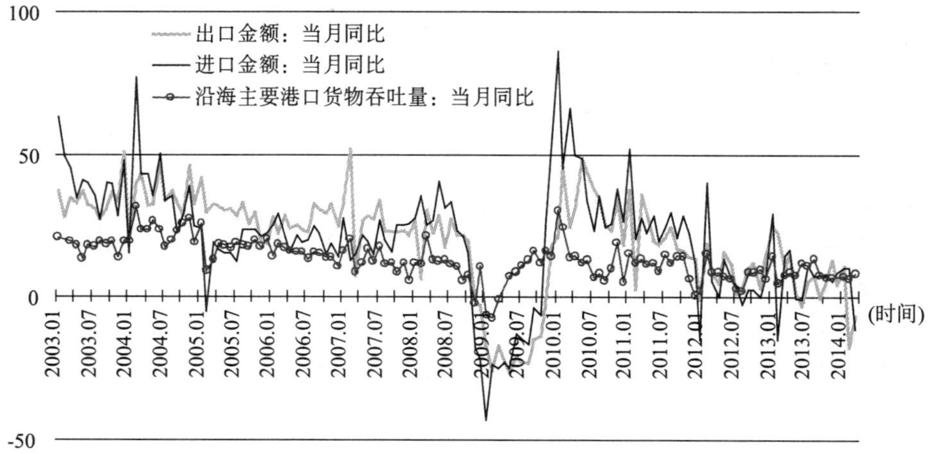

图 3－4 2003 年以来我国进口额、出口额及沿海主要港口货物吞吐量增长率①

表 3－3 2000—2013 年我国外贸进出口年增长率及贸易顺差

年份	进出口增长率%	出口增长率%	进口增长率%	贸易顺差：亿美元	顺差增长率%
2000	31.52	27.84	35.84	241	－17.52
2001	7.46	6.78	8.20	226	－6.47
2002	21.80	22.36	21.19	304	34.94
2003	37.09	34.59	39.84	255	－16.31
2004	35.67	35.39	35.97	321	26.00
2005	23.16	28.42	17.59	1020	217.86
2006	23.81	27.17	19.93	1775	74.04

① 数据来源：wind。

续表

年份	进出口增长率%	出口增长率%	进口增长率%	贸易顺差：亿美元	顺差增长率%
2007	23.64	25.95	20.80	2643	48.91
2008	17.77	17.23	18.45	2981	12.78
2009	-13.88	-16.01	-11.18	1957	-34.36
2010	34.72	31.30	38.80	1815	-7.24
2011	22.46	20.32	24.87	1549	-14.66
2012	6.18	7.93	4.26	2311	49.20
2013	7.58	7.86	7.27	2600	12.51

数据来源：商务部网站。

3.4.2 建立跨境套利贸易规模估计模型

各种关于贸易项下短期资本流动的报道不少，但对其规模的估计较少，我们运用数学模型来估算近年来我国贸易项下短期流动资本的规模。

假设某年名义出口额和进口额分别为 e 和 i 亿美元，真实出口额和进口额分别为 x 和 y 亿美元，那么该年跨境套利贸易额 h（即通过贸易渠道流入的短期投机资本）为：

$$(e-x)+(y-i)=(e-i)-(x-y)=h,x-y=(e-i)-h \qquad (3-1)$$

定义 $k=x/y$，将 $x/y=k$ 代入（3－1）式，得到 $y=(e-i-h)/(k-1)$ 和 $x=k\cdot(e-i-h)/(k-1)$

短期投机资本要借助跨境套利贸易流入境内，必然使名义出口额 e 高于真实出口额 x，名义进口额 i 低于真实进口额 y，即 $e>x$，$i<y$。

将 $x=k\cdot(e-i-h)/(k-1)$ 带入不等式 $e>x$，若我们假定历年贸易顺差，则 $k-1>0$，在不等式两边同乘 $k-1$ 后，得到 $h>e/k-i$，同理，将 $y=(e-i-h)/(k-1)$ 带入不等式 $i<y$，得到 $h<e-k\cdot i$，h 的上限值是 $e-k\cdot i$，下限值是 $e/k-i$。若我们假定历年贸易逆差，则 $k-1<0$，同理可得，h 的下限值是 $e-k\cdot i$，上限值是 $e/k-i$。

因此，若 $k>1$，$h\in(e/k-i,e-k\cdot i)$，若 $k<1$，$h\in(e-k\cdot i,e/k-i)$，无论 k 大于或小于 1，h 的算术平均值均为 $(k+1)(e/k-i)/2$。

3.4.3 对我国以及沪江浙粤跨境套利贸易规模的估计

1. 对我国跨境套利贸易规模的估计

2001—2004 年我国贸易顺差变化较小，特别是 2002—2004 年，两年累计增长 5.6%，这几年贸易中的跨境套利成分应该较少，真实进出口应该与相应的名义进出口接近，可以将跨境套利贸易成分较低年份确定为基期，假设 2005—2013 年真实出口与真实进口比例与基期比例相同，基期比例 k = 基期名义出口额/基期名义进口额，为合理确定基期，我们将 2001—2004 年划分为 9 个基期，分别计算 k 见表 3－4。

表 3-4　　我国真实贸易的基期选择和进出口比例

基期（年）	2001	2002	2003	2004	2001—2002	2002—2003	2003—2004	2001—2003	2002—2004	2001—2004
k 值	1.0926	1.1031	1.0617	1.0572	1.0983	1.0790	1.0591	1.0824	1.0693	1.0731

选择每个 k 值后，计算出对应的 2005—2013 真实出口额和进口额，然后计算以下四个指标值：名义出口虚增比重（应大于0）、名义进口压缩比重（应大于0）、名义出口增长率 - 真实出口增长率（应接近于0）[①]、真实进口增长率 - 名义进口增长率（应接近于0），综合考虑以上四个指标，确定基期为2004年，估计结果见表 3-5。

表 3-5　　我国跨境套利贸易流入规模估计[②]　　单位：亿美元，%

年份	规模（下限值）	规模（上限值）	规模（平均值）	名义出口虚增比重（h 取平均值）	名义进口压缩比重（h 取平均值）	跨境套利贸易规模占贸易顺差比重（h 取平均值）
2005	607.77	642.54	625.16	4.22	4.60	61.29
2006	1250.97	1322.52	1286.74	6.82	7.90	72.48
2007	1983.15	2096.58	2039.87	8.59	10.37	77.17
2008	2207.21	2333.45	2270.33	8.15	9.74	76.15
2009	1306.78	1381.52	1344.15	5.75	6.50	68.69
2010	961.52	1016.51	989.01	3.22	3.44	54.49
2011	521.93	551.78	536.85	1.45	1.50	34.66
2012	1202.50	1271.28	1236.89	3.10	3.31	53.52
2013	1404.36	1484.68	1444.52	3.36	3.60	55.56

模型的估计结果是比较准确的：一是利用模型估计的真实进出口增长率和海关统计的名义数据趋势一致。当 h 取平均值时，计算 2005—2013 年的真实出口和进口增长率，名义出口增长率比真实出口增长率平均高出 2.42 个百分点；名义进出口总额增长率比真实外贸总额增长率平均高出 0.07 个百分点。二是模型估计结果与一些学者的估算一致。如王志浩[③]（2006）比较了我国与贸易伙伴分别统计的进出口数据之间的差异，认为 2005 年我国跨境套利贸易额为 650 亿美元，而我们估算的下限值和上限值分别为 607.77 亿美元、642.54 亿美元。唐旭（2007）通过"外商投资企业渠道"的分析，认为 2005 年出口贸易中投机资金为 326.5 亿美元，而本书的估算是 321.27 亿美元（以跨境套利贸易规模的平均水平计算）。

从模型计算结果来看，2005—2008 年，我国跨境套利贸易规模从 625.16 亿美元迅速

① 名义出口虚增比重 =（1 - 真实出口/名义出口）×100%，名义进口压缩比重 =（真实进口/名义进口 - 1）×100%。

② 数据来源：wind。

③ 其估计的基本依据是：中国的虚假出口可能不会反映在伙伴国的进口统计上，中国隐瞒的进口则可能在伙伴国的出口统计中出现，因而进出口统计的差异可能反映了中国的虚假贸易行为。

上升到2270.33亿美元，其增速远超进出口额增速，2009年以后，跨境套利贸易有所减少，2011年达到最低值536.85亿美元，近两年，跨境套利贸易规模又开始扩大，2012—2013年分别达1236.89和1444.52亿美元。跨境套利贸易规模占贸易顺差的比重在2007年达到峰值77.17%，之后有所下降，2011年最低为34.66%。2013年，我国名义出口虚增比重、名义进口压缩比重和跨境套利贸易规模占贸易顺差比重分别为3.36%、3.6%和55.56%（见表3－5）。

2. 对上海跨境套利贸易规模的估计

上海在我国经济发展中具有举足轻重的作用，因此，本书沿用以上方法对上海市跨境套利贸易规模进行估计。数据来源于上海市统计局网站，进出口数据选用按经营单位所在地的货物进出口总额，由于上海常呈现贸易逆差，所以 $k<1$，估计结果见表3－6。

表3－6　上海跨境套利贸易流入规模估计　　单位：亿美元,%

年份	规模（下限值）	规模（上限值）	规模（平均值）	名义出口虚增比重（h取平均值）	名义进口压缩比重（h取平均值）
2005	131.85	162.56	147.21	7.27	8.50
2006	211.79	261.13	236.46	9.32	11.46
2007	311.53	384.09	347.81	10.82	13.81
2008	454.28	560.10	507.19	13.41	18.33
2009	317.57	391.54	354.56	11.19	14.41
2010	282.34	348.11	315.22	7.81	9.25
2011	251.51	310.10	280.81	5.99	6.81
2012	203.01	250.29	226.65	4.91	5.44
2013	118.95	146.66	132.81	2.91	3.09

上海跨境套利贸易程度总体上呈先升后降的抛物线形态。2005—2008年，跨境套利贸易规模由147.21亿美元上升到2008年的峰值507.19亿美元，名义出口虚增的比重从7.27%上升到13.41%，名义进口压缩比重从8.5%上升到18.33%。2013年，跨境套利贸易规模、名义出口虚增比重和名义进口压缩比重分别为132.81亿美元、2.91%和3.09%，这表明当前上海贸易项下跨境套利贸易程度较轻。

3. 上海与全国跨境套利贸易程度的比较

如果把上海的跨境套利贸易规模与全国进行对比，可以发现：一是2005—2011年，上海跨境套利贸易规模和占比的走势与全国一致，但上海跨境套利贸易规模占进出口额的比重一直高于全国，平均高出3.95个百分点，显示出上海作为我国经济和金融中心，对跨境套利资本具有明显的吸引力；二是近两年来，上海跨境套利贸易规模无论数量或占比均出现下降，而全国则是上升趋势，说明我国跨境套利贸易规模的绝对量仍在增加。上海作为经济金融中心，对跨境套利资本的吸引力要高于其他地区，因此上海跨境套利贸易规模下降的原因可能在于，一方面可能是由于人民币升值的减弱，跨境套利资本的流入减少；另一方面可能由于上海其他资本流动通道更为顺畅，资金通过跨境套利贸易的流动减少（见图3－5、图3－6）。

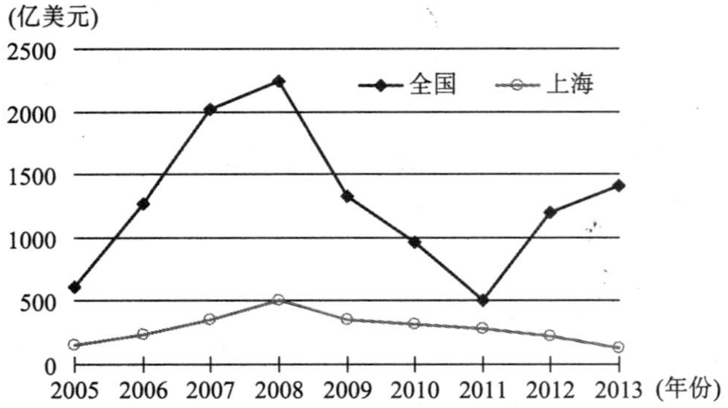

图3－5 全国、上海跨境套利贸易规模

数据来源：历年《中国统计年鉴》、作者计算。

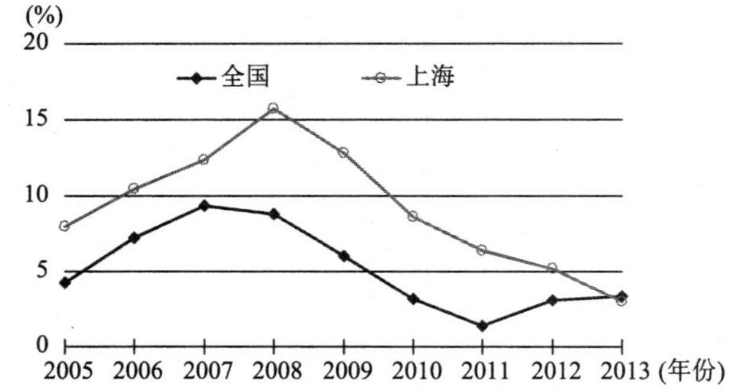

图3－6 全国和上海进出口中跨境套利贸易占比

4. 上海与江浙粤跨境套利贸易程度的比较

江苏、浙江、广东与上海同属沿海经济发达地区，这些地区与上海具有较大的可比性。对江苏、浙江和广东跨境套利贸易规模的估计沿用以上的模型和基期选择标准，数据来自历年《中国统计年鉴》，比较结果见图3－7、图3－8和表3－7。

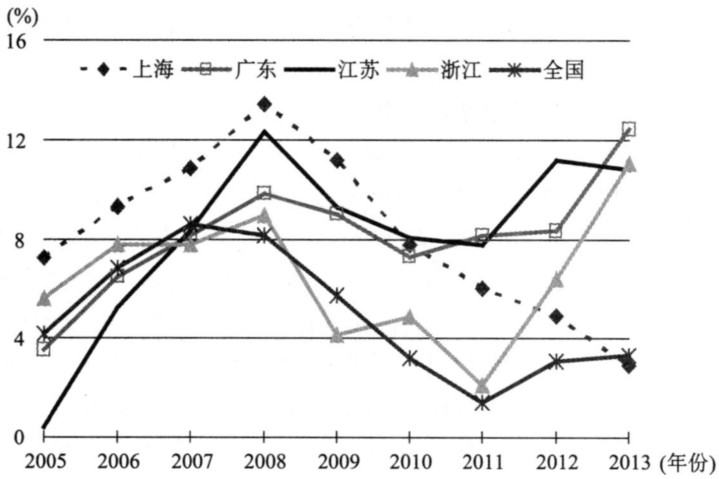

图3－7 全国及江浙沪粤名义出口中虚增的比重

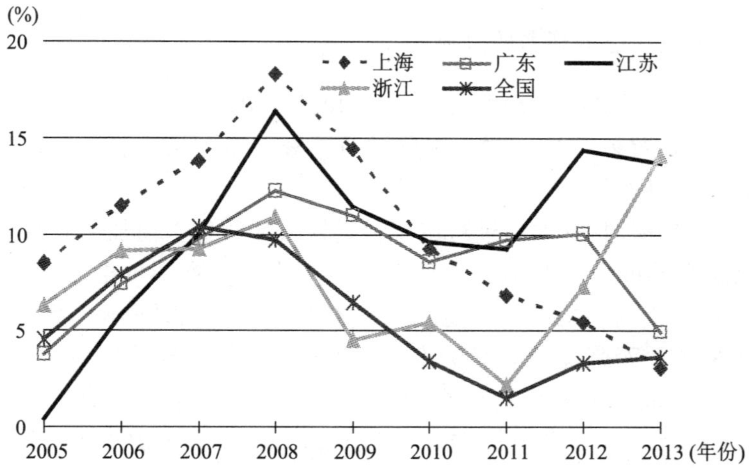

图 3－8　全国及江浙沪粤名义进口中压缩的比重

表 3－7　上海、广东、江苏、浙江进出口中跨境套利贸易占比

单位：%

年份	名义出口中虚增的比重（h 取平均值）					名义进口中压缩的比重（h 取平均值）				
	上海	广东	江苏	浙江	全国	上海	广东	江苏	浙江	全国
2005	7.27	3.51	0.40	5.64	4.22	8.50	3.78	0.41	6.35	4.60
2006	9.32	6.49	5.24	7.77	6.82	11.46	7.46	5.85	9.19	7.90
2007	10.82	8.17	8.37	7.81	8.59	13.81	9.76	10.06	9.25	10.37
2008	13.41	9.84	12.35	8.96	8.15	18.33	12.25	16.39	10.92	9.74
2009	11.19	9.03	9.29	4.17	5.75	14.41	11.02	11.42	4.55	6.50
2010	7.81	7.31	8.06	4.90	3.22	9.25	8.56	9.61	5.43	3.44
2011	5.99	8.16	7.80	2.10	1.45	6.81	9.76	9.25	2.19	1.50
2012	4.91	8.34	11.19	6.39	3.10	5.44	10.02	14.41	7.33	3.31
2013	2.91	12.42	10.77	11.03	3.36	3.09	4.96	13.73	14.15	3.60

把上海的跨境套利贸易规模与江苏、浙江、广东以及全国进行对比可以发现：一是从总体来看，上海、江苏、浙江、广东作为沿海发达地区，跨境套利贸易的占比均高于全国平均水平；二是 2005—2008 年，上海名义出口虚增比重或名义进口压缩比重均一路上扬，跨境套利的规模占比高于江苏、浙江和广东，也高于全国平均水平；三是 2008—2011 年，上海、江苏、浙江、广东和全国的跨境套利贸易绝对量在增大，但占比在不断下降，所不同的是，近两年来，上海的占比继续下降，而江苏、浙江和广东明显反弹；四是从 2013 年的跨境套利贸易规模来看，上海名义出口虚增比重（2.91%）远低于江苏（10.77%）、浙江（11.03%）和广东（12.42%）；上海名义进口压缩的比重（3.09%）也低于江苏、浙江和广东。无论从横向或纵向对比来看，上海对外贸易中的跨境套利成分已明显降低，当然贸易项下仅是跨境套利资本流入境内的渠道之一，因此这并不能充分表明上海总的热钱规模明显下降。

3.4.4 对上海贸易逆差现象的解释

海关统计数据显示，2000—2013 年，除了 2007—2009 年上海出现小幅顺差外，有多达 11 个年份上海都是贸易逆差，2013 年贸易逆差额更是创历史新高，达到 329 亿美元，这与我国一直以来对外贸易顺差的局面截然不同。

我们认为这是境外投机资本通过跨境套利贸易入境所致，而加工贸易是其主要渠道，从逻辑上讲，受我国经济形势向好、人民币升值及人民币资产价格上涨等因素作用，在资本项目尚存在不少管制的情况下，境外投机资本借助贸易渠道流入境内，导致加工贸易的顺差和外贸顺差，而跨境套利贸易较少的年份，上海呈现外贸逆差。2011 年，上海外贸逆差主要来自一般贸易和保税区仓储转口贸易，两者逆差分别达 306.25 亿美元和 539.69 亿美元，比 2010 年分别增长 41.8% 和 12.7%，但由于加工贸易顺差高达 667.36 亿美元，才使上海外贸逆差没有进一步扩大。

把我们计算的上海跨境套利贸易规模与上海海关统计的贸易顺差比较，可以发现两者走势一致，同升同降。贸易顺差的变动额与跨境套利贸易规模基本吻合。2005—2008 年，上海跨境套利贸易规模从 147.2 亿美元增长到 507.2 亿美元，增加 360 亿美元，而贸易顺差从 -49 亿美元增长到 166 亿美元，增加 215 亿美元；2008—2013 年，上海跨境套利贸易规模从 507.2 亿美元逐步下降到 132.8 亿美元，减少 374.4 亿美元，贸易顺差则从 166 亿美元下降到 -329 亿美元，减少 495 亿美元（见图 3 -9）。

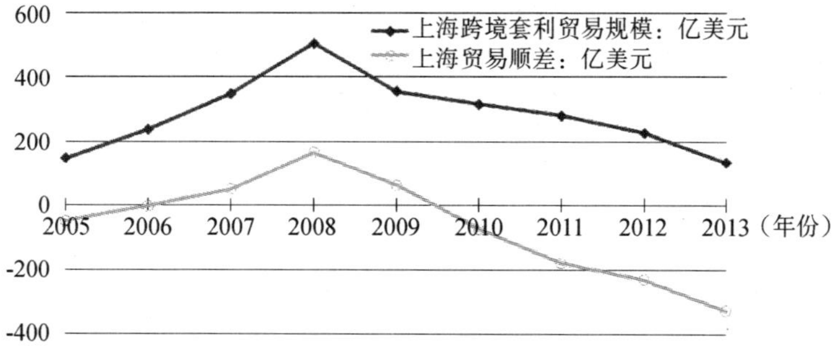

图 3 -9 上海贸易顺差和跨境套利贸易规模

3.5 政策建议

开放型经济中，特别是金融自由化的过程中，只要一国境内外存在一定的套利套汇空间，国际短期资本就会以各种形式跨境流动。近年来，贸易项下国际短期资本流动规模快速膨胀，流动速度不断加快，交易主体日趋多元化，载体日益多样化，手段方式不断“推陈出新”，跨境套利贸易成分不断增多，这不仅挑战我国出口退税政策、海关特殊监管区政策、银行贸易融资业务、外汇管理等治理模式，而且影响和冲击着我国国际收支、汇率、货币政策、金融市场的有序健康发展，成为我国经济、资本金融市场、外汇市场、银行体系的重要风险因素。

简单的对贸易项下国际短期资本流动采取管制性措施，不仅将对正常的资金流动造成不必要的阻碍，影响国际经贸发展，也不符合我国金融领域扩大开放的发展趋势。因此，我们认为：根据风险治理的基本准则，要从根本上提高对跨境套利资本借道贸易项下流动的风险治理能力和水平，不能仅满足于加强监管执法等技术层面的微调，而更要从理念、体制、主体和手段等顶层设计要素入手，强化风险识别与分析、风险评估、风险决策、风险行动等关键环节，重构我国贸易项下国际短期资本流动管理体系，实现从传统政府监管到现代风险治理的转变。

风险治理不同于单向性、技术性、客观性的风险管理，其遵循如下行为法则：一是多元参与。将分离、脱节的多元主体，尤其是代表不同利益的相关者、不同立场和观点纳入到风险治理的过程中来，海纳百川、统筹兼顾，强化协作配合，提高执行效率和效果。二是开放透明。开放的风险治理与构建开放性经济是一致的。保持高度的公开性和透明度能够实现信息共享、赢得信任、达成共识，最大限度地降低风险，这是风险治理的一剂良方。三是责任明确。责任问题始终与风险相伴随。风险治理要求尽可能清晰地明确风险责任，尽可能精细地划分风险责任，尽可能如实地追究风险责任。四是公正合理。风险治理不局限于风险最小化这一单一目标，它还包括公平公正、灵活性等其他目标。这些目标都会影响到公共利益和公众福祉，共同决定着风险治理的有效性。五是广泛合作。风险并非为某个国家或地区所独有，而是全人类共同面对的；风险治理也不仅是一个国家或地区的责任，而是全世界的共同责任。在充分考虑文化差异的前提下，广泛开展国际与区域合作，是实现风险共治的必然选择。

根据以上思路，在具体政策建议方面，我们认为应以降低汇率异常波动的负面影响、保证外贸健康发展、促进跨境资金的均衡流动、实现国际收支基本平衡为原则；充分发挥市场在资源配置中起决定性作用的基础上，政府协调宏观审慎管理和微观审慎管理，做到监管与开放并重、规范与创新并举。

另外，基于风险治理理念，考虑到以跨境套利为目的的贸易项下国际短期资本流动与虚拟部门和实体经济的广泛联系，本书所指宏、微观审慎管理不局限于金融管理，而是从国家治理体系和治理能力的角度出发，强调构建根本性、全局性、长期性的治理方案。

3.5.1 加强宏观审慎管理，防范系统性风险

政府宏观审慎管理旨在既通过系统性监管增进经济运行的强健性，又保持逆风向而行以减缓或限制不可持续的经济增长。

1. 加强对虚拟部门和实体部门的宏观、逆周期调节和管理

在我国宏观经济运行中，金融等虚拟部门回报远高于受产能过剩、劳动力成本上涨影响的制造业；地方融资平台和房地产领域投资需求旺盛，吸引了大部分流动性，这些都对实体部门信贷融资形成挤出，并导致其流动性相对短缺。资金紧张、利率高企又促

使贷款偏离传统信贷渠道，通过信用证等非正式渠道流动。

为此，建议一是加强创新驱动、消化过剩产能、降低融资成本、推进财税改革，使实体经济得到较高的利润率，引导资源配置向实体经济倾斜，避免金融、房地产投资的过度膨胀。二是抑制地方扩张的冲动，为地方融资平台开辟可持续的融资机制，并加强监管切断银行向“僵尸”企业输血的链条。三是促进“投资、消费、出口”三驾马车均衡发展，通过提高居民生活保障水平和推进收入分配改革提高消费对经济的拉动力，减少经济增长和就业对出口的依赖，促进外贸均衡发展，避免顺差过大带来的人民币持续升值压力。

2. 改革金融外汇体制，压缩套利空间

在市场普遍预期人民币汇率单向升值，国内、国际金融市场存在较大利差的背景下，相对稳定的风险收益将吸引国际资本流入套利。同时，长期贸易顺差叠加大规模国际资本流入，双轮驱动人民币升值，从而使人民币套汇空间持续扩大。

以宏观审慎思路调控影响跨境套利国际短期资本流动的关键因素，就是压缩套利套汇空间，削弱套利套汇动机，将套利行为控制在“宏观可容忍度”之内。为此，建议进一步推进利率市场化和汇率形成机制改革。完善资金市场价格的发现机制，推进人民币离岸市场建设，逐步推进境内外市场价格一体化，以市场化手段缩窄企业的套利套汇空间。从根本上降低国际短期资本流动的动机，将风险降到可控范围内。

3. 完善金融监管部门宏观审慎管理

当前，加强宏观审慎监管已经引起我国金融监管部门的高度重视，但是宏观审慎监管在我国仍处于起步阶段。因此，必须加快建立和完善宏观审慎监管框架，开发宏观审慎监管工具，加强宏观审慎监管的能力，全面防范系统性风险的发生，维护金融体系稳定。

一是建立以央行为主导的金融宏观审慎监管组织架构。结合我国国情并借鉴国际经验，尽快成立以央行主导，银监会、证监会、保监会及财政部、商务部、发改委共同参加的机构，专司宏观审慎管理，并形成运作协调、信息共享的交流机制与平台。

二是对我国金融体系的实力、脆弱性、稳健性进行监测、开展评估。系统评估并实时跟踪货币、汇率、外汇、人民币国际化等政策导致的套利套汇空间变化。不断提高动态统计指标生成和金融监管指标等金融信息采集的自动化水平，形成统一、及时、高效、可靠的金融信息来源。

三是研究设立金融宏观审慎监管指标体系。建议设立套利套汇空间监测指标体系、贸易套利活动水平监测指标体系、异常变化监测指标体系、贸易融资的信用杠杆水平等指标体系。金融管理部门对建立的指标体系需确定监管容忍区间，在容忍区间范围内，以监控为主，尽量避免频繁干预市场；对于指标超出监管容忍区间的情况，金融管理部门要设立应急预案。

3.5.2 加强微观审慎管理，及时进行风险预警和处置

微观审慎管理是宏观审慎管理的有益补充，有力支撑。因此，对国际短期资本借道贸易项下流动的治理，要在宏观审慎管理的基础上，注重微观审慎管理。

1. 完善金融监管部门微观审慎管理，全面覆盖风险点

从监管实践来看，包括各类融资产品在内的贸易项下外汇收支交易大部分具备真实贸易背景，未见大规模、系统性的违规资金流入，建立在真实性审核基础上的贸易外汇管理未出现明显漏洞。但随着贸易投资便利化的持续推进和外汇市场的发展，市场主体摆布本外币资产、负债和本外币转换的空间扩大，灵活度提高，传统的以真实性、合规性为核心内容的外汇监管对具备真实贸易背景的套利交易缺乏有效约束，也就是说，以往我们重在应对“假贸易，真套利”，但现在则需要应对“真贸易，真套利”。

为避免出现各类资本项目资金为绕开资本项目管制借道经常项目渠道流动，我国对贸易项下外汇流动采取了一系列监管措施①，特别是在 2013 年集中出台了一系列政策（见表 3-8）。我们认为，金融监管部门未来的微观审慎管理应着眼于以下几点：

一是构建贸易融资统计电子系统，实现全程量化管理。建立银行贸易融资电子化统计监测分析系统，进一步强化对合法合规套利资金的监管调控，推动国际收支平衡。二是建立数量化市场管理体系，实现持续性微调管理。构建贸易融资数量化市场管理体系，灵活运用贸易融资管理杠杆，诸如融资期限约束等工具。三是建立银行全口径短债管理，实现短债指标全覆盖。扩大银行短期外债管理覆盖面，将 90 天以下信用证和海外代付、90 天以下不同融资产品组合搭配实现 90 天以上融资等创新性组合产品以及人民币融资产品纳入银行短期外债指标余额规模管理，确保外债数据的完整性。四是完善绩效考评机制。对现行银行业金融机构绩效考评监管体系②进行修订，加大对风险意识和防控能力的考核权重，倒逼银行调整扭曲的绩效考核体系。

表 3-8　2012 年 6 月以来外汇管理局和银监会出台的有关政策

时间	文号	主要内容
2012 年 6 月	《国家外汇管理局关于印发货物贸易外汇管理法规有关问题的通知》（汇发［2012］38 号）	要求银行应当负有客户背景调查和资信调查、贸易背景调查、查验交易基础背景、单证真实合理性调查等保障资金安全的责任。 将外汇局对贸易项下国际短期资本跨境流动的日常监管前推至各商业银行和政策性银行，而外汇局的职责由逐笔核销向总量核查、由现场核销向非现场核查、由行为监管向主体监管上转变
2013 年 5 月	《深圳银监局关于对保税区企业相关进出口贸易融资业务风险提示的通知》	指出：福田、沙头角两个保税区部分从事黄金、高新电子等高价值产品进出口的外贸企业通过同一货物在深港之间反复进出的“货物空转”方式，虚构进出口贸易，利用深港汇差、利差进行套利活动，警示“货物空转”式的套利活动，并要求银行防范风险

① 出口收汇核销制度（重点针对逃汇和将外汇截留境外行为）、出口收结汇联网核查制度（重点针对无贸易背景资金流入行为）、进口付汇核销制度（重点针对套汇、骗汇和无贸易背景资金流出行为）、延期付款登记管理（重点针对贸易资金滞留境内的行为，管理方式包括银行事前审核和外汇局事后核销）等。

② 2012 年，银监会专门下发了《银行业金融机构绩效考评监管指引》。

续表

时间	文号	主要内容
2013 年 5 月	《国家外汇管理局关于加强外汇资金流入管理有关问题的通知》（汇发［2013］20 号）	旨在通过加强银行结售汇综合头寸管理，遏制外汇贷款过快增长；加强对资金流与货物流严重不匹配或流入量较大企业的监管；通过对进出口企业实施分类监管等手段阻止套利贸易
2013 年 12 月	《国家外汇管理局关于完善银行贸易融资业务外汇管理有关问题的通知》（汇发［2013］44 号）	要求银行从加强客户准入管理、做好尽职调查、加强贸易真实性审查；审慎开展贸易融资业务三方面防范风险
2013 年 12 月	《国家外汇管理局综合司关于完善银行贸易融资业务外汇管理具体操作事宜的通知》（汇综发［2013］94 号文）	规定了贸易融资管理重点企业确定标准，要求对重点地区加大监管力度，对 B、C 类企业进行持续监管。
2014 年 4 月	《银监会关于开展进口铁矿石贸易融资情况快速调研的通知》（银监办便函［2014］316 号文）	求部分银行对本行进口铁矿石贸易融资情况进行认真分析并上报报告

2. 加强进出境货物监管，提升监管实效

海关作为我国进出境货物监管部门，是贸易项下国际短期资本流动中货物流的主责机构，完善国际短期资本借道贸易项下流动的治理，应在促进贸易便利化的同时，强化对贸易中货物流的监管。一是不断加强对加工贸易、转口贸易、海关特殊监管区域等跨境套利贸易高发领域的监管。二是对价值高、物流成本低、运输便利，易于用作跨境套利贸易载体的商品进行重点统计监测预警。三是进一步完善审价，对虚报进出口商品价格、转移定价等进行重点稽查。四是对注册资本、企业规模与贸易规模严重背离的企业进行后续稽查，强化企业分类调整的监管作用。五是加强现场监管，提高进出口查验率。

3. 落实银行业展业三原则，严格贸易背景审核

一是按照“了解你的客户”的原则，完善客户准入管理，加强对企业资质的审查，在注重客户经营情况、业务历史以及违规行为、骗贷、跨境套利贸易融资行为的同时，注重调查客户的关联和交易对象。二是按照“了解你的业务”的原则，对用于申请贸易融资的进出口报关单、合同等原件要由经办银行签注“已融资”等字样，避免重复使用。强化贸易融资后续管理，建立出口合同质押登记系统，登记已质押出口合同的编号、发票号及报关单号等，防止同一笔出口合同多头融资。三是按照“尽职审查”的原则，对业务关系以及该业务关系整个过程中进行的交易进行持续的尽职调查。对于贸易融资款项，加强贷后管理，追踪整批货物的贸易、生产流程，防止挪作他用，降低风险。

4. 加快征信体系建设，完善社会信用体系

完善信息征集机制，多渠道整合市场主体信息资源，通过联网银行、核心企业、物流企业、仓储企业，从银行系统、现代物流信息系统、ERP 系统、物联网等获取资金数据、贸易数据、物流数据、仓储数据、价格数据等信息，建立基于大数据的企业信息平台，使主管部门可以基于客户征信情况，客观分析客户的贸易行为、有效防范客户风险。

3.5.3 加强跨部门联动，形成监管合力

贸易项下国际短期资本流动具有经常项目和资本项目双重属性。一方面其有赖于具体的货物作为载体，因此具有经常项目属性；另一方面，由于其同时伴随着货物流、资金流与信息流的分离，带动的跨境资金流动实质是短期资本以贸易货款名义流动，又具有资本项目的属性。这种双重属性，要求打破资本、货物和信息管理边界，在探索联合监管机制的基础上，加强多部门间信息互通互联、监管合作的基础上，形成监管合力。

1. 建立部门协调机制，强化联动合作

一是建立金融、商务、海关、税务、工商等部门的合作机制，签订部门间合作备忘录。不定期召开联席会议，及时通报涉外业务中的异常情况及苗头性问题。

二是开展部门联合监管。如，金融管理部门会同海关、税务等部门建立合作机制，对进出口产品价格倒挂或持平、主业盈利不振却仍频繁进出口和频繁进行贸易融资的企业进行重点监测。海关联合工商管理部门加强对特殊监管区仓库的监管，对违法违规仓储企业进行集中清查。

三是建立对境内外主体风险等级联合评估制度。当前，海关和外汇局均对企业实施分类监管，但两者是两套相对独立的体系。未来，应加强两套分类监管体系中信息的互通互联，并逐步推进监管体系的融合，共同推进企业分类监管体系建设。

2. 加强多部门信息共享、联合研判

实现信息共享，加强数据的整合、挖掘与分析是正确判断形势，科学制定方针政策的基础和前提。

为此我们建议，一是加大外经贸、海关、工商、税务、人行、统计和外汇管理局之间的数据及时交换。金融管理部门在对贸易套利活动水平监测时，其贸易外汇收支、异常交易数据检测体系应与海关监管数据进行相互印证，强化防范贸易项下跨境资金异动情况的监控能力。

二是由金融管理部门和海关牵头建立全国统一的动产质押信息平台，使平台具备仓库监管、货物监控、仓单管理、信息披露、信息查询、仓单融资等业务功能，从而有效避免虚假仓单和重复质押，强化贸易融资监管的一手数据。

三是加强对先行指标的分析，将海关统计数据与预示经济运行趋势的消费品和原材料新订单、货币供应量、敏感价格变动、用电量等先行指标紧密结合起来，更加准确把握我国外贸运行趋势的总体规律，提高及时发现外经贸形势异常变化的敏感性和针对性。

3. 加强跨境协调与合作

一是我国应在信息提供、政策协调、技术合作等方面积极开展国际交流合作，逐步确立与国际标准一致的会计准则和信息披露原则，实现对国际资本流动、汇率、利率等关键金融指标准确、及时监测，为我国金融监管部门的有效监管提供可靠依据。

二是加强国际政策协调和监管合作。高度重视主要经济体的政策溢出效应。建立一个以单一指标协调为主，多项指标协调为辅、随机协调与规则协调并重的国际经济政策协调机制，增加短期国际资本流动难度，削弱其流入境内动机。

三是加强央行与相关国家宏观审慎监管机构的合作。针对如何应对风险的跨国界转移；如何合作以共同防范投机资本的冲击等问题，开展合作研究，借鉴其他国家监管机构、国际金融组织的成功经验，进一步完善我国宏观审慎监管体系。

3.5.4 探索上海自贸区深化金融改革背景下的有效监管

随着2013年中国（上海）自由贸易试验区（以下简称上海自贸区）成立以来陆续出台的一系列加快金融制度创新和增强金融服务功能的金融领域开放措施，上海自贸区内金融领域发展日新月异。与此同时，在当今全球流动性泛滥，区内银行的存贷款利率低于境内其他区域的背景下，上海自贸区的“开放”也会面临虚假交易和投机资本猖獗等问题。为此，我们认为必须针对这一新改革试点加以研究，防范上海自贸区成为跨境套利资本进入内地的跳板。

1. 加强贸易项下人民币本币跨境套利监管

货币的国际化将改变一国跨境资金流动的形态。在货币国际化之前，跨境资金流动以外汇为载体。随着货币国际化，不仅有外汇形态的跨境资本流动，还有本币形态的跨境资本流动。2013年以来，随着人民币离岸市场在全球范围内呈现整体较快发展，以及上海自贸区人民币资本项下逐步开放，人民币国际化步伐明显加快。人民币国际化的进程将对贸易项目下国际短期资本流动监管带来新的挑战。未来无论是外币还是人民币都将具备跨境套利的性质。离岸金融市场迅速发展，将冲击在岸市场利率和汇率的形成机制；资本项下扩大开放，使国际短期资本更加快速便捷的跨境流动，进而可能削弱货币政策有效性，使得人民币利率和汇率决定机制更加复杂，甚至影响人民币定价权，并对国内金融监管体系形成新的挑战。

为此，我们建议建立内地与香港对跨境人民币在岸和离岸市场的联动监管体系；加强对跨境人民币流动平衡、资金异动等方面监测；加强金融监管的国际合作，确保人民币离岸市场平稳、健康的快速发展。另外，在对国际短期资本流动监管上，必需将资本项下和经常项下的人民币跨境流动纳入监测体系和监管范畴，并关注经常项下人民币跨境交易结构的变化。

2. 严防大宗商品转口贸易融资风险

上海自贸区建立后大大提升了转口功能和物流功能，也意味着相当规模的大宗商品的交易地点和交割地点从海外向上海转移。当大量的国际买家和国际卖家集聚上海进行大宗商品交易的时候，就会出现大量的以中国企业为中间人的“狭义”的转口贸易和以中国上海为货物交割地的“广义”的转口贸易。

为防范上文分析的转口贸易套利，建议一是加强自贸区贸易背景的审查。与一般的海关特殊监管区相比，上海自贸区是一个具有多元化的货物贸易与服务贸易功能的大型经济综合体。流动要素增多使得海关监管环境更为复杂。由于企业管理中注重事先审批转为事中、事后监管，因此，加强对企业的合法性、真实性的事后核查是自贸区管理的重点。二是加强货物流转和货权转移的流程控制。尽管在转口贸易中货物的流转与货权的转移方向可以不一致，但货权的合理转移方向始终是转口贸易融资的基本条件。通过货物流转和货权转移的有效监控，识别假转口、虚转口的风险，防范跨境套利资本的流动。

3.6 案例分析——铜融资套利贸易

近年来，由于能源、矿产、农产品等在内的大宗商品标准化程度高、市场价格透明、容易变现并且具有现货和期货市场的特点，银行纷纷开发大宗商品贸易融资产品，大宗商品贸易融资日益活跃。铜作为大宗商品之一，因其具有单价高、体积小、不易腐蚀、易存储运输，流动性高的特点，且在国内外均有成熟的期货和现货市场，在交易中极易出手，并且容易通过期货市场锁定价格规避风险，从而受到跨境套利贸易的青睐。2013年以来，随着铜价下跌，以及5月份外汇管理政策的调整等，社会担忧价格下跌导致铜融资贸易崩盘恶性循环，从而将“铜融资贸易”推上了风口浪尖。

3.6.1 2000年以来我国铜进出口情况及铜融资规模

2000—2003年，我国未锻造铜及铜材（下称铜）进出口数量和金额均平稳增长，进出口价格保持平稳，波动幅度较小，进口价格平均为2108.82美元/吨，出口价格平均为2703.53亿美元。2004年，进口、出口均价同比分别上涨40.16%和32.29%，之后一路上涨到2011年的峰值9036.07美元/吨和9159.79美元/吨，2004—2011年进口均价和出口均价的平均复合增长率分别为19.73%和16.51%。2005年我国铜进口253万吨；2006年1月1日起，进口废铜或铜精矿、出口未锻轧铜列入进料加工贸易禁止目录，导致2006年铜进口大幅减少，当年进口206.2万吨，比2005年减少18.6%；2009年铜进口突破400万吨，2012年达到峰值，为464.7万吨，2013年进口454.2万吨，同比减少2.1%（见表3-9、图3-10）。

表3-9 2000—2013年我国未锻造铜及铜材历年进出口数量、金额和均价

年份	进口数量（万吨）	出口数量（万吨）	进口金额（亿美元）	出口金额（亿美元）	进口平均价格（美元/吨）	出口平均价格（美元/吨）
2000	155.31	26.32	34.98	7.24	2252.42	2749.02
2001	169.48	17.79	35.07	5.15	2069.22	2892.45
2002	224.79	25.30	44.37	6.26	1973.81	2475.88
2003	261.79	30.00	56.02	8.09	2139.81	2696.76
2004	257.65	51.63	77.27	18.42	2999.16	3567.55
2005	253.38	60.82	93.28	26.23	3681.45	4313.30
2006	206.19	80.59	124.16	51.91	6021.72	6441.23
2007	278.00	62.63	196.67	47.56	7074.50	7594.36
2008	263.70	62.02	192.27	50.11	7291.41	8079.49
2009	429.03	52.83	226.25	31.59	5273.63	5980.61
2010	429.25	54.81	327.37	41.83	7626.49	7630.88
2011	407.31	65.69	368.05	60.17	9036.07	9159.79
2012	464.76	76.72	385.87	65.08	8302.47	8482.79
2013	454.18	78.27	354.07	64.45	7795.86	8233.98

数据来源：海关统计年鉴。

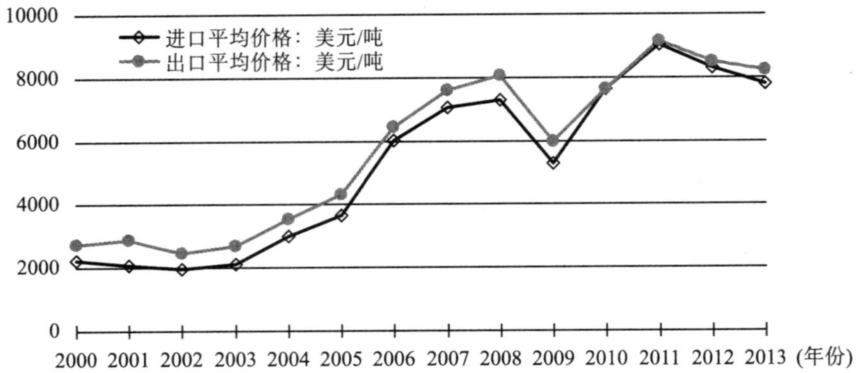

图 3-10 2000—2013 年我国未锻造铜及铜材历年进出口均价

2013 年，铜进口方面呈现前低后高的趋势，上半年月度进口量大多低于 40 万吨，下半年月度进口量多为 40 万吨以上。其中 4 月进口 29.6 万吨，同比减少 21.2%，环比减少 7.5%，为 2011 年 7 月以来的最低点；9 月进口 45.8 万吨，同比增加 16%，环比增加 18.1%，为 2012 年 4 月以来进口最高水平。从贸易方式来看，一般贸易方式进口铜 206.6 万吨，同比增加 13.2%，占当年进口总量的 45.5%；以加工贸易方式进口 98 万吨，同比增长 0.5%，占同期进口总量的 21.6%；以海关特殊监管区方式进口 149.2 万吨，同比减少 19.1%，占当年进口总量的 32.8%，见图 3-11。

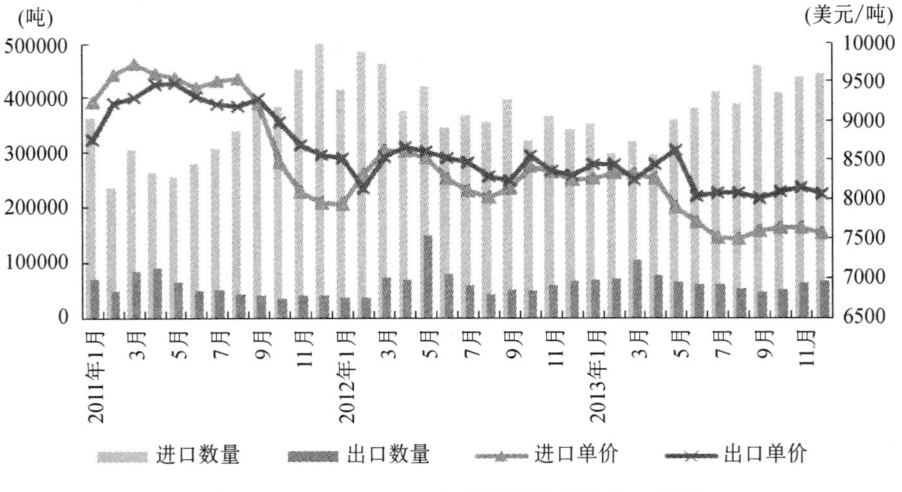

图 3-11 2011—2013 年我国月度铜进出口情况

从铜进出口的历史数据判断，2000—2003 年的铜进出口贸易中，套利贸易的成分较低，可以作为基期。2000—2003 年进口均价和出口均价的平均复合增长率分别为 16.99% 和 3.79%，假设 2004—2013 年这 10 年间，出口额和进口额也按此速度增长，据此测算出这 10 年的真实出口和真实进口，从而估计出每年的虚假进口和出口（见表 3-10、图 3-12、图 3-13）。

表 3－10　2004—2013 年我国未锻造铜及铜材名义和真实进出口额　单位：亿美元

年份	名义进口额	名义出口额	真实进口额	真实出口额	虚假进口/名义进口	虚假出口/名义进口
2004	77.27	18.42	65.54	8.40	15.19%	54.42%
2005	93.28	26.23	76.67	8.71	17.80%	66.79%
2006	124.16	51.91	89.70	9.04	27.75%	82.58%
2007	196.67	47.56	104.95	9.39	46.64%	80.27%
2008	192.27	50.11	122.78	9.74	36.14%	80.56%
2009	226.25	31.59	143.65	10.11	36.51%	68.00%
2010	327.37	41.83	168.05	10.49	48.66%	74.92%
2011	368.05	60.17	196.61	10.89	46.58%	81.90%
2012	385.87	65.08	230.02	11.30	40.39%	82.64%
2013	354.07	64.45	269.11	11.73	24.00%	81.80%

数据来源：海关统计年鉴及课题组计算。

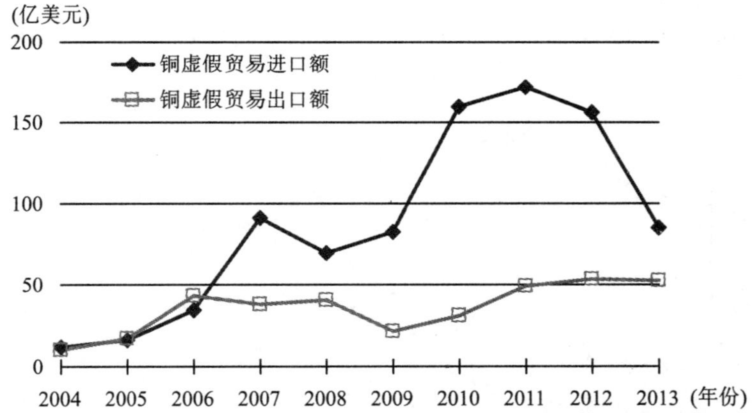

图 3－12　2004—2013 年我国未锻造铜及铜材套利贸易进出口额

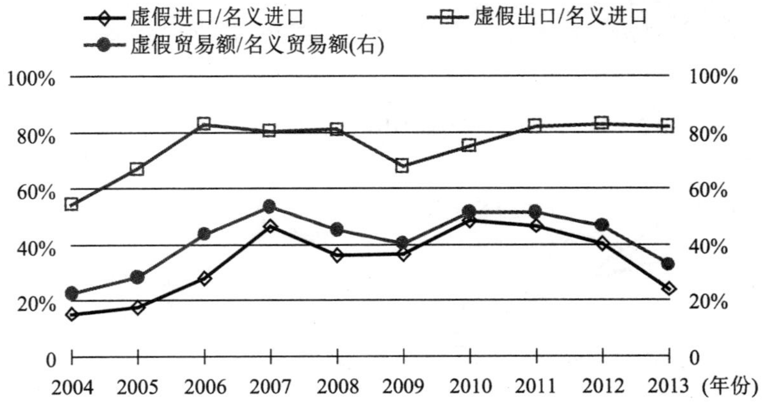

图 3－13　2004—2013 年我国未锻造铜及铜材套利贸易占比

2004—2011 年，伴随着铜价的不断上升，融资铜的规模不断增长，铜贸易中套利贸易的比例不断上升，尤其是在 QE 推出的 2010 年和 2011 年，据估算，套利贸易的比例高达

51.64%和51.54%，随着套利贸易的日益猖獗，监管层针对铜融资套利贸易出台一系列打击措施，铜融资套利贸易规模有所回落，2012年和2013年这一比例下降到46.49%和32.90%。

3.6.2 铜融资贸易发展历程

铜产品作为融资工具类似于历史上的典当抵押行为，但具有现代意义的铜融资行为则是在期货市场发展之后。在国内，标准的铜融资行为可以追溯到20世纪90年代期货市场发展之初，但在2004年之前铜的融资行为与其他大宗商品相比并无太特别之处，2004年开始，随着铜价的大幅上升，铜作为融资工具的优势开始显现出来，表现为铜进口长期与宏观经济周期偏离，即在宏观经济周期下行，以及国家对房地产和宏观经济的调控时，铜消费量下降的背景下，铜进口量增速反而上升，由此可以判断铜进口主要被用于贸易融资。

“融资工具天然不是铜，但铜天然是融资工具。”一方面是其固有的金属易储藏难变质的特性；另一方面则是相比其他品种如铝锌而言价值含量大。正是因为具有这些特点，铜开始作为融资工具在国内外市场被大量的使用；而正是这种行为又使得铜价除了具有普通的商品属性外，在2004年后更具有了其他基本金属所难以相比的金融属性（见图3-14、图3-15）。

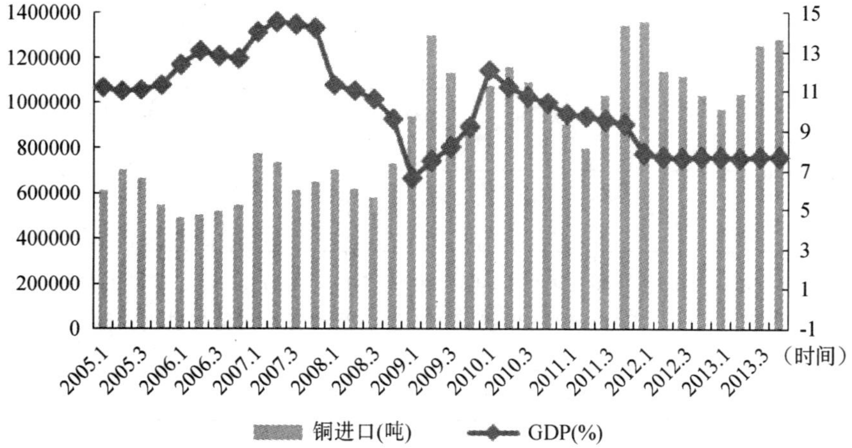

图3-14 2005—2013年GDP季度同比增速与铜进口量

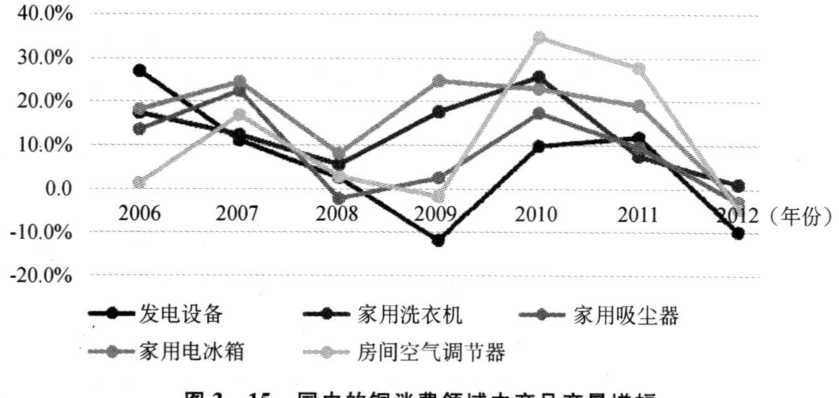

图3-15 国内的铜消费领域中产品产量增幅

此外，铜融资贸易的发展还与我国国内信贷环境有着密切的联系。2008 年之前，全球经济持续发展且市场流动性充裕，对于一般企业而言，融资渠道及能力均不存在太多的障碍，因此铜融资贸易的增长较为有限。随着 2008 年全球经济危机的爆发，企业面临的外部环境急剧变化，企业的融资渠道开始受限，融资成本也快速增加，尤其是 2010 年欧债危机的爆发将全球经济及市场拖入了更为复杂和混乱的境地，各地区、各国家间的利差的进一步拉大。在这种背景下，铜融资贸易开始急速膨胀。

2011 年，我国货币信贷政策趋紧，企业贷款难问题日益突出，而部分并不缺乏资金的企业，看准水涨船高的民间借贷回报率，也投身于铜融资贸易中，套取现金再对外放贷。与此同时，人民币跨境交易的扩大及外汇核销政策的变革都进一步推升了新一轮铜融资高潮。据中金公司在 2011 年第二季度的一份报告显示，2011 年一季度存放于上海等口岸的铜融资贸易总量 45 万吨，而同期上海及南方各港口铜矿石及铜材的库存总量只有 70 万吨。铜进口量已经显著超出了铜矿石的正常消费量。2011 年 3 月 30 日，外汇管理局出台了《关于进一步加强外汇业务管理有关问题的通知》，对银行开信用证加强了限制，企业开出信用证的难度增大，加上当时国内沪铜与伦铜的价差也进一步拉开，导致大量从事铜融资贸易的资金撤出。但经过短暂的低谷后，从 2011 年第三季度末开始，铜融资贸易又再度活跃起来，并于 2012 年达到顶峰。2013 年，随着铜价下跌且面临牛熊转换的考验，以及 5 月份外汇管理政策的调整等，铜融资贸易得到了一定控制。

从铜融资贸易发展的历程来看，无论是 2008 年因金融危机而无限风光，还是 2011 年监管过后的再度兴盛，铜融资贸易一直存在，仅是不同时期市场关注度不同而已。

3.6.3 铜融资贸易的主要模式及成本收入分析

1. 主要模式

我国铜融资贸易主要有两种方式：一般贸易方式和转口贸易方式。

一般贸易方式即“铜换现金”。具体的操作过程是：国内贸易商从在岸银行处获得其发行的 3—6 个月信用证（LC）；国内贸易商从外商处进口铜后，将 LC 支付给国外贸易商；在货物 1 个月左右到岸后，直接在国内转手卖出并获得资金，因信用证尚未到期，这笔套现资金就成为短期融资，然后投向高收益领域赚取息差；最后，国内贸易商在 LC 到期时偿还信用证 LC。一段时期内，由于我国国内铜需求量大，且以上海期货交易所为基准的国内现货市场的铜价高于以 LME 为基准的国际市场，现货铜进口后很容易脱手，这种“铜换现金”的模式具有较大的市场。从一定意义上来说，“铜换现金”是正常的铜贸易，只是铜进口商充分灵活运用了贸易融资政策，即用借来的外汇做贸易，并利用资金偿还的错期实现融资。

转口贸易方式，是将铜进口到保税区并且在区内转卖以进行融资。这种模式出现的背景是铜价在金融属性的主导下大幅上涨，导致以上海期货交易所为基准的国内现货市场的铜价低于以 LME 为基准的国际市场现货铜价，一般贸易进口铜在国内市场销售出现大幅亏损，极大地提高了融资成本；而转口贸易采购和销售铜都以 LME 计价，没有两市倒挂的风险。于是企业开始利用转口贸易进行贸易融资。这一模式的具体操作过程是：

第一步，离岸贸易公司A以价格X出售保税铜的仓单或进口铜给国内的实体B，B以国内银行D开立的美元信用证支付给A货款。第二步，国内实体B通过把仓单文件发送给离岸的子公司C，把铜出售或再出口（其实交易的实物铜一直都在“离岸的”保税区中）。C给B支付美元或离岸人民币现金。第三步，离岸子公司C把仓单再次出售给A，A给C以低于X 10—20美元/吨的价格支付美元或离岸人民币现金，也就是B以折扣价把铜的仓单再次卖给A。第四步，在信用证的有效期内，尽可能多地重复前面3个步骤。在这种模式下，铜并未进入实体经济，只是在不同贸易主体间空转，基于这个方法，在一年时间里，基于特定数量保税铜或进口铜开立的信用证名义总值，将是涉及其中的实物铜价值的10—30倍。

2. 成本收入分析

铜融资贸易的兴起主要是国内外利差、汇差及标的价格差的结果。其融资成本为：信用证开证及承兑费用、保证金的财务成本、税收及物流因素。其融资收益为：资产收益和人民币汇率升值收益。其中铜价风险通过出售LME期货进行套保来化解。

在一般贸易方式中，假设LME3个月铜价格是7245美元/吨，贴水28美元/吨，美元兑人民币汇率6.1425，加之运费、关税杂费等，进口成本为54000元/吨，高于国内长江现货53350元/吨，每吨亏损650元。由于从伦敦运至国内需1月左右，需在国内期货市场做相应的套保，成本仅为10.5元。国内企业一般通过国内或国外银行的境内分支向境外分支申请180天信用证支付，利息成本Libor+100点即为1.42%，手续费、议付、承付费用0.35%，共计1.77%。企业还需要向银行支付15%—30%的保证金，也计入成本。1月后企业收到现铜，然后出售取得52410元，购入信托产品，年化收益率8%，到期取得收益1747元。预计5个月以后人民币升值1%。若人民币在投资期内没有升值，则总收益率仅为2.35%，若国内外价差为0，则总收益率为28.76%[①]。

在转口贸易方式中，各主体的成本和收益为：实体A使用美元资金，收到美元信用证，每完成一轮可能收入10—20美元。在6个月信用证期间完成10—30轮，实体A收入为100—600美元。实体B从利息套利中获益。通过购买无风险人民币资产获得的年回报约为2%—3%，假设人民币6个月期无风险年利率为5%，每吨铜价值7500美元，6个月信用证期间完成10—30轮，期间实体B的总收入为1875—5625美元（即人民币无风险利率×每吨铜价×轮数）。其中，每年B向公司A支付200—1200美元，向银行D支付1875—5625美元作为信用证利息（假设6个月期信用证的年利率为2.5%）。B的年利润区间为1675—4425美元。实体D通常赚取信用证利息（B支付）和融资成本（在银行间市场上融资）之间的差价。因此，假设年利率为1%、铜价为7500美元/吨、6个月信用证期间完成10—30轮，那么银行D的利润为375—1125美元。

3. 铜融资贸易与钢融资贸易的比较

2013年以来，随着铜价下跌以及5月5日外汇管理政策的调整等，社会担忧价格下跌导致铜融资贸易崩盘恶性循环，但是铜融资贸易和此前的钢贸融资在融资手法和风险

---

① 邵宇：“融资铜揭开套息交易冰山一角”，《中国证券报》2013年7月1日。

点上具有较大的差异，因此也不可能重蹈钢贸覆辙。

从融资手法上来看，钢贸是通过抵押、甚至重复抵押来实现贷款。铜融资贸易则是通过信用证来达到借款的目的。同时，铜融资具有高度国际化、市场化、金融化的特征，行业信用链成熟度高，企业通常在进口点价后同步保值，价格涨跌无关联风险，融资成本低。

从风险点上看，钢贸企业质押融资最终出现大规模违约风险的根源首先是作为抵押物的钢材价值大幅缩水，导致钢贸企业需要向银行补缴保证金；而钢贸企业通常将融资资本投向较高风险的高利贷、房地产、证券；另外钢贸企业的重复质押、虚假仓单及联保联贷等行为进一步放大了风险，最终导致资金链断裂。铜融资贸易所得大部分资本基本仍通过银行理财产品的方式在银行体系内流转以赚取利差，因此，铜融资贸易的风险与银行理财产品甚至金融体系的系统性风险融为一体。

3.6.4 有关思考和建议

从铜融资的发展历程来看，资本的本质是逐利的，只要存在获利的空间，基于贸易项下的跨境套利不可避免，就会重演。关于融资载体，之前钢材、铜、集成电路等都曾担当过贸易融资载体，未来随着我国对开放程度的不断提高，黄金等贵金属也将成为贸易融资的重要载体，为此：

一是建立贸易融资的监测指标。关注铜库存等滞后性指标的同时，必须建立监测的先导性指标体系。微观层面对企业资金流和货物流、银行外汇信贷、贸易融资进行分析；中观层面，从贸易方式、企业类别和地区分类研究贸易流、资金流特征；宏观层面，通过对反映本地资金流与货物流匹配程度的贸易偏离度指标考察，从宏观上把握辖区资金流和货物流的变化趋势和方向，全面反映涉外经济发展趋势。

二是外管局、海关等相关部门加强沟通，形成监管合力。由于贸易渠道进入的国际短期资本具有极强隐蔽性，为此应完善信息系统的顶层设计，将外汇管理、海关管理的几大业务系统的基础数据进行整合，并结合游资易出入的行业、领域的政策特点，及时掌握国际短期资本的动向，提前预警。

三是加强国际海关合作。目前的海关通关对经审查未能确定到岸价的进口货物采用估价完税，也在一定程度上造成了贸易渠道的资本非法流动。所以，应进一步加强各国海关之间的合作、完善信息共享机制，完善货物流控制体系。

下篇

发展中的自贸区金融制度创新

第 4 章
XBRL
——可扩展商业报告语言在自贸区的应用研究

本章摘要

信息化关系到一个国家的核心竞争力和发展水平。XBRL 在发达国家日益广泛的应用，为财务报告及相关信息的使用者带来了极大的便利，提升了整个社会的科学化精细化管理水平。

XBRL 应用的发展方向体现在注册管理工具、云计算的网络报告生成工具和 XBRL 数据服务平台和 XBRL 数据库的数据挖掘分析工具的综合运用上。XBRL 在应用中的各环节主要有 XBRL 的分类标准制作、XBRL 分类标准的使用、XBRL 实例文档制作以及 XBRL 实例文档使用。

本章提出 XBRL 在自贸区应用先行先试的制度安排建议呼应自贸区制度创新的思路，更好地利用 XBRL 的优势，使得财务报告信息的披露更为规范和标准，并以更低的报告成本、更高的工作效率，以及更可靠的报告处理来提升自贸区的服务水平和能级。

XBRL 在中国（上海）自贸区先行先试的主要建议：

第一，体现 XBRL 在中国（上海）自贸区先行先试可能带来的价值创造。数据共享的新模式，打通制度创新后自贸区内监管的数据屏障，利于宏观经济管理；实现自贸区内企业财务报告与内部控制融合，提升管理效能；满足多方信息使用者的需求，减少自贸区内企业报送、编制等成本；XBRL 在自贸区内应用推进相应信息分类标准发展；形成可推广可复制的经验和制度创新。

第二，构建 XBRL 在中国（上海）自贸区先行先试的平台。通过 XBRL 的应用情况研究和已有的经验推广借鉴，XBRL 在中国（上海）自贸区先行先试的制度安排中，需在政府的引导下，区内各方参与，构建包括标准、制度、应用、平台等多方面的创新，搭建 XBRL 在中国（上海）自贸区先行先试的基础管理平台。该平台为智能化的工作平台，功能应包括元素的注册管理、分类标准管理、标引模板管理、分类体系集合发布、实例文档与分类标准校验、推广应用等模块。

第三，做好XBRL在中国（上海）自贸区先行先试的制度安排评估。XBRL在中国（上海）自贸区先行先试的制度安排的评估则需要从自贸区构建XBRL基础数据共享平台的制度安排和各自贸区内企业等参与者的预期收益和预期成本的评估展开，并寻求区内推行的模式和路径依赖。

第四，探索XBRL在自贸先行先试的模式与路径。建议在自贸区内形成以数据共享平台为依托，政府引导，市场呼应，多方参与的应用推进模式。

信息化关系到一个国家的核心竞争力和发展水平。XBRL在发达国家日益广泛的应用，为财务报告及相关信息的使用者包括企事业单位、投资者、债权人、会计中介机构、宏观经济管理部门和政府监管机构等带来了极大的便利，提升了整个社会的科学化、精细化管理水平。我国目前在两个交易所的上市公司已开始XBRL财务报告的报送，但在XBRL的推广上、分类标准以及研究上还在探索中，也呈现出三足鼎立的形势。自贸区企业和金融机构在跨境投资和贸易方面将产生巨量的财务报告数据，XBRL技术将使得财务报告信息的披露更为规范和标准，并以更低的报告成本、更高的工作效率，以及更可靠的报告处理来提升自贸区的服务水平和能级。我们对XBRL在自贸区的应用范畴，制定相应的信息分类标准进行借鉴性探讨，对其制度安排等评估进行研究，并提出相关的实施方案和政策建议。

4.1 国内外XBRL的应用情况与经验借鉴

4.1.1 国外XBRL的应用情况

世界各地也全面加速XBRL财务报告的推广：2008年5月美国证券交易委员会（SEC）要求上市公司在未来3年内在公司的网站和SEC提交基于XBRL格式的财务报告；加拿大证券交易委员会2007年1月推出XBRL自愿报送计划；英国2010年开始强制公司报送基于XBRL格式的纳税文件；东京证券交易所2006年引入XBRL报送系统，2008年第二季度时日本强制要求所有上市公司报送XBRL格式的年报文件；韩国2007年10月推出XBRL自愿报送计划；我国2007年要求所有上市公司报送基于XBRL格式的季报、半年报和年报，2010年XBRL标准在我国资本市场全面推广，中国证监会强制要求所有基金都采用XBRL作为信息披露的唯一语言，并在唯一官方网站①进行披露。

① http：//fund. csrc. gov. cn.

Pinsker and Li（2008）对美国、加拿大、德国和南非的四个早期实施 XBRL 的小公司的经理人进行了访谈，关注于自愿模式下 XBRL 标准的实施过程、实施的影响因素和经济后果（资本成本和信息透明度），三个非美国公司均预期实施 XBRL 将降低公司的运营成本，因为这些国家的公司更侧重于关注一项技术的实施是否可以提高企业内部运营效率，降低公司现有的资本供应者的风险；美国公司更关注于公司对资本市场的影响，认为 XBRL 是一个很好的营销手段，实施意味着向市场传递出公司处于思想领先者的市场地位，这为公司吸引潜在投资者和降低公司的资本成本提供了间接的证据。Steenkamp and Nel（2012）对自愿模式下 XBRL 在南非的实施进行了经验研究，统计注册会计师对 XBRL 实施的敏感程度，研究结果与国际上大多数采用自愿模式披露 XBRL 报告的国家是一致的，自愿模式下企业对新技术接受的速度很慢，实施 XBRL 的比例很低。产生的原因主要是没有强制要求企业进行 XBRL 格式的信息披露并且注册会计师们认为实施 XBRL 没有任何益处。此外，结果还表明，经济周期对 XBRL 的实施没有任何影响。

Yoon etal.（2011）对强制模式下 XBRL 在韩国的实施进行了经验研究。韩国自从 2001 年 1 月起没有纸质信息披露的要求，上市公司通过 DART 系统（数据分析、获取和传输系统）来进行信息披露，其股票市场和我国的类似，没有做市商制度，交易直接通过买卖双方的撮合实现。从 2007 年 10 月起，韩国交易所要求上市公司按 XBRL 格式强制披露定期的财务报告，自愿披露非定期的报告。他们的研究表明，采用 XBRL 可能导致韩国股票市场的信息不对称程度有所改善，而且大公司信息不对称降低程度要明显好过中小公司，这预示着市场对基于 XBRL 应用和服务的需求将有所增长，其中信息不对称的代理变量是日收盘价计算的相对报价价差。

新加坡商业注册局（ACRA）与新加坡会计师协会（ICPAS）合作，制定基于新加坡会计准则的分类标准，并将其应用于在新加坡注册公司报送财务报告。自 2007 年 11 月 1 日起，在新加坡注册的公司必须使用 XBRL 格式向新加坡商业注册局（ACRA）报送年度报告，它们可以使用 ACRA 提供的免费工具 FS Manager 来制作新格式的报表年 4 月 30 日或之后的财务报表。2010 年 1 月，ACRA 推出 Open Analytics 系统。Open Analytics 是目前世界上第一个由国家工商注册管理部门推出的 XBRL 应用软件，旨在为公众提供高质量的新加坡公司财务报告，打造高度透明的商业环境。Open Analytics 是一种在线财务分析工具，任何人都可以通过基于网络的 Open Analytics（由新加坡商业注册局和澳大利亚公司 WHK Horwath 合作开发）查看和分析新加坡公司自 2007 年起向 ACRA 报送的 XBRL 财务报表。企业界现在可以通过 Open Analytics 以交互动态的方式获取新加坡公司的财务信息，改善决策程序。董事、管理层和股东可以将其业绩与同行进行比较，挖掘进步空间。对于银行来说，Open Analytics 提供了定期行业信贷风险评估所需的银行授信公司，特别是中小企业的财务信息。企业家和投资者可以挖掘尚未开发的利基领域和隐藏在新加坡企业中的黑马。分析师则可以使用 Open Analytics 监控和分析公司或任何一个行业的业绩走势。用户通过少量付费可获得某一公司报送数据一年的查看权，可以对某一特定行业的所有公司进行全面分析。

4.1.2 XBRL 信息披露质量研究

以决策有用性为目标，XBRL 的设计者要在满足成本效益原则、信息可靠性和相关性原则的前提下，在信息质量的可比性和扩展性之间权衡，满足提高信息透明度的预期。Alles（2010）认为按照分类标准来组织和标记经济事项信息优于一般的带语义标记的信息，Debreceny and Farewell（2010）设计的将财务报表映射为 XBRL 分类标准的实验表明了内部讨论和使用清单有助于减少对分类标准的盲目扩展。Srivastava and Kogan（2010）根据美国 XBRL 的应用现状设计了一个鉴证 XBRL 实例文档数据质量的概念框架，设计思路与管理层认定相似，由判定集来确保数据的完备性、精确性和一致性。Argyrou and Andreev（2011）从完善内部控制的视角，提出了一种支撑基于自组织映射和国际会计准则的 XBRL 分类标准的工具。应唯等（2013）对国际上典型的 XBRL 分类标准进行了系统的研究，提出了分类标准的四种架构模型，为各国家、行业主管部门和企事业单位制定相关分类标准提供了理论指导。Zhu and Wu（2011）构造了一个评价数据交互标准质量的框架。Hodge（2004，2008）分别通过实验的方式对 XBRL 信息披露的透明度进行了研究，通过比较实验组和对照组在不同披露方式获取信息的能力以及基于该信息进行的投资决策，证明了与传统信息披露方式相比，XBRL 披露增强了公司财务报告的透明度。

Debreceny（2002）从需求方面、软件支撑、信息充分性和经济后果等角度对 XBRL - FR 的制定进行了研究，分析了现有的分类标准能在多大程度上满足使用者的需求，研究怎样持续改善分类标准，如何通过有效扩展来更好地满足管理决策的要求，为对分类标准设计和开发提供支持，研究了分类标准软件的实现；并从技术性、可用性、完备性、可访问性和一致性等方面来验证信息充分性；分析由于分类标准中会计信息元素的扩展而形成的不同程度的信息披露所带来的公司股价的变动。Bovee（2005）指出在遵循通用会计准则和实务来制定分类标准的前提下，还需要制定评价分类标准的方法，朝着经济实体间互相交流财务和其他经济信息的方向不断完善。张天西等（2006）对我国财务报表附注中的非结构化信息进行了研究，以元素为基础研究了财务报表附注中叙述性元素的设计原则，通过枚举值的设计，根据元素规范，分析现有和未来商业报告中元分类标准的逻辑的基础上，通过选择恰当的模式框架来设计本体知识域，使用本体论表达定义于 XBRL - FR 中的数据结构、元数据结构和商业报告语言的结构，使得信息使用者潜在的整合分析能力得到增强。从经济效果方面来讲，XBRL 分类标准增强了监管者合规性监控的能力，通过将商业分析与统计推断和逻辑推断整合在一起，重构财务信息，既提高了利益相关者的分析决策能力，又为管理者提供了新的决策视角，有效地提高了公司的价值增值。

Alles（2010）研究了 XBRL 对决策制定过程的影响，以信息价值链模型为框架，研究了是否通过标记的会计信息元素可以增强公司的决策过程，是否能带来公司的价值增值。其前提假设是会计人员向信息价值链的前端移动，不仅要关注于低端的数据集中，更要关注高端的知识产生和决策制定，因为格式改变信息的效率，表达影响人的认知，如果公司增加了决策相关的信息披露，说明信息元素的标记过程增强了公司治理。

XBRL 实例文档的创建依赖于 XBRL 分类标准，从使用者的视角看，利益相关者直接从 XBRL 实例文档中获得了公司财务报告信息，XBRL 实例文档是影响 XBRL 信息披露质量的另一个核心因素。Bovee（2005）通过设计半自动智能工具从源文件中获取和理解财务信息，转换和整合生成 XBRL 格式的三大报表来降低上市公司的披露成本，提高 XBRL 实例文档的生成速度。整个流程分为三个阶段：提取三大报表、将报表拆成多行项目、将行项目拆成标签、属性和值。其中，最重要的是从半结构化的源文件中，查找和抽取重要的信息，通过最近共同祖先法来解决同义词冲突，这需要很强的模式匹配能力。从美国上市公司情况看，信息的正确性不容忽视，Debreceny（2010）的研究表明，2009 年度按美国证监会要求进行财务呈报的第一批公司中有四分之一货币型元素的填报存在错误，近一半的错误在于不正确的处理定义于分类标准中的借贷方向，四分之一的错误在于计算关系中成分元素的缺失或额外添加。Watson（2009）对印度的 209 家上市公司的超过 1400 个 XBRL - FR 实例文档进行的研究表明：存在着显著的数字汇总类错误问题。

Roohani S（2009）认为信息可靠性和相关性的综合效应的结果，本质上讲，扩展分类标准将导致公司间的信息可比性降低，这是分类标准模型设计时的一种内生性信息损失。Debreceny and Farewell（2010）设计的将财务报表映射为 XBRL 分类标准的实验表明了内部讨论和使用清单有助于减少对分类标准的盲目扩展。另外，通过聚类同种会计数据信息，使用上下文来区分不同类型的会计信息，可以压缩大量相同交易，进而提高财务报表信息的可比性；可以校验财务报表的会计交易过程，进而提高信息的精确度。

信息内容方面，Plumlee（2008）建议对美国 XBRL 信息披露进行鉴证，采用 XBRL 格式的信息内容是否可以覆盖传统 EDGAR 格式的信息内容，验证信息内容，检验 XBRL 实例文档是否符合 XBRL 规格书和 EDGAR 支持的分类标准规范；检验公司扩展的分类标准是否遵循 XBRL 规格书，满足 SEC 格式的要求。信息可靠性的整体方面，Srivastava and Kogan（2010）根据美国 XBRL 的应用现状设计了鉴证 XBRL 实例文档数据质量的概念框架，设计思路与管理层认定相似，由判定集来确保数据的完备性、精确性和一致性。

Argyrou and Andreev（2011）从完善内部控制的视角，提出了支撑基于自组织映射和国际会计准则的 XBRL 分类标准的工具。相关性的现状分析方面，高锦萍和张天西研究了我国 XBRL - FR 生成和应用过程中，XBRL - FR 与公司偏好的实务报告之间信息匹配的问题，发现年报中披露的项目与上交所制定的《中国上市公司信息披露分类》标准中定义的相应标记匹配两者间存在着较大的差异，而且行业间的差异不显著。对信息元素的相关性的度量方面，Zhu and Wu（2011）构造了评价数据交互标准质量的框架，将数据标准的质量定义为完备性和相关性两个维度。信息透明度上，Hodge（2004）通过实验的方式对 XBRL 信息披露的透明度进行了研究，通过比较实验组和对照组在不同披露方式获取信息的能力以及基于该信息进行的投资决策，证明了与传统信息披露方式相比，XBRL 披露增强了公司财务报告的透明度。Klement（2007）认为提高信息的透明性和可靠性，进而完善企业内控水平，而且还可以通过披露不定期的信息公告，向投资者展示现在发生的经济合同和未来将要从事的经济事项。

曾建光等（2013）从代理成本与绩效水平的视角研究了我国开放式基金市场实施

XBRL的效果；王琳和龚昕（2012）用事件研究法检验了沪深300成分股披露XBRL财务报告对会计信息质量的影响，结果表明XBRL财务报告一定程度上提高了信息的可比性、相关性和可靠性。史永和张龙平（2014）从股价同步性的角度研究XBRL在我国证券市场上的实施效果，而股价同步性正是国际上研究信息效率的主要切入点，其结合交易成本理论和信息不对称理论进行分析，并实证检验，结果表明XBRL财务报告的实施能够有效降低股价波动的同步性；尽管两个交易所实施XBRL方式有所不同，在网页呈现质量和信息含量上各有所长，但在降低股价同步性的效果上不存在显著差异。曾建光等（2013）以我国开放式基金作为样本从代理成本和绩效水平等方面研究了开放式基金实施XBRL的相关经济后果。研究结果表明，基金强制实施XBRL标准报送后代理成本有了显著下降，并且机构投资者持股比例越低的基金其代理成本降幅越大；基金的绩效相比XBRL采用之前有了显著提升，且年龄较大的基金相比年龄较小基金的绩效水平增幅更大。

4.1.3 XBRL在各领域的应用与借鉴

1. XBRL在审计领域的应用研究

学术界和实务界对XBRL鉴证方面的研究主要集中在XBRL财务报告可能存在的问题及对其审计的必要性研究（Khadaroo，2005；Boritz和No，2003、2004；CICA，2002、2005；Bartley、Chen和Taylor，2010；张天西和高锦萍，2007）；XBRL鉴证方法和程序研究（Ryan，2004；Chou，2006；Plumlee，2008；Boritz和No，2009；高锦萍，2008；AICPA，2003、2009；PCAOB，2005），该方面的研究探讨了XBRL鉴证各阶段的具体工作，并对测试和证据收集阶段的具体鉴证流程和鉴证方法进行了较详细的研究；XBRL鉴证的概念框架研究。

Plumlee（2008）探讨了XBRL鉴证的重要性、鉴证风险和抽样的定义等问题，Srivastava和Kogan（2010）对XBRL鉴证中管理层认定的概念框架进行了首次探讨，分析了管理层认定的概念框架；XBRL鉴证技术及连续鉴证研究（Boritz和No，2003、2004；Murthy和Groomer，2004；高锦萍，2008、2010等）。该类研究对XBRL进一步拓展，提出了XARL提供了有关鉴证的综合信息。网上财务呈报环境下，审计师的风险将有增无减（庄明来，2003），审计师所采用的审计技术和审计模式也需要不断改进。Sutton and Clark Hampton（2003）、Khazanchi and Sutton（2001）、Inter - national Federation of Accountants（2001，2002）、Cohen（2002）等对网络环境下的基于风险导向型的审计模式进行了探索，审计师应关注网络环境下的业务风险、应用风险和技术风险。陈婉玲和韦沛文（2000）、吕新民（2002）、庄明来（2003）等学者从网络环境对审计线索、安全控制、审计内容、审计技术等方面的影响以及网络环境下的审计特点和审计模式等方面展开了研究。

Rezaee等认为，随着XBRL的广泛应用，现行审计程序必须向连续审计转变并指出：连续审计（continuous auditing），是收集电子化审计证据来证明无纸化实时会计系统下财务报表是否公允表达的电子审计过程。CICA认为，XBRL财务报告编制过程与传统的编制过程不同，必然需要增加审计程序以确保XBRL文档的可靠性，并指出：当XBRL被用来生成定期财务报告时，审计人员必须关注实施 XBRL 的额外程序和政策，并评价分类标准的使用与数据标记的恰当性、被标记数据的真实性、信息产生过程控制的有效性；当 XBRL 被用来生成实时财务报告时，将需要实施控制程序来保证被标记数据的真实性，因此审计人员必须持续评价这些控制的有效性，即实时审计。Wagenhofer 则认为，由于投资者将使用 XBRL 软件提取信息而不考虑信息编制的细节，那么企业将有可能不对某些不利信息进行标记或根据 Rezaee 的定义，连续审计是收集电子化审计证据来证明无纸化实时会计系统下财务报表是否公允表达的电子审计过程。用特定标记对其进行标记，因此为了保证信息披露质量，审计人员必须验证企业是否对所有事项进行了标记；同时，如果企业进行实时报告或允许使用者接受其原始数据，审计人员将不得不将结果导向的审计程序改为连续的过程导向的审计程序。

Boritz 等认为，尽管 XBRL 的应用会带来很多好处，但是其一个重要缺陷就是未考虑信息质量。XBRL 文档容易受到非法攻击，任何人都可以轻易地创建与篡改 XBRL 实例文档，从而致使 XBRL 报告的可靠性存在威胁，这势必影响 XBRL 的成功应用。因此他们建议研究 XBRL 的保障机制，并提出了 XRAL。其基于 XML 的规范，通过公认的鉴证程序和安全技术来加强网络信息的可靠性，将有关 XBRL 信息可靠性的信息扩展进来。Murthy 和 Groomer 认为基于 XARL 并借助于 Web 服务便可实现对实时信息系统的连续审计。Boritz 等进一步指出，如果没有良好的安全机制，XBRL 与 XARL 将不可能完全发挥作用，因此又在 XARL 的基础上提出了网络财务报告服务安全机制。

2. XBRL 在税务领域的应用研究

目前，XBRL 已逐渐渗透到财务信息供应链上的各环节，包括税务环节。英国税务局于 2003 年 3 月开始电子申报纳税工作，并规定从 2011 年起，英国公司必须使用 XBRL 标准提交纳税申报表和账目，英国税务局与英国 XBRL 组织合作，制定了符合英国税务特征的 XBRL 分类标准，是采用 XBRL 技术的主要政府部门；美国 2003 年发布了针对美国公司企业所得税申报的 XBRL 税务分类标准；荷兰税务监督厅目前也正在研究 XBRL 标准；日本国税厅已从 2004 年 2 月起正式开始采用 XBRL 进行企业的税务申报，首先在日本国税厅所属的名古屋国税分局内采用。

高锦萍（2010）认为依据纳税报表分类标准生成 XBRL 实例文档后，进入对企业提交的税务报表进行报表内部的计算验证来保证报表范围内数据的正确性；自动将企业的财务数据与税务申报数据进行关联并进行审核，来保证税务数据的真实性；提供各种数据分析方法。XBRL 可以促使企业信息成为一个有机的整体，并且可以适应信息结构的变动，更加适合税务与其他机构进行企业数据交换。

也有观点认为通过基于 XBRL 的税务申报直通式处理（STP）模式，不仅可以有效避免人为的数据输入错误，提高税务部门工作效率，减少申报期间纳税人必须亲自到税务部门报税的麻烦，税务机关还可以通过软件对各企业提交的财务报表进行快速有效的分析，准确高效地确定纳税人应缴的税额。同时，由于 XBRL 有严格的数据规范，税务人员可以更容易发现各种造假手段，大幅提升申报、纳税和退税等税务处理的速度和质量，提高征纳双方在税收环节的工作效率，降低纳税人的遵从成本。

根据普华永道国际会计公司的研究，在税收征管中采用XBRL可以大幅降低由于报表格式转换所带来的成本，相应减少建设不同系统和转换文档格式的成本，XBRL实例文档的制定原则是以现行法律法规对财务报告的规定为基础，以此为标准来交换税收和会计信息就可以降低处理的复杂度以及编制报表的成本；可以促进税务软件与企业信息系统的整合，税收和财务软件的供应商将会愿意进行相应的开发，只需要开发XBRL的标准格式，将会促进系统的整合，同时也会给软件开发商提供更多的商机；可以提升电子申报服务的速度，采用XBRL可以加快电子申报服务的步伐，使软件系统的整合与开发更加方便；减少税收征管部门今后开展其他电子申报服务的成本，XBRL模式文件的可重用性有助于减少税收征管部门今后开展其他电子申报服务的成本和推广所需的时间；提升未来电子申报的附加价值。可扩展性是XBRL的重要特点，这使得一份文档既可以与企业内部的相关报表相联系，又可以与外部的相关法律法规相关联，可以延长税收申报材料的生命周期，提高电子申报服务的附加价值。

3. XBRL在资本市场证券监管领域的应用研究

以XBRL技术为基础的资本市场数据管理、挖掘和应用，为资本市场各应用主体提供高效、便捷的信息服务成为急需解决的问题。2003年，美国三家联邦银行监管机构，即联邦存款保险公司（FDIC）、联邦储备系统以及货币监理署，通过联邦金融机构检查委员会（FFIEC），利用XBRL标准对监管核心报告数据的收集流程实施改造，XBRL分类标准使FDIC监管人员有能力识别并纠正报送过程中出现的任何错误。内部处理可以满足各种内外部使用需求，XBRL文件中的数据被分解为数字数据以支持数十种FDIC和其他FFIEC机构内部监管和报告应用程序，以满足评级机构的具体商业需求以及政府和教育机构的研究与决策需求，XBRL技术应用大大提高了数据与信息公共发布的及时性。

XBRL可根据监管部门的实际需要，对数据进行清洗、整理、分析、比较、测算，定期或不定期向监管机构提供相关数据及分析报告，为监管部门量身定做定量化分析工具并输出结果；根据监管部门需要提取定性或描述性指标，以供深度分析使用；通过系统的异常情况预警评级和自动报告功能，实现对监管对象的风险监测与预警；建立系统性风险分析模型，对数据进行深度分析、挖掘，使风险监测由静态变为动态，为监管决策提供工具。如金融风暴下的我国资本市场震荡不安，一些基金公司开始买货币市场基金。这种基金比银行活期存款收益高，基金公司在银行间二级市场拆借。证监会通过实时监管系统发现，很多货币市场基金的收益偏高，超过银行间拆借市场的收益还往上涨，进入收益率偏高的红线区。这种预警根本无法从单个报表中看出来的，必须有连续的信息比对，基于XBRL是可以完成的。

4. XBRL在行业自律组织的应用研究

对于行业自律组织而言，XBRL数据能够优化其公共职能履行能力，建立基于XBRL技术的上市公司财务数据预警系统，对关键指标进行连续的比对和分析，抽取问题指标，建立预警模型等。中国证券业协会作为行业自律组织，起着桥梁与纽带的作用，肖蕊等（2010）认为我国资本市场行业自律组织一直以来缺乏履行其监管职能、维护行业发展的高效能、信息化工具。XBRL数据覆盖的领域可为从业人员职业记录和机构业务记录数据库提供支持，将可提供更为可信、客观的评价结果，有助于真实反映行业状况。

证券交易所的职责主要包括两个方面：一是为证券以及证券市场其他交易品种提供集中竞价交易及相关的服务；二是履行证券市场行政监管机关赋予的自律监管职责。证券交易所需要监督证券交易、对会员公司和上市证券进行监督、公布交易行情等。为此，交易所也要设立可行的和高效的监察系统，监督其成员遵守交易所的规则和有关证券法规，及时处理市场上不正常不合规定的交易行为。XBRL 数据的应用能增强交易所履行一线监管的能力。针对上市公司季度、半年、年度报告产生的数据，建立基于 XBRL 技术的上市公司财务数据预警系统，对关键指标进行连续的比对和分析，抽取问题指标，建立预警模型等，一旦发现问题，可即时采取措施。中国证券业协会对上及时反映情况、提出建议、拾遗补阙；对下实行自律管理和服务，以促进我国证券市场的规范和发展。

5. XBRL 在投资者保护机构的应用研究

我国于 2005 年建立了专业的证券投资者保护机构——中国证券投资者保护基金有限责任公司。目前，保护基金公司除履行其在证券公司风险处置中的职责外，职能正在向建立监测、评价、服务相结合的常态投资者保护机制拓展。有研究者认为 XBRL 数据应用系统将为保护基金公司开展投资者保护工作提供工具，有助于提高投资者对市场的研判能力，提升保护基金公司公益评价的效率和质量。

首先，XBRL 数据的应用能为投资者提供更加便捷、规范、全面的信息查阅平台，有助于提高投资者对市场的研判能力，增强理性投资水平；其次，也为保护基金公司评估投资者保护状况、监测风险提供了工具，合理评估和披露各类市场主体的投资者保护状况，是投资者保护机制的重要组成部分，将各类市场主体的行为操守置于社会公开评估之下，对于提升其保护投资者的主动性和质量至关重要。迄今，保护基金公司已经建立起投资者保护状况评价系统，旨在对上市公司、证券公司等市场主体的投资者保护状况进行专业、系统的评价，在监管部门的行政监管、自律组织的行为约束之外，对市场主体保护投资者合法权益行为进行市场化引导，最终通过对市场主体行为的约束，达到保护投资者合法权益的目的。XBRL 数据的应用，可提升保护基金公司公益评价的效率和质量。目前，保护基金公司建立并披露的上市公司投资者保护状况评价体系、证券公司投资者保护状况评价体系，在指标体系建立和提取方面受到数据的制约。如对于指标体系中定量指标的提取存在工作量大、准确性难以控制的特点，数据提取人员需要打开每个报表和文件，人工提取数据，且只能进行人工复核或抽检，无法控制其准确性；由于公益评价体系不同于商业指标体系，具有很多主观性指标，需要人工判断并赋值，且关联性判断信息较多且不确定，工作量极大；在设计指标体系时就要考虑数据的可获得性，有时有的指标重要性较高，但因为数据提取的困难，就只能放弃。XBRL 数据的应用，将在一定程度上解决信息获取的问题，同时也可通过数据挖掘、数据分析模块，设计出可实时计算结果的评价模型，提高公益评级的质量和效率。

6. XBRL 在其他方面的应用研究与借鉴

（1）信息报送方的应用研究。有研究者认为 XBRL 的应用能改善资本市场透明度问题，但对于信息报送方来说，目前还没有将其运用于内部管理需要的动力。对于垄断者而言，增强信息披露程度会削弱其垄断力和定价话语权。因此，信息报送方将 XBRL 技术应用于内部管理的前景还不明朗，但该技术至少可以节约其信息报送成本。

（2）XBRL 在商业领域的应用研究。从国际应用经验来看，目前 XBRL 数据还未大量运用于商业领域，但在商业机构评级、财务信息分析等方面已经由监管机构与商业机构合作，开发出一些供财务信息消费者使用的分析工具。提供基于 XBRL 数据的上市公司评级服务，投资者可根据评级结果选择拟投资的公司，银行可据此决定是否向上市公司提供商业信贷还是要求其偿还贷款。市场主体的这种选择行为，会驱动上市公司完善治理结构、改善经营行为，以降低其融资成本。同时，XBRL 数据的商业应用对数据的准确度、完整性、及时性都提出了更高的要求，会推动数据质量和报送效率的提高。

4.2 XBRL 应用的发展方向与各环节安排

4.2.1 XBRL 应用的发展方向

1. 注册管理工具

XBRL 注册管理工具的应用目标是在国家层面或是行业范围内建立自上而下的 XBRL 应用的统一管理体系，辅助以工具的应用。相关的注册工具就是对元素和标准进行统一注册，统一管理的模块，提升对 XBRL 项目实施的规范性。核心是对包括对注册元素重复定义的甄别，对分类标准相关内容的版本管理，分类标准的生成和维护以及对自定义元素管理的策略等。目前国内证券投资者保护基金有限责任公司已建设相关行业级应用平台。

2. 云计算的网络报告生成工具和 XBRL 数据服务平台

通过云计算强大的基础设施和存储技术服务，解决实施单位软硬件基础实施环境薄弱的问题和服务商应用开发基础数据源采集和维护问题，核心是解决访问安全、数据安全、性能容量、开发操作、权限流程、报告的多版本管理、接口服务等问题。目前国内已有供应商尝试建设有关平台。

3. XBRL 数据库的数据挖掘分析工具

直接基于 XBRL 实例文件级别的海量数据分析效率相对低下，无法真正实现挖掘分析的效果，建立具有 XBRL 特征的数据库是非常重要的步骤。XBRL 数据库较之传统数据库，有专门针对 XBRL 特征数据的处理引擎，实现对数据的抽取、计算、封装展示。其核心是 XBRL 数据库设计、分析模型和特色展示模型。

4.2.2 XBRL 应用的各环节安排

XBRL——可扩展商业报告语言在应用中的各环节主要有 XBRL 的分类标准制作；XBRL 分类标准的使用；XBRL 实例文档制作以及 XBRL 实例文档使用。各环节内容安排如图 4 - 1 所示。

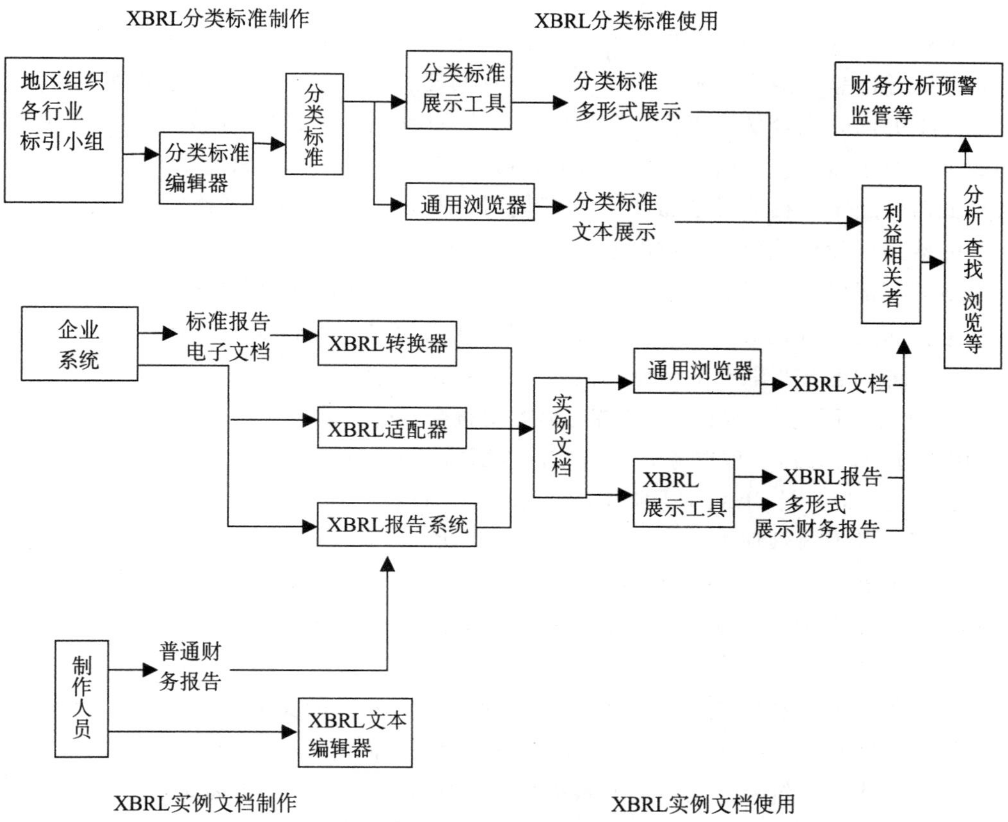

图 4 - 1　XBRL 各应用环节图

4.3　XBRL——可扩展商业报告语言在中国（上海）自贸区先行先试的建议

4.3.1　XBRL 在中国（上海）自贸区先行先试可能带来的价值创造

XBRL 可扩展商业报告语言，通过给财务会计数据添加特定的分类标签，使得计算机能够“读懂”财务报告，对 XBRL 财务报告进行包括企业历史数据分析、全球范围内同业自动对标等在内的自动处理，报告使用者可以按需自由组合，而且数据处理成本低、速度快。目前我国 XBRL 的推广和应用还处于初级阶段，面临着很多的机遇和挑战，在中国（上海）自贸区先行先试的价值创造意义非凡。

1. 数据共享的新模式，打通制度创新后自贸区内监管的数据屏障，利于宏观经济管理

借助 XBRL 技术，能够解决过去由于格式问题的重复录入、由于监管不同要求所造成的重复编报，并成为不同系统间进行信息交换的桥梁。另外，过去监管部门尽管都掌握同一企业财务信息，但由于格式和定义不一致问题，无法进行信息共享和比对，增加企业报送成本的同时也容易形成监管漏洞，而应用 XBRL 技术可以大幅降低会计信息生产和使用成本。对于监管机构而言，利用 XBRL 可以将被监管者纳入现代化的统一监管系统，大大降低监管成本，提升监管效能。与此同时，打通自贸区内不同监管系统、不同监管部门间的数据屏障，从而形成数出一门、资源共享的统一监管平台。

经济管理部门通过获取企事业单位和会计中介的实例文档，借助兼容 XBRL 技术的应用软件进行深度分析，实现从宏观上掌握和监测自贸区内经济运行状况，分析判断经济运行中存在的问题，采取有效措施，同时为制度创新提供科学依据。

2. 实现自贸区内企业财务报告与内部控制融合，提升管理效能

XBRL 能够较好地实现财务系统与单位内部管理系统的数据交换，实现财务报告与内部控制的融合，以会计为基础根据内部管理的需要进行扩展，及时、快速、准确地分析判断运营状况以及内部管理中的薄弱环节，并不断加以改进，有助于管理者大幅度提升管理效能，从而在微观层面实现管理现代化。

3. 满足多方信息使用者的需求，减少自贸区内企业报送、编制等成本

银行、税务、证券、审计等各方面都需要企业财务报告，报告内容大部分相同，但又有少部分是各方信息使用者的特殊要求，而且其所要求的文件格式不同，因而不能通用，企业重复编报负担很重。XBRL 可以实现一套报告同时满足多方面需求，通过对各方共同的信息需求进行统一定义，同时根据各自特殊信息需求进行扩展定义，这就使 XBRL 可以在一份报告中传递所有信息，各需求方从中提取所需部分，大幅减轻了企业编报负担。

4. XBRL 在自贸区内应用推进相应信息分类标准发展

根据目前我国 XBRL 信息分类标准的情况，即在我国特有的制度安排下，XBRL 标准事实上呈现出“三足鼎立”之势，这种制度安排，导致财政部和证监会在规范企业会计行为职能上的交叉，使得上市公司的行为受到两个甚至多个同级单位的制约，增加上市公司的适从成本以及交易成本。在意识到这种情况，国内 XBRL 标准“三足鼎立”的解决之道也在研究中，如 XBRL 标准的兼容性扩展在自贸区应用先行先试，不仅为了满足监管而实施 XBRL，也实现 XBRL 实施对企业的内化作用带来的效益，为 XBRL 的分类发展提供了典型案例研究。

5. 形成可推广、可复制的经验和制度创新

利用 XBRL 的优势可为自贸区内的一些制度创新提供数据载体以及数据处理平台，同时政府和市场在自贸区推进 XBRL 实施中的作用和模式等，也成为推动 XBRL 应用示范化、长期化、阵地化的重要举措，对推进这一技术在全社会的认知度和促进其在我国的推广和应用具有重要意义。形成可推广可复制的经验，日后将成为全国范围推进 XBRL 实施的典范。

4.3.2 XBRL 在中国（上海）自贸区先行先试的平台构建研究

1. XBRL 基础管理平台的构建

通过 XBRL 的应用情况研究和已有的经验推广借鉴，XBRL 在中国（上海）自贸区先行先试的制度安排中，需在政府的引导下，区内各方参与，构建包括标准、制度、应用、平台等多方面的创新，搭建 XBRL 在中国（上海）自贸区先行先试的基础管理平台，这是智能化的工作平台，功能应包括元素的注册管理、分类标准管理、标引模板管理、分类体系集合发布、实例文档与分类标准校验、推广应用等模块，主体框架如图 4－2 所示。

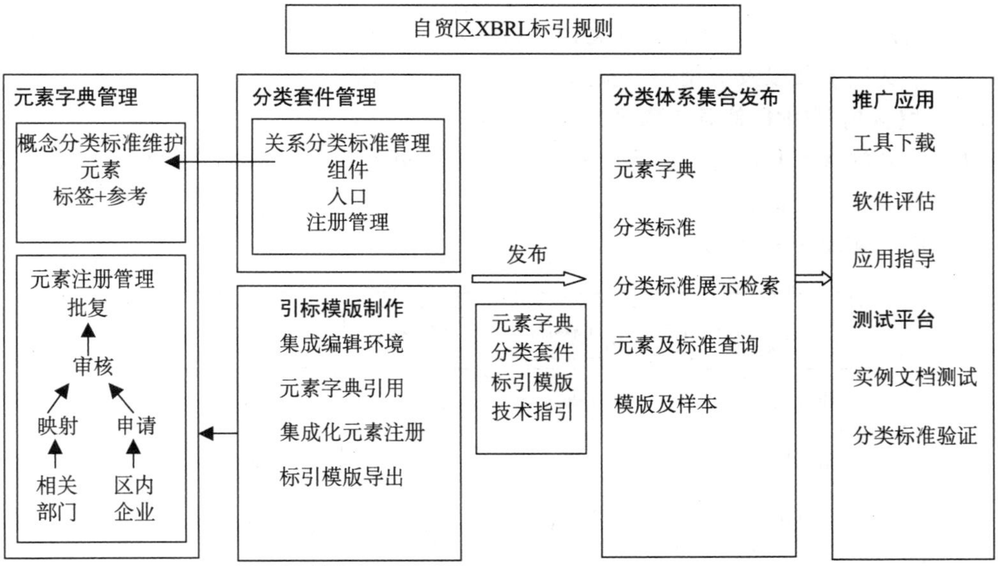

图 4－2 自贸区 XBRL 基础管理平台框架图

其中元素注册管理以元素管理及注册审批流程为主要功能，统一对元素进行管理并支持元素在线注册申请与审批，根据元素管理工作结果自动更新自贸区的核心分类标准（如通用、财务、非财务分类标准的模式文件以及标签库、定义库、参考库等），通过该模块完成元素的申请、审核、批复、注册等管理，实现普通业务概念到自贸区范围内标准元素发展的目标。

分类标准注册与管理模块统一自贸区内分类标准。包括分类标准的制定与维护，以元素管理过程中形成的核心分类标准为基础，向使用者提供应用层、扩展层分类标准的制定功能，包括组件型分类标准、入口型分类标准、自定义分类标准以及相应的展示链接库、计算链接库等。

标引模版发布与管理模块包括标引模版制定、展示与发布等功能，其制定用于将业务模版结构化，使模版中的业务要素与分类标准中的元素直接对应，将模版编辑、元素注册、元素标识、报告展示模版集成一体，提高模版制作的效率和准确性，展示和发布主要实现自贸区内通过的标引模版在平台发布、展示。

分类体系集合发布与管理模块主要通过向社会公众发布已完成的分类标准，除按域名空间及存储结构发布分类标准的各类模式文件、库文件外，还提供数据字典、分类标准展示、元素查询等功能，并根据需要对外发布业务模版及报告样本。业务上线实施需要较长时间和复杂的测试验证，包括对制定的分类标准的测试验证和报送、应用软件的测试验证等，故开发设置测试验证模块，提供分类标准验证、实例文档测试验证等功能，以提高应用环节效率，其对实例文档进行校验和检查的功能，用于报送前、中、后等各环节对报告数据进行技术规范和业务规则的检查，业务类包括事实数据根据自身的钩稽关系，并以分类标准链接库的方式向市场公布并纳入到校验器中。

为推广 XBRL 和分类标准发展而专设推广应用模块，提供 XBRL 辅助工具（XBRL 元素词典、翻译工具等）、XBRL 实例文档分析工具、实例文档展示工具等，提供应用指导业务、技术文档下载以及应用类、报送类软件评估等功能。

2. 自贸区内 XBRL 信息披露系统技术框架

自贸区内的 XBRL 信息披露系统的技术框架可借鉴目前的披露系统框架分为逻辑框架、网络框架和安全构架。

逻辑框架如图 4－3 所示。

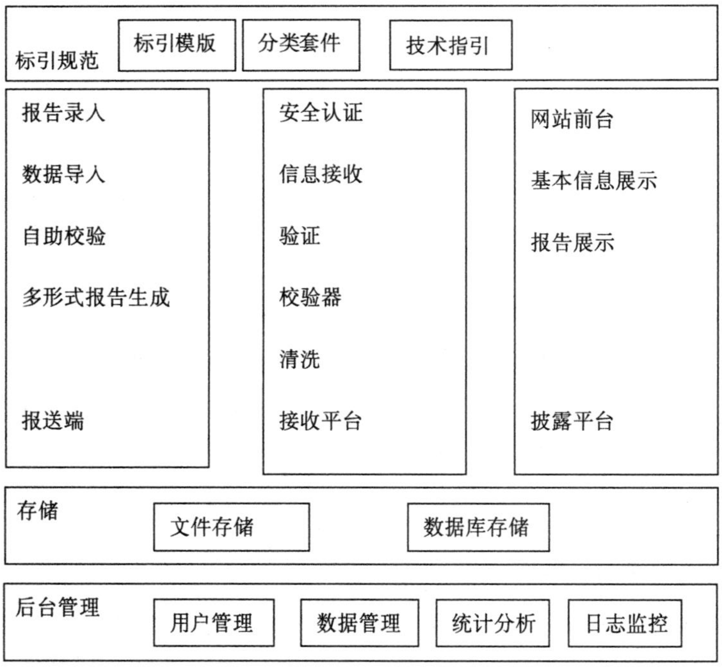

图 4－3 自贸区 XBRL 逻辑框架图

该逻辑框架中报送端：报送方通过录入工具自行录制相关申报文件并通过系统上报，录入工具可提供相应的录入、导入、自助校验、多形式报告生成等功能；接收平台：用于接收和处理报送方报送的申报文件 XBRL 实例文档。接收系统通过专用网络以网站方式提供报送机构自行申报入口，申报文件经校验通过后进行入库，经清洗，申报数据以实例文档及数据库方式进行存储；披露平台在校验、清洗等相应条件满足的前提下，由披露平台对外正式披露申报文件，接收平台所接收的数据通过统一的平台进行存储，接收平台、披露平台可采用统一的后台管理，包括用户管理、基础数据、日志、统计分析等。

网络构架如图 4－4 所示。

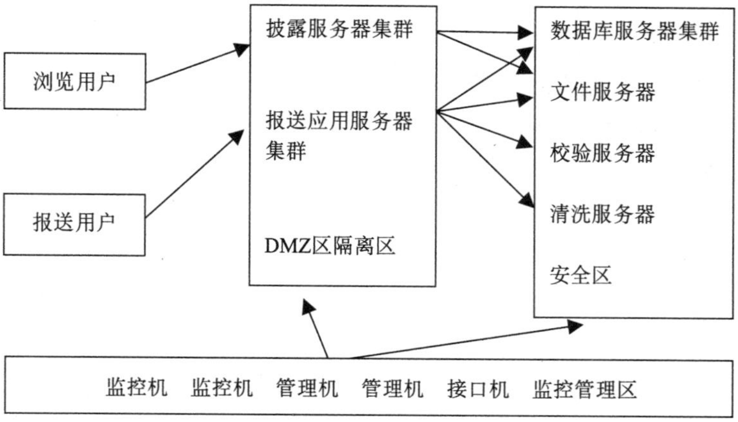

图 4－4 自贸区 XBRL 网络构架

隔离区位于企业内部网络和外部网络之间的小网络区域内，报送区和披露展区分别实现有关机构的申报业务流程，以及向公众披露展示上报材料的内容；安全区设置数据库、磁盘柜、XBRL 文件服务器以及 XBRL 校验服务器等重要系统；监控管理区则指内部网络环境下监控和管理集合的区域，对系统进行日常监控与管理，包括系统监控、流量监控、日志管理等。

4.3.3 XBRL 在中国（上海）自贸区先行先试的制度安排评估

新制度经济学文献认为制度安排应具有三项功能：一是传递信息；二是约束有悖于组织行为的个人行为；三是对于个体行为和组织行为一致的激励功能。此三项功能亦为制度发挥作用的主要机制，即信息机制、约束机制和激励机制。有效的制度通过界定和限制行动者的选择集合，能减少交易活动中的不确定性、抑制人的机会主义行为倾向，从而降低交易成本。制度的激励功能是通过某些（正向的或反向的）刺激使经济人产生内在的动力，从而充分发挥潜能，实现既定的目标，不断提高效率。

不同层次的制度安排，其收益和成本是不同的：在个人安排中，没有组织成本和服从成本，但收益的增长可能是很有限的。如果是自愿安排的制度，它体现了制度参与者的意愿，任何人都可以合法地退出，因此自愿安排往往具有较高的收益和较低的服从成本。但是自愿安排要求一致同意，而一致同意往往十分困难，因此自愿安排的组织成本较高。如果是政府安排，它将直接来推行其强制性的安排，制度参与主体没有退出的选择权。政府强制安排可能产生极高的收益，因为政府可能利用其强制力去实现一个由任何自愿谈判都不可能实现的高效率的制度安排，当然，如果政府安排是低效率的，那么，政府强制安排也可能产生极低的收益。

制度安排、变迁的成本与收益之比对于促进或推迟制度安排、变迁起着关键作用，只有在预期收益大于预期成本的情形下，行为主体才会去推动直至最终实现制度的变迁，反之亦然。故制度变迁的潜在收益是决定制度安排变迁的主要因素，制度相关利益方的力量对比是决定制度变迁成败的关键。制度变迁可分为诱致性制度变迁和强制性制度变迁。诱致性制度变迁是指现行制度安排的变更或替代，或者是新制度安排的创造，在响应获利机会时自发倡导、组织和实行，诱致性制度变迁必须由某种在原有制度安排下无法得到的获利机会引起。强制性制度变迁是指由政府命令和法律引入与实现而引起的制度变迁，强制性变迁的主体是国家，其变迁的有效性受许多因素的制约，其中主要有统治者的偏好和有限理性、意识形态刚性、集团利益冲突和社会科学知识的局限性、国家的生存危机等等。

XBRL 在中国（上海）自贸区先行先试的制度安排的评估则需要从自贸区构建 XBRL 基础数据共享平台的制度安排和各自贸区内企业等参与者的预期收益和预期成本的评估展开，并寻求区内推行的模式和路径依赖。

1. 制度安排的评估研究

我国于 20 世纪 80 年代建立了工程建设项目评价制度，但至今未建立政策评估制度。借鉴国外制度评估经验，XBRL——可扩展商业报告语言在自贸区制度安排的评估探讨，也为推进我国政策评估制度建设，提高制度的形成与实施水平提供思路。制度安排的评估寻求制度是否实现预期效果，并评估制度执行中各项活动间的因果联系与直观影响。

评估不同于检查、绩效审计、监督、研究，其区别如表 4 – 1 所示。

表 4 – 1　　XBRL 制度评估的内涵

	活动	目标
检查	查出错误做法并确认信息	控制与服从
绩效审计	检查各部门提供的绩效信息的有效性	责任、控制、服从
监督	持续追踪方案实施过程并发起纠错行动	管理、问责、纠正行动
评估	对资料进行系统性收集与客观性分析，以评估相关性、绩效（效果与效率），资金用处，影响与持续能力，并对未来提出建议	学习、问责、提升绩效、宣传政策、规划与预算
研究	通过对现实的观察来检验假设/命题	学习/知识创新（没有责任焦点）能够宣传政策

（1）美国制度评估的借鉴。美国从工程建设项目评价起步，建立了涵盖所有政策及计划项目的制定和修订，包括事前、事中、事后评估的政策评估制度，并以国会立法和总统行政命令的形式加以规范。政策评估以成本效益分析为基础，方法不断发展，“成本”和“效益”的范围逐渐扩大，引入了成本效果分析。政策评估以内部评估为主，执行主体是政府主管部门和政府综合管理部门。智库发挥一定作用，媒体、社团、学者等社会力量也在一定程度上参与。

美国实施政策制度评估的核心方法是成本效益分析，但“成本”和“效益”的范围在不断扩大。近年来开始探讨无法量化指标的评价问题，引入了成本效果分析。进行成本效益分析的前提条件是分析对象能够定量。然而，许多分析对象难以确定成本和效益，如安全、健康、卫生、环境保护和生态平衡，这种情况下一般采用成本效果分析。“效益”可以与“成本”处理成同一量纲，但“效果”的表述则是定性的，不能与“成本”相加减。成本效益分析可用于比较不同类项目，理论上讲可以确定项目的优先序列；费用效果分析只可用于同一类项目的不同方案比较，实现成本既定条件下效果最佳化。成本效果分析通常采用问卷调查和座谈等方式，分析专家、公众、企业等不同群体的看法。

制度政策评估以政府内部评估为主，执行主体是政府主管部门自身，以及政府综合管理部门。政府主管部门指法规政策的起草者和执行者。政府综合管理部门包括财政部信息和规制事务办公室（OIRA），各种委员会也包括临时设立的评估小组。

智库（Think Tank）影响政府决策，在野党、媒体、社团、学者也在一定程度上参与政策评估。智库作为独立政策研究咨询机构，已成为影响政府决策的一支重要力量，政策评估是其一项重要职能，如兰德公司、布鲁金斯研究所、美国国家研究理事会（美国国家科学院组成机构）。美国国家研究理事会对新一代汽车合作计划（PNGV）、自由合作汽车研究计划（FCAR）的评估结果，直接影响计划的执行方向和年度预算，直至计划最终废止。报纸、电视、社团、学者等社会力量在一定程度上参与政策评估，有时会引起国会和政府的注意，甚至调查。

美国政府信息的公开程度相当高，这是开展第三方独立评估的重要前提。

（2）日本制度评估借鉴。日本围绕《政府政策评估法案》（GPEA），建立了以主管省厅自评估为主、总务省监督指导和综合评估为辅的内部评估制度，有时也会组织社会第三方评估。在总务省提供的政策评估标准模型基础上，各部门建立了自己的评估体系。

日本制度评估方法主要是总务省下属的“政策评估与独立行政法人评估委员会”负责为各部门提供政策评估的标准模型，分为项目评估、成绩评估和综合评估等三种评估类型，基础方法是成本效益分析（见表4-2）。

表4-2　日本总务省政策评估标准模型

类型	对象	时间	目标	方法
项目评估	政府项目，也可以是计划	实施前，也可以是事后评估	选择项目，作出判断	估测预期效果和相关成本，成本效益分析
成绩评估	各部门的主要政策	实施后定期开展，结束后	修订和改进政策	根据预期政策效果设定目标，评估目标达到的程度
综合评估	特定主题	实施后的特定时间之后	发现问题	多方面考察政策效果

各部门按照《政府政策评估法案》的要求，在总务省提供的标准模型基础上，形成了各自的自评估体系。多数部门采用PDCA评估管理模式，即计划、执行、检查、行动。

如经产省针对重大技术研发项目，制定了一套评价指标体系，主要包括：项目研发目标、定位，与日本相关政策及产业发展战略的符合程度，国家资助开展该项目的必要性，项目实施的可行性，实施项目可产生的效果和影响，项目研发的成本效益情况。国土交通省设置了五种类型的评估活动，分别是作为事前评估的政策评价、作为事后评估的政策检验和政策综合评价，以及单独公共建设工程评估、单独 R&D 主题评估。

日本的政策制度评估以各部门自评估为基础，以总务省评估作为补充，有时也会组织第三方评估。《政府绩效与成果法》明确规定，包括内阁办公室、各省厅在内的行政主体必须开展政策评估，并以提升管理效果和效率、确保政府行为严格履行对公众负责的责任为目的。各主要行政主体要制订一份针对本部门的政策评估基本计划（3 - 5 年时限）及执行计划（年度政策评估计划）。

日本总务省专门设立了作为总务大臣咨询机构的“政策评估与独立行政法人评估委员会”，委员由总务大臣任命，主要是外部专家学者和企业家。总务省负责对各部门开展的自评估进行指导、监督，并对自评估报告进行检查和分析，同时还开展一些涉及广泛议题的跨部门政策的评估活动。

日本各级政府在开展自评估的同时，根据需要有时也会组织外部评估，以及对评估工作的评估，通过公众调查等方式客观反映公众的看法，以增强评估的客观性、独立性和广泛性。

（3）美国和日本制度评估的启示。美国和日本的政策制度评估建设过程体现了循序渐进的特点。目前，两国均以政策主管部门开展自评估为主，综合管理部门进行监督指导，以及开展跨部门综合项目的评估，社会第三方评估作为补充。评估方法在不断发展，其核心方法是成本效益分析。政策评估有反馈环节，将评估结果提供给管理者参考使用。

政策制度评估分为政府内部评估和社会第三方评估，以政府内部评估为主，社会第三方评估为辅。执行内部评估的政府部门包括该政策的主管部门，以及综合管理部门。政策主管部门实施的是自评估，是制定政策和执行政策的有机组成部分，便于发现问题、改进政策。但自评估容易发生夸大成绩、强调困难、隐瞒损失等问题，需要综合管理部门提供客观的评估方法，加强监督管理。涉及多个部门的综合政策评估也需要综合管理部门执行。社会第三方评估的基础条件能够获得相关信息，美国和日本均非常重视政府信息公开。

尽管评估方法在不断发展，但美国、日本政策评估的核心方法一直是成本效益分析。与美国、日本类似，其他发达国家大多采用成本效益分析方法来评估政策及计划项目的经济合理性。英国、德国、荷兰、芬兰、加拿大等国也都针对政策制度评估确立了成本效益分析原则，同时注重评估结果的信息及时反馈，以及对制度安排的影响。

（4）制度安排的评估思路与方法建议。很多国家的科技创新政策、制度评估是以定性分析为基础，定量分析为手段，定性与定量相结合的。利用理论分析法对 XBRL——可扩展商业报告语言在自贸区制度安排全过程，运用逻辑推理和判断，分析制度安排的效果和影响，对成功和问题进行剖析，提出路径依赖；并利用对比分析法，对制度安排的实施效果进行差异分析，如简单的前后对比分析，“投射—实施后”对比分析，有无对比分析以及“控制对象—实验对象”对比分析。个案研究分析，采用典型案例，进行详细调查分析，对其在自贸区制度安排的制度需求、决策环境、决策过程、制度实施、制度效果等环节进行全过程评估，从案例分析中建立制度安排者、实践者之间的对话渠道。同样充分利用专家评议法、自我评定法、SWOT 分析法等。在定量分析法中可采用问卷调查法、经济计量分析法、成本效益分析法、模糊数学分析法、政策指标法、回归分析法等。

2. 自贸区内 XBRL 应用制度安排的预评估

（1）竞争市场下企业应用 XBRL 的预期收益与成本评估对制度安排的推进影响。本书试图在借鉴已有制度评估的经验，利用博弈论的方法通过研究两个假设同质企业在引入 XBRL 技术标准中所采用的策略，来分析 XBRL 在市场中的扩散效应，检验企业在不同时间点引入 XBRL 的成本和收益是否有差异，如企业在 XBRL 的引入过程中是否同步的，是否能通过降低引入成本和增加 XBRL 数据的效率两个方面，增强使用者的使用意愿，进而自贸区可以加速 XBRL 的应用范畴与扩散。

首先假设考虑市场中有两家相同的企业，在 XBRL 信息技术引入之前，传统的信息系统给投资者提供的决策效用满足纳什均衡（u0，u0）。在 t = 1，XBRL 技术出现，新的技术标准下所提供的决策信息可以增加投资者的决策效用。如果企业 A 在企业 B 之前首先采用 XBRL 技术，那么企业 A 和企业 B 在企业 B 没有采用 XBRL 技术之前，信息对投资者的效用为（u1，u2）；同理，如果企业 B 在企业 A 之前首先采用 XBRL 技术，那么企业 A 和企业 B 在企业 A 没有采用 XBRL 技术之前，信息对投资者的效用为（u2，u1）；当所有的企业都采用了 XBRL 技术后，信息对投资者的效用为（u3，u3），如表 4 - 3 所示。

表 4 - 3　　XBRL 信息技术引入对投资者的效用

时间	企业 A	企业 B
0≤t≤MIN {T1，T2}	u0	u0
T1≤t≤T2	u1	u2
T2≤t≤T1	u2	u1
t≥MAX {T1，T2}	u3	u3

根据 CAPM 模型，投资者面对的投资环境包括无风险资产和风险资产，其回报率分别为 I1、I2，随机变量为 I2，投资者面对的决策是如何将资产进行分配，x 被定义为总资产在风险资产投资中所占的比例，1 - x 则为无风险资产投资的比例；投资者在做投资决策时，追求最终的效用最大化；U(wT)为投资者在时刻 T 的效用函数；w(T - 1)表示投资者在时刻 T - 1 所拥有的资产数量；投资者在时刻 T 所拥有的资产为 $wT = w(T-1)(I2x + \gamma(1-x)) = w(T-1)R(x, I2)$，其中 $R(x, I2) = I2x + \gamma(1-x)$ 是一个随机变量，表示资产组合的回报率。

时刻 T 资产对投资者的效用函数为：

$$U(wT) = U[w(T-1)(I2x + \gamma(1-x))] = U[wT-1R(x, I2)]$$

投资者所面对的决策为：maxxU[wT－1R(x, I2)]

可见投资者所面对的决策效用取决于风险资产的回报率 I2 和投入风险资产的比例 x；根据信息经济学，信息的质量能够提高决策的效率和效果，而 XBRL 技术本身能够通过对信息元素的标准化和结构化，提高信息的可理解性和可比性；同时标准化的信息元素也能够提高信息在财务信息链中的流通速度，满足信息使用者对信息的及时性要求，提高投资者的决策效用。

如竞争性企业 A 和企业 B 在引入 XBRL 技术时就会有假设：

①假设 u0＞0，∀i∈｛0，1，3｝在采用 XBRL 标准之前，已有的信息系统能够为投资者提供有效的财务信息；在任何情况下，公司为投资者所提供的信息的效用都为正向的。

②假设 u1＞u3＞u2，u1＞u0＞u2。根据信号显示理论，优质的公司有自愿向市场多披露信息的愿望，更多的信息意味着公司的透明度越高，受到市场的关注也越高；虽然采用 XBRL 会给公司带来一定的成本，优质的公司仍然有动力采用 XBRL 向投资者显示其与一般公司的差别，假定当采用 XBRL 技术，而公司没有采用时，公司财务信息对投资者的效用是最大的。

③假设 $\alpha = u1 - u0 + u2 - u3 > 0$。先采用 XBRL 技术的公司所披露的 XBRL 财务信息对投资者的效用的增量大于后采用 XBRL 技术的公司。由于 XBRL 信息标准改变了传统信息的报告模式，也必然导致了公司信息系统的改变；令 c(t) 代表公司在 t 时刻采用 XBRL 技术所造成的成本增加，包括改造会计信息流程，增加信息技术的投入等，即 c(t)＞0，同时由于随着规模的增加，其他公司通过模仿可以降低采用 XBRL 的风险和成本，即 c′c(t)＜0；财务信息要对决策发挥作用，须具有良好的质量，及时性作为会计信息质量要求之一，要求企业对于已经发生的交易或者事项，应当及时进行会计确认、计量和报告。信息只有具备及时性，才能对决策有用，否则 对使用者的效用就会大大降低，甚至不具有任何意义，将财务信息对使用者的效用贴现，假设其满足e^{-n}，其中 r 代表效用随时间的贴现率，贴现率越高信息的及时性越重要；同时信息给投资者带来的决策效用随着时间的流逝以加速的形式减小。

公司 A（B）披露信息给投资者带来的效用函数：

$$u^1 (T1, T2) = \int_0^{T1} u0e^{-r}dt + \int_{T1}^{T2} u1\ e^{-n}dt + \int_{T2}^{\infty} u3e^{-rt}dt - c(T1)\ T1 \leq T$$

$$u^2 (T1, T2) = \int_0^{T2} u0e^{-n}dt + \int_{T2}^{T1} u2e^{-rt}dt + \int_{T1}^{\infty} u3e^{-rt}dt - c(T1) T1 \leq T$$

当 T2 不变时 u^1（T1，T2）u^2（T1，T2）对 T1 连续，故

$$u_1^1 (T2, T2) = (u0 - u1)\ e^{-rT2} - c'(T2)$$

$$u_1^2 (T2, T2) = (u2 - u3)\ e^{-rT2} - c'(T2)$$

故：
$$u_1^1 (T2, T2) - u_1^2 (T2, T2) < 0$$

对公司 A 而言，由于假设 3 的存在，在 T1＝T2 时信息效用 u(T1，T2) 存在拐点，也就是说信息效用在 T2 时刻前后的变化幅度是不一样的。由于成本函数是连续的，因此

在 T1 = T2 前后，公司的收益变化是非连续的。对于公司而言，当发现市场上其他公司采用 XBRL 技术带来了信息效用的增加，理性的公司会迅速采用，同时由于 XBRL 信息系统的改造成本具有统一性和标准性，所以公司采用 XBRL 标准的成本的降低幅度会很快。

假设 $c''(\mathrm{T}) > \mathrm{r}\,[\mathrm{u1}-\mathrm{u0}]\,e^{rt}$，$\forall t \in [0,\infty]$，进一步假设 $\lim_{t}\infty c''(t) > 0$；由于 e^{rt} 代表了实施 XBRL 技术给信息使用者带来的效用的贴现，因此效用的增加不可能永远持续下去。有唯一的 $_{t}^{*}$ 使得 maxxU [wT - 1R (x, I2)] 存在。

而 u_1^1 (T2, T2) 和 u_1^2 (T2, T2) 对于 T1 是严格凹函数 (T2 固定不变)，且

因为 $u_{11}^2 = \mathrm{r}\,[\mathrm{u1}-\mathrm{u0}]\,e^{-rt} - c''(\mathrm{T})$ 假设 3 得到 $u_{11}^2 < 0$

且在 T2 独立的情况下，存在唯一的 T，即

$$\widehat{T} \in [0,\infty] = \max u_1^1(T1,T2)$$

故：

$$[(u0-u1)\,e^{-r\widehat{t}} - c'(\widehat{T})]\widehat{T} = 0$$

$$(u0-u1)\,e^{-r\widehat{t}}) - c'(\widehat{T}) \leqslant 0\ \widehat{T} \geqslant 0$$

当 $\mathrm{c}'(0) < u2 - u3$，$\forall T2[u_1^1(0,T2) < 0]$ 即 $\widehat{T} = 0$

在 T2 独立的情况下，存在唯一的 $\widehat{\widehat{T}} \in [0, \infty] = \max u^2(T1,T2)$

因此

$$[(u2-u3)\,e^{-r\widehat{t}}) - c'(\widehat{\widehat{T}})]\widehat{\widehat{T}} = 0$$

$$(u2-u3)\,e^{-r\widehat{t}}) - c'(\widehat{\widehat{T}}) \leqslant 0\ \widehat{\widehat{T}} \geqslant 0$$

因为

$$c'(0) < u2 - u3$$

故有：

$$\forall T2[u_1^2(0,T2) = (u2-u3)c'(0) > 0] \text{ 即 } \widehat{\widehat{T}} \geqslant 0$$

当 $\mathrm{c}'(0) \geqslant (u2 - u3)$，

由于

$$\forall T2[u_2^1(0,T2) = (u2-u3)c'(0) \leqslant 0]$$

而 u^2 是严格凹函数，即 $u_{11}^2 < 0$ 即得 $\widehat{\widehat{T}} = 0$

得到结论在 T2 独立的情况下存在唯一。

$$\widehat{T} \in [0,\infty] = \max u_1^1(T1,T2) \text{ 和 } \widehat{\widehat{T}} \in [0,\infty] = \max u^2(T1,T2)$$

在 $c'(0) < u2 - u3$ 时 $\widehat{\widehat{T}} \geqslant 0, \widehat{T} \geqslant 0$

在 $\mathrm{c}'(0) \geqslant u2 - u3$ 时 $\widehat{\widehat{T}} = \widehat{T} = 0$

可见对于首先采用 XBRL 技术的企业，在新技术出现后延迟了 T > 0，那么等待过程的边际机会效用 (u1 - u0) $e^{-r\widehat{t}}$ 必须被等待过程中边际成本的减少 c($\widehat{T}$) 所补偿。如果等待过程的边际机会成本 $\widehat{T} = 0$ 对于先采用 XBRL 技术的企业而言是最优选择。对于后采取 XBRL 技术的企业而言，也是同样的原理。即竞争性企业在引入 XBRL 标准时，不是同步的。

在前面的假设前提下，建立了完全竞争环境下两个同质企业引入 XBRL 技术标准过程中的扩散模型，企业在不同时间点引入 XBRL 信息技术标准所带来的成本和收益是有差异的。先引入的企业由于 XBRL 标准本身的优势能够给信息使用者带来更多的效用，然而网

络外部性和不确定性的存在，使得先采用 XBRL 的企业在引入成本上要高于后采用的企业。研究发现，不同企业在对 XBRL 标准的采用上是存在时间差异的。影响 XBRL 扩散的主要因素是企业的采用成本和对 XBRL 数据的使用效率。

未来可以从降低成本和提高信息效率两个方面，加速 XBRL 在企业中的推广。从降低成本的角度来看，（自贸区）政府可以采用补贴，加大对软件公司的投入等方法；从提高信息使用效率的角度来看，（自贸区）政府可以通过完善会计准则，增加对 XBRL 数据应用软件的开发和扩大 XBRL 宣传的方式提高财务信息的质量和投资者对 XBRL 数据的利用率。

（2）XBRL 应用的信息质量与（自贸区）监管功能提升的预期收益与成本评估对制度安排的推进影响。会计信息质量的生成过程是利益相关者的需求质量和会计行为主体的供给质量经过多次博弈，实现某种利益均衡的过程，也是会计信息需求质量和供给质量双向逼近的过程。监管通过制度安排，利益诱导或禁例的方式来影响和约束企业会计主体的机会主义行为，使复杂的会计监管过程变得容易理解和更可预见，从而使不同利益相关者之间的协调更加有效，减低冲突发生的可能。在目前企业供给型的会计信息提供方式下，推动供给质量向需求质量靠拢，而其逼近的程度取决于会计监管的有效性。

博弈参与者都是以实现自身的最大利益为惟一目标，除非为了实现自身最大利益的需要，否则不会考虑其他个体或社会的利益这样一种决策原则。在“行为理性”假设下，博弈参与者都是利益最大化的追求者，双方围绕会计信息供给质量进行博弈，最后达到纳什均衡。同时假定企业和监管者在进行行为选择时的风险偏好为中性，即同样单位的期望收益和确定收益。信息不对称使会计行为主体拥有着会计信息优势，可通过输出对自己有利的信息而使自己获利，有提供低质量信息的可能。

假设此博弈为非合作博弈，博弈为完全信息静态博弈，各方同时决策且所有博弈方对博弈中各种情况的得益都完全了解。会计行为主体和监管者完全知道自己和对方所能采取的各种策略、采取各种策略的概率分布以及在各种策略行为下的得益，但它们在作出各自的策略选择时并不知道对方既定的策略选择，所以可视为同时作出策略选择，双方通过博弈寻求达到纳什均衡。故会计信息供给质量及其监管是一个混合策略博弈模型：

	完善会计监管体系建设 P	不完善会计监管体系建设 1 - P
高质量 1 - Q	① 0，－（C1 + C2）	② 0，－C1
低质量 Q	④ 0 - L，B -（C1 + C2）	③ 0 + R，－（C1 + M）

矩阵中第一个数字表示会计行为主体的收益，第二个数字表示监管者的收益，其中：C1 表示监管者实施不完善会计监管体系的成本；C2 表示监管者为完善会计监管体系多支付的成本；R 表示会计行为主体提供低质量会计信息所得收益；M 表示不完善的会计监管体系带来的社会损失；L 表示会计行为主体提供低质量会计信息在完善的会计监管体系下遭受处罚的损失；B 表示完善的会计监管体系监管低质量信息所获的社会收益。

矩阵中所示的策略组合含义：①表示会计行为主体提供高质量的信息，而监管者选择完善的会计监管。这时会计行为主体既无收益也无损失，得益为 0；而监管者损失完善会计监管体系的成本 C1 + C2。②表示会计行为主体提供高质量的信息，而监管者选择不完善会计监管。这时银行既无收益也无损失，得益为 0，而监管者产生不完善的会计监管成本 C1。③表示会计行为主体提供低质量的会计信息，而监管者选择不完善监管体系。这时低质量信息未被查出获得各种不当经济利益、政治利益与其他利益 R，而监管者失职带来的损失如金融、经济、政治损失等为 C1 + M。④表示会计行为主体提供低质量的会计信息，而监管者选择完善会计监管体系。这时会计行为主体被监管者查出获得 L 的处罚损失；监管者由于取得了查处而带来的收益 B，扣除完善监管体系的成本 C1 + C2 为监管者的净收益。该博弈显然不存在占优策略均衡，也不存在占纯策略的纳什均衡。

若该博弈是完全信息静态博弈，可以求解混合策略的纳什均衡。我们提出接近事实的假设，会计行为主体提供低质量的会计信息的概率是 Q，提供高质量信息的概率就是 1 - Q；完善会计监管体系的概率是 P，不完善的概率是 1 - P。

则会计行为主体的期望收益 Eb 为：

$$\begin{aligned} Eb &= Q[-L\times P + R\times(1-P)] + (1-Q)[0\times P + 0\times(1-P)] \\ &= RQ - RQP - LQP \end{aligned}$$

会计行为主体期望收益最大化的一阶条件是：

$$\frac{\partial Eb}{\partial Q} = 0$$

会计监管的期望收益 Es 为：

$$\begin{aligned} Es &= P[-(C1+C2)\times(1-Q) + (B-C1-C2)\times Q] \\ &\quad + (1-P)[-C1\times(1-Q) - (C1+M)\times Q] \\ &= BQP + MQP - C1 - C2P \end{aligned}$$

会计监管期望收益最大化的一阶条件是：

$$\frac{\partial Es}{\partial P} = 0$$

求解得知，会计行为主体提供的会计信息质量及其监管混合策略博弈的纳什均衡解为：

$$P^* = \frac{R}{R+L}$$

$$Q^* = \frac{C2}{B+M}$$

在既定制度安排下，为使收益最大化，会计行为主体以 Q^* 的概率提供低质量的会计信息，而监管部门以 P^* 的概率选择完善会计监管体系。

如果我们根据以往的研究结论认为 XBRL 的应用可以提高会计信息质量，那么自贸区内如推广其应用，作为制度安排，则相应的监管部门与区内会计信息的提供者（XBRL 实例文档的提供者）可以从中得到如下结论和启示：

①对于会计行为主体（自贸区内企业）而言，当其以 $Q > Q^*$ 的概率提供低质量信息时，监管者的最优选择是完善会计监管体系，以积极的态度推行 XBRL 的应用；若以 $Q < Q^*$ 的概率提供低质量信息时，监管者的最优选择是不完善会计监管体系，推行 XBRL

的制度安排的意愿下降；若 $Q = Q^*$ 时，监管者随机选择监管力度。而对于监管者而言，当 $P > P^*$ 的概率完善会计监管体系时，会计行为主体会采用提供高质量信息的最优选择，积极配合制度安排，推进 XBRL 的应用意愿加强，使用态度积极；当 $P < P^*$ 的概率完善会计监管体系时，会计行为主体会采用提供低质量信息的最优选择，在 XBRL 的应用上的动力就会下降，XBRL 的制度安排与推行的难度就会增强，区内企业的态度就是消极的；$P = P^*$ 时，会计行为主体随机选择信息的供给质量，对 XBRL 的应用处于中立态度。

②当 $P > P^*$ 的概率完善会计监管体系时，会计行为主体会采用提供高质量信息的最优选择，若监管有效，要想办法降低 P^* 值。而 $P^* = \frac{R}{R+L}$ 中的 R 是不完善会计监管体系中未查处而取得的收益，它是一个外生变量，P^* 主要取决于 L，且与其成反比，当加大 L 至 L1 时，在监管者同样的混合策略下，会计行为主体的期望收益减少，短期内会计行为主体会提供高质量的信息；同时 L 加大到 L1 时，P^* 降至 P_1^*，继续完善会计监管体系建设的概率就会降低，此时会计行为主体提供高质量的信息和低质量的信息的期望收益相等，会计行为主体又会重新选择混合策略。而会计行为主体提供低质量信息的概率取决于继续完善会计监管体系建设多支付的成本 C2，完善的会计监管体系监管低质量信息所获的社会收益 B 和不完善的会计监管体系带来的社会损失 M，当 M 加大到 M1 时，Q^* 降至 Q_1^*，在会计行为主体混合策略不变的情况下，会计监管的期望收益减少，短期内就会有继续完善会计监管体系建设，此时继续完善会计监管体系建设和不完善会计监管体系建设的期望收益趋同，监管又会重新选择混合策略。所以对会计行为主体提供会计信息质量的监管最终结果是混合均衡，也意味着会计监管不是一成不变的，会计行为主体的行为会诱导制度的变迁，那么在自贸区内 XBRL 应用的制度安排也将是一个不断推进的博弈过程。

（3）XBRL——可扩展商业报告语言在自贸区的应用范畴与成本效益考量。对自贸区的企事业单位而言，应考量 XBRL 是否能够较好地实现财务系统与单位内部管理系统的数据交换，较好地实现财务报告与内部控制的融合，在微观层面实现管理现代化。对于投资者、债权人等而言，应考量 XBRL 是否降低了获取信息的成本，显著提升了信息获取、加工和扩展的速度、准确性和科学性，及时形成所需要的个体、整体或行业等各类信息，包括历史信息和当前信息，从而作出更加科学合理的投资和信贷决策。对于会计师事务所而言，应考量 XBRL 将对会计中介机构从事审计及相关业务产生的影响，XBRL 格式数据将大幅度提升审计信息获取效率，注册会计师需要考虑 XBRL 数据生成过程的合规性，审计师能够有更多精力集中到对客户业务和财务状况的分析，提高审计工作的附加值和审计工作的信息化水平。特别是对自贸区宏观经济管理部门而言，考量其通过获取企事业单位和会计中介的实例文档，借助兼容 XBRL 技术的应用软件进行深度分析，为制定宏观经济政策提供科学依据；考量政府监管机构，利用 XBRL 将被监管者纳入现代化的统一监管系统，降低监管成本，提升监管效能。XBRL 将能够打通不同监管系统、不同监管部门间的数据屏障，从而形成数出一门、资源共享的统一监管平台等，同时以成本效益原则分析先行先试应用推广的可行性。

4.3.4 XBRL——可扩展商业报告语言在自贸先行先试的模式与路径建议

做好 XBRL 实例文档的生成、报送和利用，是推进 XBRL 在自贸区内先行先试、发挥

XBRL 的功能效用、价值创造、实现深度分析利用会计及相关信息的关键环节，它需要企事业单位与政府监管部门、会计中介机构、软件开发商、投资者、债权人等信息使用者共同作用完成。简言之，企事业单位要借助报送软件生成实例文档；会计中介机构应当对企事业单位实例文档的合规性进行审计并协助报送；政府监管部门应当根据 XBRL 技术对原有监管系统进行改造，逐步将被监管企事业单位的实例文档统一纳入监管系统；投资者、债权人以及宏观经济管理部门等信息使用者应当对深度分析利用实例文档提出需求，并且熟练掌握各种基于 XBRL 数据的分析工具的使用；软件开发商应当为实例文档的生成、报送和分析利用开发出各种适用的应用工具。

建议在自贸区内形成以数据共享平台为依托，政府引导，市场呼应，多方参与的应用推进模式。

自贸区数据共享平台建设中，加强与会计信息化委员会的联系，可根据监管等需要，参与反馈分类标准的制定与适用情况，逐步要求和鼓励区内企业按自身情况做好实例文档报送。建议企业试行由财政部制定发布的基于企业会计准则的 XBRL 通用分类标准和相关扩展分类标准，以及基于企业内部控制规范和事业单位会计准则等的通用分类标准；同时自贸区内企业根据其他政府监管部门的监管要求，按照根据通用分类标准制定和发布适用于各监管需要的扩展分类标准进行扩展，做好实例文档报送。此外，区内企事业单位也可出于内部管理的需要，依据自身要求在通用分类标准基础上进行相应扩展。

自贸区在搭建数据共享平台建设中，鼓励企业在通用分类标准基础上进行扩展进而报送实例文档。为有效应用 XBRL 技术提供财务报告实例文档，降低企业应用 XBRL 的成本，自贸区应鼓励有条件的企业，并帮助企业在通用分类标准上进行扩展，生成符合报告企业实际的 XBRL 财务报告实例文档；可以利用财政部开发的与企业现有 ERP 软件兼容的简易填报软件，供企业免费使用，生成财务报告实例文档；鼓励软件公司积极开发 XBRL 相应报告软件，并在现有 ERP 软件中添加 XBRL 报告功能模块，报送高质量的 XBRL 财务报告实例文档。有了实例文档，并以适当的方式在自贸区内公开、共享，从而实现各有关报告使用者按需及时汲取数据、科学扩展、深度分析应用的目的。

第5章 推进自贸区金融改革创新的经验分析与政策建议

本章摘要

自2012年以来，国务院先后批准成立了温州、珠三角、泉州、滇桂沿边和青岛五个国家级金融综合改革试验区（以下简称“国家级金改区”）。中国（上海）自由贸易试验区也于2013年9月29日正式挂牌成立。与此同时，金融开放信号和改革举措在天津、长沙、武汉等重点城市不断释放和蔓延，引发了我国各级地方政府金融改革的热潮。特别是，上述六大国家级试验区围绕各自的中心城市功能，先后制定和实施了一系列既具有共通性、又彰显地方特色的金融改革方案。

上海自贸区金融开放创新定位于“贸易金融”，肩负着我国在新时期加快政府职能转变、积极探索管理模式创新、促进贸易和投资便利化，为全面深化改革和扩大开放探索新途径、积累新经验的重要使命。“温州金改”定位于“民间金融”，强调引导民间融资规范发展；“珠三角金改”定位于“区域金融”，聚焦珠三角和粤港澳金融一体化发展；“泉州金改”定位于“产业金融”，着眼提升金融服务实体经济的能力，积极加强海峡两岸金融合作；“滇桂沿边金改”定位于“跨境金融”，助推云南和广西跨境贸易和投资快速发展，推动人民币周边区域化；“青岛金改”定位于“普惠金融”，探索推进财富管理发展、多渠道增加居民财产性收入。

不同试验区的改革创新都必将为我国全面深入推进金融改革开放提供经验借鉴，然而在改革定位、目标和主要任务上既有一定的共性，也存在显著的差异，其根本原因还必须从各试验区金融改革创新的背景与基础上进行深度梳理。为此，我们分别对六大试验区金融开放创新的背景与基础进行了比较研究，发现中国在此轮金融危机中也暴露出自身经济体的一些共性问题，加之国际经济和贸易格局的转变，以及中国深化经济和政治体制改革的需要，一并构成了之后包括上海自贸区和五大国家级“金改区”推动金融开放创新的共性背景和基础。当然，更重要的是，各试验区在“金改”背景和基础上也存在着相当大的差异性，这决定了各试验区金融开放创新内容和任务的个性化特征。

本章还对自贸区和五大国家级“金改区”金融开放创新的现状和趋势进行了比较研究，并在此基础上提出上海自贸区必须立足于功能扩区，推动自贸区与五大国家级金融综合改革试验区实现金融开放创新的积极竞合。上海自贸区一方面要坚持区内金融开放创新的先试先行；另一方面也要虚心向五大国家级“金改区”学习和借鉴金融开放创新的有益经验。表现在：

第一，夯实共性基础，凸显地方特色，确立自贸区金融开放创新适配五大国家级“金改区”的先行地位。围绕中心城市功能，夯实金融服务实体经济的共性基础；整合国家战略使命，明确自贸区金融开放创新的功能定位；建设国际政策高地，确立自贸区金融开放创新的先行地位。

第二，立足功能扩区，保障金融自由，提供自贸区金融开放创新适配五大国家级“金改区”的持续发展动力。金融自由是上海自贸区金融开放创新的终极目标；空间局限是上海自贸区金融开放创新的现实障碍；“功能扩区”是上海自贸区金融开放创新的阶段性选择。

第三，整合国家战略，强化区域协同，实现自贸区金融开放创新与五大国家级“金改区”的积极竞合。以金融开放创新为核心，成立专门的国家战略协同推进委员会，整合上海市所承担的各项国家战略使命；率先对接浦东金融核心功能区建设，敢于先试先行，引领五大国家级金融综合改革试验区的发展方向；以金融开放创新的功能延展和联动为衔接，逐步从功能扩区走向区域协同，携手苏浙构建长三角金融贸易改革推广应用区；以“可复制、可推广、可升级”为目标，分层次、分内容、分步骤地推进自贸区建设，实现与全国各地区金融改革的良性竞合。

自2012年以来，国务院先后批准成立了温州、珠三角、泉州、滇桂沿边和青岛五个国家级金融综合改革试验区（以下简称“国家级金改区”）。中国（上海）自由贸易试验区也于2013年9月29日正式挂牌成立。与此同时，金融开放信号和改革举措在天津、长沙、武汉等重点城市不断释放和蔓延，引发了我国各级地方政府金融改革的热潮。特别是，上述六大国家级试验区围绕各自的中心城市功能，先后制定和实施了一系列既具有共通性、又彰显地方特色的金融改革方案。上海自贸区要实现改革成效的“可复制、可推广、可升级”，就应当在风险可控前提下，立足功能扩区、突破地域局限，形成与五大国家级金改区协同创新的良性竞合格局。

5.1 上海自贸区与五大国家级金改区金融改革创新背景与基础的共性与个性分析

国务院批准设立温州、珠三角、泉州、滇桂沿边和青岛等五个国家级金融综合改革试验区，分别启动了不同功能定位的金融改革，包括引导民间融资规范发展、提升金融服务实体经济的能力，探索城市金融改革创新、城乡统筹发展金融改革创新，试验金融服务实体经济综合改革，促进沿边金融、跨境金融、地方金融改革创新和人民币周边区域化，以及推进财富管理发展、多渠道增加居民财产性收入。上海自贸区则肩负着我国在新时期加快政府职能转变、积极探索管理模式创新、促进贸易和投资便利化，为全面深化改革和扩大开放探索新途径、积累新经验的重要使命，而其重中之重是制度创新和金融创新。不同试验区的改革创新都必将为我国全面深入推进金融改革开放提供经验借鉴，然而在改革定位、目标和主要任务上既有一定的共性，也存在显著的差异，其根本原因还必须从各试验区金融改革创新的背景与基础上进行深度梳理。

5.1.1 试验区金融开放创新背景与基础的共性分析

自2008年全球金融危机爆发以来，美国和欧盟的改革经验表明，金融要素具有“自我实现”的特性，寄希望于完全由市场来调节金融要素与其他生产要素运动速度不匹配的问题，其结果就是周期性的金融危机①。中国在此轮金融危机中也暴露自身经济体的一些共性问题，加之国际经济和贸易格局的转变，以及中国深化经济和政治体制改革的需要，从而构成了之后包括上海自贸区和五大国家级金改区推动金融开放创新的共性背景和基础。

第一，经济增速放缓，虚拟经济与实体经济加速背离。2012年，我国GDP增速为7.7%，自2000年以来首度“破8”，2013年的GDP增速与之大体相当，2014年上半年的GDP增速进一步下滑到7.4%。为了抑制经济增速的下滑，国内一度实施了比较宽松的货币政策，导致流动性过剩，诱发了虚拟经济的虚假繁荣，实体经济一则自身面临产业结构调整的问题，同时受到虚拟经济投资收益虚高的压迫，进入相对衰退的阶段。具体表现在城镇居民人均可支配收入扣除价格因素实际增长6.7%，均远低于货币金融各项指标的增速。例如，2013年一季度社会融资总额新增61479亿元，同比增长58.09%。在这种情况下，以房地产为代表的资本市场成交量和价格持续上涨，而钢铁、水泥、汽车、家电、机械、重化工、造船等主要制造业的产能过剩情况却愈发严重，开工率不足70%。

第二，由于虚拟经济的繁荣缺乏实体经济的支撑，导致金融业体系内部严重失衡，

---

① 丁剑平、赵晓菊：“自贸区金融开放与改革的理论构思——基于要素流动速度不对称视角”，《学术月刊》2014年第46期，第29—37页。

信贷货币在金融体系内部自我循环和虚假增值，金融风险不断积聚，实体经济则缺乏金融支持和保障。实体经济中的许多行业产能过剩，迫使企业将资金投入到房地产和金融投机领域，以牟取比实体经济高得多的投资收益。统计数据显示，2013 年 1—2 月，全国规模以上工业企业主营业务利润率只有 5.18%，而许多城投债和金融产品承诺的年收益率至少达到 7%，有些产品收益率高达 15% 以上。金融投机日益猖獗，存贷款内部循环，金融机构相互拆借资金，相互购买各自发行的金融产品，风险套利和监管套利风生水起。在银行业资产总额突破 130 万亿元的情况下，个别银行甚至一度出现了“钱荒”现象①。

第三，国际贸易和金融自由化的发展趋势导致我国参与的多边体制谈判受阻，以美欧为主导的、试图抛开中国的高版本区域贸易协议不断出现，中国处于边缘化的不利局面。目前，美国正在积极主导推动 TPP（跨太平洋战略经济伙伴协定）、TTIP（跨大西洋贸易与投资伙伴协定）和 PSA（多边服务业协议）三个谈判，一旦成功美国就将建立一个以其为核心、横贯太平洋、大西洋的世界自由贸易区，但中国却不在邀请之列。为此，中国迫切在开放性原则下采取有效改革措施加以应对，以适应更加复杂严峻的未来世界贸易规则和格局。

第四，为了改变我国在国际贸易竞争中的不利格局，就必须加速金融改革创新以推动人民币的国际化。尽管我国已是全球最大的生产国、第二大的资源消费国和未来的最大消费国，人民币的国际化从 2009 年的跨境使用才刚刚开始起步。但因为贸易需求释放的人民币，在全球货币总量中比例依然很小。2013 年 9 月 5 日国际清算银行（BIS）公布的调查数据显示，人民币的日交易量已经达到 1200 亿美元，远远超过 3 年前的 340 亿美元，成为全球外汇市场中第 9 大活跃的交易币种，在全球外汇交易中所占的份额从 2010 年的 0.9% 上升到 2.2%，但总体上与我国全球第二大经济体的地位还非常不相称，在目前全球货币竞争格局中仍然处于非常被动的地位。为此，就必须通过金融开放创新，在风险可控的前提下，构建巨大的、有深度和广度的金融市场（包括基础和衍生）。

总之，我国人口红利的逐渐消失，实体经济增长的放缓，产业结构调整的滞后，金融要素的非市场化流动，加之世界经济总体形势的疲软，以及我国在新国际贸易谈判中的边缘化地位，都使得中国当前以加工制造业为主的低技能出口受到严重威胁。然而，垄断性的金融业、落后的金融服务体系和政府过度主导的金融监管体制却造成了在实体经济衰退环境中的金融业虚假繁荣，从而在进一步推高我国经济体系的整体负债率和杠杆率的同时，也严重降低了其盈利能力，反过来再度拖累了实体经济的发展，最终可能酿成金融危机。综上所述，上海自贸区与五大国家级金改区金融开放创新在背景和基础环境上具有共性，这种共性归根结底就是一句话：金融服务和支持实体经济。

5.1.2 试验区金融开放创新背景与基础的个性分析

新一届中央政府自成立以来，就对金融改革创新表示出极大的热情与决心。国务院总理李克强在出席 2013 年夏季达沃斯论坛时明确表示：我们推进金融改革的决心是坚定

① 向松祚：“中国经济三大失衡”，《新财经》2013 年第 6 期。

的。第一，我们将继续推进利率市场化。第二，我们还将推进资本市场的多元化发展。第三，我们还要继续推进金融领域的对内对外开放①。随后，中国地方金融改革持续发力，国务院审批通过了五大国家级金改区和上海自贸区的建设方案，释放出金融改革由局部向全面推进的提速信号。当然，在这个时间先后和地域参差的布局过程中，党中央和国务院也充分认识到自贸区和五大国家级金改区在金融开放创新背景和基础上的个性特点。

1. 上海自贸区金融开放创新背景与基础的个性分析

上海是全国的经济、金融中心，金融市场建设相对成熟，具备了汇聚国内商贸并辐射全国乃至海外的作用（参见表5-1）。1992年至2011年，上海连续16年保持GDP两位数增长，增速快于全国。2008年GDP总量超过香港，人均地区生产总值首次突破1万美元，跻身世界中等发达经济体之列。

表5-1　上海金融市场建设大事记②

市场	主要功能	设立年份	规模水平
上海证券交易所	资本市场	1990	占中国全部交易额的80%
中国外汇交易中心	外汇交易市场	1994	交易总部
银行间同业拆借市场	货币市场	1996	中国银行间同业拆借交易中心
人民币债券交易中心	货币市场	1997	中国债券交易中心
上海期货交易所	橡胶、铜、铝、燃油	1999	占中国期货市场的60%
上海黄金交易所	黄金市场	2002	中国唯一的黄金市场
票据市场服务中心	票据交换信息服务	2003	中国重要的票据价格系统
中国金融期货交易所	金融衍生品交易	2006	中国唯一的金融衍生市场
上海清算所	安全、高效清算服务	2009	中国金融机构资产总规模的70%

上海自贸区的金融开放创新要服务于试点探索新形势下国际贸易新标准和新规则。如果上海自贸区的金融开放创新仅仅聚焦于服务贸易和金融业，那就应当设在陆家嘴金融核心功能区而不是上海市外高桥保税区、外高桥保税物流园区、洋山保税港区和上海浦东机场综合保税区四个海关特殊监管区域。因此，立足于货物贸易发展是上海自由贸易实验区相对于世界上其他大多数自由港、自贸区和离岸金融中心的优势所在，也是上海自贸区金融开放创新根本的基础、最大的优势和成败的关键。

从贸易规模来看，目前中国已是世界头号贸易和制造业大国，而上海的外贸依存度则在中国所有的省级行政区仅次于香港特区屈居亚军。自20世纪90年代至今，上海市已经设立了4个保税区，一直在进行改革和创新，并取得了丰硕的成果。在自贸区设立之前的2012年，上海市按进出口商品境内目的地/货源地统计进出口贸易额达到了4341亿美

① 贾玥："李克强：金融改革决心坚定 利率市场化继续推进"，人民网，2013年9月10日。

② 仰炬、唐莹："中国（上海）自由贸易试验区金融创新研究"，《国际商务研究》2014年第5期，第38—44页。

元，甚至超过了当年世界第18大出口国、第19大进口国的马来西亚（4240亿美元）①。同时，上海本地制造业发达，周边苏、浙也都是全国制造业发达的省份，2012年的货物贸易进出口额也分别达到了5888亿美元和3482亿美元，腹地的皖、赣、湘、鄂、川、渝等省市制造业和对外贸易增长势头迅猛，足以为上海货物贸易发展提供长久的支持。

正是为了服务于货物贸易发展，所以上海亟待通过金融开放创新大力发展离岸金融业务。从这个方面来看，上海作为中国的金融、贸易和航运中心，服务业和金融业在国内处于领先地位。目前，第三产业已经成为拉动上海经济增长的主要因素。2012年，上海实现生产总值20101.33亿元，其中第三产业增加值12060.76亿元，增长10.6%，第三产业占全市生产总值的比重首次达到60%，比上年提高2个百分点，这意味着上海基本形成了以服务经济为主的产业结构②。此外，上海坐拥长三角巨大的经济腹地，在资金和人才的集聚上也具备得天独厚的优势。

当然，上海自贸区的金融开放创新也有着严峻的经济与金融形势的压力。自2008年以来，上海GDP增速徘徊在个位数，连续几年排名位于全国倒数位。2008年，上海的GDP增速为9.7%，17年来首次跌入个位数；2011年继续放缓至8.2%，为全国倒数第2；2012进一步下滑到7.5%，2013年为7.7%，均位列全国倒数第1。上海经济发展陷入了缺少“第二个经济抓手”的困境，亟待通过自贸区的设立及其金融开放创新，促进城市经济产业升级调整和转型。

2. 温州金融综合改革试验区背景与基础的个性分析

2012年3月，国务院批准实施《浙江省温州市金融综合改革试验总体方案》，决定设立温州市金融综合改革试验区。这项改革涉及地方金融机构改革、新型金融组织发展、民间融资规范等多个领域，是我国金融改革的重要尝试。温州金融改革创新的背景和基础，其个性特点体现在如下四个方面：

第一，作为我国民营经济的发祥地，温州集中体现了我国民营经济发展进程中的产业空心化问题。改革开放之后，温州逐步发展为服装、印刷、皮鞋、皮革和打火机等劳动密集型的加工制造业中心，成为全国中小企业最为集中的地区。2011年温州有40多万家民营中小企业，民营经济占全市国民经济比重达到81.6%，民营经济企业数量占99.5%③。但是，自1998年亚洲金融危机以来，温州的私营企业未能成功实现从传统制造业向技术密集型制造业、战略新兴产业和服务业转型，竞争优势逐渐丧失，企业家开始将实业当作融资平台，以民间借贷形式参与金融投机。各地政府到温州招商进一步导致当地企业大量外迁，产业空心化和资金外流趋势明显。

第二，温州较早开展了金融改革创新并积累了丰富经验，具有设立金融综合改革试验区的良好基础条件。温州一直处于中国金融改革的前列，全国第一家私人钱庄、全国

---

① 青云：“上海自贸区的基础与发展方向”，《国企》2013年第9期，第76—79页。

② 王道军：“上海自贸区建立的基础与制度创新”，《开放导报》2013年第5期，第30—33页。

③ 陈时兴：“民间融资的风险成因与制度规范——以温州金融综合改革试验区为例”，《国家行政学院学报》2012年第5期，第99—103页。

第一家股份制城信社都出现在温州。1980 年，温州苍南的金乡农村信用社率先在全国试行存贷款浮动利率；1987 年，温州成为我国唯一的利率改革试点城市；2002 年，温州成为我国第一个金融综合改革试验区，明确提出利率市场化的改革方案；2008 年，温州启动“民营经济创新发展综合配套改革试点”，提出了“个人境外直接投资”①。

第三，温州也是我国民间借贷市场的代表和先驱。温州民间资本总量超过 6000 亿元且每年以 14% 的速度增加。其中，参与民间借贷的资本约 1100 亿元，占全市社会融资总量的 20% 左右②。初期，温州的民间借贷大都服务于规模小、技术含量低但收益高的民营制造企业。2005 年之后，我国进入了流动性显著过剩时期，温州经济升级失败，传统制造业进入微利时代，无法承受民间借贷利率，由于当地缺少投资机会，温州的民间资本走向全国，投向房地产和矿产等回报率较高的行业。温州的“炒煤团”、“炒房团”、“炒银团”开始炒作大宗商品期货（煤、石油、有色金属）、小宗商品（大蒜、生姜）、商业地产等可以牟利的标的，并关注创业投资、私募基金以及海外投资，部分资金甚至用于投机或赌博。

第四，温州自 2011 年下半年起爆发的借贷风波，集中凸显了我国民间借贷资本的乱象和高风险。根据中国人民银行温州中心支行调查，温州约有 89% 的家庭和个人，以及接近 60% 的企业，都参与了民间借贷，融资总额约为 1200 亿元，占民间资本比重的 1/5、同期银行贷款余额的 20%③。据人民银行的监测数据（参见图 5－1），温州民间借贷的加权平均利率 2003—2007 年间为 12% 左右，2008—2010 年上升至 13% 以上，在 2010—2011 年民间借贷风波期间，利率一度超过 20%。高额利息导致无法承担的企业纷纷出逃，借贷纠纷不断出现④。据统计，2008 年到 2012 年间，温州全市法院受理的民间借贷案件数量增长了 3.8 倍。巨额的民间借贷规模与违约问题的不断出现，使得温州地区的借贷问题成为影响局部乃至我国整个金融体系安全的“火药桶”。

图 5－1　温州民间借贷市场样本加权平均借贷利率（%）

---

① 林小文：“浅谈温州金融综合改革试验区的发展前景”，《对外经贸》2012 年第 11 期，第 132—133 页。

② 中国建设银行温州分行课题组：“银行业对接温州市金融综合改革试验区策略浅探”，《浙江金融》2012 年第 5 期，第 27—29 页。

③ 郭俊野：“温州：借贷危机后的变革征程”，《新产经》2014 年第 4 期，第 42—43 页。

④ 张雪春：“从温州金改看我国未来金融改革的方向”，《黑龙江金融》2014 年第 1 期，第 14—15 页。

3. 珠三角金融综合改革试验区背景与基础的个性分析

2012 年 7 月，国务院批准实施了《广东省建设珠江三角洲金融改革创新综合试验区总体方案》，广东将建成国内试验内容最为广泛的金融改革创新综合试验区，其中包括个人税收递延型养老保险、农村宅基地和土地承包经营权抵押贷款、个人住房抵押贷款证券化业务等关乎民生的重大金融创新试点。如此丰富的金融改革创新举措和内容，也充分彰显了珠三角自身独特的金融基础和政策环境。

第一，作为我国改革开放的前沿阵地，珠三角坐拥毗连香港特区、澳门特区的地缘优势，享受经济特区金融改革创新的先天政策优惠。1980 年 5 月，随着深圳经济特区的创立，国务院、中国人民银行总行决定赋予深圳四项金融特权：①信贷资金“切块”管理权；②利率调控权；③存款准备金率调节权；④机构准入审批权[①]。随着上述特殊金融政策的实施，以深圳为首的珠三角地区金融业开始进入全面发展期。到了 1996 年，珠三角的深圳特区就已经构建了门类最齐全、服务网点最密集、从业人员比例最高的多种类、多功能、市场化与国际化的新型社会主义市场金融机构体系，办理种类齐全的金融业务，提供最新的金融工具。

第二，珠三角金融业已经实现了从一般配套服务业到支柱产业的变化，成为整个珠三角经济的支柱和第三产业的“龙头”。2010 年 6 月，广东金融机构总资产到达 10.6 万亿元的规模，首次超过同期的香港特区（10 万亿元），跃居全国第 1。与此同时，广东的银行信贷市场、资本市场、保险市场的规模也都位居榜首，主要人均金融指标超过全国平均水平。2011 年度，广东省 GDP 突破 5 万亿元人民币，金融总资产超过 13 万亿元，金融业增加值占 GDP 的比重达到 6.3%，对 GDP 的贡献率达到 8.5%[②]。

第三，全球金融危机给出口制造和贸易在全球占据重要位置的珠三角地区带来了不可忽视的影响。广东是中国实业大省和出口大省，以珠三角为主的地区出口量就占到全国的四分之一。珠三角很多劳动密集型的对外贸易的加工制造企业都存在着产业结构不合理，严重依赖出口，广东省 2007 年出口占 GDP 的比例高达 92%。当金融危机发生时，珠三角产业结构和经济结构的失衡完全暴露出来，因而其外向型企业的加工贸易形势在 2008 年之后变得异常严峻。统计数据表明，2008 年广东工业企业的利润出现了自 2005 年以来的首次负增长，1—8 月全省规模以上工业企业实现利润总额同比下降约 3 个百分点，增幅回落达 49 个百分点，全省 38 个大类行业中，有 14 个行业利润总额同比下降，全省亏损企业达 10821 户，亏损面达 25.3%，亏损额达 343 亿元，同比增加 87.3%，破产倒闭企业近 8000 家[③]。

最后，广东作为外向型省份，对人民币国际化有强烈需求，与港澳台、东盟的金融合作更紧密。截至 2012 年 6 月末，中国香港企业到广东人民币直接投资金额 RFDI 已达

① 张萌：“珠三角、长三角及环渤海地区金融发展比较研究”，《中国证券期货》2012 年第 11 期，第 190—191 页。

② 颜昌武：“珠三角金融改革试验”，《决策》2012 年第 8 期，第 70—72 页。

③ 游建雄：“美国次贷危机对珠三角企业的影响及对策”，《武汉职业技术学院学报》2011 年第 10 期，第 50—53 页。

3600 亿元，占同期全国外商人民币直接投资金额的 38.7%。利用中国香港的国际金融中心地位，打通粤、港、澳三地人流、物流、资金流等方面的关卡限制，并进行利率、汇率市场化乃至人民币国际化的探索，不断与国际金融规则对接，不但有利于粤、港、澳发展，也为全国创造经验。

4. 泉州金融综合改革试验区背景与基础的个性分析

2012 年 12 月 21 日，《福建省泉州市金融服务实体经济综合改革实验区总体方案》获国务院批准通过，泉州成为继温州、珠江三角洲之后的第三个国家级金融综合改革试验区。与前两者的金融改革方案相比，泉州的金融改革创新更直接地强调金融对实体经济的支持，这也与泉州自身的历史条件和经济基础直接相关。

第一，泉州是福建经济发展最具活力的地区，由民营经济主导的实体经济是泉州经济发展的主要支柱和最大优势，也是其金融发展的最大依托。改革开放以来，被誉为“民办特区”的泉州民营经济年均增速超过 30%，民营经济在国民经济中的比重高达 90%，创造了闻名全国的“晋江经验”，经济总量已连续 13 年位居福建首位。2011 年，泉州实现地区生产总值 4270.9 亿元，人均 8100 美元，拥有各类民营企业 13 万家，产值超亿元企业近 1500 家，上市公司 77 家，位居全国前列①。大部分泉州民营企业与外资企业有关联，形成既有外资又有内资性质的混合型的经营实体。目前，泉州运动鞋和旅游鞋占全国总产量的 40%、世界总产量的 20%，石材出口量约占全国 55%，工艺陶瓷出口量约占全国 65%。

第二，尽管实体经济在金融危机中遇到冲击，但泉州民营企业家始终坚守实业、投资实业、发展实业。泉州实体经济存在结构性矛盾，部分行业产能过剩；沿海县（市）经济比较发达，与内地山区县有较大差距。经济结构中第二产业占比 60% 多，第三产业占比 30% 多，第一产业占比非常小，第二产业“大而不强”。五大传统产业中纺织鞋服占比近 60%，建筑建材占比不到 30%，随后是机械制造、食品饮料、工艺制品②。高新技术产业、现代服务业规模偏小，自主创新能力不强，资源环境制约明显；部分行业产能过剩，库存积压，流动资金占用较大，企业负担沉重。但是，泉州民营企业家靠实体经济起家，所获利润的大部分坚持留在本地扩大再生产，所获融资的大部分也投向实体经济，极大地减轻了本轮国际金融危机对泉州经济的冲击，没有出现 2011 年以来国内某些地区企业因资金链断裂而引发的倒闭潮。据统计，2008 年、2009 年两年间，泉州共注销工商企业 2051 家，但新增企业 12894 家，呈逆势增长。2011 年，全市银行业不良贷款率为 0.76%，比全国平均水平低 0.2 个百分点；2012 年，进一步下降为 0.52%③。

第三，金融对实体经济发展具有较大贡献，但金融业结构不适应实体经济发展新的需求，间接融资比重过大，直接融资需求旺盛。2011 年，泉州金融业实现增加值 1279.27 亿元，金融业总资产 4.24 万亿元，占泉州地区 GDP 的比重达 13.5%。但从金融从业结构

---

① 姚月清：“剖析泉州金融改革——动因、现状与方向”，《湖北科技学院学报》2014 年第 34 期，第 25—27 页。

② 吴国培：“泉州金融综合改革的探索”，《中国金融》2013 年第 3 期，第 78—80 页。

③ 贺海峰：“泉州‘金改’：地方金融与实体经济的‘新舞步’”，《发展》2014 年第 1 期，第 45—47 页。

来看，以银行类存款机构为主，其次是保险，资本市场运作载体欠发达。银行业中国工商银行、中国农业银行、中国建设银行、中国银行四大银行存贷款占半壁江山。截至2012年6月末，泉州银行业分支机构共712个；其中工、农、中、建四大银行分支机构430个，本外币存款余额2245.89亿元，贷款余额1910.51亿元。农村合作金融机构网点深入村镇，市场份额总量排第2①。在泉州金融业主要以银行为主的情况下，泉州实体经济主要依赖银行贷款，间接融资比重过大，体制外金融活跃，民间融资暗流涌动，但缺乏权益保障；资本市场规模小、品种少、运作不够规范；企业境外上市募集资金受外汇管制不能畅通使用。

第四，泉州金融改革既有得天独厚的地理人文环境，也有良好的政策环境。港、澳、侨、台是泉州金融发展潜力所在。泉州是全国著名侨乡和台湾汉族同胞的主要祖籍地，特别是，泉州和台湾“一水之隔”，泉台金融合作交流十分密切。目前，6个国家级台商投资区全部集中在福建，泉州国家级台商投资区就是其中之一。在国内，广大“泉商”到各地投资兴业，泉籍异地商会累计已达148个。据估计，泉州本地民间资金超过4000亿元，加上外地侨资可能高达2万亿元②。为了充分发挥泉州的地缘优势，2009年《国务院关于支持福建省加快建设海峡西岸经济区的若干意见》发布，海峡西岸经济区的战略定位为两岸人民交流合作的先行先试区域，这为泉州金融改革中的泉台金融合作扫清了政治障碍。2011年《海峡西岸经济区发展规划》公布，明确提出支持厦门建立两岸区域性金融服务中心，扩大金融改革试点，在对台离岸金融、资金清算等方面率先试验。厦门建设两岸区域性金融中心，必然会在相关领域寻求同泉州的合作，有助于加快推进泉州的金融综合改革步伐。

5. 滇桂沿边金融综合改革试验区背景与基础的个性分析

2013年11月，经国务院同意，中国人民银行牵头11个部门发布了《云南省、广西壮族自治区建设沿边金融综合改革试验区的总体方案》。作为目前中国区域面积最广、人口最多、边境和海岸线最长、面向国家最多，同时也是第一个跨省区、沿边的金融综合改革试验区，滇桂沿边金改区的成立具有其特殊的时代背景和良好的经济基础。

第一，云南和广西作为我国同时面向东南亚、南亚开放的重要门户，在中国—东盟自由贸易区建设、中国与南亚各国合作中，占有重要的地位。建设沿边金融综合改革试验区，对将云南打造为我国沿边开放“陆上珠三角”和向西开放“走出去”的先行区，连通太平洋与印度洋两洋、长江与珠江两江、长江经济带与沿边经济带两带，建设连接东盟和南亚两大区域的战略枢纽，形成以云南为枢纽的泛亚沿边犄角开放的新格局，具有重要意义。广西地处中国—东盟自贸区、泛北部湾经济合作区、大湄公河次区域、中越“两廊一圈”、泛珠三角经济区等多个区域合作交汇点，同时又是中国西南、中南地区通往东盟地区便捷之道，是中国东盟海上丝绸之路新门户和新枢纽。2013年7月和9月，

---

① 江涛、范起兴：“泉州金融服务实体经济综合改革试验若干问题的探讨”，《福建金融》2013年第4期，第54—57页。

② 吴国培：“泉州金融综合改革的探索”，《中国金融》2013年第3期，第78—80页。

国务院总理李克强同志两次在广西考察时都指出，要把广西打造成我国西南、中南地区开放发展新的战略支点，这是党中央、国务院根据新的形势和广西区位优势，从国家开放发展全局出发，对广西作出的新的战略定位和战略部署。建设沿边金融综合改革试验区，将促进广西打造成为西南、中南地区开放发展新的战略支点。

第二，云南和广西积极推动金融创新发展和优化金融生态环境，地方金融发展为金融业对外开放奠定了良好的基础。云南省金融业呈现出总量扩大、结构优化、效益增长、风险下降的良好态势，实现了经济与金融的互动双赢。截至2013年10月末，全省金融机构本外币各项存贷款余额分别为20456.22亿元和15879.45亿元，存款规模实现跨上2万亿元的新突破，贷款增速超过全国贷款平均增速0.35个百分点，其中，涉农贷款余额5495.24亿元，中小微型企业贷款余额5667.28亿元，大力促进了云南省的经济发展。银行各项融资2360亿元，完成全年2500亿元目标的91.9%；各项直接融资733亿元，保险（放心保）保费收入271亿元，同比均实现两位数增长①。

第三，国家积极支持广西和云南在沿边金融发展方面有所作为。2008年末，根据国务院常务会议的决定，滇桂两省开始对与东盟之间的货物贸易开展人民币结算试点。2010年7月，中国人民银行批准云南省昆明市建设区域性跨境人民币金融服务中心。2011年5月，《国务院关于支持云南省加快建设面向西南开放重要桥头堡的意见》提出把昆明建成面向东南亚、南亚的区域性金融中心。2011年8月，中国银监会办公厅发布了《中国银监会办公厅关于服务云南桥头堡建设相关事宜的复函》，支持云南大力发展银行业机构，为桥头堡建设提供金融支撑和服务保障。同时，中国证监会、保监会以及金融机构总部都积极支持云南桥头堡建设。2013年1月11日，云南省政府向国务院呈报《关于云南省建设桥头堡沿边金融综合改革创新试验区总体方案的请示》，充分借鉴浙江、广东、上海等区域性金融改革创新的政策和经验，结合云南省政府发布的《关于加快推进昆明区域性国际金融中心建设的意见》，大力推动云南跨境金融、沿边金融、地方金融改革创新，并积极争取中央层面的政策支持。

第四，滇桂是我国面向东南亚、南亚开放的重要桥头堡，在我国与周边国家开展金融合作的过程中有力推动了人民币的国际化。云南沿边金融独具特色，跨境金融潜力巨大，金融改革开放发展迅速，形成以昆明为核心，河口、西双版纳、瑞丽、腾冲等次区域跨境人民币金融服务中心为支撑的发展态势。2012年，云南跨境人民币结算达到461亿元。2013年1—10月，云南跨境人民币结算金额453亿元，同比增长了30%，接近2012年全年总和。自2010年7月全面开展试点以来，累计结算近1200亿元，位居沿边省区前列，为促进跨境贸易投资便利化和昆明区域性国际金融中心建设奠定了良好基础。广西与越南山水相连，长期以来的边贸发展催生了跨境金融的配套需求。2010年中国—东盟自贸区顺利建成，广西充分利用中国—东盟博览会、商务与投资峰会契机，加深与东盟国家经济贸易金融合作，跨境贸易前景广阔。广西自2010年6月获批开展跨境贸易人民币结算业务以来，截至2013年9月末，共办理跨境人民币实际收付7.8万笔，金额

① 牟怡楠："云南省区域金融中心建设研究"，《哈尔滨金融学院学报》2014年第3期，第51—54页。

1804.89亿元，结算量在全国排名第10，居西部12个省（区）、全国8个边境省（区）第一。其中，经常项下跨境人民币结算量占广西跨境人民币结算总量的98%[①]。按业务类型分，边境贸易占经常项下跨境人民币结算量比为82%。目前，广西跨境人民币业务种类已由边境贸易扩展到一般贸易、服务贸易、收益及经常转移、对外直接投资、外商直接投资、境外项目人民币贷款等。同时，与上述业务相配套的跨境贸易融资、跨境人民币购售、对外担保、为境外企业提供人民币银行结算账户服务等业务也陆续开展起来。

6. 青岛财富管理金融综合改革试验区背景与基础的个性分析

2014年2月，青岛市财富管理金融综合改革试验区正式获得国务院批复，中国人民银行等11个部门联合向山东省人民政府下发《关于印发青岛市财富管理金融综合改革试验区总体方案的通知》。这标志着青岛市正式成为我国以财富管理为主题的金融综合改革试验区。青岛在国内第一个明确提出财富管理的概念，充分体现了时代发展对我国金融业转型的要求以及青岛所特有的金融基础条件和特点。

第一，中国作为世界经济发展的积极推动力量和财富增量的重要创造源泉，其国内新兴市场成为最具潜力的财富管理市场，亟待建设新兴的财富管理中心。在国际金融危机前，欧美金融机构财富管理平均利润率达到35%，年增长12%—15%。即使在危机期间，金融机构业务受到冲击、财富管理收入出现下降的情况下，全球90%以上的私人银行依然实现盈利。据瑞信研究院估计，目前全球财富已经达到241万亿美元，比2000年翻了一番还多，并且在后危机时期呈现恢复性较快增长趋势。从国内来看，目前我国的经济总量上升为世界第2，外汇储备跃居世界第1。经济发展促进了全社会财富的积累。从2007年中国银行设立私人银行起，国内已经有10多家银行设立了私人银行，此外，证券、基金、信托、保险等行业都将财富管理作为带动行业转型发展的重点。但总体而言，我国财富管理行业仍是一个新兴领域，发展水平不高，面临许多问题，距离群众的财富管理需求差距较大，需要积极推动发展。

第二，青岛作为全国重要的经济中心城市，综合经济实力较强，并具有良好的自然环境，有利于财富管理机构、市场、人才以及各类资源聚集。青岛经济总量在全国城市中处于前10位，经济发展后劲和活力十足，区域经济辐射带动作用不断提升，有利于财富管理与实体经济良性互动。同时，作为沿海开放城市，青岛市环境优美、宜居宜业，是国内旅游度假胜地，在资源禀赋等方面与国际财富管理中心有很多相似之处，具有建设面向全球的财富管理中心的潜力。此外，青岛已具备了建设财富管理中心的部分配套条件。目前已落户多家私人银行、财富管理中心、第三方财富管理机构和基金管理公司，私人银行客户数超过万人，管理资产近千亿元；人才培训方面，规划建设了财富管理学院；配套产业方面，私人飞机、游艇等相关制造业、高端旅游业、高附加值会展业等快速发展；基础设施方面，青岛正在加快建设世界最大港口之一的董家口港，青岛的空港已经成为面向日韩的门户机场，将开通直通美国、俄罗斯、澳大利亚、法国等国家的航班。

---

① “云南沿边金融综合改革试验区起航”，《时代金融》2014年第1期，第17—26页。

第三，青岛是一座金融传统和金融氛围浓厚的城市，金融业作为城市经济支柱产业和现代服务业重点产业，呈现持续健康快速发展态势。20 世纪二三十年代，青岛是当时国内和远东地区的金融中心之一，国内外银行和贸易机构集聚，拥有 30 余家银行和近百家保险机构。近年来，国际性金融盛会频频选择在青岛召开，外资金融机构相继落户青岛，逐步确立了青岛金融业高端开放的品牌形象。继 2011 年引进三菱东京日联银行、韩国现代保险、河北银行等 17 家机构后，青岛 2012 年又新引进德意志银行、韩国釜山银行、日本兴亚保等内外资金融机构 17 家，目前外资银行在青岛经营业务品种已超过 300 余种。釜山银行、企业银行、韩亚银行和新韩银行等韩资银行已在青岛设立了多家分支机构。截至 2013 年年末，青岛市金融机构总数达到 193 家，其中，外资银行 26 家，占山东省的 90% 以上；银行业本外币存款余额达到 1. 1 万亿元，全年实现金融业增加值 468. 1 亿元，同比增长 16. 1% ，高于全市 GDP 增幅 6. 1 个百分点，金融业增加值占生产总值比重从 4. 3% 提高到 5. 85% ；青岛本外币存贷款规模和金融业增加值均位居山东之首，金融业增加值增速在全市各行业中位列第 1①。作为计划单列市，青岛具有比较健全的金融监管体系，《青岛市促进金融发展条例》是上海、深圳之后出台的第三部地方金融立法。

第四，基于中日韩地方经贸合作的深入推进，跨境人民币结算业务成为青岛金融业的亮点。2011 年，青岛成为国内首个韩元挂牌交易试点城市。目前，已有交通银行、工商银行、企业银行、新韩银行和韩亚银行 5 家金融机构获得了挂牌交易资格，为青岛与韩国贸易和人员往来提供了更加便利的条件。人民币对日元也在青岛实现了直接交易，目前青岛已有中行、交行、中信、汇丰及瑞穗等多家银行获得了人民币对日元直接交易的资格。自 2010 年青岛开展跨境人民币结算试点、跨境人民币结算业务以来，结算金额不断攀升，累计业务金额达到 2671 亿元，业务范围日益拓宽，涵盖了进出口、贸易融资、服务贸易、外商直接投资、境外直接投资、对外负债、对外担保等各类涉外交易。随着跨境人民币结算试点的持续有效推进，人民币逐渐成为跨境贸易与投融资的便利工具，有力地支持和促进了青岛外向型经济发展方式的转变和经济结构调整。不仅海尔、海信、益佳、莱钢、青啤等大型涉外企业迅速启动跨境人民币业务，越来越多的中小企业也纷纷参与其中。目前青岛涉及跨境人民币业务的企业数量达 1200 家，境外结算地域覆盖亚洲、欧洲、非洲、美洲和大洋洲的 69 个国家和地区②。

5. 2 上海自贸区与五大国家级金改区金融改革创新定位与内容的共性与个性分析

正是由于上海自贸区和温州、珠三角、泉州、滇桂沿边和青岛等五大国家级“金改

---

① 潘旭涛、杨瑶：“青岛获批财富管理金融综合改革试验区”，《人民日报海外版》2014 年 2 月 20 日，第 2 版。

② 袁诚、张晨曲、刘姗：“青岛：财富管理主打普惠金融”，《新金融观察》2014 年 3 月 3 日，第 14 版。

区”在金融开放创新的背景和基础上既存在一定的共通性，又存在显著的差异，因而国务院在各试验区总体方案的审批过程中进行了深入细致的研究，从全国范围内进行通盘考虑、谋篇布局，强调各试验区的总体方案既要符合基本国情、反映地方特色、遵循金融规律，又要相互交错、各有重点、彼此支撑。根据现有的各试验区申报获批的总体方案和随后相继出台的实施细则，对上海自贸区和五大国家级金融区金融开放创新的内容与功能定位进行了相应的比较研究并将分析结果总结为表 5 - 2。

5.2.1 各试验区金融开放创新的功能定位

1. 上海自贸区：贸易金融

从金融改革与开放的全局性来看，自贸区建设是一项重要的国家战略，其定位与“金融改革创新试验田”紧紧相连。从这个意义上来看，上海自贸区金融开放创新就是中国金融改革与开放的先锋。金融支持自贸区建设的出发点和落脚点是服务实体经济，服务自贸区的投资贸易活动。为此，《总体方案》从推动贸易自由化的角度，明确提出了“扩大投资领域的开放”、“深化金融领域的开放创新”，从而实质上将上海自贸区金融改革创新的核心内容设定为“资本市场的双向开放”。由于我国引进国外直接投资（FDI, Foreign Direct Investment）和 QFII（Qualified Foreign Institutional Investors）早已实现，因此上海自贸区金融开放创新更关注我国国内资本的对外投资问题，这也是中央政府及中国人民银行一再强调风险可控的原因。承接这一思路，央行“金改 30 条”对自贸区金融创新的总体定位用“三个坚持”加以明确，即：坚持金融服务实体经济；坚持改革创新、先行先试；坚持风险可控、稳步推进。

2. 温州“金改”区：民间金融

民间金融：温州作为全国首个金融综合改革试验区，一直坚持围绕民营经济和民间资本的特色推进金融改革，破解金融发展中存在的问题。因此，在温州金融改革方案的总体思路中，明确提出鼓励和引导民间资本进入金融服务领域，畅通民间投资渠道，改善融资结构，规范发展民间金融，防范金融风险。也就是说，温州金融改革的定位和特色就在于一个“民”字，要“通过‘底层设计’来推进草根金融发展”，要使的民间借贷浮出水面，要整顿、治理和规范民间借贷，引导民间资本合理有序的投资，最终达到金融服务实体经济的目标。

3. 珠三角“金改”区：区域金融

珠三角金融改革方案包括三大部分：一是在珠三角地区建设城市金融改革创新综合试验区；二是在环珠三角的梅州市建设农村金融改革创新综合试验区；三是在环珠三角的湛江市建设统筹城乡发展金融改革创新综合试验区。珠三角金融改革路径上涉及国际金融、科技金融、产业金融、农村金融、民生金融，并在更高层次上搭建了包括中央驻粤金融监管部门与粤、港、澳三地政府在内的合作平台，有利于解决粤、港、澳金融合作的体制、机制障碍，因此被称为“目前国内金融改革中覆盖内容广泛、涉及范围大的金融改革方案”。从上述两方面可以看出，珠三角金融改革的根本定位实际上是推动区域金融一体化。

4. 泉州“金改”区：产业金融

泉州作为“民营特区”，由于长期坚守实体经济，因此避免了温州借贷风波的发生。但是，从另一个角度来看，泉州的劣势也在于金融业与经济实力并不匹配。泉州的存贷款余额尤其是企业存贷款余额甚至不及温州的一半，各类金融机构网点少于温州，小额贷款公司、村镇银行等新型融资机构也明显少于温州。因此，泉州金融改革是主动求变，明确提出通过改革进一步提升金融服务实体经济的能力，探索金融服务实体经济的新途径。因此，紧紧围绕“实体经济”这个核心，既是泉州成功的根本原因，也是泉州未来金融开放创新的根本定位。因为只有通过金融改革，打通金融资本与产业的通道，才能为本地支柱行业“输血”，助推传统产业升级换代，保持泉州实体经济长期又快又好发展。

5. 滇桂沿边“金改”：跨境金融

滇桂沿边金融改革总体方案一方面要支持云南省加快建设面向西南开放的重要桥头堡；另一方面要促进广西壮族自治区深化与东盟的开放合作，并推动沿边地区和民族地区经济金融和谐发展。特别是，由于滇桂两省是中国通往东盟的各国陆路桥梁，具有跨境人民币结算的先行优势，与周边国家贸易与经济往来历史悠久，就全国而言最早在边境贸易中使用人民币结算，最先尝试使用人民币进行跨境投资。多年的边贸合作及人民币结算经验，加之人民币跨境支付结算平台的建立，为滇桂两省跨境贸易人民币结算试点工作的顺利开展奠定了坚实的基础。因此，从这个角度来看，滇桂沿边金融改革定位实际上是探索跨境金融改革创新，特别是人民币国际化的回流机制和跨境监管机制。

6. 青岛“金改”区：普惠金融

青岛金融改革主要是借鉴瑞士、新加坡、中国香港等成功经验，打造面向国际的财富管理中心城市。国外财富管理发端于高端服务，主要是服务于高净值人群。然而，青岛金融改革的青岛“金改”总体方案明确强调“充分发挥财富管理对服务实体经济、提升金融服务、提高居民收入、防范金融风险的积极作用，通过先行先试，积极探索具有中国特色的财富管理发展道路”。这表明，在我国货币政策由宽松走向稳健、企业融资渠道进一步拓展、居民理财意识显著增强的背景下，青岛金融改革定位在“普惠金融”的层面，强调紧贴实体经济实现财富的保值增值，建立多层次服务体系以满足最广大群众的不同需求。

5.2.2 各试验区金融开放创新的基本任务

根据上海自贸区金融改革总体方案，上海自贸区在金融领域的开放创新包含两个方面：金融制度与金融服务。制度创新主要集中在人民币资本项目可兑换、人民币跨境使用、利率市场化、外汇管理以及监管转型等方面；而服务创新则集中在对民营资本和外资金融机构放开准入资格等方面。央行的“金改30条”和银监会、证监会、保监会的实施细则对此作出了非常明确的阐述，相关改革举措也在进一步制定和实施过程中。根据上述方案和政策设计，上海自贸区的建设将探索人民币国际化、汇率自由浮动和利率市场化，这是自贸区金融开放创新的基本任务。在自贸区对外开放的过程中，将通过建立在亚太区活跃的贸易市场和离岸金融市场，实现人民币在区域内的国际化，实现区域内经济体的金融自由化，并吸纳海外低成本的资金，促进国内经济的发展，真正达到“以开放促改革”，为全国金融体系改革提供可复制、可推广的经验。具体而言，上海自贸区金融开放创新又可分为3个层次，即金融宏观环境、金融机构和金融产品①。宏观环境改革包括人民币跨境结算、利率市场化、人民币资本项下的可兑换；金融机构改革涉及外资银（投）行的设立、中外合资银行以及中资银行的离岸业务；资本市场跨境融资自由化、综合金融服务平台、境外股权投资母基金以及面向国际的交易平台；保险涉及人民币再保险和外资设立健康医疗险。金融产品的创新包括允许外资参与国内商品期货和航运运价指数衍生品交易业务、国内企业可以投资国外金融及衍生品市场等。

温州金融综合改革试验区直接动因是2011年的温州民间借贷风波，因此对温州中小企业的融资困境与民间借贷的合法化诉求作出积极的回应，这成为本次温州金融改革的首要目标。为此，温州金融改革总体方案提出民间金融正规化、阳光化的发展方向，确定了金融改革的十二项主要任务，包括：金融组织和机构改革、金融产品和服务创新、地方资本市场培育、金融风险防范和社会信用体系建设等。但是，毫无疑问，首项任务就是规范民间融资发展。为此，2013年11月22日，浙江省人大常委会通过《温州市民间融资管理条例》与《温州市民间融资管理条例实施细则》，对有关民间借贷的内涵和定义做了不同层面的阐述，并通过登记备案制度的确立，将民间借贷纳入合法渠道。同时，本轮“温州金改”对大额民间借贷实行强制登记备案制度，使得民间借贷获得“合法化”平台与制度保障。“正向鼓励”和“反向约束”两方面的制度设计，是这一新政的核心。最后，为了缓解“融资困境”，温州金融改革开始允许企业自行进行两种定向私募融资：定向债券融资和定向集合资金。总之，温州金融改革的基本任务是着力推进金融组织体系、资本市场体系、金融服务体系、地方监管体系的“四大体系”建设，承担起改革探路者的责任。

泉州金融改革立足于服务实体经济的本质要求，通过改革方案的稳步实施，支持、促进实体经济的持续健康发展，从而实现建设“四个试验区”，实现“三个基本”的总体目标②。“四个试验区”包括：一是巩固泉州实体经济发达的优势，打通金融资本与产业对接通道，建设实体金融试验区；二是有效利用民间资本，引导规范民间资本发展，建设民间金融创新试验区；三是加强诚信体系建设，营造和谐的金融发展环境，建设金融生态试验区；四是积极拓展两岸三地金融合作，促进金融资源集聚和运用，建设台、港、澳、侨金融合作试验区。“三个基本”包括：通过若干年的努力，基本形成与泉州经济社会发展相匹配、分层有序的金融组织体系；基本建成主体多元、充满活力的金融市场体系；基本建立形式多样、功能完备的金融产品创新体系，促进泉州经济又好又快发展。为了实现这个目标，泉州金融改革努力发展“实体金融”和“区域金融”，紧紧围绕实体经济，夯实区域诚信体系，规范发展民间融资，发挥台、港、澳、侨优势，大力培育具

① 赵东：“中国（上海）自由贸易试验区金融创新研究”，《吉林金融研究》2014年第1期，第19—25页。

② 郑良芳：“推进金融综合改革试验区的成效、难点与建议”，《武汉金融》2013年第12期，第4—6页。

有区域特点的多元化金融市场主体，形成充分竞争的市场格局，优化金融供给，实现实体经济和金融“共生共荣”。

珠三角金融改革的雄心是在省域范围内探讨区域金融统筹和一体化的发展问题，因此其方案在金融开放创新的广度和深度上都引人瞩目。特别是，方案所规划实现的基本任务涵盖了珠三角9座城市，另加东西翼两座城市，呈现“9+2”布局（参见图5-2）。“珠三角金融改革方案”明确了广东一个金融改革创新综合试验区，广州、深圳两个区域金融中心，前海、横琴、南沙三个创新平台和广东金融高新技术服务区后援基地的金融强省建设总体布局。在路径上，广东着力发展国际金融、科技金融、产业金融、农村金融、民生金融，预期到2015年，实现全省金融机构总资产达20万亿元、金融业增加值占广东GDP比重8%以上的目标。就具体任务来看，在城市金融改革创新方面，该方案提出了加快建设现代金融市场体系，构建多层次资本市场，鼓励和引导民间资本进入金融服务领域等。同时，做好跨境贸易人民币结算试点工作，逐步扩大人民币在境外的流通和使用，在横琴新区和前海地区探索资本项目可兑换的先行试验；并将深圳市保险改革试验区相关政策扩大到珠三角地区等。在农村金融改革创新方面，方案提出了要培育完善农村金融要素市场，推进农村宅基地和土地承包经营权抵押贷款试点工作；创新农村金融服务体系，深化农村信用社改革、加快村镇银行发展等；优化农村金融发展环境；引导金融机构增加对“三农”金融投入；加强农村社会信用体系建设等。在统筹城乡协调发展金融改革创新试验方面，方案提出要探索城乡金融协调发展新机制，促进城市金融资源支持“三农”发展；加快形成支持城乡协调发展的金融服务体系等。

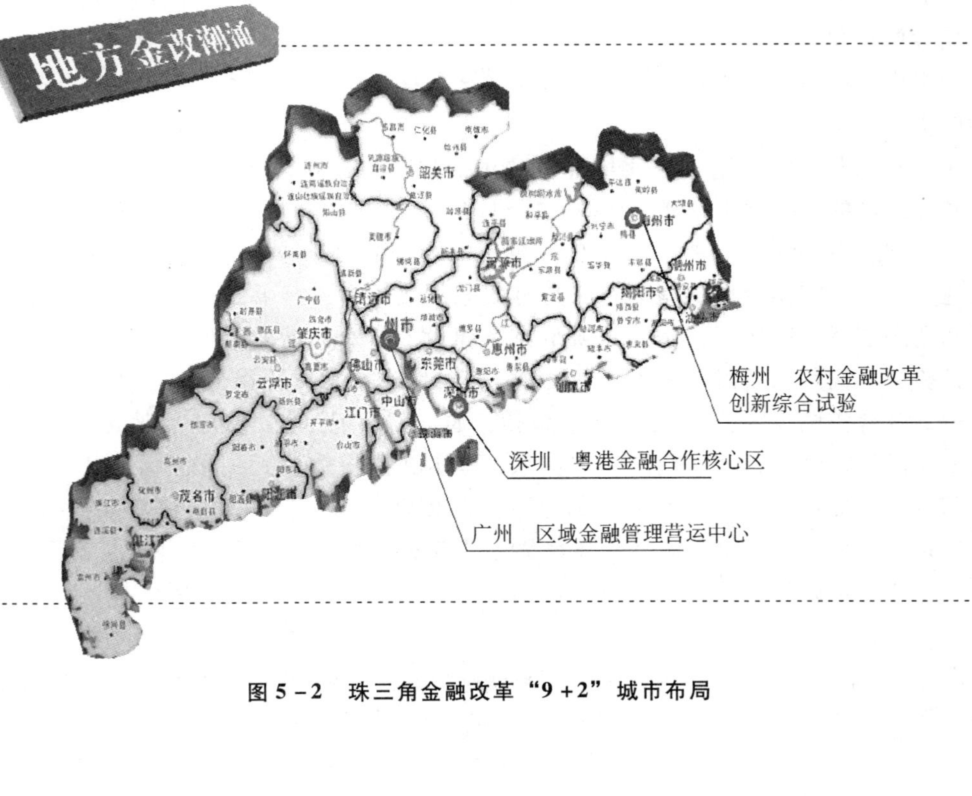

图5-2　珠三角金融改革“9+2”城市布局

滇桂沿边金融改革试验区的总区域面积为31.77万平方公里，人口4419万人，进一步突破了省域行政区的局限，探讨了我国在边境贸易过程中所产生的人民币国际化和跨境金融问题。据此，滇桂沿边金融改革总体方案提出了十个方面的任务，每一项任务都重点突出，特色鲜明，内涵丰富，将成为推动云南和广西两省金融改革创新发展的重要抓手。其主要任务是：其一，在推动跨境人民币业务创新方面，滇桂金融改革支持银行开立境外机构人民币结算账户，办理跨境人民币国际结算业务；开展重点实施跨境人民币双向贷款业务，跨境结算便利化、人民币特许兑换业务、人民币现钞出入境管理、货币挂牌交易和人民币海外投资基金、推动人民币与周边国家跨境清算和结算体系建设等试点任务；研究将东盟金融机构纳入人民币合格境外投资者试点范围，探索境外人民币以贷款方式投资试验区重要产业项目。其二，在完善金融组织体系方面，滇桂金融改革重点实施金融开放"引进来"和"走出去"，吸引东盟、南亚金融机构到云南和广西设立外资金融机构、设立国际性或区域性管理总部，支持民间资本进入金融业，发起设立自担风险的民营银行等金融机构，支持云南和广西地方法人金融机构到东盟、南亚国家设立机构等试点任务。其三，为培育发展多层次资本市场，开展重点实施企业境内外上市、促进区域性股权交易市场发展、金融要素交易市场等交易场所发展、外资股权投资基金发展、鼓励中小企业多元化的债务融资等试点任务。为促进贸易投资便利化，开展重点实施个人境外直接投资、企业外汇资本金集中运营管理、试验区外资股权投资企业资本金意愿结汇等试点。

青岛财富管理金融综合改革试验区着力建设"五个中心"①。一是财富管理机构聚集中心。培育引进商业银行、证券投资基金公司、资产管理公司、信托公司、保险公司、证券公司、期货公司、私人银行服务机构、第三方理财机构、金融顾问公司、私募基金机构等各类财富管理机构，以及与财富管理紧密相关的会计师事务所、审计师事务所、律师事务所、资产评估机构、投资咨询、资金和保险经纪等专业中介服务机构。二是财富管理市场功能中心。完善财富管理市场功能，探索理财产品交易机制，加快建设区域性股权交易市场和贵金属交易市场等专业财富管理市场。培育高端消费品和艺术品、收藏品交易市场，大力推动另类投资发展。提升专业化财富管理服务水平，充分运用金融市场实现社会财富保值增值。三是财富管理产品与服务创新中心。推动财富管理监管改革，探索对财富管理进行综合性金融监管。探索开展跨境财富管理业务，扩大人民币在跨境财富管理中的使用，开展外汇管理改革创新试点。鼓励金融机构创新财富管理产品和服务，通过财富管理改革收入结构和盈利模式，实现经营模式转型升级。积极稳妥开展综合经营试点。四是财富管理教育科研中心。推动各类高端财富管理人才培训机构聚集发展，建立国际通行的财富管理人才考核评价认证体系。建设金融人才市场，加大对财富管理高端人才的引进和培育力度。探索建立财富管理业务统计体系。鼓励研究机构发布财富管理发展报告及相关指数，强化数据分析和信息监测。五是财富管理高端商务活动中心。促进财富管理与相关产业协同发展，大力发展养老、养生、旅游、会展等高端服务业，成立国家和地区性财富管理民间组织，开展丰富多样的行业论坛研讨活动，

① 傅军："探索财富管理新路，青岛将建五大中心"，《青岛日报》2014年2月18日，第6版。

扩大青岛市与国内外金融中心、金融机构的交流合作。

5.2.3 各试验区金融开放创新定位与内容的比较分析

从功能定位的角度来看，承担的金融开放创新的使命与任务的全局性、根本性重要程度越高，中央政府层面对该地区金融改革的态度就越是审慎，因此在该试验区筹建或审批的时候，所遇到的各种阻力、障碍和相应的思考与讨论就会越多，而在试验区规划设定的时候，所辖区域和人口的版图就可能越偏小。这一方面是因为要尽可能降低制度变迁风险所可能造成的影响范围和损失程度；另一方面则是要尽可能降低各地区在争夺制度创始红利过程中可能造成的交易和寻租成本以及相应的福利损失。从这个角度来看，上海自贸区和五大国家级金融改革试验区的定位和任务设定上是经过了深思熟虑和精心布局的（见表5-2）。

从地区属性看，上海是代表着国家对外开放高度的直辖市，滇桂是内陆沿边省级行政区联合体外加民族区域自治的概念，珠三角大体上是省级行政区域（广东省），青岛是副省级的计划单列市，温州、泉州是地级市，但泉州同时还带有华侨和海峡两岸的概念。可以说，这六大国家级的金融改革试验区已经基本将我国行政区划的不同级别和各种政治概念囊括其中，同时也综合了我国金融领域发展的各种业态和发展方向。从目前国务院批复的各地金融改革方案来看，各试验区功能定位层级有别，金融开放创新的侧重点各不相同，且都充分考虑了地方经济特色。

从上海来看，基于"四个中心"建设的良好基础，自贸区金融开放创新不仅是要解决上海自身的发展问题，更着眼于未来中国经济发展的国际通行贸易规则制定权问题，也就是中央反复强调的"可复制、可推广，可升级"。因此，上海金融开放创新更强调的是如何完成我国在经济发展中的"华丽转身"，也就是通过贸易和投资规则的变化以完成国内实体经济的结构性转型调整。上海自贸区的金融开放创新从来都是有直接指向性的，也就是与货物转口贸易相关的金融制度和金融服务，如人民币国际化、汇率与利率等等。离开这个基础的金融开放创新，是在自贸区以外的上海国际金融中心建设的任务。就这个角度而言，上海自贸区的金融开放创新立足于国家和企业而非个人层面，改革进程的设计强调宏观架构和制度体系，强调制度创新与政策环境的协调性，强调制度的适应性和可学习，强调政治体制改革与经济体制改革之间的关联性，强调金融创新与实体经济之间的直接联系，强调贸易投资而非资本运作。

就温州而言，基于民营经济、民间资本和民间借贷的特殊问题，温州金融改革的直接命题和重点任务就是整顿、治理和规范民间借贷，引导民间资本合理有序的投资，以解决经济发展过程中的产业空心化问题。也就是说，尽管发生了民间借贷危机，但是温州有着充足的民间资本，而温州自身的经济产业结构并不能支撑民间资本的投资需求和逐利冲动。对于温州而言，关键的问题在于要把地下的金融秩序转为正规的金融规制，要把民间的游资转为规范的金融资本，要把游离于体系之外的金融活动重新纳入体制内。因此，温州金融改革实际上更为关注的是民间金融阳光化过程中的风险化解，这与其他地区金融改革有着显著的区别。

表 5-2　自贸区与五大国家级金融综合改革试验区的功能定位比较

试验区名称	中国(上海)自由贸易试验区	温州市金融综合改革试验区	珠江三角洲金融改革创新综合试验区	泉州市金融服务实体经济综合改革试验区	滇桂沿边金融改革综合试验区	青岛市财富管理金融综合改革试验区
成立时间	2013 年 9 月 29 日	2012 年 3 月 28 日	2012 年 7 月 25 日	2012 年 12 月 21 日	2013 年 11 月 26 日	2014 年 2 月 10 日
覆盖区域	上海市 4 个海关特殊监管区域,面积约 28 平方公里	覆盖整个温州市,陆域面积 11784 平方公里	覆盖整个珠三角,面积大约 5.6 万平方公里	覆盖泉州市,面积 11015 平方公里	云南的 9 个州市和广西的 6 个市,区域面积 31.77 万平方公里	覆盖青岛市,面积 11282 平方公里
功能定位	贸易金融:追求贸易和投资便利的金融自由化	民间金融:引导民间融资规范发展	区域金融:推进珠三角区域金融一体化	产业金融:助推产业经济,加强海峡两岸金融往来	跨境金融:助推滇桂跨境贸易和投资快速发展	普惠金融:探索具有中国特色的财富管理发展道路
基本任务	试点人民币资本项目可兑换、金融市场利率市场化、人民币跨境使用;金融机构资产方价格实行市场化定价;外汇管理改革试点;实现跨境融资自由化;外债管理方式改革;跨国公司总部外汇资金集中运营管理试点;建立自贸区与上海国际金融中心建设的联动机制;对民营资本和外资金融机构开放金融服务业;设立外资银行和中外合资银行;建设金融市场的国际交易平台;允许境外企业参与商品期货交易;鼓励金融市场产品创新;支持股权托管交易机构建立综合金融服务平台;人民币跨境再保险业务,培育再保险市场	规范发展民间融资; 加快发展新型金融组织; 发展专业资产管理机制; 个人境外直接投资试点; 深化地方金融机构改革; 创新面向小微企业和"三农"的金融产品与服务; 培育发展地方资本市场; 积极发展各类债券产品; 拓宽保险服务领域; 加强社会信用体系建设; 完善地方金融管理体制; 建立金融综合改革风险防范机制	加快建设现代金融市场体系; 加快完善金融组织体系; 加快金融产品与服务创新; 推动珠三角金融一体化发展; 提升区域金融合作水平; 优化金融发展环境。 梅州市: 培育完善农村金融要素市场; 创新农村金融服务体系; 优化农村金融发展环境。 湛江市: 探索城乡金融协调发展机制;促进城市金融资源支持三农; 加快形成支持城乡协调发展的金融服务体系	加大实体经济信贷投入; 扩大实体经济直接融资规模; 加强中小微企业金融服务; 保障重点领域资金需求; 改进"三农"金融服务; 支持平潭综合实验区开放开发; 推动泉州国家金融服务实体经济综合改革试验区建设; 增强实体经济保险保障; 完善服务实体经济发展的金融机构体系; 规范发展民间融资; 维护区域金融稳定	推动跨境人民币业务创新; 完善金融组织体系; 培育发展多层次资本市场; 推进保险市场发展; 加快农村金融产品和服务方式创新; 促进贸易投资便利化; 加强金融基础设施建设的跨境合作; 完善地方金融管理体制; 建立金融改革风险防范机制; 健全跨境金融合作交流机制	培育多元化财富管理机构; 发展多功能财富管理市场; 推进财富管理相关金融改革创新; 提高财富管理服务实体经济水平; 提高防范金融风险的水平; 不断优化财富管理发展环境

就泉州而言，由于实体经济发展情况良好，已形成较为完整的区域产业价值链，系统性的金融风险并不存在。但是，由于绝大多数企业仍处于产业价值链的底端，推动产业转型升级、民企“二次创业”，在全球产业链中占据相对有利的位置，已成为泉州金融改革的当务之急。泉州并非资金缺乏之地，地方法人金融机构大量存款贷不出去，存贷比仅40%，甚至更低，贷款总量却严格按规模管理，每年只允许递增若干个百分点。如果按统一的75%管理，可以迅速释放几百亿元流动资金，由此导致少量大企业、优质企业被银行追着放贷，而数量众多的中小微企业往往求贷无门。目前，在全市12.5万中小微企业中，与银行产生信贷关系的不足25%。为此，泉州选择以“产业金融”作为金融改革的路径，“探索金融服务实体经济的新模式和新途径”，以解决小微企业融资难问题。

如果说温州的改革缘于内部的金融危机，那么，珠三角金融改革则更着眼于为中国金融的全面改革探路，珠三角金融改革方案号称“目前国内金融改革中覆盖内容最广泛、涉及范围最大”，一定意义上代表了中国金融改革的新思路。这一思路的特点，就是将金融服务实体经济与“区域金融”一体化结合起来，努力提升金融服务社会民生的水平。因此，珠三角金融改革强调与产业规划和区域经济一体化的密切配合，努力发挥金融的融通作用。从产业发展的趋势来看，珠三角金融改革将金融作为现代服务业的高端，实际上是抓住了产业转型升级的龙头：一是着力优化信贷结构；二是推动科技与金融相结合；三是发展特色金融；四是继续高度重视解决中小微企业融资难题。从区域经济一体化的角度来看，珠三角金融改革强调地缘优势，强化城乡统筹以及粤、港、澳金融的紧密合作。特别是，珠三角金融改革的最大优势就是“粤港互补、辐射周边”：粤港互补，可实现双方优势互补，联合开拓国际市场，不断扩大国际影响，为发挥“一国两制”在金融产业发展和市场竞争中的优越性探索独特经验；辐射周边，可以为广东乃至中国金融的国际化拓展空间。

滇桂作为我国最早与周边国家开展金融合作的省份，沿边金融特色鲜明，跨境金融和泛亚金融合作潜力巨大。因此，从贸易金融的角度来看，滇桂沿边金融改革区和上海自贸区在贸易投资便利化等多方面可以相互印证和学习，在现代金融服务的制度创新、跨境融资的便利化等内容上没有本质差别。但是，由于两者区位优势不同，同时云南和广西还可以享受属于欠发达地区和民族自治政策的优惠和倾斜，因此发挥的功能作用和目标指向不同。上海自贸区可以说是中国第二次“入世”，是进一步深化和挖掘中国沿海对外开放的潜力和质量。滇桂沿边金融改革试验区则立足于边境贸易及其人民币结算的历史基础，聚焦跨境人民币业务创新，通过金融改革在包括周边国家在内的有限区域推动人民币可兑换进程，带动周边发展中国家的对外开放，互惠互利，并把成果惠及当地人民，最终成为我国推动泛亚金融的一体化的平台。因此，滇桂沿边金融改革瞄准打造我国沿边开放的“陆上珠三角”和向西开放“走出去”的先行区，努力连通太平洋与印度洋两洋、长江与珠江两江、长江经济带与沿边经济带两带，成为连接东盟和南亚两大区域的战略枢纽，积极推动形成以滇桂为枢纽的泛亚沿边犄角开放的新格局。

青岛金融改革提出加强财富管理组织体系、市场体系、业务体系、环境体系、监管体系建设，推动财富管理与相关产业协同发展，探索形成财富管理发展的新模式和新途径，构建中国特色财富管理体系，建设以蓝色经济为引领、财富管理为特色的区域性金融中心。当然，这一目标最大的特点在于立足于实体经济、立足于广大群众、立足于中国特色、立足于防范风险，从而建立以“普惠金融”为内核的中国财富管理体系。从这个意义上来看，尽管上海在国际金融中心建设进程中也会涉及财富管理问题，在自贸区的金融开放创新进程中，财富管理也必将是未来的重要发展方向，但是青岛的财富管理更直接地寻求传统财富管理模式的转型与发展，努力建设以反脆弱性为出发点的新型财富管理中心：在关注高净值人士财富组合的同时，努力呵护中等收入人群财富的保值增值；在关注现代服务业对财富管理作用的同时，关注现代农业与环境安全对未来财富管理带来的结构性作用；在关注移动技术、大数据、云计算对财富管理影响的同时，关注货币发行及信用资源重塑对财富的影响；在关注利率、汇率对财富管理影响的同时，关注货币国际化对人民币财富中心的关联效应。

综上所述，就功能定位和基本任务而言，自贸区和五大国家级金融改革试验区的金融开放创新虽各有特色，但也存在共通性。第一，上述区域金融改革的总体目标都是金融更好地与实体经济结合，强调金融服务和支持实体经济的发展，推动产业机构调整和经济转型发展。第二，上述区域都抓住了金融改革的两个关键方面：一是所有制，即推动民营资本加速渗透到被国有资源垄断的金融领域；二是价格，即推动价格机制的形成，实现由市场的供求关系决定资金的价格，从而实现资源的优化配置。第三，上述区域在金融开放创新的一些具体任务和举措上也具有共通性，比如发展新型金融组织和产品，深化金融机构改革，抑制金融风险，维护区域金融秩序，引进金融机构建立总部经济，鼓励民间资本进入金融机构，等等。

5.3 上海自贸区与五大国家级金改区金融改革创新现状与趋势的分析

从时间上来看，在五大国家级金融改革试验区中，温州的资历最老，但实际上成立时间也不过两年半左右，青岛最为年轻，从成立到现在仅仅运行了半年多一点时间。因此，不管是上海自贸区，还是五大国家级金融改革试验区，尽管都在抓紧时间努力推进金融改革创新，但是在取得一定进展的同时，也遭遇了一些问题和障碍，并在改革实践过程中深入讨论和探索下一阶段改革的方向和发展趋势，而这些试验区之间也在相互比较，互相借鉴，彼此竞争，加强合作。

5.3.1 上海自贸区金融开放创新的现状与趋势

1. 现状

经过近一年的运行，自贸区金融开放创新已经取得了可喜的成就，目前正进入精彩纷呈的第二季。

第一，上海自贸区的金融制度框架不断完善。“一行三会”先后出台了四部支持意见（金融改革“51条”），相关金融管理部门陆续推出了13项实施细则。2014年5月22日，央行又发布了《中国（上海）自由贸易试验区分账核算业务实施细则》和《中国（上海）自由贸易试验区分账核算业务风险审慎管理细则》，从业务管理和风险防范两个方面，构建了有利于风险管理的试验区账户体系框架。分账核算制度以及自由贸易账户是上海自贸区金融创新政策的核心，“含金量”最高。加上此前央行上海总部曾发布的包括扩大人民币跨境使用、放开小额外币存款利率上限等在内的多项金融细则，央行支持上海自贸区的细则已基本出齐。上海自贸区将据此建立规则统一的本外币自由贸易账户体系。

第二，自贸区金融机构迅速集聚。自贸区挂牌之前，区内除了银行网点，基本没有大的金融服务业。目前已经有持牌类的金融机构57家，融资租赁股权投资类金融机构321家，金融信息服务投资和资产管理以及金融相关的企业1919家，总共2297家，占到了自贸区挂牌8个月以来新注册企业9589家的24%，全国124家中外资银行中有70%的银行和自贸区内的企业建立业务关系①。上海自贸区跨国公司总部外汇资金集中运营管理试点正式启动，首批签约21家企业，目前贝尔信息等7家企业完成了在上海外管局的备案。此举是对上海自贸区外汇管理实施细则的进一步落实，有利于跨国公司提高资金使用效率、降低外汇资金运营成本，同时加速推进资本项目可兑换与人民币国际化进程。

第三，金融业务量大幅增长。截至5月底，跨境人民币双向资金池完成79笔共计66亿元；人民币境外借款44笔共计99.8亿元；跨境电子商务人民币支付结算业务发生4.3万笔，金额1.8亿元；有6家商业银行的大宗商品衍生品柜台交易在监管部门完成备案；有4家股权投资企业完成6笔境外直接投资，投资金额超过2亿美元。以人民币跨境结算为例，2014年3月份人民币跨境结算交易量为343.7亿元，4月份达到462.67亿元，同比增长均在90%以上。5月份进一步出现爆炸式增长，达到800多亿元，同比增长169.06%。区内融资租赁业务也获得快速增长，到6月底，一共有436家融资租赁企业，母公司128家，注册资金328亿元人民币。

第四，各种国际金融资产交易平台相继建立。上海证券交易所经证监会批准，在上海自贸区内启动筹建国际金融资产交易平台。该平台的定位是面向自贸区和国际金融市场，与境内资本市场实现相对有效隔离。目前能源交易所已经注册，年内可能挂牌上市；黄金交易所已经得到央行批复，近期正在办理注册手续；外汇交易中心及证监会批准的国际金融资产交易中心也在落户中；而上海联合产权交易所、上海股交中心也在积极提交入驻自贸区方案②。可以预计，今后在上海自贸区会有一系列多层次、面向国际的金融市场，从而有侧重、有步骤地填补国际金融市场中的空白。尤其是在周边和区域多边合作领域，在与重要贸易伙伴以及能源合作伙伴之间，会以双边为基础向区域合作迈进。

第五，积极探索自贸区金融开放创新经验的升级、复制和推广。2014年3月25日，

① 王涛：“上海自贸区金融开放创新显现三大进展”，《中国信息报》2014年4月9日，第6版。

② 胥会云：“上海自贸区金改：扩大成果更有意义”，《第一财经日报》2014年6月4日，第A4版。

多部门联合召开发布会，介绍了利率市场化、支付结算、企业融资等六个方面的9项自贸区金融创新案例。2014年7月，又正式发布第二批9项自贸区金融创新案例，主要集中在自由贸易账户（FT账户）开立和相关业务创新、进一步拓展人民币跨境使用范围、进一步落实外汇管理改革措施和进一步创新融资方式等四个方面。2014年6月26日，中国人民银行上海总部召开上海自贸区外币利率市场化复制推广工作会议，宣布从6月27日起，将放开小额外币存款利率上限的改革试点，由上海自贸区扩大到上海市。这是上海自贸试验区挂牌近9个月之后，第一项复制推广到区外的金改政策。

2. 趋势

形成可复制、可推广的金融改革经验，是自贸区金融改革成功的重要标志，也是未来的主要发展趋势。这主要体现在两个方面：第一，自贸区金融开放创新思想和工作路径的可推广、可复制；第二，在自贸区建立“市场在资源配置中起决定性作用”所要求的金融要素和环境，并在全国推广、复制。目前，自贸区金融开放创新可复制、可推广的经验主要有五个模式：一是实体经济的金融需求与金融机构的金融服务对接模式；二是资金自由流动的模式，即人民币资本账户可兑换的操作路径、制度设计、系统建设、人才培养及风险管理经验和举措；三是资金市场化定价模式，即利率市场化和监测体系建设的具体操作管理办法；四是金融监管的负面清单模式，即金融监管部门简政放权、放松管制的方式和措施，负面清单管理模式，各类所有制企业准入的平等政策，以尊重企业的自主选择权；五是开放条件下的金融安全网模式，即建立金融安全网，包括宏观、微观金融审慎管理框架、本外币一体化管理机制、金融风险管理框架及异常情况下的特殊管理措施，确保金融改革平稳安全实施①。

尽管目前上海自贸区金融创新举措频出，金融机构集聚，但总体而言传统业务依然占绝大部分，迄今还并未形成特别大的金融创新业务体量。同时，自贸区金融创新还未充分落地，有益经验的向外升级、复制和推广还刚刚起步，目前一共才推出了两批次共19项金融创新案例，示范效应尚不充分。自贸区首度推广到区外的放开小额外币存款利率上限的改革试点，也将按照“先单位后个人”的原则分步实施，目前自贸区外上海市内的个人还不能享受这一政策。不过，随着自由贸易账户体系的搭建，备受各方期待的证券业相关政策以及创新案例有望在2014年下半年陆续出台。下一步，自贸区将鼓励更多的金融机构和企业等市场主体参与到自贸试验区金融创新中来，积极推动资本市场支持自贸试验区建设实施细则出台，推动证券、保险等非银行机构以自由贸易账户为依托开展自贸试验区分账核算业务，积极支持自贸试验区内符合条件的个人按照规定双向投资于境内外证券期货市场，积极推动境外机构通过自由贸易账户进入上海证券及期货市场投资。

同时，自贸区也进一步推进落实金融制度创新，鼓励更多金融机构和企业等市场主体参与到自贸区金融创新中来；充分利用制度创新优势，进一步推动在自贸区搭建面向国际的金融市场平台；加强自贸区金融风险防范，积极推动自贸区金融安全网建设。具

① 张新：“上海自贸区金融改革扎实顺利推进”，《金融时报》2014年3月8日，第8版。

体而言，包含如下七方面的工作：一是推动自贸区资本项目可兑换先行先试。通过自由贸易账户作为载体和管理模式，加快自贸区人民币资本项目可兑换进程，为全国探索一条可操作的路径。二是在自贸区先行先试个人对外投资。三是赋予自贸区各类所有制企业平等的金融准入政策。四是落实扩大金融市场对外开放各项政策。五是建立宏观审慎的外债管理模式。六是建立健全自贸区金融监管负面清单。七是建立开放条件下的金融安全网，维护自贸区正常的金融市场经济秩序①。

5.3.2 温州“金改”的现状与趋势

1. 现状

金融改革两年多来，温州市着力推进金融组织体系、资本市场体系、金融服务体系、地方监管体系“四大体系”建设，取得了积极成效②。

第一，引导民间融资规范化、阳光化。温州市出台并实施了《温州市民间融资管理条例》，推进民间融资备案管理。截至 2014 年 3 月 27 日，全市共备案民间借贷 598 笔，累计 10.76 亿元。其中单笔 300 万元以上应强制备案的 121 笔，总金额 7.56 亿元。民间借贷服务中心服务全覆盖并推广到全国 20 多个地市，至 2014 年 3 月 26 日累计登记借入借出需求总额 95.08 亿元，成交总额 34.19 亿元，场内借贷成功率 41.53%，“温州指数”编制、发布逐步进入正常状态。鼓励民间资本参与温州银行增资扩股、农村合作金融机构股份制改造，两年来民间资本入股金融机构 133 亿元，比“金改”前增长 43.8%。

第二，推动正规金融服务实体经济。商业银行创新推出 80 多种金融产品服务小微企业，涉及金额达 700 多亿元。2013 年，全市商业银行新增支持小微企业 5.6 万户，新增小微贷款 288 亿元，比上年多增 83 亿元，增长 40.5%；2013 年末，贷款平均利率 7.45%，累计下降 1.35 个百分点；新增金融服务网点 85 个，实现乡镇（街道）平均拥有金融服务网点数 12 个。与此同时，温州市积极发展出口信用保险、国内贸易信用险、小额贷款保证保险等业务，利用保险工具深化对小微企业的金融服务，证券机构积极服务企业股改和定向增发。

第三，创新拓展应用资本市场工具。温州开展小额贷款公司定向债试点，备案 4 亿元，已发行 5000 万元。率先开展民间资本管理公司私募融资，募集的 3 亿元资金投到特定项目，参与化解银行机构不良贷款近 10 亿元。创新发行“幸福股份” 2 期 25 亿元。保障房项目定向债务融资首期拟发行 36 亿元已经注册。新增上市公司 4 家，募集资金 33.93 亿元，占上市公司募集资金总额的 19.7%。在区域资本市场挂牌 28 家，开展未上市公司股权、产权、矿业权、不锈钢大宗商品等要素交易，筹建金融资产交易中心。

第四，完善地方金融监管体系建设。地方金融管理局、金融仲裁院、金融犯罪侦查支队和金融法庭等机构工作有序开展。对地方金融市场主体开展现场检查，上线非现场监管系统，促进地方金融组织合规经营，防范地方金融风险。建立金融监管与金融审判

---

① 张新：“上海自贸区金融改革扎实顺利推进”，《金融时报》2014 年 3 月 8 日，第 8 版。

② 沈杭：“温州‘金改’两周年：‘四大体系’建设成效显著”，《金融时报》2014 年 3 月 29 日，第 8 版。

联席会议制度，出台《温州市民间融资管理条例》司法保障20条意见，开展“治赖”追逃专项行动，逐步完善防范化解区域金融风险的有效机制。

两年来，温州“金改”不断推动金融服务实体经济。2013年完成有限转股改106家，新增注册资本62.86亿元，新增数占浙江省50%以上，加上“个转股”28家，新增股份有限公司134家，超过温州改革开放30多年的总和。开展风险企业帮扶，排查分类风险企业，梳理了744家重点扶持工业企业，引导银行业金融机构加大扶持力度，2013年累计处置不良贷款超289亿元。积极开展驻企服务员和金融服务员活动，有效化解融资难、融资贵问题86个，协调和处置银企债务纠纷30多亿元，落实续贷资金10多亿元。建设金融业综合统计信息平台及温州金融监测报数平台，加强对金融业的运行分析和金融风险监测。设立全国首个地市级人民银行征信分中心，与温州市政府企业公共信用信息平台实现信息对接共享，同时设立第三方征信服务机构开展市场化信用中介服务试点，成立首家资信评估机构展开借款企业评级、小微企业评分和农村“三信”（信用镇、信用村、信用户）评定。推动企业融资平台建设，设立5家小微企业融资综合服务中心，为1400多家企业提供28亿多元的融资服务。

2. 趋势

从数据来看，温州“金改”的成效非常明显。但是，温州企业家的反馈却与数据反映的情况截然不同，相当一部分企业家认为“融资难、融资贵”的问题没有解决，甚至融资更困难了①。这就说明，金融改革不能单兵突进，要与政治、经济和社会改革统筹协调，与产业升级和经济转型同步推进。温州金融改革面临的真正困难不在于现有金融体制和监管政策本身，而在于地方经济和产业发展状况等大环境制约。金融作为货币资金以及信用的融通形式，犹如人体血液系统，涉及经济生活方方面面。金融改革必然是整体改革的一部分，牵一发而动全身，不能封闭、孤立起来，必须与实体经济发展、财税体制改革、市场要素改革、收入分配制度改革、地方政府改革和法律制度完善等相辅相成，配套实施。

同时，温州“金改”之所以官方与民间评价迥异，表明“金改”的各项政策措施还没有充分落地。为此，温州市政府提出，要尽快将“金改”两年来的十大改革试点项目在全国复制推广，其中民间资本管理公司、民间借贷服务中心、温州指数、地方监管体系建设、信用体系建设五个项目已经在全国复制试点；温州市民间融资管理条例实施和推进民间借贷规范化、阳光化，民间资本管理公司私募融资、小额贷款公司定向债试点和“幸福股份”发行试点，农村资金互助会和农村保险互助社试点，社区银行体系和农村普惠金融试点，金融风险防范和不良资产处置机制等五个改革试点项目待进一步深化完善后可以在全国复制推广。

2014年，温州金融综合改革还将在以下方面继续推进：落实条例规范民间金融；扩大民资进入金融业；打造社区银行服务体系；探索利率市场化产品和机制；实施普惠金融工程；完善发展“温州指数”；创新拓展直接融资方式；探索发行市政建设债券；积极

---

① 谭浩俊：“温州金改关键在于惠及企业民众”，《中华工商时报》2014年2月17日，第7版。

发展民间资本管理公司；发展互联网金融；争取个人境外直接投资试点；创新拓宽保险服务领域；创新地方金融监管方式；深化信用体系建设；强化财税保障。

5.3.3 泉州“金改”的现状与趋势

1. 现状

泉州金融改革获批后，在人民银行福州中心支行的支持和指导下，泉州市政府组建了泉州市金融工作局，推进县（市、区）设立金融办，制定出台了《鼓励金融业发展的若干意见》、《鼓励股权投资业发展的若干意见》等9份政策文件。一年来，泉州市政府共推进实施金融改革项目67项，完成或部分完成43项，金融改革开局之年取得了初步成效。

第一，打开金融资本进入实体经济的通道，企业融资更顺畅。泉州有民间资本约4000亿元人民币，如果加上海外泉籍侨资，可能超过两万亿元。相较传统金融资本进入实体经济，推动民间资本进入金融领域的突破更为不易。为推动中小微企业融资，泉州市已建立起独立或相对独立的小微企业金融服务机构143个、“小微合作社”44家、小微企业互助合作基金13支。此外，为拓宽企业融资渠道，该市还设立了海峡股权泉州交易中心，挂牌企业达82家，新增5家境外上市企业，全市境内外上市企业达82家，居全国地级市前列。另外，该市扩大发债规模，2013年累计发行各种企业债券126.3亿元。

第二，农村金融服务能力获得较大提升。泉州市积极延伸金融支农服务，探索设立金融便利店、乡村金融助管小组等农村普惠金融组织；改善农村信用环境，开展信用户（乡、村）评定工作；推进农村支付“村村通”工程建设，全市1589个金融服务空白行政村共设立助农取款服务点2491个，覆盖率达100%。

第三，实体经济实现较快增长。2013年，泉州市实现地区生产总值5218亿元，同比增长11.5%，经济总量连续15年保持全省第一。该市完成财政总收入649.57亿元，同比增长13.5%，全市进出口总值达291.42亿美元，同比增长16.2%。其中出口164.9亿美元，同比增长33.3%，增速居全省第一。

第四，金融业借力“金改”实现了自身的大发展。以泉州银行为例，截至2013年12月末，该行资产总额达433.35亿元，比年初增加117.37亿元，同比增长37.15%，实现净利润3.81亿元，同比增长15.18%。2013年泉州市金融业增加值达226.91亿元，同比增长18.7%，高出GDP增幅7.2个百分点。2013年末，该市银行业小微企业贷款余额达1601.1亿元，同比增长20.35%，高于各项贷款增幅5.21个百分点，全市不良贷款率为0.58%。

第五，培养准金融机构，完善金融网点布局。泉州设立了晋江融资租赁特区，新设小贷公司、民间资本管理公司、民间借贷登记服务公司、中小企业票据服务公司等准金融机构41家，注册资金超过80亿元。此外，该市还鼓励社会资本设立投资基金，引进、设立各类股权投资机构38家，规模超过200亿元。截至2013年末，1家外资银行在泉州开设分行，两家银行升格为总行直管分行，新设银行机构和基层网点达37个，新成立1家村镇银行，实现县域村镇银行规划全覆盖。

第六，建立健全金融风险防范预警机制。为切实防范民间资本进入金融领域而产生的金融风险，泉州市加强对小额贷款公司、融资性担保公司、典当行、民间资本管理公司等准金融机构的监管，推动建立小额贷款公司、典当等行业协会，强化金融行业自律机制，确保地方金融规范运作，制定泉州市金融应急处置预案管理规定，建立金融风险监测指标体系及防范预警和评估体系，坚守不发生系统性、区域性金融风险的底线。

2. 趋势

泉州市2014年“金改”工作的主要目标是，实现金融业增加值占GDP和占服务业增加值的比重分别达到4.8%和12.8%以上，小微企业信贷覆盖率提高到30%以上，力争在拓宽民间资本进入金融领域通道、推进小微企业信用信息交换与共享、设立中小型银行等金融机构、引进发展互联网金融等方面取得突破进展和实效。

目前，泉州市正从如下八个方面进一步推进金融改革创新：一是建立健全服务实体经济的多元化金融组织体系，推进完善金融机构网点布局，支持地方法人金融机构发展；二是加大对小微企业及民生的金融支持力度，促进科技与金融结合，推进金融IC卡应用试点，增强民生金融服务；三是提升农村金融服务能力，深化当地农村信用社和邮政储蓄银行改革，扩大农村金融服务覆盖面，加大涉农信贷创新与投入，扩大涉农保险覆盖面；四是加强泉、台、港、澳、侨金融合作；五是规范发展民间融资，推动民间投资主体多元化，开展石化、鞋业、纺织服装产业投资基金试点，研究制定民间融资管理办法，开展民间资本管理服务公司试点；六是扩大直接融资规模，支持企业上市和上市公司优化重组，提高直接融资比重，支持开展区域集优票据和非上市公司股份转让试点，规范发展品牌产权、技术产权、排污权、水权、碳排放权和集体林权等产权交易；七是提升保险服务水平；八是进一步完善金融风险防控机制。

5.3.4 珠三角“金改”的现状与趋势

1. 现状

目前，珠三角金融改革正从三个层面全力加以推进：第一层面是利用国家已批下来的三个创新平台进行金融发展布局；第二层面是珠三角为广东其他金融较薄弱地区提供道路建设、海洋经济开发等金融支持；第三个层面是促进资本市场、保险市场做强做大，改变目前占比重偏小的局面。在具体城市分工上，广东将深入推进珠三角金融一体化，增强广州、深圳两个金融中心城市的能级，根据佛山、东莞、珠海、中山等其他城市的禀赋特点发展相适应的金融业态，全力打造广州南沙、深圳前海和珠海横琴三个金融创新和开放平台。同时，广东积极把握粤、港、澳合作的政策优势，把香港国际金融优势和广东经济腹地优势紧密结合，解决金融资源布局的区域不平衡问题，大力提升金融服务水平。2013年6月，广东产权交易集团、广东金融资产交易中心、广东省药品交易中心、广东省环境权益交易所正式挂牌成立。广东省将以产权交易集团为平台整合全省交易所资源，加上各地市已有的交易所平台，构建全省产权市场，进而健全珠三角要素市场。继续推进建设产权交易市场，加快粤、港合作建设广州期货交易所，加快商品期货交割库建设，促进发展区域性金融要素市场；规范发展现有大宗商品远期交易市场，推进各类大宗商品交易中心建设，提供电子交易、仓储管理、资金融通等一站式服务，促进金融资源优化配置。

在总体框架既定之下，广东在金融改革创新方面的不断突破，获得了国家政策的有力倾斜。广州和深圳在QDII2（合格境内个人投资者）试点中抢得先机；广东金融高新区股权交易中心获得批准筹建，这意味着广东已形成广州、深圳前海和佛山三个区域性股权交易市场（OTC市场）；广州、深圳、佛山、东莞等地也在积极为新三板扩容做准备争取试点落户；广州国际金融城正式破土动工，预计2016年基本建成①。

同时，前海、横琴、南沙在人民币业务的创新领域迎来更多的政策落地。广州南沙将建立与自由贸易试验相匹配的人民币金融服务框架，开展人民币资本项目可兑换试点，允许试验区内实行市场化的跨境双向人民币投融资服务，在风险可控的前提下实现区内“资金自由进出”。深圳前海试点设立各类创新型金融机构，开展跨境人民币贷款业务，推动与香港资本市场对接，打造粤、港金融合作先导区。珠海横琴实行“境内关外”的封闭式金融管理模式，允许资金在区内自由流动，扶持区内金融机构开办本外币离岸业务。珠三角金融改革创新综合试验区建设部级联席会议协调办公室，设在人民银行广州分行。

2. 趋势

近日，广东省政府印发了《关于深化金融改革完善金融市场体系的意见》（下称《意见》），提出了到2020年全面建成珠江三角洲金融改革创新综合试验区和金融强省的目标，列出了8大类32项具体工作任务，包括深化地方金融机构改革、推动金融、科技、产业融合创新发展、着力扩大金融开放和完善金融生态体系等②。据此，珠三角“金改”将继续深入推进珠三角金融开放创新。

第一，以市场化方式整合现有产权交易市场，建设全省统一的综合性产权交易平台。支持有条件的省属企业、社会资金参与农商行、城商行、农信社等地方性金融机构增资扩股和改制。省市联动共同推进广州、深圳区域金融中心和珠海横琴、深圳前海、广州南沙及广东金融高新技术服务区等重要金融聚集区建设。

第二，探索设立发起民营银行，推动设立金融租赁公司、融资租赁公司和消费金融公司等金融机构。积极争取筹建创新型期货交易所，加快大宗商品保税交割仓库、仓单串换市场、大宗商品场外市场清算平台建设，加快广州、前海、广东金融高新技术服务区股权交易中心发展，建立健全转板机制，创新区域金融资产交易市场。

第三，积极推动地方法人机构改革发展，培育金融骨干企业，探索发展金融控股集团，鼓励新型中小金融机构和互联网金融业态发展，打造广东上市银行板块。

第四，探索金融开放新机制，积极争取通过建设粤港澳自贸园区和21世纪海上丝绸之路，建立有利于投资和贸易便利化的总体金融制度安排。同时，全面深化粤、港、澳金融合作，深化与欧美发达国家金融合作，深化与中国台湾、东盟地区金融合作。充分

---

① 郭安丽：“珠三角金改实施一周年，广东再推试验区建设”，《中国联合商报》2013年7月1日，第B2版。

② 朱文彬：“‘补短板’‘扩开放’双管齐下，广东金改再出发”，《上海证券报》2014年6月5日。

利用港、澳人民币离岸市场，构建安全有效的人民币跨境流通渠道，发展有实体经济支撑的跨境人民币业务，在服务国家人民币国际化战略的同时，增强区域金融发展新优势。积极推进 QDII2 试点，逐步实现深交所与港交所的互联互通，创新发展两地同步上市的金融产品。

5.3.5 滇桂沿边“金改”的现状与趋势

1. 现状

根据滇桂沿边金融改革《总体方案》，云南和广西先后出台了《关于建设沿边金融综合改革试验区的实施意见》（以下称《实施意见》），全面推进试验区各项工作，政策效应不断涌现。截至 2013 年 11 月，实现新增银行融资 2488.5 亿元，列西部省区第 4 位；新增直接融资 804 亿元，在全国排名第 10；涉农贷款余额 5556.64 亿元，小微企业贷款余额 4724.36 亿元；年末预计保险保费收入达到 315 亿元，农村产权贷款余额达到 200 亿元。小额贷款公司、私募股权投资企业分别发展到 537 家和 301 家，上市公司再融资规模突破 200 亿元。同时，大力实施“金融入滇与出滇”工程，加强与沿海发达省区、港澳台地区、中国银行间交易商协会以及沪深证券交易所的合作，5 家外资金融机构在云南设立分支机构，太平洋与老挝合资的证券公司成为我国首家在境外设立的证券机构，人民币国际投贷基金成为国内第二个获批省份，人民币跨境结算迅猛发展，试点启动以来累计结算金额 1300 亿元。2013 年，全省金融业增加值超过 650 亿元，占全省生产总值超过 5.5%；金融机构各项存贷款余额预计分别突破 2.1 万亿元、1.6 万亿元，贡献税收突破 140 亿元，从业人员超过 17 万人。云南的金融生态环境也得到了有效改善，金融监管体系、社会信用体系和现代支付结算体系不断健全和完善。

广西重点实施“沿边金融工程、跨境金融工程、产业金融工程、普惠金融工程、农村金融工程、地方金融工程”等，从加快完善金融组织体系、坚持“引金入桂”和发展地方金融机构并举，到积极引进更多的境内外金融机构，稳步发展地方金融机构，提高金融服务覆盖率，不断提升金融服务中国—东盟自贸区升级版的效率和便利化水平。广西的跨境金融业务创新是亮点，包括人民币跨境结算、探索人民币资本项目下的可兑换，以及开展双边及多边跨境保险业务合作等。截至 2013 年底，累计办理跨境贸易人民币业务 2135 亿元，在全国 8 个边境省区、西部 12 个省市区中排名第 1。人民币与东盟国家货币挂牌业务取得突破性进展，中国银行、中国工商银行、广西北部湾银行等先后开办人民币对越南盾、泰铢等东盟国家货币的柜台现汇交易业务。同时，广西积极推动金融支持产业园区与外贸企业，出台了一系列支持沿边“金改”的产业政策，加快建设区域性金融中心的有形载体——南宁五象新区。东兴国家重点开发开放试验区上线运行了东盟货币交易信息平台，试点人民币与周边国家货币的银行间区域挂牌交易，以及人民币与越南盾的可“自由兑换”。北部湾经济区的 4 市在银行服务收费、保险售后服务、小额业务等方面已实现金融同城化，为扩大到试验区 6 市奠定了坚实的基础。完成北部湾股权交易中心的筹建。从企业层面看，广西通过与东盟和南亚国家的人民币投融资合作，推动境内银行为境外项目提供人民币贷款业务；支持符合条件的企业和金融机构到香港及海外债券市场发行债券。2014 年上半年，试验区 6 市企业在人民银行主管的银行间市场平台累计发债融资 209 亿元，同比多发 87.5 亿元。同时，稳步推进北部湾 4 市区域集优中小企业直接债务融资平台建设。此外，广西还加快推动区域金融合作步伐，为适应中国—东盟自贸区贸易投资结算对人民币需求的上升，配合打造中国—东盟自由贸易区升级，进一步松绑金融政策，加强与东盟各国政府之间、中央银行之间、金融监管机构之间，以及金融机构和非金融企业之间的合作。

2. 趋势

云南已将“滇桂沿边金融改革总体方案”赋予云南改革创新先行先试的 10 项试点任务分解为 28 个实施细则、40 项重点任务和 2014 年重点突破的 30 项重要工作。2014 年力争做好以下三个方面的工作：一是突破境外机构人民币账户管理使用范围；突破人民币与周边国家货币的特许兑换范围；突破个人、企业携带人民币现钞出入境限额限制；突破个人跨境人民币贸易结算范围。二是积极向国家争取设立泛亚沿边开发银行、瑞丽边贸银行等民营银行，力争年内民营银行试点取得突破。目前已经就设立边贸银行一事与云南银监局进行了沟通，主发起人和参股股东已确定，具体推进实施方案正在拟定完善过程中。三是加快推进民营金融机构创新发展试点工作，力争 2014 年以民间资本管理公司为主的民营金融机构发展到 50 家。

广西将以跨境金融创新为主线推进试验区建设，内容包括积极稳妥地推进试验区跨境人民币业务创新，完善金融组织体系，培育发展多层次资本市场，推进保险市场发展，加快农村金融产品和服务方式创新，促进贸易投资便利化等 10 个方面 53 项重点工作。

5.3.6 青岛“金改”的现状与趋势

1. 现状

青岛正在按照“一二三四五”的思路，打造以蓝色经济为引领、财富管理为特色的区域性金融中心。“一”即坚持建设面向全球的新兴财富管理中心的一个总体目标。“二”即把握两个关键环节：一是健全的机构体系；二是完善的市场体系。“三”即筑牢三个支撑力量：一是全面的配套产业；二是充足的财富管理人才；三是科学的监管体系。“四”即突出四个配套服务：一是发达的中介服务；二是发达的商务活动；三是发达的教育科研体系；四是发达的慈善公益事业。“五”即抓好五项品牌建设：一是建设财富管理金融控股集团。发挥国有资本带动作用，鼓励和引导民间资本参与，组建青岛本地以财富管理为特色的综合金融控股集团，整合现有法人机构的财富管理资源，开展跨区域机构并购重组，以资本为纽带加速财富管理资源向青岛聚集。二是举办高端财富管理论坛。围绕财富管理发展热点问题，每年举办高水平财富管理论坛，形成财富管理论坛的品牌优势，打造中国财富管理发展的风向标。三是组建财富管理促进会。按照“政府引导、各方统筹、行业为主、跨业整合”的原则，在青岛设立中国财富管理促进会及青岛财富管理促进会，充分发挥民间组织作用，制定行业规范和自律公约，搭建财富管理机构交流合作平台。四是培育财富管理媒体平台。针对财富管理的宣传推广特点，构建全方位的媒体传播平台。支持知名财富管理机构和传媒集团逐步建立专注于财富管理的报刊、杂志、网站、电台、电视台及各类新型媒体形式，向世界传播财富管理发展的最新动态。五是发布财富管理研究报告。加强对财富管理行业发展的趋势研究和信息监测，会同知名研究机构定期发布中国财富管理研究报告及全球财富管理中心评价指数，增强中国财富管理中心的话语权和影响力。

2. 趋势

下一阶段，青岛将重点开展六方面工作：一是积极培育多元化财富管理机构。探索组建专业化财富管理机构，吸引和聚集各类财富管理机构，构建财富管理高端中介服务体系和行业自律组织体系。二是大力发展多功能财富管理市场。培育财富管理专业市场，提升专业化财富管理服务水平。三是推进财富管理相关金融改革创新。推动财富管理监管改革，鼓励金融机构创新财富管理产品，支持金融机构改革财富管理服务。四是提高财富管理服务实体经济水平。围绕实体经济开展财富管理，开展多层次财富管理服务。五是切实提高防范金融风险的水平。防范金融风险，强化金融监管合作，维护金融消费者权益。六是不断优化财富管理发展环境。完善配套建设，培养专业人才，探索建立财富管理业务统计体系，深化国际合作。

5.4 上海自贸区与五大国家级金改区金融实现良性竞合的对策建议

自挂牌成立以来，上海自贸区金融开放创新总体按照如下四个环节稳步推进[①]：①以服务实体经济为目的，积极推动投资贸易的便利化；②协同推进资本项目的可兑换、外汇管理的便利化、利率市场化和人民币国际化等四大核心领域；③启动区内“一行三会”的监管协调，健全完善金融监管，防范金融风险，防控资金违法流动；④建立与上海国际金融中心和其他国家级“金改”区的联动机制，总结和提炼区内金融创新经验与案例并向外推广、复制和升级。

在自贸区金融创新经验与案例的向外拓展和推广过程中，一个不可避免的问题就是：如何在金融开放创新过程中，既能从全局出发形成与其他国家级“金改”区的呼应和联动的机制，又能紧扣上海“四个中心”的建设进程凸显自贸区自身的特殊功能、定位和作用？特别是，我们在上海自贸区金融开放创新与五大国家级“金改”区共性与个性的比较分析过程中所指出的，不同试验区的金融开放创新，目标都是为我国全面深入推进金融改革开放提供经验借鉴。因此，上海自贸区一方面要坚持区内金融开放创新的先试先行；另一方面也要虚心向五大国家级“金改”区学习和借鉴金融开放创新的有益经验。由此，经过比较研究，我们提出如下对策建议：

---

① 李丹丹、屠光绍：“上海自贸区金改有四大环节”，《上海证券报》2013 年 12 月 28 日，第 3 版。

5.4.1 夯实共性基础，凸显地方特色，确立自贸区金融开放创新适配五大国家级“金改”区的先行地位

1. 围绕中心城市功能，夯实金融服务实体经济的共性基础

自贸区和金融综合改革试验区改革成功的关键，就是要围绕中心城市功能，切实贯彻“注重服务实体经济”这条贯穿各地金融改革的线索，提高金融服务实体经济的能力和效率。目前，离岸金融在珠三角地区大幅推进，互联网金融在浙江杭州、义乌等地遍地开花，人民币国际化业务在滇桂沿边地区有着坚实的贸易基础，民间资本及其投融资体制创新在温州、泉州等地蓬勃发展。五大国家级“金改”区的改革方案及其实施细则都充分体现了金融与核心城市功能以及地方产业经济结构调整的紧密关联（参见表5-1）。当然，五大国家级“金改”区更直接地关注建设区域性、多元化的金融体系，自贸区更为关注以金融开放创新推进构建符合国际化和法治化要求的跨境投资和贸易规则体系。为此，“一行三会”相继出台了自贸区金融开放创新的51条政策，重点强调人民币跨境使用、人民币资本项目可兑换和利率市场化。

2. 整合国家战略使命，明确自贸区金融开放创新的功能定位

自20世纪90年代以来，上海市相继承担了浦东开放开发、“四个中心”建设、张江自主创新示范区和上海自贸区等多项国家战略，处于我国长江战略经济带的龙头地位。然而，自2008年以来，上海GDP增速持续放缓，除了宏观经济层面的影响因素，非常重要的原因就是上海承担和参与的各项国家战略使命之间未能完全形成有机联系、协同推进的格局，各自为战、单兵突进时有发生，导致了重复建设、资源浪费和相互扯皮的复杂现象。解题的关键就在于找准上海的定位和发展的动力。具体来看，浦东开放开发的关键是金融集聚和创新，“四个中心”建设的关键是国际金融中心，张江战略的关键是科技金融支持下的自主创新，上海自贸区的关键是制度创新（包含金融创新），上海要引领长江经济带更需发挥上海在金融开放创新上的优势。因此，金融开放创新是上海充分整合自身所承担的各项国家战略使命的基础，也是深刻理解上海自贸区功能定位的关键。

3. 建设国际政策高地，确立自贸区金融开放创新的先行地位

目前国际上的各类自贸区均已经实现了利率、汇率、资本账户管理和本币的可自由兑换等方面的市场化、自由化，因此基本上不存在金融变革需求。在此背景下，仅仅依靠简化行政审批等非金融领域的制度变革，上海自贸区无法在国际上立足，必须从对经济全局最具冲击力和颠覆性影响力的金融领域加快改革创新。从这个意义而言，建设上海自贸区最大的挑战就是金融问题，金融开放创新的程度决定了自贸区的国际地位。自贸区强调面向世界，以金融创新推进金融开放，而不能自缚于国内各“金改”区之间的竞争关系。自贸区的金融创新不是追求国内的“政策洼地”，而是要建设国际性的“政策高地”，提升金融开放层次，落实金融创新体系，实现运行规则基本与国际接轨。自贸区与五大国家级“金改”区之间要实现错位竞争、共生发展。除了金融创新的基础性工作，自贸区瞄准的是全球层面的金融开放、交流与合作。

5.4.2 立足功能扩区，保障金融自由，提供自贸区金融开放创新适配五大国家级“金改”区的持续发展动力

1. 空间局限是上海自贸区金融开放创新的现实障碍

相比五大国家级“金改”区至少覆盖1个地级市，甚至形成若干个地级市乃至省级行政区域的联合，上海自贸区的规划面积为28平方公里，只涵盖洋山保税港区、外高桥保税区（含外高桥保税物流园区）及浦东机场综合保税区，仅相当于上海市面积的1/226，与五大国家级“金改”区在辖区面积上完全不具可比性。为此，自贸区采用了“区内注册，区外经营”的运作探索机制，强调根据“先行先试”推进情况以及产业发展和辐射带动需要，逐步拓展实施范围和试点政策范围，形成与上海“四个中心”建设的联动机制。就这个视角而言，自贸扩区势在必行。但是，从短期来看，自贸扩区难以实现物理空间的拓展，而只能在功能延展上做文章，从而规避总体方案调整和国家相关部委政策协调的高昂成本。从长期来看，自贸区的功能扩区可以通过与五大国家级“金改”区的政策协同而实现物理空间的拓展，因为各项功能必须要在全国基本一致的行政架构和市场机制中进行普遍应用才是真正意义上的“可复制、可推广、可升级”。

2. 金融自由是上海自贸区金融开放创新的终极目标

自贸区首要强调的就是“自由”，而贸易自由的实现有赖于金融自由的保障。金融是现代经济的血液，金融自由是各种资源和生产要素通过市场机制实现自由流动和优化配置的前提。保税区更重视的是单边贸易税率的优惠和通关程序的优化，而自贸区更重视的是国际通行贸易规则的建立，而规则背后则是各种自由化、市场化的金融制度和金融服务体系的支撑。从目前的现状来看，无论是自贸区还是五大国家级“金改”区，通过金融开放创新所要努力建立的是更加自由、公正和法治化的市场体系。区别之处在于，五大国家级“金改”区往往聚焦于特定地域或特定金融市场领域，而上海则要求与国际金融市场和国际贸易规则体系对标。从这个意义而言，金融开放创新是建立跨境投资和国际贸易规则体系的前提，如果在区域范围内的试点过程中首先强调的还是金融风险和金融管制，如果不能率先对现有金融监管体系进行突破，如果因为忌讳区域间的竞争而不敢在自贸区实现国际通行的税率、汇率等优惠政策，如果依旧简单地割裂政策优惠与制度创新之间的内在联系，上海自贸区就不可能跳出物流园和保税区的局限。

3. “功能扩区”是上海自贸区金融开放创新的阶段性选择

从国务院规划上海自贸区和各地金融综合改革试验、试点区域的布局来看，金融开放创新不再是个别区域、个别城市的局部政策优惠和制度红利，而是未来全国层面金融市场体系变革的前期准备工作。接下来的两三年，这种金融开放创新的试验和试点工作还会继续向中西部的内陆地区和新兴经济业态推广和深化。从上海的发展实际来看，虽然陆家嘴金融核心功能区有良好的金融集聚业态，但实体经济发展迟缓已是不争的事实。从目前中央规划的长江经济带战略意图来看，定点突破、区域协同、纵深发展是全国经济增长的基本思路。上海如果仅仅限定在28平方公里的区域里面建设自贸区，必然难有大的作为。“功能扩区”也只能暂时缓解而不能从根本上解决这一问题。当各项金融功能

切实由区外金融机构延展承担之时，则地域扩区就成为必然。特别是，协同调动江浙新兴金融业态和跨境投资、贸易需求，上海才能完成经济转型和复苏。因此，上海自贸区需要功能扩区，但更需要打破以邻为壑的发展思路。

5.4.3 整合国家战略，强化区域协同，实现自贸区金融开放创新与五大国家级“金改”区的积极竞合

1. 以金融开放创新为核心，成立专门的国家战略协同推进委员会，整合上海市所承担的各项国家战略使命

上海自贸区要发展，要拓展，要突破区域限制，关键是要形成与浦东开放开发、“四个中心”建设、长江经济带等战略之间的联动机制。随着国家战略层面的融合，上海市、区县和自贸区层面要针对目前金融政策相互分散、缺乏系统性的现状，着力加强市、区县和自贸区之间金融政策的联动和配套，重点从加强“市—区县—自贸区”金融资源整合、构建联动机制方面推进金融开放创新。上海市现有的金融资源需要在更高的政策层面实现集成整合、均衡布局。对分散于多个部门和不同区域政府的支持金融开放创新的财政性投入资金进行统筹集成，对重叠冲突的金融开放创新政策脉络重新梳理贯通，对过度集中在局部区域的金融资源和市场要素进行有效引导以实现均衡布局，以提升上海自贸区金融创新的政策溢出效应，形成支持金融开放创新的城市政府创新管理体系。

2. 率先对接浦东金融核心功能区建设，敢于先试先行，引领五大国家级金融综合改革试验区的发展方向

浦东是上海自贸区的区域隶属地和第一辐射区，是上海“四个中心”建设的核心功能区，是中国改革开放的前沿阵地和首个综合配套改革试点地区。自贸区的金融开放创新很大程度上源于陆家嘴金融城。但从目前来看，浦东新区并没有充分享受自贸区金融改革举措的“溢出效应”，在金融开放创新中“近不了身、搭不了手，使不上劲，发不了力”。而自贸区现有的金融机构数量少，功能单一，业务创新缺乏基础。因此，自贸区的功能扩区可采用“先上车后买票”的方式，在金融开放创新领域对接陆家嘴金融城，帮助浦东集聚的各类金融机构享受自贸区的各项创新政策。而且，陆家嘴金融城高端金融机构高度集聚，具有金融开放创新的良好基础，有能力率先承接自贸区的溢出效应。为此，上海市政府应尽快研究通过相应的制度规范，方便自贸区内注册的金融机构在陆家嘴金融城集中进行区外经营；在监管机制成熟后，设立自贸区陆家嘴金融城功能分区，直接适用自贸区内开展的金融创新举措。与此同时，由于陆家嘴的金融发展空间已经接近饱和，上海市政府还应尽快着手制定全市金融产业空间布局规划，统筹考虑金融产业在浦东、杨浦、黄浦、虹口等区的合理布局。最后，上海市政府与五大国家级金融综合改革试验区的地方政府也要建立制度化的合作关系，将自贸区的金融功能向全国各层次的金融中心城市延伸和拓展。

3. 以金融开放创新的功能延展和联动为衔接，逐步从功能扩区走向区域协同，携手苏浙构建长三角金融贸易改革推广应用区

服务贸易无形性、不可储存性、生产与消费的同步性特点决定了只有立足功能扩区，

自贸区才能充分利用上海“四个中心”的历史基础和发展优势，进而带动长三角经济，融入长江经济带战略，从而突破空间地理位置的局限，积蓄长期发展动力。截至2014年4月末，自贸区累计新设企业8770家，加上存量企业共计达到17000家。这些新设企业以贸易和服务类为主，分别占比58%和32%。目前28平方公里的土地容量有限，且多为工业、物流仓储用地，根本无法满足金融机构的发展需求。从苏浙两省的金融改革情况来看，江苏的农村金融改革全国领先，浙江的互联网金融、贸易金融和民间金融是独领风骚。上海自贸区的金融开放创新如果不能与毗邻的温州金融综合改革试验区和义乌国际贸易综合改革试点及其金融改革专项方案率先形成协同联动的格局，那么之后各项改革举措的“可复制、可推广”更是无从谈起。从“可升级”的层面来看，这些改革举措不应当仅仅在自贸区和上海市政府层面，而且要上升到省级政府、各部委乃至中央政府层面。因此，功能扩区只是权宜之计，未来的金融开放创新必然要求更大的空间腹地，这不仅包括行政区域的拓展，还包括行政层级的突破。未来上海自贸区的升级扩区方案应当联合苏浙政府，打包“三地”金融改革试验和试点区域及相关政策内容，形成更大层面的、更高层级的长三角金融贸易改革推广应用区。

4. 以“可复制、可推广、可升级”为目标，分层次、分内容、分步骤地推进自贸区建设，实现与全国各地区金融改革的良性竞合

自贸区的金融开放创新虽然以“可复制、可推广、可升级”为目标，但不是所有的金融改革都以自贸区为蓝本。首先，自贸区的金融开放创新是高层次、全球化的，更强调加快金融制度创新，增强金融服务功能，而不是完整的金融体系建设。其次，自贸区的金融开放创新是分内容的，重点要解决三个核心问题：一是跨境资金自由流动；二是金融市场准入；三是金融服务业务开放。最后，自贸区的金融开放创新是分步推进而不是一蹴而就的。从跨境人民币支付和使用、小额外币存款利率上限放开、深化外汇管理改革、“二反”（反洗钱和反恐融资）向自由贸易账户体系和投融资汇兑便利化逐步深化，资本项目的可兑换在不远的将来也应纳入改革方案之中。但是，上海自贸区不能解决金融体系建设的所有问题，而是要从国际层面解决金融市场自由化的根本性问题，如人民币国际化、汇率和利率的市场化以及资本的自由流动。至于贸易金融、民间金融、产业金融、离岸金融、农村金融和财富管理等问题，完全可以由其他地区通过金融综合改革试验来有步骤、分阶段地加以解决。因此，从全国和上海市层面而言，还是要继续研究区分金融创新的层次、内容与步骤，使得分布全国的各个试验区最终在金融领域形成融合共生、协同创新的递进格局。

第6章
中国（上海）自贸区金融税收政策研究

本章摘要

在金融制度创新方面，金融税制创新是重中之重，而我国目前还没有出台针对中国（上海）自由贸易试验区的金融税制改革措施，且现有金融税制不能适应上海自贸区肩负的“深化金融领域开放创新”的国家战略需要。

围绕着中国（上海）自由贸易试验区（以下简称“上海自贸区”）金融税制创新，本章第一节详细讨论了中国金融税制目前存在的主要问题，尤其是现行税制未能及时出台法规来配合上海自贸区金融创新活动的迫切问题。影响我国金融业发展的因素可以归纳两类：一是税制设计的指导思想；二是具体的税收制度。制约上海自贸区金融业发展体现在四个方面：金融业务结构不合理，制约上海自贸区金融创新试点；违反税制设立原则，不利于金融业健康可持续发展；金融发展软环境有待提高，要着力吸引国际知名企业落沪；未遵循国际惯例，削弱金融业的国际竞争力。

第二节聚焦于离岸金融和境外投资的视角，重点探讨了上海自贸区与纽约、伦敦、东京、新加坡和香港等著名国际金融中心在税制竞争力上的差距，提出上海自贸区应该积极应对离岸金融和境外投资领域的国际税收竞争，应抓住时机尽快研究出台富有国际竞争力的税收激励政策，以便扩大上海自贸区在全球离岸金融和国际资本投资领域的市场份额。

税收激励必须与金融开放的步伐、与金融开放的程度相协调。围绕税收激励与金融开放相协调，结合上海自由贸易试验区的发展需要，提出相应建议：

第一，瞄准“四维优势”，探索税制创新。按照我国现行金融税制，比照“四维优势”，上海自贸区至少在税收负担、税制完备、规则明晰等方面不能为国际金融机构所青睐，这也指明了上海自贸区金融税制创新必须努力的方向。

第二，构建公平、合理、确定的金融税制。为解决税负偏重，税收重复征税，税收歧视以及税制建设滞后的问题，需要构建公平、合理和确定的金融税制。公平涵盖消除重复征税和税收歧视；合理指的是税负水平合理，税制建设与时俱进；确定指的是有法可依，税制的改革方向可预测。

第三，打造富有国际竞争力的金融税制。上海自贸区不能建设成国内“税收洼地”，但同时也不能成为国际“税收高地”。维护本国税源，防止本国税源外流，不仅是上海自贸区针对境外投资实行特殊税收政策的合理性解释，也是扭转上海自贸区现行税制下国际“税收高地”不利局面的政策起点。

第四，积极探索“分项不分国”综合限额抵免法。为了减轻境外投资的中国企业计算境外收入抵免限额时的工作量，结合国际经验、现实国情和实施“走出去”战略，可以考虑借鉴美国和日本等国家的“分项不分国”综合限额抵免法，这也可以降低征管难度，提高效率。

第五，谨慎对待境外投资所得的税收饶让抵免。在税收条约修订时，我国对是否列入税收饶让抵免条款的问题仍需谨慎，需要模拟测算比较采用税收饶让抵免前后我国所获取的税收收入的差异。唯有取得可靠的模拟测算税收收入数据之后，才能够判断是否应该引进税收饶让抵免条款。

6.1 中国金融税制现状及对上海自贸区金融业发展的影响

本书金融税制泛指与银行、保险、证券以及其他金融服务直接相关的税收制度。目前，我国金融税制主要涉及10个税种，形成了以营业税和企业所得税为主的税制框架。伴随着我国改革开放的不断深化，金融业得以迅速发展，但同时面临了许多困难和挑战。其中，金融税制已逐渐成为金融业纵深发展的重要瓶颈之一。对于正在建设的中国（上海）自由贸易试验区而言，加快金融制度创新更为紧迫。本书基于对我国金融税制现状及税收负担的分析，从金融税制的视角讨论可能对中国（上海）自由贸易试验区建设的制约因素，找寻促进与自贸区相匹配的金融业健康发展的有效路径。①

6.1.1 中国金融业税收收入及税收结构现状

1. 金融业税收平稳快速增长，税收比重涨幅较大

伴随着我国金融业的不断发展，金融税收也呈现上升趋势，其税收贡献率越来越大。

① 本课题的所有数据，如未做特别说明，均源自《中国税务年鉴》、《中国金融年鉴》和各金融机构年度报表及简报，并在此基础上计算整理得到。此外，由于数据的有限性，考察期间一般为1999—2012年间。

如图 6－1 所示，从 2002 年的 724.4 亿元缓慢上升到 2004 年的 826.65 亿元，然后迅速上升到 2008 年的 5767.22 亿元，尔后经历短暂的平稳期，于 2010 年又加速增长，达到 2012 年的 10292.9 亿元。

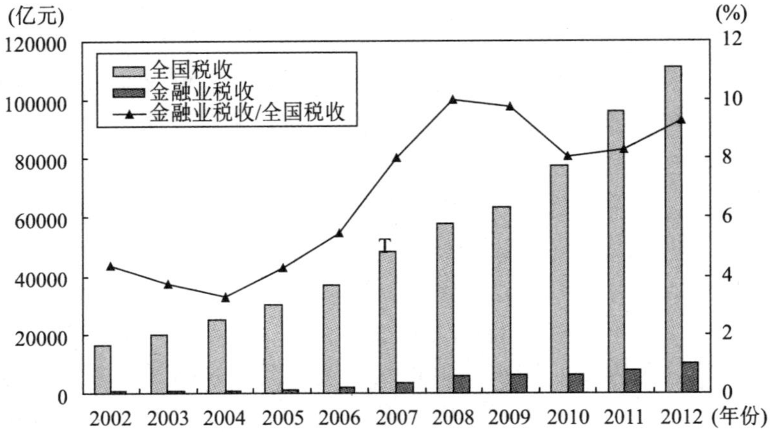

图 6－1　金融业税收总量及比重

此外，金融税收占全国税收的比重总体上也呈上升趋势，期间有波动，从 2002 年的 4.36% 上升到了 2008 年的最高点 9.97%，目前为 9.29%。在整个考察期间，上涨幅度近一倍。

2. 金融业税种结构相对集中，且波动较大

营业税收入和企业所得税收入①是金融业税收的两大主要来源。如图 6－2 所示，早在 2002—2012 年间，我国营业税收入就从 436.33 亿元上升到 2870.23 亿元，企业所得税收入由 180.83 亿元上升到 5490.03 亿元，且两者的增长趋势基本稳合。

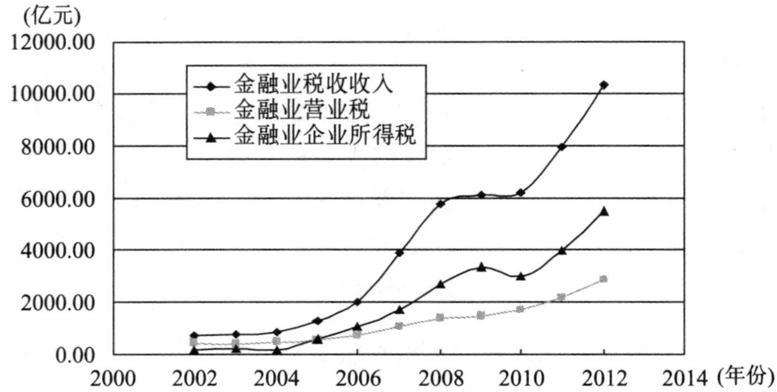

图 6－2　金融业营业税与企业所得税规模增长趋势比较

---

① 基于 2008 年内外资所得税统一，如不做特别说明，本书所说的企业所得税是指内资企业所得税与外资企业所得税之和，但从数据比重来看，95% 以上是内资企业所得税。

从营业税和企业所得税对金融业税收总收入的影响来看，两者呈现出相反的变化。如图6－3所示，营业税总体呈下降趋势，从2002年的60.23%下降到2012年的27.89%。而企业所得税从2002年的24.96%上升到最高点2006年的53.42%，之后总体保持在50%左右。即2005年之前，营业税是最大收入来源，而2005年之后，企业所得税占据了主体地位。其他小税种的变动情况大致如下：印花税出现异常增长情况，如2007年证券交易印花税税率从1‰上升到3‰，导致2007年和2008年印花税比重分别高达17.7%和17.5%，目前已降至3.38%；个人所得税也呈现不断波动中，平均比重为8.55%；城市维护建设税比重极低，且总体呈下降趋势，2012年不足2%。

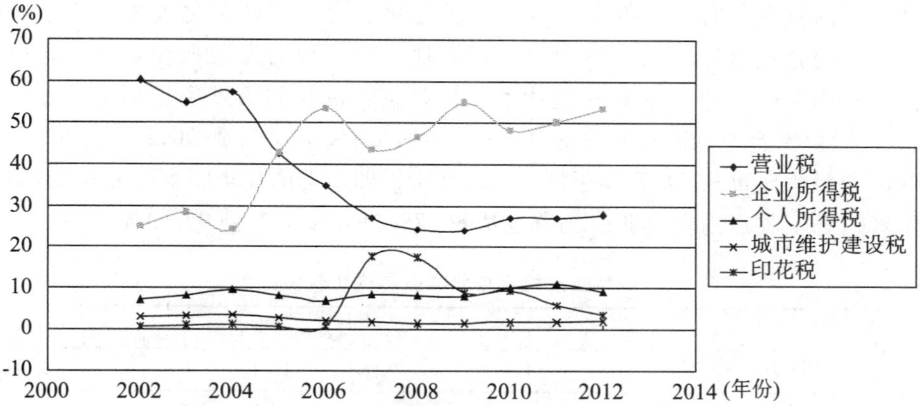

图6－3 金融业税种结构变动趋势比较

3. 金融业税收行业结构较集中，银行业占绝对主体地位

我国自1995年开始对金融业实施分业管理，主要包括银行、证券、保险和其他金融业务，且对行业内部有关业务的进一步分离，比如在银行业内分为商业银行和政策性银行等；在保险业内部分为财产保险和人身保险等。由于发展历史演进、税收负担等方面的差异，来源于各行业的税收比重差异较大。如表6－1可知，在整个考察期间，银行业税收占主体地位，且基本呈上升趋势，从58.41%增长到73.09%，保险业也基本呈上升趋势，从2007年的7.28%上升到2010年的11.11%，然后下降到2012年的9.63%。而证券业税收呈下降趋势，从28.56%下降到8.51%，其他金融业增长趋势不明显，大体保持在6%。

表6－1 金融税收行业结构比较 单位：%

年份	银行	证券	保险	其他金融
2007	58.41	28.56	7.28	5.75
2008	59.65	28.15	7.45	4.75
2009	67.88	16.65	7.89	7.58
2010	65.98	17.09	11.11	5.83
2011	69.39	13.21	10.45	6.95
2012	73.09	8.51	9.63	4.63

4. 金融业税收企业类型结构也相对集中，但内资企业内部主体地位发生逆转

从企业类型结构来看，金融业主要包括：内资企业①、港澳台投资企业、外商投资企业和个体经营，来源于各企业的金融税收也存在较大差异。从表6-2我们可以发现，金融业税收主要集中于内资企业，虽然该比重有所下降，从2002年的98.86%下到2012年的96.5%，但仍占绝对主体地位，在整个考察期间均在96%以上。而港澳台投资企业和个体经营虽然都呈上升趋势，但比重明显太低，前者不足1%，后者不足0.1%。外商投资企业呈先升后降的趋势，且比重也太低，2012年仅为2.75%。虽然多元化的企业组织形式给我国税收也带来多种贡献来源，但内资企业的绝对主体基本没有撼动。

此外，在内资企业内部税收来源也发生了变化。为适应社会化大生产和市场经济发展需要，股份制企业组织形式应运而生。它实现了所有权与经营权相对分离，有利于强化企业经营管理职能，因而不断发展壮大，其对金融税收的贡献率也呈上升趋势。如图6-4所示，股份制企业金融税收占比从2002年的11.93%上升到2012年的82.76%，而国有企业同期税收比重从74.77%下降到12.25%，即两者的比重正好呈相反的趋势变化。再有，两者加总税收占内资企业的比重也从86.7%进一步上升到95.01%。

表6-2 金融业税收企业类型结构比较 单位：%

年份	内资企业	港、澳、台投资企业	外商投资企业	个体经营
2002	98.86	0.14	1.01	0.00
2003	98.88	0.10	1.02	0.00
2004	98.70	0.12	1.18	0.00
2005	98.24	0.14	1.61	0.01
2006	97.70	0.16	2.13	0.01
2007	96.41	0.42	3.14	0.02
2008	96.28	0.63	3.05	0.04
2009	96.78	0.62	2.55	0.05
2010	96.38	0.65	2.91	0.07
2011	96.32	0.75	2.88	0.05
2012	96.50	0.70	2.75	0.05

6.1.2 中国金融业税收负担变化分析②

1. 金融业税收负担测量的相关说明

金融业的税收贡献越来越大，一方面，是由于金融业快速增长带来的正常结果。另一方面，也可能是不合理的税收制度所导致的。因而深入分析中国金融税收负担，并与

① 内资企业包括国有企业、股份企业、集体企业、私营企业和联营企业等五类。

② 由于数据的缺乏，本部分主要开展中国金融业税收负担分析，附带上海金融业的分析。因为我们通过对《上海金融年鉴》的考察，发现其没有类似于《中国金融年鉴》中的相关数据。

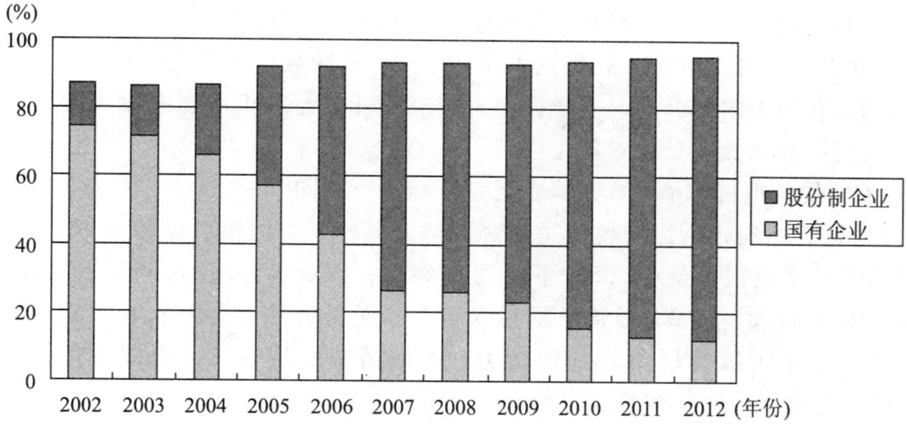

图 6-4　内资企业内部税收结构比较

其他行业及国家进行比较，才能找到真正的原因。从《中国金融年鉴》已有数据来看，是按不同金融行业分别进行统计的。此外，本着“抓大放小”的原则，本书主要分析金融业的营业税负担和企业所得税负担。

在计算税收负担之前，我们需要确定计算公式，并统一计算口径，否则得到的结果大相径庭。主要考察流转税负担、所得税负担和总税收负担（流转税与所得税），并按以下公式计算：

流转税负担 = 营业税金及附加/营业净收入 ×100%　　(6-1)

所得税负担 = 所得税/税前利润 ×100%　　(6-2)

税收负担 =（营业税金及附加 + 所得税）/（税前利润 + 营业税金及附加）×100%　　(6-3)

其中：营业收入净额 = 营业收入 - 营业支出　　(6-4)

以上公式中的数据：营业税金及附加、所得税和税前利润都直接来源于各金融业的损益表，因而现在关键在于“营业收入”和“营业支出”的确定。在《中国金融年鉴》中，它们包含的内容不统一，非常混乱。通过查找年报（如中国银行年报），以及根据营业税征税范围的理论界定。我们将其界定为公式（6-5）、公式（6-6），这也符合各金融机构对税收负担的计算。

营业收入 = 利息收入 + 投资收益 + 手续费收入 + 汇兑收益 + 公允价值变动收益 + 其他收入　　(6-5)

营业支出 = 利息支出 + 投资损失 + 手续费支出 + 汇兑损失 + 公允价值变动损失 + 其他支出　　(6-6)

需要指出的是，对不同的金融机构来说，其营业收入和营业支出的内涵是不完全一样的。

2. 中国银行业税收负担比较分析

中国的银行类型主要包括国有商业银行、政策性银行、股份制商业银行、合资银行以及城市商业银行，其中以国有商业银行和股份制商业银行为主。随着金融业经营体制的进一步改革，股份公司等新型企业组织形式提供的税收稳步上升。如 2008 年，大型商业银行税后利润的比重为 60.72%，股份制商业银行相应比重为 14.42%。同时，由于《中国金融年鉴》每年公布的银行数据不完全一样，兼顾数据的连续性和精力有限，当然更为重要的是我们主题要求，本书选择四大国有商业银行和上海浦东发展银行（属于股份制商业银行）作为比较分析对象。

（1）流转税负担总体呈下降态势，且趋于稳定。如图 6－5 所示，从总体来看，1999 年到 2012 年间，所有银行流转税负呈下降趋势。其中，中国银行流转税负从 15.56% 下降到了 7.2%，建设银行从 14.38% 下降到 6.64%，农业银行从 14.56% 下降到 6.03%，而工商银行降幅最大，从 28.32% 下降到 6.62%。近几年来，各银行税负趋于稳定，不过，仍存在差异。大致的税负高低依次为：上海浦东发展银行、中国银行、建设银行（工商银行与它比较接近）和农业银行。

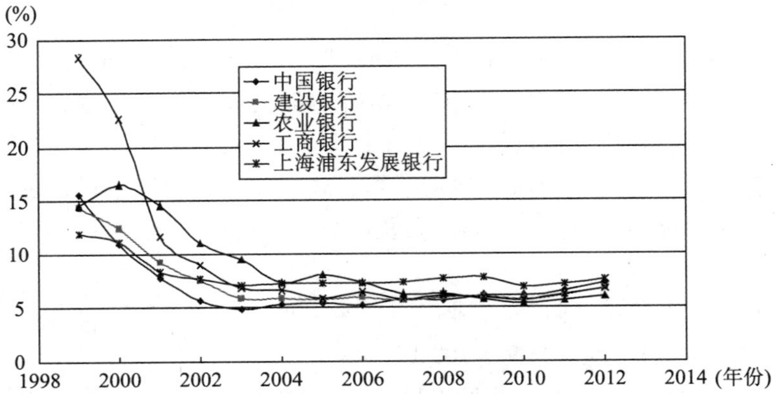

图 6－5　国有商业银行与股份制银行流转税负比较

（2）企业所得税负波动较大，但目前处于收敛状态。从图 6－6 可知，企业所得税负波动较大。其中，中国银行最高年份为 2005 年，为 41.89%，最低年份为 2002 年，为 14.11%；建设银行最高年份为 2003 年，为 40.26%，最低年份为 2001 年，不足 0.5%；农业银行的情况较为奇怪，2004 年到 2007 年都很高，最高为 86.75%，最低为 1999 年到

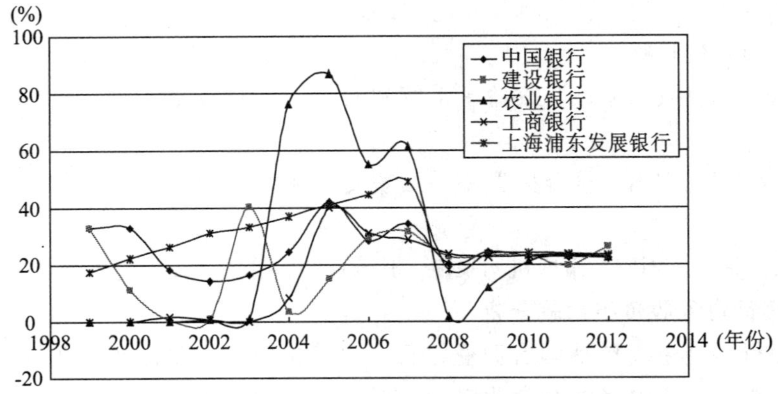

图 6－6　国有商业银行与股份制银行所得税负比较

2001 年（0 税率）。工商银行税负最高也是 2005 年，为 39.77%，最低为 1999 年、2000 年和 2003 年（0 税率）；上海浦东发展银行税负最高是 2007 年的 48.89%，最低是 1999 年的 17.35%。不过，目前各银行均处于收敛状态在 20%—24% 区间活动。此外，上海浦东发展银行在大多数时间比大多数商业银行所得税负更高。

总体上来看，银行业的税负在 2008 年之前普通偏高，如农业银行 2005 年甚至高达 90% 以上。不过，2008 年之后都变动较小，且相对高税负期间有了明显的降低，保持在 30% 左右（如图 6－7 所示）。

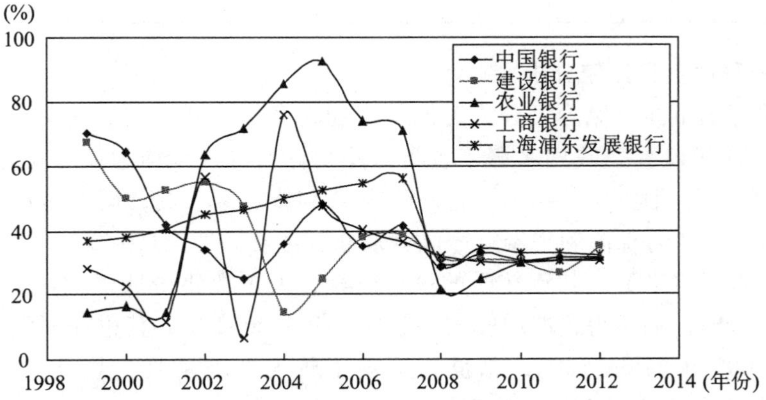

图 6－7　国有商业银行与股份制银行总体税负比较

3. 证券业税收负担比较分析

《中国金融年鉴》中关于证券业的利润表比较较少，考虑到数据的连续性，我们选择中信证券（2004 年到 2012 年），同时结合证券业利润汇总表（2008 年到 2012 年）。

如图 6－8 所示，从中信证券的流转税负来看，2004 年到 2011 年间，总体呈下降趋势，从 3.35% 下降到了 1.52%，但 2012 年急速上升到 3.77；所得税大体围绕在 20% 左右波动（2008 年除外），而总税负与所得税变动基本相似。此外，从表 6－3 中可以发现，中信证券的税负远低于证券业总体税负。

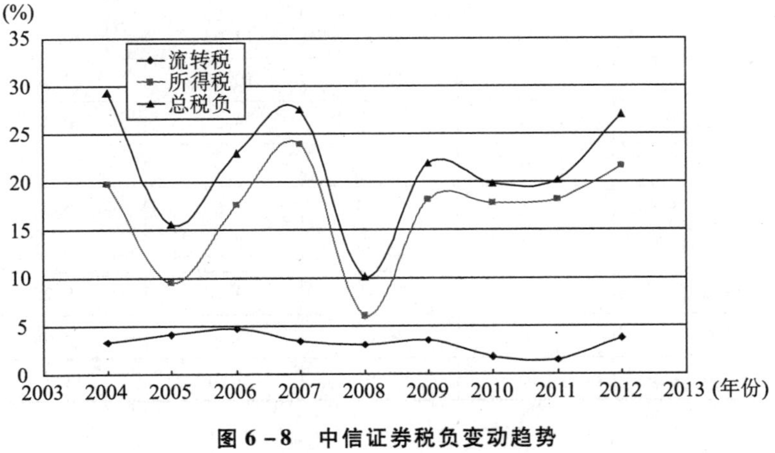

图 6－8　中信证券税负变动趋势

表 6－3　　中信证券与证券业税负比较　　单位：%

年份	中信证券			证券业		
	流转税	所得税	总税负	流转税	所得税	总税负
2008	3.11	6.07	10.05	5.36	19.26	27.39
2009	3.6	18.16	21.89	4.87	22.8	28.69
2010	1.84	17.82	19.78	4.59	22.49	28.73
2011	1.52	18.18	20.18	4.83	22.71	31.62
2012	3.77	21.61	27.03	4.76	21.63	31.62

4. 保险业税收负担比较分析

按照保险标的不同，保险可分为财产保险和人身保险两大类。其中人身保险又以人寿保险为主。如2012年，我国来源于各类保险的保费收入结构为：寿险为56.21%，财产险为33.64%，健康险为5.44%，意外险为2.44%。基于此，同时考虑到数据的连续性，我们选择中国人寿保险和华泰财产保险来分析对象（见表6－4）。

从中国人寿保险来看，其流转税的税负较轻，大多数年份低于1%（1999年、2000年和2005年除外）。而所得税波动较大，最低年份为2012年，其税前利润为－125亿元，最高年份为2005年的34.32%，总税负呈现了较大的波动性，最高年份高达53.7%（2003年），最低年份不足1%（2008年）。

表 6－4　　中国人寿保险与华泰财产保险税负比较　　单位：%

年份	中国人寿保险			华泰财产保险		
	流转税	所得税	总税负	流转税	所得税	总税负
1999	1.07	4.24	46.37	9.17	0	9.17
2000	1.14	1.18	34.05	11.02	9.47	37.23
2001	0.97	0.39	40.81	12.77	6.7	34.63
2002	0.32	1.52	28.98	0.69	2.37	4.37
2003	0.26	5.49	53.7	10.69	10.25	31.74
2004	0.19	7.33	21.15	12.03	10.27	43.59
2005	0.17	34.32	40.35	10.62	14.98	47.53
2006	0.52	18.37	30.23	9.3	0.44	34.99
2007	5.17	16.61	24.11	6.3	0	6.3
2008	0.73	0	0.73	12.6	5.3	41.63
2009	0.9	21.26	25.27	11.62	0	11.62
2010	0.89	17.36	22.15	9.78	10.25	29.88
2011	0.77	14.6	24.88	5.92	5.08	57.79
2012	0.91	0	0.91	7.41	13.72	54.77

从华泰财产保险来看，其流转税负相对较高，大多数年份围绕在10%左右波动，所得税税负相对较轻，各年份差异较大。而总体税负相对较高，最高年份为2011年的57.79%。

总体上来看，中国人寿险税负明显低于财产险。这也符合各国保险税的通性，即主要针对以物为保险标的险种（财产保险）征收，对以人为保险标的险种（如人寿保险、人身保险和医疗保险）大多免征保险费税或者按照较低的税率征税。

5. 信托业税收负担分析

《中国金融年鉴》关于信托业的统计只有：中国中信集团有限公司（中国国际信托投资公司）和中诚信托有限责任公司（原名中煤信托）。考虑到中信集团已发展成为一家金融与实业并举的大型综合性跨国企业集团，不适宜作为信托业税负的典型代表，我们选择中诚信托作为研究对象（缺2001年和2002年数据）。

如图6-9所示，中诚信托的流转税负变动不明显，目前保持在5%左右，而所得税总体呈下降趋势，目前保持在20%左右，而且总体税负变动轨迹与所得税基本一致，目前税负保持在稍高于26%水平。

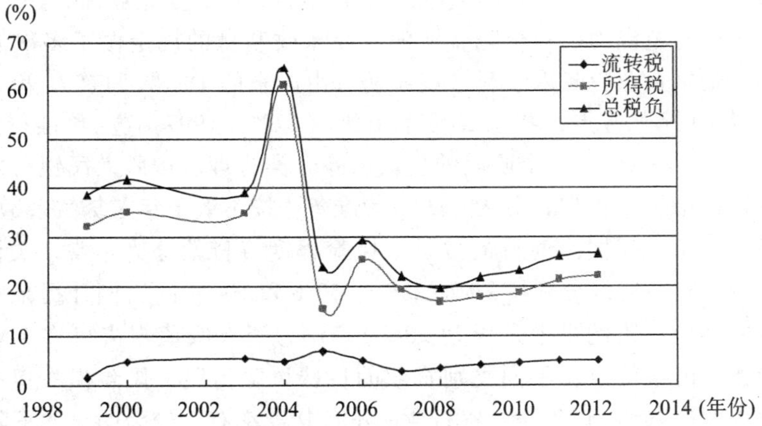

图6-9　中诚信托税负变动趋势

6.1.3　我国金融业税收负担变动的成因分析

从以上金融业税收现状及税收负担的分析，我们大体可以发现：从金融行业来看，我国金融业各行业以及某行业内部的税负差别都较大。从税种来看，流转税大都呈下降趋势，而所得税波动较大，其中，银行业、证券业和信托业税负趋于稳定，而保险业税负波动性仍较大。

1. 有利因素

近年来，我国金融业税制进行了一系列的改革，带来了金融业的进一步发展，导致了金融业整体税负的降低。

（1）金融业营业税改革的有利因素。金融业营业税率自1994年确定为5%之后，1997年提高到8%。不过，2001年起开始下降，每年递减一个百分点，到2003年降为

5%。而且，为进一步推进中国农业银行“三农金融事业部”管理体制改革，支持县域经济发展，取得的利息收入减按3%的税率征收营业税。

2009年1月1日实施的修订后的《中华人民共和国营业税暂行条例》规定转贷业务不再按差额征收营业税，而是按全额征收营业税。该规定剔除了内外资银行税收待遇的差异，平衡了内外资金融机构的税收负担。同时，将“境内保险机构为出口货物提供的保险产品免征营业税”这一条例上升到法律的层次。此外，将“外商投资企业和外国企业”纳入到修订后《中华人民共和国营业税暂行条例》的范围之内，为内外资金融机构营造了公平竞争的税收环境。

（2）金融业企业所得税改革的有利因素。2008年之前，我国金融企业实施内外有别的企业所得税，两者在适用税率、税前扣除和税收优惠等方面，存在较大差异，内资金融企业税负明显高于外资金融企业。2008年1月1日起实施的新《企业所得税法》，将内外资金融企业都纳入到新《企业所得税法》中，导致内资企业所得税率由33%降至25%，外资企业适用税率由24%（或15%）提高到25%。而且，内资企业之前适用的限额工资扣除标准调整为合理的工资据实扣除（外资一直采用据实扣除的办法），这对于工资水平普遍偏高的金融业来说，无疑极大地增加了企业所得税税前扣除数额，减轻了企业税负。

为了提高风险防范能力，对金融企业的应收未收利息的规定做了多次调整，从2002年1月1日起，金融企业应收未收利息核算期限由原来的180天调整为90天。此外，针对金融业风险大的行业特点，我国经历了引进（1994—1997年）和推行（1998—2001年）和推广（2002年—　）三个阶段的贷款风险分类管理。按照人民银行发布的《银行贷款损失准备计提指引》提取，分为：①一般准备。按不低于年末贷款余额的1%，按季度提取。②专项准备。按国际通行的按贷款风险程度将贷款分为正常、关注、次级、可疑、损失共五级，对后四级分别按2%、25%、50%和100%的比例计提呆账准备金（其中，次级和可疑类计提比例可上下浮动20%），作为资产减值损失可在企业所得税前扣除。③特种准备。由银行根据不同类别贷款的特殊风险情况、风险损失概率和历史经验自行确定并按季度提取。[①] 近年来，银行业的不良贷款率有了较为明显的下降。如表6-5所示，中国银行不良贷款率从2003年的16.28%下降到了2012年的1.1%，工商银行相应比例从25.69%下降到0.85%，农业银行从30.07%降到了1.33%，建设银行从15.17%降到了0.99%。显然，目前各大银行不良贷款率非常小，在1%左右。

（3）其他税种改革的有利因素。在个人所得税方面，高工资的金融业职员税负相对较重。随着我国个人所得税制的不断改革与完善，其税负也得到了极大降低。一方面，免征额提高。随着国民经济的发展和居民收入水平的提高，尤其是近年来通货膨胀的影响，我国政府对工资薪金所得税费用扣除标准进行了三次调整，由最初的800元分别提高到1 600元（2006年1月1日）、2 000元（2008年3月1日）和3 500元（2011年9月1日）。另一方面，调整税率结构有级次。2011年9月1日将9级超额累进税率减少为7级，最低税率由5%降为3%，同时扩大了级距。

① 中国金融税制改革研究小组编制：《中国金融税制改革研究》，中国税务出版社2004年版，第43页。

表 6-5 四大国有商业银行的不良贷款率[①] 单位：%

年份	中国银行	工商银行	农业银行	建设银行
2002	—	25.69	30.07	15.17
2003	16.28	24.24	30.66	9.12
2004	5.12	21.36	26.73	3.92
2005	4.62	4.69	26.17	3.84
2006	4.04	3.79	26.17	3.29
2007	3.12	2.74	23.57	2.60
2008	2.65	2.29	4.32	2.21
2009	1.52	1.54	2.91	1.50
2010	0.95	1.08	2.03	1.14
2011	1.00	0.94	1.55	1.09
2012	1.10	0.85	1.33	0.99

为促进证券市场的健康发展，我国政府比较频繁地调整了证券交易印花税。如 2001 年 11 月 16 日统一从 4‰调整为 2‰后，2005 年 1 月 23 日又调整为 1‰，2007 年 5 月 30 日调整为 3%，2008 年 4 月 24 日调整为 1%，2008 年 9 月 19 日调整为单边征收，并一直沿用至今。

2. 不利因素

金融业分类发展，但各行业发展时间表存在较大差异，随着金融业日新月异的发展，相关税制建设明显滞后。

（1）金融税收制度建设滞后。

①金融衍生工具税收政策缺位。金融创新是时代赋予金融业发展的首要任务，而金融工具创新是其核心内容。实践中运用的金融衍生工具主要包括：远期、期货、期权和掉期等，目前仅对期货和股票期权有较为明确的征税规定，而对新出现的金融业务通常以国家税务总局具体问题具体批复的形式为准。当然，相关政策缺位的主要原因在于税制确定的复杂性。

②金融信托业税收政策滞后。按照我国《信托法》和现行的税法，委托人将资产委托给信托公司进行投资时，因伴随产权转移，需要缴纳税金；当信托计划到期，信托公司将资产交还委托人时又需缴纳税金。双重纳税大大提高了信托公司的经营成本，从而压缩了投资者的收益空间，阻碍了信托业务的开展，这也是目前各信托企业均未推出财产型信托业务的一个根本性制度约束（目前部分国内信托企业推出的所谓财产信托产品，其本质上还是资金信托产品）。而对于资金信托产品来说，我国现行的法律规定中没有明确受益人在取得信托受益时如何纳税，各地区在此方面的做法不一致。另外，对于信托

① 2002 年，中国人民银行规定后三类贷款合并计算为不良贷款，使得银行业的不良贷款率有了明晰的统计方式。

企业开展公益信托业务等特殊业务，相关法律中也没有税收优惠等方面的规定。

③离岸金融税收制度滞后。我国自 1989 年起，批准深圳招商银行试办离岸金融业务[①]以来，历经增长阶段、整顿阶段以及恢复发展阶段，经过了 20 多年的发展，离岸金融资产增长迅速。我国关于离岸金融税收制度建设明显滞后，没有出台正式的政策法规，但却在实践中执行了较为优惠的税收政策，并且各地政策不一，这违反了税收法定原则和税收公平原则。而且，内外资离岸金融实施两套不同的政策。可喜的是，天津东疆保税港区的严格内外分离型离岸金融模式和上海洋山保税港区适度渗透的内外分离型离岸金融模式已经取得初步进展，其他一些综合保税区也正积极拓展离岸金融业务。在外汇管制放松上，离岸银行不必持有准备金，不受利率上限约束，还可享受免征利息税等较多税收优惠。

（2）金融营业税的不利政策。

①营业税计税依据不合理。目前，金融业包括贷款、融资租赁、金融商品转让、金融经纪业、保险业和其他金融业务，除融资租赁和金融商品转让（投资收益）是按营业净额纳税之外，其余都是按营业收入全部价款和价外费用纳税。实际上，各金融业收入历来都有对应的支出项目，导致其实际税负差异较大。如表 6-6 所示，2012 年，在银行、保险和信托三大行业中（证券没有收支分开的细化数据），三者的利息收入或保费收入在收入中的比例依次为 85.45%、79.57% 和 22.29%，对应的支出占收入的比例依次为 50.67%、42.68% 和 0，但按税法规定要对保费收入或利息收入全额，即不扣除利息支出或保费支出的余额纳税。而对于投资收益按净额纳税，三大行业在总收入中的比重分别为：3.04%、20.35% 和 18.87%。因而，从总体上显现的结果是中诚信托的营业税负（4.9%）比中国银行（7.2%）更低。当然，这从另一个角度也反映了金融业内部管理效率的高低对税负的影响（中诚信托的利息支出为 0）。从三者总支出占收入的比重也可以说明这一点，分别为 45.44%、42.13% 和 0.93%。不过，由于人寿保险享受较多的国家税收优惠政策，因而出现税负极低情况。例如，保险公司开展的一年期以上返还性人身保险业务的保费收入，免征营业税，等等。

纳税人从事金融商品转让业务，按照股票、债券、外汇、其他四大类来划分，只对同一大类在同一会计年度内的亏损才可以冲抵盈利，因而，不利于充分弥补亏损。不过，该规定自 2013 年 12 月 1 日起改为：不再划分四大类，统一归为“金融商品”，在“金融商品”内以及同一会计年度内可以相互冲抵。2009 年规定，商业银行的交易性金融资产、可供出售金融资产取得的投资收益不缴营业税。

金融机构往来收入是指商业银行之间，商行与央行之间，以及与非银行金融机构之间的资金账务往来，并按约定的利率互相计息取得的收入。目前，国内银行的金融机构往来收入所占比重较大且日益增加，有些银行甚至超过 50%，对往来收入不征营业税有违市场经济原则，也是银行资金运用效率低下的重要原因。

---

① 离岸银行业务是指银行吸收非居民的资金，服务于非居民的金融活动，包括外汇存款、外汇贷款、同业外汇拆借、国际结算、发行大额转让存款证、外汇担保、资询、签证业务以及外汇管理局批准的其他业务。

表 6－6　2012 年各金融业营业收支来源结构比较　单位：亿元

收支来源	中国银行	中国人寿	中诚信托
利息收入或保费收入	4759.37	3721.98	6
手续费及佣金收入	641.01	—	15.84
投资收益	169.27	951.98	5.08
公允价值变动收益	—	3.34	—
汇兑收益	—	0.11	—
其他业务收入	—	24.29	—
利息支出或保费支出	2411.56	1588.5	—
手续费及佣金支出	23.72	301.39	0.25
其他业务支出	95.32	80.71	—

②营业税税率普遍高于其他行业。我国金融业营业税率自 1994 年确定为 5% 之后，1997 年提高到 8%。不过，2001 年起开始下降，每年递减一个百分点，到 2003 年降为 5% 之后沿用至今。而综观其他服务行业：建筑业、交通运输业、邮电通信业和文化体育业，适用的税率仅为 3%。即便是适用 5%—20% 最高税率的娱乐业，近年来也纷纷下调税率，适用于 5% 低税率的收入比重迅速上升。从 2008 年的 7.35% 上升到 2012 年的 36.05%。从表 6－7 中我们也可以清晰地看到，金融保险业税收收入比重近年来又有上升的势头，2012 年达到了 18.16%，而交通运输业、邮电通信业、娱乐业、服务业等行业都呈不同程度的下降趋势。

表 6－7　各行业营业税比重比较分析　单位：%

年份 / 行业	2002	2003	2004	2005	2006	2007	2008	2009	2010	2011	2012
建筑业	20.95	23.31	22.75	23.32	23.09	21.46	22.59	23.83	24.26	24.59	25.22
交通运输业	8.66	7.91	8.91	8.88	8.61	7.81	7.95	6.55	6.41	6.27	5.73
邮电通信	6.22	5.37	4.63	4.47	4.17	3.48	3.36	2.89	2.52	2.35	2.28
金融保险业	17.67	14.21	13.21	13.06	13.71	16.10	18.05	16.17	14.92	15.70	18.16
娱乐业	0.66	0.57	0.61	0.61	0.59	0.55	0.53	0.46	0.35	0.30	0.24
服务业	28.04	26.84	26.93	26.00	24.85	23.49	24.75	23.55	23.11	24.06	22.51
转让无形资产	1.06	1.15	1.04	1.05	1.04	1.02	0.97	0.89	0.91	0.79	0.90
销售不动产	16.05	19.93	21.25	21.85	23.25	25.51	21.20	25.02	26.90	25.30	24.22
文化体育业	0.42	0.45	0.47	0.48	0.45	0.42	0.44	0.45	0.44	0.47	0.49

在一些国家，对金融业通常征收增值税，而且是免征增值税。即便在征收营业税的国家，其税率通常也较低，在 1.2%—4% 之间（且按照营业收入净额为计税依据）。

（3）歧视性税收待遇。为了促进某些行业的发展，国家常在某段时间内出台相应的税收等方面的鼓励政策，这是合理的。而如果给予是过渡期是照顾性税收优惠政策，则应择期取消。例如，中国人民银行对金融机构的贷款业务，金融机构之间相互占用、拆借资金取得的利息收入，不征营业税；金融机构买卖有价证券，要征营业税，而对非金融机构和个人买卖有价证券，则免征营业税；对外汇、有价证券、期货等金融商品买卖获取投资收益征收营业税，而对股权转让投资收益不征营业税；内资金融企业缴纳营业税之后，以营业税额为依据计算缴纳7%（5%或1%）的城建税，以及3%的教育费附加，而外资金融企业不缴纳城建税及教育费附加。

（3）金融企业所得税的不利政策。2008年内外资企业所得税统一后，许多问题迎刃而解，但仍存在呆坏账准备计提法规不清晰问题。《金融企业会计制度》和《银行贷款损失准备计提指引》本身在计提基数、计提时间、计提种类和计提范围等方面都存在差异，而金融机构在实践中往往采用过渡性处理办法。财政部2001年制定的《金融企业呆账准备提取管理办法》和中国人民银行2002年制定的《银行贷款损失准备计提指引》，它们在计提的范围、计提的比例以及计提基数的确认方面都存在差异，从而导致了坏账计提的可比性，最终一定程度上影响损益的可比性。

（4）其他不利因素。

①个人所得税与企业所得税重复征税。金融企业将缴纳所得税后的税后利润以股息、红利的形式分配给股东时，还要缴纳20%的股息红利个人所得税，没有对已缴企业所得税部分进行抵免，造成部分收入重复征税，提高了纳税人实际承担的税负。不过，从2013年1月1日起，我国开始实施上市公司股息红利差别化个人所得税政策。在新政策下，个人持股期限不同，所得股息将承担20%、10%和5%三种不同的个人所得税税负，这在一定程度上缓解了重复征税。

②证券交易印花税缺乏立法依据。我国税法规定，印花税的征税对象是对经济活动和经济交往中书立、领受的凭证征收的一种税。但随着科技的发展，证券交易已经实现了电子化和无纸化，每笔证券交易应缴的税款由证券交易系统自动扣除。从世界各国的经验来看，取消股票印花税是大势所趋。如，1999年4月1日，日本取消包括印花税在内的所有交易的流通票据转让税和交易税；2000年6月30日，新加坡取消股票印花税。

③金融业不能进行进项税额抵扣。金融业是以提供劳务为主的机构，征收营业税。因而金融机构为开展相应业务购进的货物或固定资产的进项税额不能抵扣，导致税负加重。

④税收行政管理审批过于繁琐。在目前金融税收行政管理中，审批事项过多，大大加重了企业的纳税负担和税收的征收成本，而且易使税法流于形式，影响税制效率。

6.1.4 金融税制现状对上海自贸区金融业发展的影响

上海自贸区自2013年9月29日挂牌以来，万众瞩目的税收优惠政策并没有如期而来。目前，上海自贸区仅涉及七项税收优惠政策，其中两项促进投资，五项促进贸易，因而与金融业直接相关的税收优惠政策并未即时出台。对此，我们需要了解上海自贸区肩负着实现以开放促进发展、促改革、促创新，形成可复制、可推广经验的重要使命，是拓展经济增长的新空间，打造中国经济“升级版”国家战略的需要。据此，金融业不再被视为国家筹集收入便利的高盈利服务行业，而应作为税收鼓励发展的对象。上海自贸区金融税收政策指导思想是全局的，应围绕下一步我国金融业发展的指导方向来制定。

从我国金融税制现状的分析中，我们可以发现影响我国金融业发展的因素可以归纳为两类：一是税制设计的指导思想；二是具体的税收制度。这两类因素中，制约上海自贸区金融业发展的因素可以归纳为以下四个方面：

1. 金融业务结构不合理，制约上海自贸区金融创新试点

从金融业营业收入来源的分析中，我们可以发现：一方面，我国金融业以银行业为主，在保险、证券和外汇等方面的比重偏低。另一方面，无论是离岸银行业还是在岸银行业，均以传统贷款利息收入等业务为主；保险业以人寿保险为主；而融资租赁规模偏小。严格管制，会导致行业萎缩。这与上海自贸区金融创新的要求存在明显差距：开展银行服务、专业健康医疗保险以及融资租赁，金融衍生品、离岸金融业务以及保理业务的创新等。因此，在当前不能形成税收“洼地”制约下，通过制度创新，扩大及放开金融业务领域，以练内功弥补税收优惠政策的不足尤为重要。

2. 违反税制设立原则，不利于金融业健康可持续发展

通过我国金融业税收现状及负担的分析，我们发现了一些金融业税收政策的“高地”，不利于金融业的健康快速发展：营业税税率过高，形成了服务业行业内的“高地”，不利于行业公平竞争。同时，存在一些歧视性税收待遇；离岸金融业务各地为政，缺乏立法依据；企业所得税坏账计提适用两套法规，不利于操作；金融税制法规建设滞后，等等。这明显不符合自贸区税制改革遵循税制公平、统一、规范的原则，不利于我国（上海）金融业健康可持续发展。

3. 金融发展软环境有待提高，要着力吸引国际知名企业落沪

上海自贸区是至今为止全国唯一也是第一家获批的自贸试验区。原因在于上海有四点优势：自然条件、人文基础、工业产业基础和开放经验，即上海较好地具备了金融发展的环境，上海金融业的发展在全国也具有中心地位。例如，2012 年，上海证券交易所债券交易额为 8442.99 亿元，而深圳证券交易所债券交易额仅为 1459.58 亿元。

尽管硬件设施比较完善，但国际金融中心的核心竞争力更多体现在软环境上，如政府效率、法制和税收等，这与世界著名国际金融中心相比还有不小差距，吸引世界知名企业的力度有待加强，外资金融企业税收贡献率非常有限，某种程度上也似乎非常有效地印证了这一点。为此，一是要进一步提升政府效率，提升上海市政府的公共服务效率和驻沪监管机构的监管效率等。目前上海自贸区已推出负面清单，走出了可喜的一步，但不可能一步到位，后续改革仍有空间。二是进一步完善税收环境，提高税收行政管理效率。三是加强上海金融立法，金融立法的制定基本属于中央事权，但地方仍存有一定的立法空间，上海应积极争取制定金融法规的授权立法。将上海打造成为辐射我国华东地区的金融中心，着力吸引国际知名金融机构落沪。

4. 未遵循国际惯例，削弱金融业的国际竞争力

2014 年 3 月 5 日，习近平主席参加十二届全国人民代表大会上海代表团审议时强调，建设自由贸易试验区是一项国家战略，要牢牢把握国际通行规则。目前，国际上对金融业的税收政策相对宽松，在税种的设计上也较为简单，可操作性强。例如，针对金融业核心业务不征税或征收低税率营业税，征收15%的企业所得税，等等。当然，目前我国企业所得税不具备全面降低税率的基础，一方面，2008年，我国内外资企业所得税合并之后，内资企业所得税税率已经得到了极大的降低。另一方面，我国是流转税和所得税主体税制结构，如果进一步全面降低税率，会极大地影响政府税收收入来源的稳定性。当然，局部企业所得税率的降低仍大有可为，这也符合上海自贸区金融创新的发展方向，例如，遵行国际惯例，离岸金融业务制定较为优惠的税收政策法规，可以极大地促进我国离岸金融业务的国际竞争力，也可以解决当前各国离岸金融税制无法可依的局面。

6.2 中国（上海）自由贸易试验区金融税制的国际竞争力比较研究——基于离岸金融和境外投资的视角

6.2.1 金融税制政策研究的必要性

目前上海自贸区内已有银行、证券、期货、保险、基金、股权交易等130多家金融机构和1000多家金融信息服务、投资与资产管理企业落户，上海国际能源交易中心正式挂牌成立[①]。

据上海市金融办发布的《关于自贸试验区金融制度创新的情况》显示：“自贸区内金融机构根据已经出台和将要出台的金融政策措施，以客户需求为导向，积极研究如何利用自贸试验区的特点和优势为客户提供多元化、便利化、综合化的金融服务，特别是贸易金融、跨境投融资、跨境财富管理、跨境资产管理、跨境并购贷款、离岸金融等创新业务。”与金融创新业务相对应的税收政策也应该尽快到位，以配合自贸区金融创新业务的开展。

历史经验表明，现有的国际金融中心（含自由贸易港）之所以能够发展到今天的程度，跟其所在国的政府大力推行有助于增强其国际竞争力的金融税制紧密相关。目前，我国上海自贸区金融税制面临的主要问题是税制竞争力不如境外的国际金融中心。我们将主要围绕各主要金融中心的金融税制的竞争力展开一般分析，以便为上海自贸区今后设计金融税收政策提供有益的借鉴。

根据《国务院关于印发中国（上海）自由贸易试验区总体方案的通知》（国发［2013］38号）要求，自贸试验区按照《总体方案》探索与试验区相配套的税收政策，实施促进

① 上海自由贸易试验区推进工作领导小组办公室：《关于中国（上海）自由贸易试验区推进情况》，2014年3月。

投资和贸易的税收政策，并在符合税制改革方向和国际惯例，以及不导致利润转移和税基侵蚀的前提下，积极研究完善适应境外股权投资和离岸业务发展的税收政策。因此，下面还将重点分析主要国际金融中心促进离岸金融业务发展的税收政策以及促进境外股权投资的税收政策。

6.2.2　离岸金融税收政策研究

1. 对离岸存贷款业务的税收政策研究——以日本为例

为了方便分析离岸金融业务的税收政策，这里首先选取最基本的离岸存款和离岸贷款业务模式来展开分析。日本在 20 世纪 80 年代曾研究过离岸金融单位（offshore banking unit，简称为 OBU）的制度设计。当时日本的国情跟中国有类似之处：尽管日本在 1964 年迫于贸易伙伴的敦促而放松了经常项目下的外汇管制，但是直到 80 年代，日本依然存在着严格的利率管制、资本输出管制和国内信贷管制。日本所设计的离岸金融单位最基本的业务即是吸引非居民的外币存款，并将这些外币资金放贷给非居民。业务流程见图 6－10。

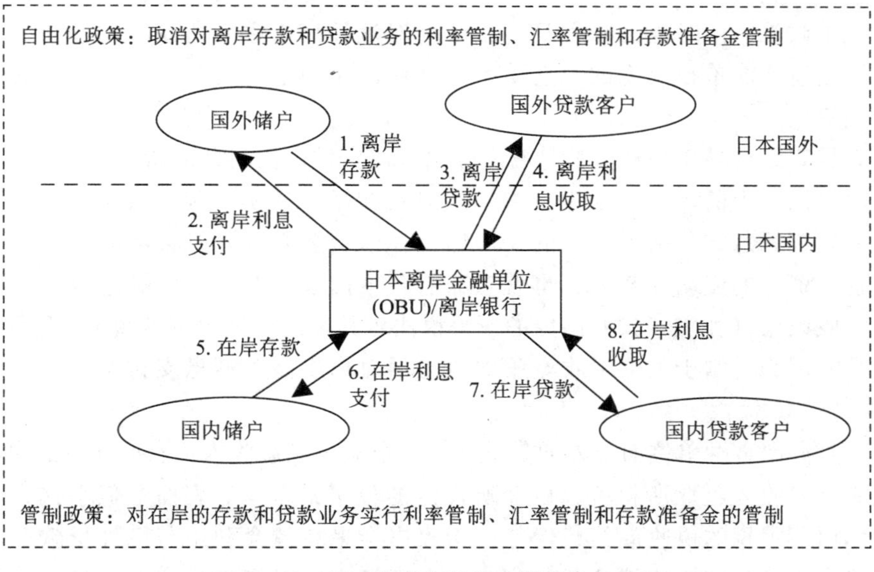

图 6－10　日本离岸银行的存贷款业务流程

图 6－10 中有五个市场交易主体，日本的离岸金融单位（OBU）从国外的非居民储户那里吸取存款（包括日元存款和外币存款），在图中用“1. 离岸存款”来表示这一交易；日本离岸金融单位按照约定利率支付利息给国外储户，在图中用“2. 离岸利息支付”来表示；日本离岸金融单位将吸收的资金放贷给国外有借贷需求的客户，在图中用“3. 离岸贷款”表示；日本离岸金融单位从国外的贷款客户那里按照约定利率收取贷款利息，在图中用“4. 离岸利息收取”表示。这里的四个交易都是离岸交易。

离岸金融单位同时也可以从事在岸业务，如日本离岸金融单位从日本国内储户那里吸收存款，图中用“5. 在岸存款”表示；然后日本离岸金融单位将存款利息支付给国内储户，图中用“6. 在岸利息支付”表示；日本离岸金融单位将吸收的存款放贷给国内有借贷需求的国内贷款客户，图中用“7. 在岸贷款”表示；日本离岸金融单位从国内贷款客户那里收取约定的利息，图中用“8. 在岸利息收取”表示。

针对图 6-10 的八个交易产生的交易金额或者交易净额（或称之为交易所得），日本国将如何对其课税呢？交易 1 和交易 5，是日本离岸金融单位从境外和境内的储户那里分别吸收存款，这个环节并未产生税务义务，但是产生了是否对存款计提存款准备金的义务，以及是否受到日本国的存款利率管制的问题，后两者的问题不属于税收范畴，我们不作讨论。

交易 2 是离岸利息的支付，这个环节产生的税收问题即是否对日本离岸金融单位支付给境外非居民储户的利息所得课征预扣税？预扣税直接决定着境外储户的储蓄净所得，所以对境外储户的储蓄积极性有很大影响，而在实践中境外储户往往有若干个选择，比如可以选择将闲置资金储蓄在日本的离岸金融单位或离岸银行，也可以选择将闲置资金储蓄在新加坡或者香港的银行，换言之，离岸存款往往具有较强的流动性，它有机会在各国际离岸金融中心之间作出自由选择，这意味着离岸存款资金的国际竞争是相当激烈的，为了在国际竞争中取胜，各国际离岸金融中心有激励对离岸存款利息所得实行预扣税减免的优惠政策，同时也意味着日本国政府对这种离岸存款所设计的预扣税税率，并非是日本国政府所能单独决定的，它受制于其他国家和地区的离岸金融中心的离岸存款预扣税的税率。

交易 6 尽管跟交易 2 一样，都是离岸金融单位支付存款利息给储户，但是交易 6 是支付利息给日本国国内的储户。由于日本国当时对在岸业务实行利率管制、汇率管制和存款准备金的管制，意味着国内储户的在岸储蓄存款资金并没有机会流向国外的离岸金融中心，即这类资金的流动性较差，也就意味着日本国政府对储户的利息收入可以实施独立的国内税收政策（比如说按照国内的所得税法对其按照标准税率课税），而不必像对待离岸储蓄那样因为受制于国际税收竞争的压力而对离岸储蓄利息支付实行预扣税的减免政策。

交易 4 是离岸金融单位向境外的贷款客户收取离岸利息收入。它所涉及的税收问题即是否对离岸利息收入收取所得税，以及所设定的税率是多少。表面上似乎这完全取决于日本国的国内所得税的税收政策，但是由于离岸金融单位会利用与境外贷款客户协商贷款利率的机会将税负转嫁给境外贷款客户，所以日本国对离岸贷款的利息收入所设定的所得税税率，在一定程度上决定着日本离岸金融单位向境外客户所提供的离岸贷款业务是否具有竞争力，这个竞争力指日本国与其他国家和地区的离岸金融中心相互竞争以吸引离岸贷款客户的能力。换言之，由于离岸贷款业务的客户存在较大的国际流动性，所以对离岸贷款业务的利息所得课征的税率，受到国际税收竞争的压力，这迫使日本国不得不考虑是否对这项离岸所得实施跟其他国际离岸金融中心趋同的税收政策。

交易 8 是日本离岸金融单位向国内的贷款客户收取在岸利息收入。由于日本国当时对在岸业务实行利率管制、汇率管制和存款准备金管制，意味着日本国内的贷款客户并没有多少机会从国外借到贷款，即离岸金融单位在岸利息收入的所得税负转嫁给国内贷款客户的能力较强，也就意味着日本国政府可以施行比较独立的国内税收政策，对在岸利息收入可以按照标准税率课税，而无需像离岸利息收入那样给予照顾性的减免税政策。

前面以20世纪80年代的日本为背景，选用一个典型的在岸存款和贷款以及离岸存款和贷款模型来分析各交易环节在理论上可能涉及的税收事项。简言之，鉴于离岸存款业务的储户具有较强的国际流动性，离岸贷款业务的客户也具有较强的国际流动性，日本只有对离岸存款和贷款业务实施具有国际竞争力的税收政策，才有机会发展壮大日本的离岸存款规模以及离岸贷款规模。

实践中，日本是否按照离岸存款储户和离岸贷款客户具有较强的国际流动性的特点给予税收政策上的倾斜和照顾呢？为了吸引更多的境外资金来到日本的离岸金融单位（或称之为离岸银行），日本出台了利息预扣税免税的政策，即日本离岸银行支付利息给境外的离岸储户时不征收预扣税，这一项政策符合国际惯例，在实践中取得了较好的效果，更多的境外资金流向日本的离岸银行。然而，遗憾的是，日本离岸银行发放离岸贷款给境外客户所收取的利息收入并没有享受到日本政府的税收减免政策，这构成了东京离岸市场的贷款业务不太兴盛的原因之一。事实上，东京离岸金融市场的大部分交易是银行同业交易，而不是非银行客户的交易，这使得它的主要客户群区别于香港和新加坡的离岸业务客户群。

日本在发展离岸存款、贷款业务方面分别实行的税收政策，以及政策实施给离岸金融市场所带来的正面影响和负面影响，值得上海自贸区特别关注、评价和借鉴。理由在于20世纪80年代的日本，跟现在的中国一样，面临着利率市场化、汇率自由化、货币国际化的多重压力，它当时发展离岸金融市场，即是在多重压力之下的必然选择。因此，它在离岸金融税收政策方面已经积累的经验和教训，对于上海自贸区目前和今后离岸金融税收政策的设计，无疑具有一定的参考价值。

2. 对离岸金融衍生产品的税收政策研究——以新加坡为例

“衍生产品是指由某种更为基本的变量派生出来的产品。衍生产品的标的变量常常是某种交易资产的价格。例如，股票期权是由股票派生出来的衍生产品。现在，市场上产生了许多新的关于利率、汇率、股权的衍生产品。在衍生品交易所市场，人们交易的是经过交易所标准化之后的衍生产品，比如说，成立于1848年的芝加哥交易所将农场主和商人汇集到一起，最初的职能即是将交易谷物的数量和质量标准化”（约翰·赫尔，2012）。[①]

从1988年开始，新加坡对国际金融交易所成员在黄金和金融期货交易保证金账户的利息收入免予征收预提所得税；1989年新加坡国际金融交易所成员的石油期货合约所得减按10%的税率课征；亚洲货币单位和非居民间非新元掉期交易免予征收预提所得税[②]（李豫，2001）。

1989年新加坡国际金融交易所成员的石油期货合约所得减按10%的税率课征的做法，对现在的上海自贸区拟筹建的国际原油期货平台具有借鉴价值。根据《中国证监会支持

① 约翰·赫尔著：王勇、索吾林译，《期权、期货及其他衍生产品（第8版）》，机械工业出版社2012年版，第1页。

② 李豫：“借鉴新加坡经验，尽快将上海建成国际金融中心”，《金融研究》2001年第8期。

促进中国（上海）自由贸易试验区若干政策措施》，中国证监会拟同意上海期货交易所在自贸区内筹建上海国际能源交易中心股份有限公司，具体承担推进国际原油期货平台筹建工作。依托这一平台，全面引进境外投资者参与境内期货交易[①]。由于境外投资者在新加坡交易所交易石油期货合约所享受到的所得减按10%税率课征，而中国目前的企业所得税率为25%。很显然，由于期货合约是标准化的合约，上海自贸区拟筹建的国际原油期货平台所推出的期货合约跟新加坡交易所推出的期货合约是同质的，作为新兴的原油期货平台，如果没有其他方面的竞争优势，比如说如果上海自贸区正在筹建的国际原油期货平台没有与新加坡相竞争的优惠税率，则不容易将境外投资者从新加坡吸引到上海自贸区进行原油期货交易。

3. 未对离岸金融给予税收优惠的金融中心——以伦敦为例

上文所分析的两个金融中心，无论是东京还是新加坡，都对离岸金融业务给予了或多或少的税收扶持政策。东京和新加坡都是后起的离岸金融中心，它们对离岸金融业务实施的税收政策比在岸金融业务更加优惠，其原因之一在于东京和新加坡都是后起的离岸金融中心，面临着跟传统的国际金融中心（如伦敦）竞争的压力，它们唯有给非居民存款人提供更高的存款利率，给非居民贷款客户提供更低的贷款利率，才有可能吸引到非居民前来存款和贷款。

伦敦的离岸金融市场兴起于20世纪50年代末，它是自然形成的，换言之，它并非是依靠英国政府制定的离岸金融税收优惠政策扶持而发展起来的。伦敦离岸金融市场的兴起，很大程度上得益于其自由宽松的市场环境，非居民除获准自由经营其各项外汇和金融业务外，吸收的存款也不需要缴纳准备金。自1979年10月英国取消外汇管制之后，伦敦金融市场实际上已经成为在岸业务和离岸业务相融合的“内外一体式”金融市场[②]（张晓冬，2008年）。

香港的离岸金融市场跟伦敦类似，香港也并没有出台某些促进离岸金融业务发展的特殊税收政策，它的离岸金融市场得以发展，很大程度上是受益于其自由宽松的金融市场环境。自1972年废除外汇管制之后，香港也逐渐发展成为一个跟伦敦模式接近的离岸金融中心[③]（张晓冬，2008年）。

6.2.3 主要国际金融中心的离岸金融税制竞争力研究

1. 主要国际金融中心税制竞争力排名及其衡量指标

Charles River Associates在2010年对伦敦的金融机构进行过一个问卷访谈，访谈的主题是对全球的主要国际金融中心的税制竞争力进行排名。这次调查一共访问了26个金融机构，有17个金融机构填写并提交了有效的问卷调查表。这26个访谈对象包括6种类型

① www.csrc.gov.cn，2013年9月29日发布。转引自《中国（上海）自由贸易试验区指引》，上海交通大学出版社2014年版，第113页。

② 张晓冬：“一个离岸金融特区的设想”，《中国城市经济》2008年第2期。

③ 张晓冬：“一个离岸金融特区的设想”，《中国城市经济》2008年第2期。

的金融机构，其百分比构成分别是：银行占比25%，资产管理公司占比25%，保险公司占比15%，风投和私募占比15%，对冲基金占比5%，其他金融公司（含外汇和私人投资管理公司）占比15%。这次调查所关注的税制竞争力被分解成四方面的竞争力：税制的可预测性、总体税收负担、税局的态度、税收条约的吸引力，调查结果是对国际金融中心在这四个方面的竞争力作出排名，具体详见表6-8。

表6-8　国际金融中心的税制竞争力排名

国际金融中心	税制的可预测性	总体税收负担	税局的态度	税收条约的吸引力
阿姆斯特丹	2	3	1	3
布鲁塞尔	4	4	4	4
百慕大	1	1	1	7
迪拜	5	3	5	6
都柏林	3	3	2	3
法兰克福	6	5	5	4
香港	5	2	2	5
伦敦	8	5	6	1
卢森堡	2	3	1	3
纽约	7	6	8	2
巴黎	5	5	7	4
新加坡	4	4	4	4
苏黎世	2	4	2	3
其他	3	3	5	5

资料来源：Charles River Associates Analysis，2010.

前面已经运用四维指标从整体上评估了主要国际金融中心的税制竞争力，这为我们进一步研究其离岸金融税制的竞争力提供了分析的起点。具体而言，本书的研究内容专注于离岸金融税制的国际竞争力，并没有将在岸金融税制的国际竞争力纳入研究范围，因此，需要将比较的范围从整体金融税制竞争力（含在岸金融和离岸金融税制）缩小到离岸金融税制竞争力。

如何从整体的金融税制竞争力中分离出离岸金融税制竞争力？我们注意到，上述的四维竞争力中（税制的可预测性、总体税收负担、税务当局的态度、税收条约的吸引力），其中有三个方面的竞争力（税制可预测性、税局的态度和税收条约的吸引力）是在岸金融业务和离岸金融业务所共享的竞争力。比如说，如果某国金融税制的可预测性较差，则意味着该国税务当局偏好与时俱进地更新金融税制，这种偏好并不会因为所涉及的金融业务是在岸业务或是离岸业务而有所区别，换言之，如果税务当局偏好朝令夕改，则无论在岸业务还是离岸业务，纳税人都会同样地需要承受这种税制频繁变更带来的不确定性。简言之，金融税制的可预测性是在岸业务和离岸业务所共享的竞争力，因此，没有必要将金融税制的可预测性进一步分劈成在岸业务的税制可预测性以及离岸业务的可预测性。同理，税务当局的态度，也是在岸金融业务和离岸金融业务的纳税人所共同面对的税局态度，并没有必要将税局的态度进一步分劈成在岸业务所面对的税局态度，以及离岸业务所面对的税局态度。同样，在岸业务和离岸业务的避免双重征税安排都会在同一个税收条约里明确，也没有必要将税收条约的吸引力再进一步分劈成在岸业务的税收条约吸引力，以及离岸业务的税收条约吸引力。最后，唯一需要分劈出来的是在岸业务的税收负担和离岸业务的税收负担，因为在岸和离岸业务的税负往往是不同的，共享的可能性较小，具体而言，四维指标中的税负竞争力，是必需而且可以分劈成在岸业务税负竞争力和离岸业务税负竞争力的。因此，我们下面研究主要国际金融中心的离岸金融税制竞争力，将聚焦于比较主要国际金融中心离岸金融的税负竞争力，而不再赘述离岸金融的其他三维税收竞争力，即税制可预测性、税局的态度和税收条约的吸引力，理由在于其他三维税收竞争力是在岸和离岸业务所共享的竞争力。

2. 主要金融中心离岸存贷款业务的税负竞争力比较

离岸存款和离岸贷款是离岸银行最基本的业务，这是各国际金融中心具有共性和可比性的地方，换言之，对离岸银行基本业务的税收政策进行横向国际比较是可行的。表6－9从税负竞争力的角度对主要金融中心的离岸存贷款业务税收政策进行了比较。

表6－9　　离岸存款、贷款业务的税收政策对比

金融中心	离岸存款的税收政策	离岸贷款的税收政策	对离岸存贷款业务税负竞争力的比较
纽约	无税收优惠	对在自由银行区开办的美国银行和外国银行豁免州和地方的所得税与特许税，但仍然征收联邦税	税负竞争力接近伦敦，但远逊于东京、新加坡、香港、澳大利亚、百慕大等新兴金融中心
伦敦	无税收优惠	无税收优惠	税负竞争力接近纽约，但远逊于东京、新加坡、香港、澳大利亚、百慕大等新兴金融中心
东京	对非居民的利息预扣税免税	贷款的利息收入没有税收优惠待遇	东京的离岸存款业务税负低于纽约和伦敦
新加坡	对非居民免征利息预扣税	离岸金融公司适用的公司所得税率仅为10%；对当地银行提供的亚洲货币单位贷款免予征收所得税；对所有亚洲货币单位的离岸贷款合同免予征收印花税	新加坡的税负竞争力优于东京，因为新加坡跟日本都对非居民免征利息预扣税；新加坡的税收政策比日本更优惠，在于新加坡对亚洲货币单位贷款也免于征收所得税，同时对离岸贷款合同免征印花税。新加坡的税负竞争力接近澳大利亚

续表

金融中心	离岸存款的税收政策	离岸贷款的税收政策	对离岸存贷款业务税负竞争力的比较
香港	不征收利息预扣税，即对支付给非居民的离岸利息收入不征收预扣税	实行来源地税收管辖权，对来源于香港以外的经营所得不征收香港的利得税，但在香港金融机构的存款所获得的利息是来源于香港的收入应课征香港利得税	离岸金融的税收竞争力略逊于新加坡
澳大利亚	对离岸利息免除利息预扣税	离岸银行的离岸收入的应税所得按照10%的低税率征收	澳大利亚和新加坡、东京一样，都对非居民免征利息预扣税，竞争力并无显著差别。澳大利亚跟新加坡都对离岸银行减按10%税率征收公司所得税，而东京并无公司所得税的减免，澳大利亚和新加坡的税负竞争力优于东京

资料来源：作者根据外国离岸金融税制的文献整理而成。

通过比较上述各大国际金融中心在离岸存贷款方面的税收竞争力，可以得到如下结论：第一，纽约和伦敦在减轻离岸存贷款税负方面乏善可陈；第二，东京提供的税收优惠不足是其非银行贷款难以扩展的重要原因；第三，新加坡、香港和澳大利亚的税收政策难分伯仲。

以上只是就离岸存款、离岸贷款业务的税负竞争力进行了国际比较。但是，各国际金融中心由于受制于本国、本地区的特殊情况，所设计的离岸金融税制仍有其独特之处，跟其他金融中心不具备可比性，不方便进行横向比较。

3. 主要金融中心的离岸金融税制研究

（1）东京。日本的财政部在1982年委托东京大学的经济学家Ryutaro Komiya所领导的团队草拟东京“离岸银行单元”（Offshore Banking Unit）的蓝图。该团队研究了当时纽约、伦敦、新加坡和香港离岸金融中心的运作。当时日本的利息预提所得税高达10%—20%，超出了跨国公司所能忍受的程度，使得跨国公司将预提所得税视为一种对资本 投资活动的“惩罚”。不合理的预提所得税率削弱了日本离岸金融业务的竞争力，当时没有多少境外资金会愿意在日本的离岸银行存款，相应地，日本政府从离岸金融业务获得的税收收入非常有限。为了清除发展离岸金融业务的障碍，吸引更多的境外资金到日本的离岸银行，日本出台了利息预提所得税免税的政策。日本的专家经过分析，认为即便日本不对公司所得税给予税收优惠（如采用低税率），也不会影响日本离岸金融业务的吸引力，日本专家所提出的理由是外国资本即便不在日本做生意，而是在其他国家和地区做生意，企业所得税也是难以回避的，所以即便日本征收企业所得税也不会构成对外国资本或外国资金的歧视，并且日本与其他国家所签订的税收协定可以令跨国公司在日本所缴纳的企业所得税在其母国给予税收抵免，从而消除双重征税[①]（Dario F. Robertson，1984）。

东京的离岸金融市场是内外分离型的，即从事离岸业务的银行，对境内业务和境外业务实行分账核算，境外业务通过离岸账户进行。通过离岸账户支付给境外的利息免征20%的利息预提所得税。东京离岸金融市场除营业税外，还要征收政府税、地方税和印花税等[②]。东京离岸金融市场的贷款业务不太兴盛，原因之一，即在于其贷款的利息收入没有税收优惠待遇，也没有其他非税收政策来鼓励日本银行通过离岸账户发放贷款[③]（刘振芳，1997）。东京离岸金融市场的大部分交易是银行同业交易，而不是非银行客户的交易，这使得它的主要客户群区别于香港和新加坡的离岸业务客户群[④]。

（2）新加坡。新加坡于1965年独立之后，提出将新加坡建成亚洲“苏黎世”的战略。作为迈向国际金融中心的重要一步，新加坡于1968年10月准许美洲银行新加坡分行经营亚洲货币单位（专门用于亚洲美元的记账单位），以办理非居民的美元存款，经办外汇交易、资金借贷等业务，并建立亚洲美元市场[⑤]（张亚欣，2007）。

新加坡为离岸金融所制定的税收政策，主要围绕着三个方面展开：一是鼓励吸收离岸存款；二是鼓励发放离岸贷款；三是扶持离岸衍生产品业务的发展。

新加坡为了将新加坡建成亚洲美元集聚中心，大力鼓励银行等金融机构吸收离岸美元存款、亚洲货币单位存款和发行美元债券，并为此颁布实施了一系列的减免税政策。这些减免税政策的受益人，主要是持有美元存款或购买新加坡发行的美元债券的非新加坡居民。这些减免税政策涵盖了利息预扣税、营利税（所得税）、财产税和印花税等诸多税种，并且减免税的力度颇大，往往是免税，即便不给予完全免税，其减征的幅度也相当慷慨。比如说，1968年8月，新加坡政府废除对非新加坡居民所课征的利息收入预提所得税[⑥]（张亚欣，2007）。1970年4月，新加坡发行亚洲美元存款，并于该年底，议会通过了新《银行法》和《外汇管理法》；1971年初设立金融管理局，同年11月发行亚元债券；1973年8月颁布《所得税（修正）法》，免征亚元债券的利息税，对离岸业务征收的营利税由40%降为10%。新加坡还通过签订避免双重课税协约的方式，减免签约双方的税。1977年新加坡降低了亚洲货币单位的利息及咨询费的预提所得税率，仅仅按照10%的税率课征，并且对非新加坡居民的亚洲货币单位存款以及亚洲美元债券免予征收财产税。1980年对亚洲美元债券存单免征印花税[⑦]（李豫，2001）。

在鼓励金融机构吸收离岸存款的同时，新加坡还鼓励金融机构发放离岸贷款，并为

---

① Dario F. Robertson, Japanese Offshore Banking: Toward A World Financial Center In Tokyo, The Fletcher Forum, Winter 1984.

② 刘振芳：“东京离岸金融市场”，《上海经济研究》1997年第5期。

③ 刘振芳：“东京离岸金融市场”，《上海经济研究》1997年第5期。

④ Dario F. Robertson, Japanese Offshore Banking: Toward A World Financial Center In Tokyo, The Fletcher Forum, Winter 1984.

⑤ 张亚欣：“新加坡政府推动型金融中心形成的关键因素及启示”，《经济纵横》2007年第1期。

⑥ 张亚欣：“新加坡政府推动型金融中心形成的关键因素及启示”，《经济纵横》2007年第1期。

⑦ 李豫：“借鉴新加坡经验，尽快将上海建成国际金融中心”，《金融研究》2001年第8期。

此出台了相应的免税政策。比如说，1983 年对当地银行金融机构提供的亚洲货币单位贷款免予征收所得税；1985 年对所有亚洲货币单位的离岸贷款合同免予征收印花税；1983 年对非新加坡居民从亚洲货币单位管理基金获得的离岸收入免予征收离岸收入税① （李豫，2001）。

以上税收扶持政策主要是与传统的离岸存贷款业务相配套。但是新加坡并没有将离岸金融业务局限于跟贸易结算和融资紧密相关的传统业务，相反，它还非常注重期货、掉期、证券等离岸避险和投资工具的发展。比如说，从 1988 年开始，新加坡对国际金融交易所成员在黄金和金融期货交易保证金账户的利息收入免予征收预提所得税；1989 年新加坡国际金融交易所成员的石油期货合约所得减按 10% 的税率课征；亚洲货币单位和非居民间非新元掉期交易免予征收预提所得税② （李豫，2001）。1991 年 4 月，对在新加坡设立金融及资金中心的跨国公司的所得税，由原来 32% 降为 10%。新加坡对经许可的资金经纪人安排离岸资金的收入免征所得税；对经许可的资金经纪人安排离岸资金的佣金收入征收 10% 的特许税；对代表非居民从事非新加坡元证券交易的收入征收 10% 的特许税③ （邓之驹，1990）。

（3）澳大利亚。澳大利亚将新加坡视为离岸业务的主要竞争对手，并为此实施了一系列有针对性的税收政策以缩小与新加坡在离岸金融税制上的差距。比如说，澳大利亚在 1986 年 7 月 1 日宣布离岸银行的离岸借款利息免除利息的预提所得税④。单纯的利息免征预提所得税并没有为澳大利亚吸引来更多的离岸金融业务。当时澳大利亚的公司所得税率为 39%，跟其他的离岸金融中心相比，显然竞争力不足，比如当时的新加坡离岸金融公司适用的公司所得税率仅为 10%。为了增强税制的竞争力，1992 年 2 月 26 日澳大利亚政府宣布离岸银行的离岸收入的应税所得按照一个低税率来征收，即按照 10% 的低税率征收⑤。

澳大利亚的昆士兰为了创造出一个富有竞争力的税收环境以吸引离岸银行在该州开设，专门为离岸银行出台了税收减免政策。一个昆士兰的离岸银行可以享受州税的减免，包括存款税（debits tax）、土地税、工资税和印花税⑥。

通过实施上述税收政策之后，澳大利亚税制的竞争力并不逊色于新加坡。不过，决定澳大利亚离岸金融业能否赶超新加坡的因素，并不仅仅是税收。澳大利亚为发展离岸银行业务所做的市场推广方面的努力不如新加坡，这也是即便澳大利亚生活成本低于新加坡，但其对离岸银行的吸引力仍然不如新加坡的原因之一⑦ （Kerrie Sadiq，1998）。

---

① 李豫："借鉴新加坡经验，尽快将上海建成国际金融中心"，《金融研究》2001 年第 8 期。

② 李豫："借鉴新加坡经验，尽快将上海建成国际金融中心"，《金融研究》2001 年第 8 期。

③ 邓之驹："离岸金融业务与税收问题"，《涉外税务》1990 年第 3 期。

④ The Amendment to the Income Tax Assessment Act 1936（Cth），当一个澳大利亚居民、澳大利亚公司支付利息给一个非居民，或者一个在澳大利亚通过常设机构来开展业务的非居民支付利息时，会发生利息的预提所得税。

⑤ Amendment to the Income Tax Assessment Act 1936（Cth）.

⑥ The Offshore Banking Units and Regional Headquaters Act 1993（Qld） introduced by the Queensland Government.

⑦ Kerrie Sadiq, Bring OBUs Onshore: Assessing the Concessions, September / October 1998, Journal of Australian Taxation.

(4) 香港。香港对离岸金融税收秉承中性原则，允许居民和非居民一样可以买卖境外货币，支持民间自由交易，很少进行干预。在香港没有资本利得税、预扣税、消费税、增值税。个人收入中的工资薪金所得按15%缴税，个人投资收益和资本收入不必缴税，股东分红收益也无需缴纳利息税。包括股票交易在内的部分交易需缴纳印花税。2011年，香港对企业所得税下调了一个百分点，即对企业应税利润征收16.5%的企业所得税，对除企业以外的法人实体的应税利润征收15%的所得税。

(5) 台湾。台湾的离岸金融业务免缴营利事业所得税，但是贷款给台湾境内的个人、法人、"政府"机构、金融机构所产生的利息收入，其征免须按照台湾"所得税法"的规定办理；离岸金融业务的营业额免征营业税，各种凭证免征印花税，支付存款利息给境外存款人时免预扣税[①]（邓之驹，1990）。除此以外，台湾还放松了对离岸金融业务的管制[②]。

(6) 伦敦。如前文所述，伦敦的离岸金融市场是自发形成的。目前所能找到的外国税收文献并没有显示英国政府为发展离岸金融市场而刻意出台过什么特殊的税收扶持政策。

(7) 纽约。自20世纪60年代中期以来，包括巴哈马、巴拿马、开曼群岛、库索腊和百慕大在内的加勒比地区的国际金融中心得到了迅猛发展。不少美国跨国公司和跨国银行为了逃避在美国的高额税收，纷纷在加勒比地区开设"信箱公司"，但实际业务是在美国、加拿大或西欧等国家和地区经营。加勒比离岸金融中心的低税率优势使得原来由纽约的金融机构所经办的一部分银行国际业务转移到加勒比离岸账户，受到波及的美国政府每年税收收入减少约40亿美元[③]（杨月芳，1988）。为了重新提振纽约作为国际金融中心的地位，美国政府于1981年12月在纽约开辟了一个"自由银行区"，允许当地银行和外国银行在那里开设国际银行业务机构和经营国际借贷业务。美国政府对在自由银行区开办的美国银行和外国银行豁免州和地方的所得税和特许税，但仍然征收联邦税。尽管美国政府对纽约自由银行区的美国银行和外国银行提供了一定的税收优惠，但优惠程度显然不能跟加勒比离岸金融中心相比[④]（杨月芳，1988）。税收政策方面的缺乏国际竞争力限制了纽约自由银行区的进一步发展。

美国是以所得税为主体税种的国家，没有开征增值税，金融行业的主要税种是公司所得税。在联邦层面，金融行业和非金融行业适用的是相同的税率，即15%—38%的多级累进税率；在州层面，纽约州的公司所得税率从2000年的9%下降到2008年的7.1%，不过，由于纽约州的很多税收优惠和抵免措施严重侵蚀了税基，使得纽约公司的州所得税有效税率远远低于7.1%的名义税率（闫云凤、杨来科，2009）。1969年纽约制定了

---

① 邓之驹："离岸金融业务与税收问题"，《涉外税务》1990年第3期。

② 邓之驹："离岸金融业务与税收问题"，《涉外税务》1990年第3期。除另有规定者以外，离岸金融业务不受《管理外汇条例》、《利率管理条例》、《银行法》等规定的限制，存款免予计提存款准备金，存放款利率由国际金融业务分行与客户自行约定，贷款免予计提呆账准备。

③ 杨月芳："加勒比国际金融中心的特点及其与美国金融中心的抗衡"，《外国经济与管理》1988年第12期。

④ 杨月芳："加勒比国际金融中心的特点及其与美国金融中心的抗衡"，《外国经济与管理》1988年第12期。

《纽约投资减税法》，根据该法案，如果一个公司在纽约的投资符合特定条件，其投资额的1%可以从公司所得税中扣除，之后抵免数额又增加到投资低于3.5亿美元的公司允许5%的抵免，对于超过3.5亿美元的允许4%的抵免，而且投资应抵免税额可以结转抵补以后15年的所得税（闫云凤、杨来科，2009）。2004年9月ITEP调查了2001—2003年总部设在纽约的财富500强企业，所纳税的有效税率远远低于联邦税率，其中摩根大通、雷曼兄弟和纽约银行等几家著名的金融公司实际上缴的所得税还不到法定税率的一半[①]。较低的所得税有效税率吸引了众多的银行把总部或分行设立在纽约，促进了纽约金融中心的发展。

6.2.4 国外鼓励向境外股权投资的税收政策研究

2000年我国确定了走出去的战略。近十来年，我国对外投资保持快速增长，在2003年到2012年的10年间保持41.6%的年增长率，2012年对外直接投资流量达到700多亿美元，是2002年的32.5倍，成为世界上第三大对外投资国[②]。到2012年底，我国一共有1.6万家境内投资者在境外设立直接投资企业近2.2万千家，这些企业分布在全球179个国家和地区，覆盖率达到76.8%[③]。

1. 上海自贸区境外股权投资的现状

中国（上海）自由贸易区对境外股权投资实行备案制[④]。据中国（上海）自由贸易区管理委员会（以下简称“自贸区管委会”）政策法规研究室的主任介绍，截至2014年5月下旬已经完成了5—6个股权收购案例的备案。这些境外股权投资案例所涉及的行业包括IT行业、文化产业、医疗卫生行业等。跟区外审批备案程序所需要的2—3个月时间相比，在上海自贸区内办理境外股权投资备案手续仅仅需要1周的时间。比如说，自贸区在一周的工作日内为高盛公司、苏宁公司的境外股权投资完成了备案手续。

这里所称的境外投资，是指注册地在自贸区内的企业进行境外投资，具体而言，是指企业通过新设、并购等方式，在境外设立非金融企业或取得非金融企业的所有权、控制权、经营管理权等权益的行为。

上海自贸区管委会负责权限内企业境外投资备案管理。不过，在权限范围之外的境外投资[⑤]，仍按照《境外投资管理办法》管理。

目前上海自贸区鼓励境外投资所推出的鼓励政策主要限于放松对外投资的审批备案管理方面，并没有在税收方面推出与境外投资相兼容的政策。所以，有必要研究国外主要的国际金融中心鼓励向境外投资的税收政策以资借鉴。

2. 鼓励向境外股权投资的税收政策国际比较

（1）日本鼓励对外投资的税收政策。日本的对外投资兴盛于20世纪七八十年代，当

---

① 闫云凤、杨来科：“国际金融中心建设中的财税政策：纽约的启示”，《上海金融》2009年第2期。

② 数据来源于中国投资协会会长张汉亚在2014年中国海外投资新年论坛上的演讲。

③ 数据来源于中国投资协会会长张汉亚在2014年中国海外投资新年论坛上的演讲。

④ 详细见《中国（上海）自由贸易试验区境外投资开办企业备案管理办法》（沪府发［2013］74号）。

⑤ 涉及与我国未建交国家（地区）的境外投资、特定国家（地区）的境外投资、涉及多国（地区）利益的境外投资、设立境外特殊目的公司、能源矿产类境外投资、需在国内招商的境外投资等，仍按照《境外投资管理办法》执行。

时日本经历了战后的高速成长期之后，国内地价和人工成本不断上升，出口贸易也遇到发达国家贸易保护所引发的出口限制和贸易摩擦，为了规避贸易壁垒和降低生产成本，并获取稳定的海外资源供给，日本将大力发展境外投资视为一项重要的国家战略[①]（丁岩，2010）。

在税收政策方面，日本为了鼓励境外投资而专门出台了一些与之兼容的税收政策。在避免双重征税方面，日本采取了体现资本输出中性的税收抵免法，并采取税收饶让抵免[②]（寇彬、梁旭，2013）。日本对境外收入实行税收综合限额抵免，其特别之处在于日本允许在计算综合抵免限额时将亏损国的亏损额排除在外，这样有助于增加抵免限额，减轻企业的税收负担。日本的税收饶让抵免指将发展中国家为吸引海外投资所给予的税收减免优惠视为企业已经缴纳的税款，在计算日本国的投资母公司的国内法人税时通过抵免法在抵免限额以内对境外已缴税款或视同已缴税款给予抵免。日本和我国政府在1983年9月6日所签订的税收条约第二十三条就是一条消除双重征税的条款，该条约第二十三条第二款既规定了日本国在我国投资的子公司（日本母公司持股不少于25%）所缴纳的我国企业所得税可以在日本享受税收抵免（也称为间接抵免），又对中方支付的股息、利息、特许权使用费的预扣税给予税收饶让抵免，并且对日本在我国设立的中日合资企业、日本独资企业所享受到的税收减免（如“两免三减半”和再投资退税）给予税收饶让抵免。

为了分散日本企业海外投资的风险，日本建立了海外投资亏损准备金制度，将直接对外投资的一定比例作为对外投资损失积存起来享受免税待遇，对外投资如果发生损失，则可以从准备金中得到补偿；如果在规定的5年之内没有发生损失，则从第6年开始逐步合并到应税所得收入中计算纳税。

为了保护日本国政府的税收利益，日本在出台鼓励对外投资的税收政策时，也出台了相应的税收政策来防止国外子公司留存海外利润以规避日本国税收，这个政策即是1978年推出的受控外国公司（CFC）法律。

（2）美国鼓励对外投资的税收政策。美国为了避免双重征税，对美国企业境外所得实行分类的综合抵免法。具体而言，境外所得被分成九大类，每类所得分别计算抵免限额，用于抵免外国所得税款[③]。跟我国实行的分国不分项综合抵免法相比，美国实行的是分项不分国综合抵免法。一般而言，分国不分项总和抵免法的计算工作量比较大。

为了抵消海外投资的风险，美国允许海外企业的经营亏损向前结转三年，也可以向后结转五年，以弥补在海外投资所遭受的损失。

为了鼓励美国企业境外投资设立生产加工基地，美国允许对从美国运往海外加工制造或装配并重新返销美国的产品给予减免关税的待遇，只按照在境外增加的价值征收进口关税。

---

① 丁岩：“海外扩张样本：日本与德国”，《21世纪经济报道》2010年1月13日。

② 寇彬、梁旭：“日本境外投资保障机制的启示”，《金融时报》2013年9月16日。

③ 参见《完善我国境外投资的税收激励政策》，下载于中华人民共和国财政部的网站，2014年6月6日浏览。

在制定鼓励对外投资的税收政策的同时，美国也出台了相应的保护美国税收权益的条款。美国保护本国税收收入的举措主要是引进 CFC 条款和拒绝在税收条约中引进税收饶让条款。1952 年美国国会通过了国内收入法典的 F 分部条款，即受控外国公司条款（CFC 条款）。跟日本相反，美国在签订税收条约时不列入税收饶让抵免条款。美国这样做的理由是为了坚持资本输出中性，保证国家的税收收入。

（3）英国鼓励境外投资的税收政策。从 2009 年 7 月 1 日开始，英国公司从它的海外子公司收到的外国股息免于缴纳英国公司税。之前的做法是对收到的境外股息依据避免双重征税协定给予税收抵免。鉴于英国的公司税率高于某些海外投资地所在国的公司税率，英国控股母公司从海外子公司收到的股息在 2009 年 7 月 1 日之前是需要补缴英国公司税的，不过，在此之后，这个 2009 年出台的股息免税措施可以降低英国控股母公司的税负以及免除计算境外税收抵免的繁琐工作①（Charles River Associates Analysis，2010）。

英国从 2011 年开始对英国公司在境外分公司的利润免予征收公司税。这个优惠措施使得英国公司从其境外分公司和子公司收到的所得都享受同等的免税待遇。在此之前，英国的税收政策吸引力不如荷兰和爱尔兰，因为后者已经对其境外分公司利润给予免税待遇。在英国实施这个境外分公司利润免征英国公司税的措施之前，英国对境外分公司在境外投资地所缴纳的税收是依据直接抵免法进行税收抵免的。这个惠及分公司的税收政策，尤其受到英国保险公司的欢迎，因为保险公司面临着尽可能有效率地管理其资本的压力。一般而言，在总公司和分公司的架构下，资本可以灵活地在总公司和分公司之间调剂使用，不需要像母公司那样必须给每一家子公司单独注入实收资本造成整个集团的资本分散以及降低总体使用效率（Charles River Associates Analysis，2010）。

（4）新加坡鼓励境外投资的税收政策。自 1998 年以来，新加坡进一步调整了税制，对来自海外的收入免除所得税，专利使用费的预扣税降到 10%②（张亚欣，2007）。新加坡为了鼓励跨国公司到新加坡设立地区总部，同时也扶持新加坡的公司向境外进行股权投资，对“运营总部”（也有人翻译为“特许公司管理中心”，Operational Head Quarters，简称 OHQ）收取的境外关联公司管理费、特许权使用费、股息以及其他所得准予按照低税率 10% 课征公司所得税。“运营总部”是指在新加坡境内设立的为其在境外的关联企业提供管理及相关劳务的公司（包括外国公司在新加坡设立的分公司）。符合条件的运营总部可以享受如下税收优惠：①管理费收入从原来 31% 的公司所得税率减低到 10%；②通过金融机构筹资的利息所得，采取 10% 的低税率；③用于新加坡研究开发的特许权收入，税率减按 10%；④外汇结算的贸易及离岸投资所得，税率为 10%；⑤境外关联企业支付

---

① 不过，英国在 2010 年 1 月又出台了一个“全球最高债务限额”（Worldwide Debt Cap）的规则，大致来说，这个规则是为了限制英国集团公司过度举债产生的过高财务成本，而过高的财务成本显然会削弱集团公司的盈利水平，进而影响英国政府的公司税收入，不过，访谈的若干金融机构表示，这个“全球最高债务限额”是画蛇添足，因为英国的税制中已经有了完备的转移定价规则和反避税措施，不需要再单独出台规则来约束集团公司的过度举债（Charles River Associates Analysis，2010）。

② 张亚欣：“新加坡政府推动型金融中心形成的关键因素及启示”，《经济纵横》2007 年第 1 期。

给运营中心的股息免予课税，而运营中心支付给境外母公司的股息课以10%的预提税①（叶笑中，1992）。

3. 新加坡和香港特区的税收政策对我国企业境外投资的影响分析

新加坡和香港特区所采取的是跟日本、美国和英国不同的战略。新加坡和香港特区的实际情况不同于20世纪七八十年代的日本。一方面，新加坡和香港特区的经济发达程度跟日本尚有差距；另一方面，新加坡和香港特区都是城市，腹地狭小，资本过剩和产能过剩的问题不如日本那么严重，大力发展境外投资的需求不如日本那么迫切。相反，新加坡和香港需要努力引进外来资本，而不是对外输出资本。有鉴于此，它们通过更加富有竞争力的税制，大力吸引外国投资者在新加坡和香港特区设立中间控股公司，并就近为这些中间控股公司提供金融、法律和财务、资讯服务等。外来资本和本地服务的共生共荣，进一步稳固了新加坡和香港特区作为国际金融中心的地位。

从下表6－10中，我们可以看到，新加坡和香港特区吸引外国资本前来设立中间控股公司，在税收方面，最富有吸引力的政策包括以下几个方面：

一是香港特区和新加坡较低的公司所得税率。香港特区的利润税税率是16.5%，新加坡的公司所得税率是17%，均低于东京的25.5%和伦敦的24%，也低于美国8级超额累进税率中的第2—8个税率级次。

二是香港特区和新加坡都不对股权转让征收资本利得税。这对外国投资者来说是一个福音，因为这意味着外国投资者将来需要退出海外业务时，只需要转让其在香港特区或新加坡设立的中间控股公司的股份，并且不用担心转让股份时需要向香港特区或新加坡税务当局缴纳资本利得税。

三是香港特区和新加坡均不征收股息预扣税。这意味着香港特区和新加坡的中间控股公司在向境外投资者派发股息时，不必担心需要从支付的股息中代为扣缴股息预扣税并缴纳给香港特区或新加坡税务当局。

四是香港特区和新加坡没有资本弱化条款。这意味着香港特区和新加坡的控股公司可以举债为其在境外设立的子公司提供资金融通，并且不必担心债务率偏高所造成的超出同行业平均水平的利息费用不允许在香港特区和新加坡的公司所得税税前扣除。这个容忍举债的政策有助于激励中间控股公司向公司注册所在地的香港特区或新加坡的金融机构就近借款。

五是香港特区和新加坡没有CFC条款。这意味着香港特区和新加坡设立的中间控股公司并不需要敦促其境外投资设立的子公司尽早将其海外股息汇回香港特区或新加坡以便中间控股公司将海外股息（注：需还原成税前利润）纳入香港特区或新加坡的公司所得税应税所得。换言之，没有CFC条款，等于默许中间控股公司享受到其海外股息收入延迟在香港特区或新加坡课税的收益。

香港特区和新加坡对我国企业境外投资的影响，主要表现在几个方面：①它们是我国企业对外投资的中转站，是受我国企业青睐的中间控股公司的注册地，据统计数据表

① 叶笑中："香港与新加坡税收优惠政策比较"，《涉外税务》1992年第4期。

明，我国对外直接投资的60%以上首先是进入香港特区之后再投到世界各地①。②我国因为目前仍然对资本项目实行比较严格的外汇管制，企业从真正的投资地（例如说澳大利亚）获取的利润，有相当部分是保留在新加坡和香港特区，这为新加坡和香港特区带来大量的闲置资金，为新加坡和香港特区的金融机构提供了现实的和潜在的金融投资服务需求。③香港特区和新加坡被从事境外投资的我国企业当做境外再投资的基地，即我国企业将从真正的海外投资地获取的利润主要保留在香港特区或新加坡，并以设立在香港特区和新加坡的中间控股公司作为境外再投资的出资人，而我国企业的境外再投资业务，无疑会为香港特区或新加坡的金融机构创造出相应的金融服务需求，比如说跟再投资相联系的资金结算、资金担保、资金融通、投资顾问等服务。④如果我国企业希望以设立在香港特区或者新加坡的中间控股公司作为在香港特区或新加坡联交所上市的主体公司，又会为香港特区或新加坡的投资银行、律师、审计师等专业服务机构创造出相应的专业服务需求。

表 6－10　　主要国际金融中心的境外股权投资相关税收政策

国家（地区）	香港特区	新加坡	东京	纽约	伦敦
公司所得税率	16.5%	17%	25.5%	累进税率，税率从15%到39%②	24%
税收条约的数目	23个	68个	60个	66个	119个
税收管辖权	属地	准属地③	属地、属人	属地、属人（包括公民和居民）	属人、属地
是否对境外分公司的利润免税？	免税	免税	免税	不详	免税
是否对股权转让征收资本利得税？	无	无	有④	有，税率35%	有，税率24%
有无转移定价税制？	无	有	有	有	有
有无CFC规则？	无	无	有	有	有

① 数据来源于第十二届全国人大财经委副主任辜腾阻在2014年中国海外投资新年论坛上的演讲。

② 美国联邦公司所得税率（2008年为例）分为8档，第一级全年应纳税所得额不超过50000美元（含）的部分，税率为15%；第二级即全年应纳税所得额超过50000美元至750000美元（含）的部分，税率为25%；第三级即全年应纳税所得额超过75000美元至100000美元（含）的部分，税率为34%；第4级即全年应纳税所得额超过100000美元至335000美元（含）的部分，税率为39%；第5级即全年应纳税所得额超过335000美元至1000000美元（含）的部分，税率为34%；第6级即全年应纳税所得额超过1000000美元至1500000美元（含）的部分，税率为35%；第7级即全年应纳税所得额超过1500000美元至18333333美元（含）的部分，税率为38%；第8级即全年应纳税所得额超过18333333美元的部分，税率为35%。个人服务公司适用35%的比例税率。这里的税率表参考的是付伯颖编著的《外国税制教程》，北京大学出版社2010年版，第113页。

③ 即对来源于新加坡的所得和汇回或视同汇回新加坡的外国所得征所得税。

④ 个人转让股票适用20%税率；个人转让上市公司股票适用10%税率；个人转让长期持有土地适用20%税率；个人转让短期持有土地适用39%税率。

续表

国家（地区）	香港特区	新加坡	东京	纽约	伦敦
有无资本弱化规定？	无	无	有	有	有
股息的预扣税率	0	0	20，加上2.1%附加税，有效税率为20.42%；更低的税率取决于税收条约	30%；更低的税率取决于税收条约	0
利息的预扣税率	0	15%，但某些类型利息减免①	20%（贷款利息）；15%（存款和债券利息）；更低的税率（取决于税收条约）；另加征2.1%附加税	30%；更低的税率取决于税收条约	20%；更低的税率取决于税收条约；英国公司支付利息给符合条件的欧盟公司（如：满足25%的控股比例条件）可免税
特权使用费的预扣税率	4.95%	0/10%	20%；更低的税率取决于税收条约；另加征2.1%附加税，整体税负率为20.42%【20%×(1+2.1%)】	30%；更低的税率取决于税收条约	20%；更低的税率取决于税收条约②
印花税率	0.2%（股票价值）；0.25%（不动产租赁）；1.5%—8.5%（资产的销售和让与）；15%（买房印花税）；10%/15%/20%（特别印花税）	1998年废除了所有跟金融工具相关的印花税，但跟股票和不动产相关的股票除外③	依据应税文本的履行，税额从200日元至60万日元不等	不详	0.5%（转让英国股票）；最高达7%（转移英国不动股票金）；15%（购买超过200万英镑的住宅）

资料来源：作者根据德勤（中国）官方网站下载的各国投资和税收的资料整理而成。

① 新加坡对某些类型利息给予预扣税减免，如银行同业利息、获批的银行存款利息、亚元债券利息、亚洲货币单位互换交易利息、获批的用于购买生产设备的外国贷款利息。

② 英国公司支付特许权使用费给符合条件的欧盟公司（如满足25%的控股比例条件）可免税。

③ 新加坡1998年废除了所有跟金融工具相关的印花税，但跟股票和不动产相关的股票除外0.2%（买方购入股票）；0（转让新加坡股票交易所上市的股票）；减免印花税（公司重组和并购）；购买不动产，价格低于18万新币的部分税率1%，超过18万新币且少于36万新币的部分适用2%税率，超过36万新币的部分适用3%税率。购买居住物业或住宅用土地，额外买方印花税率从3%—10%，卖方印花税从4%—16%。

6.3 提升中国（上海）自由贸易试验区金融税制竞争力的政策建议——基于税收激励与金融开放相协调的视角

6.3.1 促进金融创新税收政策研究的基本思路

围绕着中国（上海）自由贸易试验区金融税制的创新，前面已详细讨论了我国金融税制目前存在的主要问题，尤其是现行税制未能及时出台法规来配合上海自贸区金融创新活动的迫切问题。聚焦于离岸金融和境外投资的视角，重点探讨了上海自贸区与纽约、伦敦、东京、新加坡和香港特区等著名国际金融中心在税制竞争力上的差距，提出上海自贸区应该积极应对离岸金融和境外投资领域的国际税收竞争，应抓住时机尽快研究出台富有国际竞争力的税收激励政策，以便扩大上海自贸区在全球离岸金融和国际资本投资领域的市场份额。

简言之，前面的论述一致认为，税收激励是非常重要的政策工具，它有助于提升上海自贸区的国际吸引力，有助于促进上海自贸区金融业的繁荣。

上海自贸区作为金融改革的前沿试验区，负担着为我国探索未来金融自由化和人民币国际化道路的重大使命。也就是说，上海自贸区所实施的金融试点改革，是一个渐进的过程，是一个逐步开放、逐步放松金融管制的过程。在这个渐进的金融开放过程中，需要有与之相适应的税收激励政策。具体而言，在放松金融管制的每一个阶段性进步中，出台的配套性税收激励政策必须是与之相吻合的，即税收激励必须与金融开放的步伐、与金融开放的程度相协调。换言之，税收激励是手段，而金融业的开放和繁荣才是目标，手段要与目标相协调，并服务于目标。

税收激励与金融开放的协调一致，这个思想似乎过于抽象难懂。不过，这个思想已经在国外若干个重要的金融中心得到实际运用，并有若干外国学者撰写论文从理论和实证的角度对其进行探讨。下面将围绕着税收激励与金融开放协调一致展开实证分析。

6.3.2 税收激励和金融开放的政策效应

1. 税收激励和金融开放的政策效应分析：从微观层面

（1）税收激励和金融开放对提升金融企业的盈利具有同等的效果。对于银行和证券公司等金融机构而言，税收激励和金融开放都是受欢迎的政策，有助于提升金融企业的盈利水平。其中，税收激励有助于减轻金融企业的税收负担，它是通过减少成本费用的方式来提升企业的盈利；而金融开放，放松金融监管当局[①]对金融企业经营业务范围的限

① 在有些国家可能是央行扮演金融监管当局的职责，如美国的联邦储备银行或者英国的英格兰银行，还有我国的“一行三局”（即中国人民银行、银监局、保监局和证监局）。

制，或者降低银行存款准备金的比率，有助于金融企业增加营业收入，增加可用于发放贷款的营运资金，进而增加利润。下面将分别通过税收激励和放松金融管制的例子来证明两者对金融企业的盈利具有同等的效果：

①税收激励的案例：如果离岸银行从储户那里吸收10万元的存款，按照5%的年利率计算利息给储户，假定货币当局不要求离岸银行对吸收的存款计提存款准备金，银行得以将这笔10万元的存款资金全额用于发放贷款给一个境外公司，贷款期限是一年，贷款年利率是8%，那么银行所获取的利差收入是3000［即10万×（8%－5%）］，假定所得税率是25%，则需要缴纳的所得税为750元（3000元×25%），银行的净利润为2250元（3000－750）。

②放松金融管制的案例：如果离岸银行从储户那里吸收10万元的存款，按照5%的年利率计算利息给储户，货币当局要求银行按照9.375%的比率提取存款准备金，央行对这部分存款准备金不支付利息。银行提足存款准备金之后，将余下的资金90625元［10万×（1－9.375%）］用于发放贷款给一个境外公司，贷款期限是一年，贷款年利率是8%，那么银行所获取的利差收入是2250元［即90625×8%－100000×5%）］。这里假定当局对银行存贷款的利差收入不征收所得税，那么银行的净利润是2250元。

从上述两个案例可以看出，如果财政部豁免离岸银行的所得税，那么银行可以新增利润750元；如果中央取消缴纳存款准备金的要求，则银行可以新增利润750元［10万×利差率（8%－5%）－2250］。换言之，无论是财政部给予金融机构税收激励，还是金融监管当局给予金融业放松监管，都有可能达到相同的激励效果，对金融企业的盈利水平提升都会带来相同的效果。

在微观层面，对于追求盈利的银行和证券公司等金融机构而言，无论政府税收激励的鼓励措施，还是采取放松金融监管的扶持政策，都会受到同等的欢迎。

税收激励措施，不仅仅包括上述案例所列举的所得税减免，还包括其他税种的减免，诸如货劳税减免（在我国是指营业税或增值税）、印花税减免、金融高管的个人所得税减免（个税减免虽然不直接使金融企业受惠，但是它的减免可以间接减低金融企业的薪酬成本，所以也是惠及金融企业的税收激励措施）、投资固定资产或者购买知识产权给予投资抵免或者加速折旧、加速摊销、研发费用加计扣除、风险投资期内给予一定免税等等。

放松金融监管的措施，或称之为金融开放，或金融自由化的措施，不仅仅包括上述案例所列举的取消存款准备金要求，它还可以包括其他做法，诸如放宽对银行牌照发放申请的门槛要求，取消存贷款利率的限制，允许离岸银行跟居民客户做生意，允许外国银行分行从事商业银行、投资银行等业务，允许在境内发行外币债券等。

（2）税收激励和金融开放对不同发展阶段的金融企业具有不同效果。成熟期的金融企业盈利甚多，假如所提供的税收优惠是所得税，则成熟期的盈利金融企业有机会从税收激励中受惠较多，它们可能更欢迎税收激励的措施。

快速成长期的金融企业对金融开放的政策更感兴趣，因为金融开放可以给金融企业更多的成长空间，提供更多的市场份额。在调研中我们听到一位来自证券公司的代表发言，他说他们的证券公司之所以在上海自贸区开设子公司，并不是冲着区内的税收优惠来的，而是希望借助上海自贸区放松监管的金融试点措施，获得更大的事业发展平台，获得更多的商业机会。

2. 税收激励和金融开放的政策效应分析：从国家层面

（1）在自贸区内实施税收激励会造成国内税制复杂和税收歧视。在上海自由贸易区内施行特别的税收激励政策，会造成区内外的税收政策差异，增加现行税制的复杂程度。税收优惠还会造成将来的税基侵蚀，尽管目前自贸区的金融业务尚未繁荣兴盛起来，但是如果目前为其设计特别的税收减免政策，会造成未来的税基侵蚀，这是我国政府高层所不愿意见到的局面。对税务当局而言，日趋复杂的税制无疑会增加征管成本。对于区内纳税人而言，会增加其遵从成本；对于区外纳税人而言，区内金融企业享受到的特别税收激励，是区外金融企业所无法受惠的，难免会有遭受税收歧视的不满情绪。

我国的政府高层似乎在尽力避免在区内施行不同于区外的特别税收激励政策。这一点，若干份政府公开的文件已经明确表明了态度。《国务院关于印发中国（上海）自由贸易试验区总体方案的通知》（国发［2013］38 号）的附件第三条第五款明确指出："此外，在符合税制改革方向和国际惯例，以及不导致利润转移和税基侵蚀的前提下，积极研究完善适应境外股权投资和离岸业务发展的税收政策。"2013 年 11 月 5 日中共中央政治局委员、上海市委书记韩正在上海自贸区管委会办公中心，接受了《人民日报》、新华社、《解放日报》、《文汇报》记者的集体采访，他就税收制度问题发表了讲话："自贸试验区建设的关键是制度创新，不是挖掘政策洼地……有远见的企业家都会注重制度的问题，当然可能也有一部分比较在乎税收，但税制是国家统一的，今后不可复制、不可推广的税制，我们在自贸试验区不能做。"

（2）实施税收激励和金融开放可能引起国际竞争对手的不同反应。税收激励可能会引发国际税收竞争，金融开放可能会引发新一轮的放松金融管制的竞赛，导致"冲到底线"（race to the bottom）的双输结局。而现今金融开放可能在其他竞争对手那里已经先行一步，我国只是追赶，未必会引发竞争对手进一步放松金融管制，即有些竞争对手一向秉承着自由放任的态度，金融市场已经开放到不存在进一步开放的空间。这时如果我国采取开放的姿态，比较大的可能是得到欢迎或容忍，未必会遭致竞争对手的报复行动或制裁。因此，金融开放作为一种税收激励的替代手段，应该受到上海自贸区的重视。

6.3.3 税收激励与金融开放的相互协调：基于英美的经验证据

我国正在努力推行人民币国际化的战略。随着我国金融当局与越来越多的国家和地区签订货币互换协议并建立起境外的人民币结算中心，与越来越多的国家约定使用人民币进行双边贸易结算，越来越多的人民币将从我国流向海外金融市场，最终以存款的形式被境外人民币持有者存放在国外的外资银行或者中资银行的海外分行，形成一种脱离中国央行（即中国人民银行）监管的离岸人民币，类似于 20 世纪五六十年代逐步形成规模的"欧洲美元"，只不过名称将来可能会被确定为"欧洲人民币"或者"离岸人民币”。在人民币国际化的伟大进程中，上海自贸区负担着重要使命，并将在其中发挥先锋的作用。

上海自贸区在金融开放和人民币国际化进程中究竟应扮演什么角色？税收政策应该如何设计才能适应金融开放的新形势？由于人民币国际化是一个全新的课题，我国的金融开放也没有现成的答案，因此，我们需要通过借鉴学习英国、美国货币当局和财政部在金融开放中推行的金融监管措施和税收政策，以期为上海自贸区正在试点的金融开放提供有益的参考依据。

1. 英国放松金融管制和给予税收激励的成功经验

英格兰银行（英国央行）对伦敦的欧洲美元市场持宽容态度。1955 年英格兰银行允许伦敦银行为非居民储户的美元存款支付利息，这个放松金融管制的政策增强了伦敦的商业银行吸收离岸美元存款的竞争力①。从这次放松金融管制的改革举措，可以看出，一个国家的金融当局发起的放松金融管制的国际竞争，其实质效果并不亚于发起降低税率的国际税收竞争。

1963 年 4 月，英国政府取消了发行以外币标价的证券的禁令。在此金融管制放松的契机下，同年 7 月欧洲美元债券市场在伦敦设立②。欧洲美元债券市场的出现，跟英格兰银行和英国政府积极支持的态度不无关系。一方面，英国政府放松对发行外币债券的管制；另一方面，英国政府对购买欧洲美元债券不课征税金，即英国的金融当局和财政部所采取的金融开放和税收激励措施是相互兼容的，这两个部门的政策协调，取得了良好的效果，表现为伦敦的欧洲美元债券市场的规模日益增长。

2. 美国加强金融监管和开征新税的做法

1944 年联合国的布雷顿森林货币和金融会议达成协议，构建了战后国际货币秩序，该秩序以固定汇率和美元与黄金挂钩为标志。由于战后各国的央行逐步储备了越来越多的美元，而美国的黄金储备保持不变，这使得美元对黄金的固定汇率越来越难以为继。美国货币当局为了维持美元的国际地位，采取了一种限制美元资本外流的立场，即采取了一种跟金融开放背道而驰的姿态，这跟前面提及的英格兰银行的态度截然相反。这种限制美元外流的背景，跟下面将提及的“均等利息税（Equalization Interest Tax）”的出台紧密相关。

在 20 世纪 60 年代，伦敦的欧洲美元债券市场对各国投资者（包括美国投资者）发行以美元标价的债券，同时，纽约的美元债券市场也同样对各国投资者发行以美元标价的债券，两者的显著差别在于，伦敦对离岸美元债券持有者并不课征债券利息税，而美国为了限制资本外流，对美国居民从美国债券市场购买外国人发行的以美元标价的债券

---

① Torsten Saadma and Roland Vaubel, “The Emergence and Innovations of the Eurodollar Money and Bond Market: The Role of Openness and Competition Between States”, P. Bernholz and R. Vaubel (eds.), Explaining Monetary and Financial Innovation, Financial and Monetary Policy Studies 39, Spinger International Publishing Switzerland 2014.

② Torsten Saadma and Roland Vaubel, “The Emergence and Innovations of the Eurodollar Money and Bond Market: The Role of Openness and Competition Between States”, P. Bernholz and R. Vaubel (eds.), Explaining Monetary and Financial Innovation, Financial and Monetary Policy Studies 39, Spinger International Publishing Switzerland 2014.

课以 10% “均等利息税”（Equalization Interest Tax），该税从 1963 年夏天开始征收，直到 1974 年才被废除，提高了外国人在纽约债券市场发行债券的成本，大大削弱了纽约债券市场对债券发行人和美国本土债券投资者的吸引力，美国的居民债券购买者宁愿将手中持有的美元到伦敦购买离岸美元债券，也不愿意到纽约购买美元债券，因为伦敦对此免税，纽约对此征税[①]。

1973 年石油危机使得美国面临石油进口所造成的贸易逆差，而同时欧佩克成员国因为石油出口的贸易顺差而持有大量闲置的“石油美元”，这部分资本进一步繁荣了欧洲美元市场，同时也激发了美国银行家在美国本土建设离岸美元市场的想法。1974 年美国尼克松政府提议建立一个“自由贸易银行区”，就是对美国银行家诉求的一个积极回应。遗憾的是，尼克松政府的这个提议被否决了。直到 1979 年，美联储才开始考虑一个叫作“国际银行设施（International Banking Facilities，以下简称 IBF）”的计划。1981 年 12 月 3 日，IBF 在纽约开始正式运行，这距离当年尼克松政府提议建立自由银行区的想法已经延迟了若干年。纽约州为了表示对 IBF 的鼓励，出台了相应的税收优惠政策[②]。美国的 IBF 实际是美国版本的对欧洲美元市场的模仿。

尽管纽约州对 IBF 的发展寄予厚望，并给予税收激励的扶持。但是，IBF 并未如所期望的那样成为伦敦的欧洲货币市场的有力竞争者。相反，它的竞争力仅局限于吸引美国牌照银行注册在加勒比地区的空壳分行重新迁回纽约以及吸引外国银行在美国的分公司。

IBF 的竞争力和吸引力有限，原因之一在于其“内外分离”的银行业务范围的限制。具体而言，在 IBF 内设立的银行只获准与美国非居民做生意，不准与美国居民做生意，任何与美国居民发生的存贷款业务都被禁止。而且，IBF 只鼓励银行间业务；如果与非银行客户发生银行交易，其交易金额必须不低于 10 万美金；禁止 IBF 内的银行发行可流通票据；对定期存款的存款最低天数也设置了门槛[③]。

简言之，纽约 IBF 的发展未能如意，主要在于金融开放的程度不足，在离岸业务方面人为设置甚多掣肘。美国银行与境外客户的许多业务未能符合 IBF 的要求，也就谈不上享受纽约州所给予的税收激励。美国 IBF 的案例，再次证明了金融业的发展离不开税收激励与金融开放的相互协调。

6.3.4 对目前上海自贸区金融开放程度的评价

目前上海自贸区金融开放的程度，可以从公布的国务院文件中得到一些初步信息。

---

① Torsten Saadma and Roland Vaubel, “The Emergence and Innovations of the Eurodollar Money and Bond Market: The Role of Openness and Competition Between States”, P. Bernholz and R. Vaubel (eds.), Explaining Monetary and Financial Innovation, Financial and Monetary Policy Studies 39, Spinger International Publishing Switzerland 2014.

② Torsten Saadma and Roland Vaubel, “The Emergence and Innovations of the Eurodollar Money and Bond Market: The Role of Openness and Competition Between States”, P. Bernholz and R. Vaubel (eds.), Explaining Monetary and Financial Innovation, Financial and Monetary Policy Studies 39, Spinger International Publishing Switzerland 2014.

③ Torsten Saadma and Roland Vaubel, “The Emergence and Innovations of the Eurodollar Money and Bond Market: The Role of Openness and Competition Between States”, P. Bernholz and R. Vaubel (eds.), Explaining Monetary and Financial Innovation, Financial and Monetary Policy Studies 39, Spinger International Publishing Switzerland 2014.

《国务院关于印发中国（上海）自由贸易试验区总体方案的通知》（国发［2013］38号，以下简称总体方案）附件第二条第（二）款明确了“扩大投资领域的开放”，“选择金融服务……领域扩大开放（具体开放清单见附件）”。金融服务领域的扩大开放措施详细见表6－11。

表6－11　　中国（上海）自由贸易试验区金融服务业的扩大开放措施

1. 银行服务（国民经济行业分类：J金融业——6620货币银行服务）	
开放措施	（1）允许符合条件的外资金融机构设立外资银行，符合条件的民营资本与外资金融机构共同设立中外合资银行。在条件具备时，适时在试验区内试点设立有限牌照银行。 （2）在完善相关管理办法、加强有效监管的前提下，允许试验区内符合条件的中资银行开办离岸业务
2. 专业健康医疗保险（国民经济行业分类：J金融业——6812健康和意外保险）	
开放措施	试点设立外资专业健康医疗保险机构
3. 融资租赁（国民经济行业分类：J金融行业——6631金融租赁服务）	
开放措施	（1）融资租赁公司在试验区内设立的单机、单船子公司不设立最低注册资本限制。 （2）允许融资租赁公司兼营与主营业务有关的商业保理业务

资料来源：引用自《国务院关于印发中国（上海）自由贸易试验区总体方案的通知》（国发［2013］38号）的附件。

上述国务院总体方案及其表格中的金融服务领域扩大开放措施是否在实践中得到即时执行？银行、保险等金融机构是否对政府扩大金融业开放的善意举动作出积极的反应呢？

上述表格所述的三个金融领域的开放措施，在颁布之后即时得到了银行、保险机构和融资租赁机构的欢迎。这从官方公布的区内新近设立的金融机构及其分支机构名单可以得到证实。比如说，2013年11月28日中央外宣办就中国（上海）自由贸易试验区运行情况举行集体采访，中共上海市委常委、上海市副市长、自贸试验区管委会主任艾宝俊对当时已经挂牌两个月的自贸区运行情况做了介绍，他提及“服务业开放势头良好。金融机构和服务业开放项目相继落户，已有银行、证券、期货、保险、基金、股权交易等40家金融机构入驻试验区，包括中、农、工、建、交等9家中资银行在区内设立分行；花旗、星展、汇丰、东亚等11家外资银行在区内设立支行。同时，……融资租赁兼商业保理等一批服务业开放项目已落地。[①]”

换言之，对于上海自贸区目前金融开放程度的评价，将主要依据表6－11列示的官方认可开放领域以及上海副市长所透露的自贸区内金融企业设立状况为基础进行评价。

《中国人民银行关于金融支持中国（上海）自由贸易试验区建设的意见》第二条第

① 转引自《中国（上海）自由贸易试验区指引》，上海交通大学出版社2014年版。初始来源：中国网，http：//www.china.com.cn/zhibo/2013－11/28/content_30735379.htm。

（四）款提出“试验区内的居民可通过设立本外币自由贸易账户（以下简称居民自由贸易账户）实行分账核算管理，开展本意见第三部分的投融资创新业务；非居民可在试验区内银行开立本外币非居民自由贸易账户（以下简称非居民自由贸易账户），按准入前国民待遇原则享受相关金融服务。

自由贸易区内的居民或非居民并不允许同上海自贸区外的中国居民自由进行资金往来，也就是说，自由贸易区内的居民或非居民并不能够自由地同区外的中国居民做生意。这可以从《中国人民银行关于金融支持中国（上海）自由贸易试验区建设的意见》第二条第（五）款的规定中得到证实：“居民自由贸易账户与境外账户、境内区外的非居民账户、非居民自由贸易账户以及其他居民自由贸易账户之间的资金可自由划转。”

尽管“上海地区金融机构可根据人民银行规定，通过设立试验区分账核算单元的方式，为符合条件的区内主体开立自由贸易账户，并提供金融服务”，也就是说，该条文并没有允许区内的金融机构为区外的中国居民自由地提供金融服务。

尽管总体方案附件第二条第（四）款提及了“深化金融领域的开放创新”的若干近期或远景目标①，但是官方目前并没有明确将这些近期或远景目标付诸计划和实施。目前真正落地的措施是表6－11所列示的银行、保险和融资租赁三个金融服务领域的扩大开放措施。

综上所述，从区内开设居民和非居民自由贸易账户的做法来看，上海自贸区目前的金融开放程度仍停留在“内外分离型”的阶段。从其远景目标来看，上海自贸区采取的是渐进的金融开放路径，区别于伦敦和香港的“内外一体型”的全面开放的金融市场。也就是说，目前上海自贸区的开放程度远远达不到伦敦和香港金融市场的程度。

20世纪80年代的纽约IBF也是处于“内外分离型”的金融开放阶段。从这个意义上而言，当时的纽约IBF跟目前的上海自贸区具有一定的可比性和可借鉴性，这也是我们特意选取美国金融开放和税收激励的历史经验证据以资借鉴的理由。80年代的纽约IBF，相比起美国银行的海外分行（例如在美国银行在伦敦的分行），纽约IBF获准从事的业务范围颇为狭窄，表6－12列示了纽约IBF与美国银行海外分行竞争力的差距。

---

① 总体方案附件第二条第（四）款第7、8项提及“深化金融领域的开放创新”的若干近期或远景目标。第7项是有关“加快金融制度创新”的内容，“在风险可控前提下，可在试验区内对人民币资本项目可兑换、金融市场利率市场化、人民币跨境使用等方面创造条件进行先行先试。在试验区内实现金融机构资产方价格实行市场化定价。探索面向国际的外汇管理改革试点，建立与自由贸易试验区相适应的外汇管理体制，全面实现贸易投资便利化。鼓励企业充分利用境内外两种资源、两个市场，实现跨境融资自由化。深化外债管理方式改革，促进跨境融资便利化。深化跨国公司总部外汇资金集中运营管理试点，促进跨国公司设立区域性或全球性资金管理中心。建立试验区金融改革创新与上海国际金融中心建设的联动机制”。总体方案附件第二条第（四）款第8项是关于“增强金融服务功能”的内容。“推动金融服务业对符合条件的民营资本和外资金融机构全面开放，支持在试验区内设立外资银行和中外合资银行。允许金融市场在试验区内建立面向国际的交易平台。逐步允许境外企业参与商品期货交易。鼓励金融市场产品创新。支持股权托管交易机构在试验区内建立综合金融服务平台。支持开展人民币跨境再保险业务，培育发展再保险市场。”

表 6-12　　IBF 与美国银行海外分行在金融开放程度上的区别

金融开放的项目	美国银行海外分行	IBF
豁免存款准备金的要求	√	√
免受利率上限的限制	√	√
免受存款保险覆盖率的限制和审查	√	√
接受美国居民的存款并为其发放贷款	√	
免受与非银行客户交易最低金额的限制	√	
发行可流通票据	√	
在二级市场购买和出售资产	√	

转引自 Torsten Saadma and Roland Vaubel，2014。表格中打上√表示适用，空白表示不适用。

将上海自贸区的金融开放程度与表 6-12 的各个金融管制放松的项目相比，我国金融当局并未明确上海自贸区内离岸银行是否可以不受存款准备金要求的约束，也未明确是否可以不受存款保险要求的约束。有理由确定的是，上海自贸区的金融当局并未准许区内银行接受区外我国居民的存款并为其发放贷款，因为这是“内外分离型”的封闭模式。上海自贸区并未有文件要求区内银行与非银行客户的交易必须不低于最低的交易金额。上海自贸区会“稳步推进利率市场化，根据相关基础条件的成熟程度，推进试验区利率市场化体系建设。完善区内居民自由贸易账户和非居民自由贸易账户本外币资金利率的市场化定价监测机制。条件成熟时，放开区内一般账户小额外币存款利率上限。”换言之，条件成熟时，上海自贸区对区内银行也是可以不设置最高利率限制的。值得庆幸的是，上海自贸区“将区内符合条件的金融机构纳入优先发行大额可转让存单的机构范围，在区内实现大额可转让存单发行的先行先试”，这似乎意味着上海自贸区内的机构是可以发行可流通票据的，并且“区内金融机构和企业可按规定进入上海地区的证券和期货交易场所进行投资和交易”，[①] 这似乎意味着上海自贸区内的银行可以进入二级市场购买和出售资产，这两项业务是上海自贸区内的金融企业获准从事的业务，而纽约的 IBF 内的金融机构并未获准从事这两项业务，这是上海自贸区银行可从事的业务范围比纽约 IBF 更宽广的地方。综上所述，现将上海自贸区的金融开放项目入表 6-13，以方便比较上海自贸区与“内外一体型”金融市场、纽约 IBF 相对比。

6.3.5　提升上海自贸区金融税制竞争力的政策建议

1. 提升上海自贸区金融税制竞争力的可行性分析

（1）增强上海自贸区在离岸金融方面税收竞争力的可行性分析。前面介绍了主要国际金融中心发展离岸金融业务的经验，总体而言，金融机构普遍欢迎的国际金融中心在税收方面应该具有以下几方面的优势：

首先，税收负担较轻。其次，税制具有可预测性。再次，税局对待金融行业纳税人

① 《中国人民银行关于金融支持中国（上海）自由贸易试验区建设的意见》，中国人民银行，2013 年 12 月 2 日。

的态度友好。最后，所签订的税收条约数量众多并且包含有设计良好的税收条款。

表 6－13 上海自贸区、IBF 与美国银行海外分行在金融开放上的区别

金融开放的项目	美国银行海外分行	IBF	上海自贸区
豁免存款准备金的要求	√	√	未明确
免受利率上限的限制	√	√	条件成熟时√
免受存款保险覆盖率的限制和审查	√	√	未明确
接受美国居民的存款并为其发放贷款	√		
免受与非银行客户交易最低金额的限制	√		√
发行可流通票据	√		√
在二级市场购买和出售资产	√		√

注：美国银行海外分行和 IBF 的资料数据转引自 Torsten Saadma and Roland Vaubel，2014，上海自贸区的资料数据来自于作者自己的整理和分析。表格中打上√表示适用，空白表示不适用。

依据上述四个衡量标准，我国上海自贸区只在一两个标准上勉强达到国际金融机构的期望。具体而言：第一，上海自贸区内金融机构的负担并不轻，因为我国目前并未制定有多少针对金融机构的税收优惠政策，即便有少许税收优惠政策，但是其优惠的慷慨程度并不能跟主要国际金融中心的税收政策相比。第二，上海自贸区在发展离岸金融业务方面还处于萌芽或初级阶段，政府期望出台相应的配套税收政策，这意味着上海自贸区税收制度的可预测性是差强人意的。第三，上海自贸区受到政府高层的高度重视和关照，在此形势下，有理由相信自贸区的税务当局是有意愿对区内的金融业纳税人采用一种友好的服务态度，所以，在这方面，姑且假设上海自贸区的得分较高。第四，我国所签订的税收条约已经有八九十条，对比起新加坡和美国的 60 多条税收条约，和英国所签订的 100 多个条约，还有香港特区签订的 20 多个条约，中国上海自贸区能享受到的税收条约网络（tax treaty network）的保护可以说是足够的。

应该说上海自贸区的离岸金融业务的税负以及税制可预测性方面得分较低。那么，随之而来的问题是降低离岸金融业务的税负是否可行，以及能否增强离岸金融税制的可预测性？增强上海自贸区离岸金融税制的可预测性，在逻辑上和在实践上都很难办到。首先，我国的离岸金融业务还处于初级阶段，相应的税制几乎是模糊甚至是空白的；其次，我国的税收立法具有先试点再推广的传统，这无疑会削弱离岸金融税制的可预测性。

（2）增强上海自贸区在境外投资方面税收竞争力的可行性分析。上海的金融服务行业和专业服务行业已经有了相当的基础，在一定程度上具备和香港、新加坡的金融行业和专业服务行业开展竞争的实力。现在上海又建立了自由贸易区。在新的机遇下，我国如何制定出一套可以跟香港特区和新加坡相媲美的税收政策，以便吸引我国企业直接在上海自由贸易区设立中间控股公司？

如果上海自贸区能够成功吸引我国企业在区内设立中间控股公司，则会给上海的金融业和律师、审计等专业服务行业创造出新的融资、结算、投资、法律、审计服务需求。从长远来看，当上海自贸区逐渐建立起适合注册中间控股公司的盛誉时，它甚至会吸引

许多外国资本前来注册中间控股公司，到了那个时候，它在吸引中间控股公司方面，将真正具备与新加坡和香港特区相竞争的能力。新加坡和香港特区之所以能够吸引我国资本或外国资本在当地注册中间控股公司，所依据的主要税收政策是较低的公司所得税、无资本利得税、无股息预扣税、无资本弱化条款以及无 CFC 条款，简言之，是实行了低税负政策和宽松的反避税措施。

上海自由贸易区仅仅是中国直辖市内的一小块封闭区域，不是像新加坡那样的主权独立的小国，也不是像香港特区那样获准实行“一国两制”的行政区域。上海自贸区如果计划在吸引中间控股公司方面跟新加坡和香港特区相竞争，首要的是通过必要的立法程序和立法授权，使其有权实行类似于新加坡和香港特区那样的税收政策，诸如较低的公司所得税、无资本利得税、无股息预扣税、无资本弱化条款以及无 CFC 条款。

在上海自由贸易区实行特殊税收政策的想法并非无先例可遵循，比如说阿联酋的迪拜，实行的就是类似于“一国两制”的法律制度。迪拜自由贸易区是世界上最大的自由贸易区，它包括超过 20 个的从事专门业务的自由区，如迪拜机场保税区、迪拜汽车区、迪拜医疗城、迪拜国际金融中心、迪拜黄金和钻石园、迪拜多种商品中心、迪拜媒体城等。以迪拜国际金融中心为例，它的面积有 110 公顷，拥有自身独立的法律框架，具体而言，它的民法和商法不同于封闭区域之外所实行的阿拉伯联合酋长国的法律体系，它的法律和法规是用英文撰写的，当文字出现歧义时，是以英文法律为准的，并且迪拜国际金融中心这个区域拥有自身的法庭，法官是从世界上领先的 COMMON LAW 国家如英国、新加坡和香港特区聘请来的。迪拜国际金融中心的独立司法体系涵盖了一系列的法律，包括公司法、商法、民法、就业法、信托法和证券法，不过，其他的法律（如刑法和移民法）则继续参照区外所普遍适用的阿拉伯联合酋长国的同类法律。迪拜自由贸易区所辖的迪拜国际金融中心对区内的三个金融监管机构（含迪拜国际金融中心局、迪拜金融服务局、迪拜国际金融中心法庭）、获准设立的任何金融和银行机构以及它们的雇员实行零税率政策，包括它们在中心之内运营所涉及的所得税，零税率政策从法律实施之日起保持 50 年不变。并且，零税率政策的适用范围还扩展到区内一方将资产转让、利润转移或者工资支付给区外任何方的情形，无论其结算所用货币是哪一个国家的货币，其生效日也是从法律实施之日起并保持 50 年不变（详见 Law No（9）of 2004 In respect of The Dubai International Financial Centre, Article 14; Law No（7）of 2011, Article 3）。

尽管我国政府高层强调不能把上海自贸区建设成“税收洼地”，但是，从政府高层讲话的出发点来看，是为了维护上海自贸区和区外的税收政策的公平性，这句讲话应该从协调国内税收利益的角度来理解。换言之，这句话并不代表着政府高层反对我国在国际竞争中维护本国公平的税收利益。目前的现实情况是，由于我国没有类似于迪拜那样的实行“一国两制”的特殊金融区域，也没有实行可以跟新加坡和香港类似的税收制度，导致本应该由上海这个国际金融中心就近获得的为中间控股公司提供金融服务、投资服务、法律服务的机会拱手出让给了新加坡和香港这两个国际金融中心，相应的税收利益和与之相对应的就业机会以及商业利益也随之拱手相让。实际上，在新加坡和香港注册的许多中间控股公司，是我国国内需要“借船出海”的企业。上海自贸区没有理由不为这些需要进行境外投资的本国企业提供服务。换言之，从国际税收公平的角度而言，上海自贸区不但没有成为税收洼地，相反，而是成了税收高地，其结果是导致我国的税收利益、商业利益和就业机会外流到新加坡。实际上，即便上海自贸区和区外企业实行完全相同的税收制度，我国需要开展境外投资的企业也同样不会选择上海自贸区或者区外作为注册中间控股公司的地点。也就是说，上海自贸区和区外企业实行完全相同的税收制度，无非是为了在税收利益的分配方面能够公平地分享各自所应分到的“蛋糕”份额。但是，如果上海自贸区和区外都无法吸引我国企业在当地设立中间控股公司，则上海自贸区和区外所共享的“蛋糕”为零，这时上海自贸区和区外再执着地坚持实行完全相同的税收制度就变得毫无意义了。因此，从逻辑上而言，我国首先要避免本国的税源外流，在此前提上，才谈得上维护区内和区外的公平税收竞争。维护本国税源，防止本国税源外流，乃是上海自贸区针对境外投资实行特殊税收政策的合理性解释。

美国和日本为了鼓励对外投资，采用了分类不分国的综合限额抵免法。我国目前采取的是分国不分项的综合限额抵免法，为了减轻境外投资的我国企业计算境外收入抵免限额时的工作量，建议我国遵循国际惯例，逐步过渡到分类不分国的综合限额抵免法。

关于是否应该与其他国家在签订税收条约时列入相互给予税收饶让抵免的条款，仍需要进一步论证。目前美国是世界第一的对外投资大国，但是美国并没有在签订税收条约时列入相互给予税收饶让抵免的条款，更没有在签订税收条约时列入由美国单方面给予税收饶让抵免的条款。日本的做法跟美国相反，以中日税收协定为例，日本单方面给予在我国投资的日本企业予以税收饶让抵免的优惠政策。鉴于税收饶让抵免并未在主要对外投资大国中达成共识，并且给予境外投资企业的外国所得予以税收饶让抵免会直接影响到我国的税收收入，有可能造成税收收入的流失，所以目前在税收条约修订时对是否列入税收饶让抵免的条款的问题仍需要持谨慎的态度，需要模拟测算比较采用税收饶让抵免前后我国所获取的税收收入的差异。唯有取得可靠的模拟测算税收收入数据之后，才能够判断是否应该引进税收饶让抵免条款。

2. 提升上海自贸区金融税制竞争力的政策建议

（1）瞄准“四维优势”，探索金融税制创新。所谓“四维优势”，是指税负较轻、税制完备、规则明晰、服务一流。根据 Charles River Associates 在 2010 年对国际金融机构的问卷访谈，[①] 金融机构普遍欢迎的国际金融中心在税收方面依次具有以下优势：税收负担较轻、税制具有可预测性、所签订的税收条约数量众多并且包含有设计良好的税收条款、税务机关服务态度友好。

按照我国现行金融税制，比照上述“四维优势”，上海自贸区至少在税收负担、税制完备、规则明晰等方面不能为国际金融机构所青睐，这也标志出了上海自贸区金融税制创新必须努力的方向。

（2）构建公平、合理、确定的金融税制。我国目前金融税制存在的主要问题是税负

---

① Charles River Associates International, Taxation of the Financial Services Sector in the UK, prepared for the City of London Corporation by , published in October 2010.

偏重，税收重复征税，税收歧视以及税制建设滞后（含无法可依以及税制不合时宜）。为解决这些问题，需要构建公平、合理和确定的金融税制。这里的公平涵盖消除重复征税和税收歧视；合理指的是税负水平合理，税制建设与时俱进；确定指的是有法可依，税制的改革方向可预测。具体的改革措施应聚焦于现行税制存在的主要问题，特别是上海自贸区对金融业需创新发展的几个领域。

例如，积极探索“分项不分国”综合限额抵免法。为了减轻境外投资的我国企业计算境外收入抵免限额时的工作量，结合国际经验、现实国情和实施“走出去”战略，可以考虑借鉴美国和日本等国家的“分项不分国”综合限额抵免法，这也可以降低征管难度，提高效率。此外，为了防止税收流失，可以对某些低税率的大宗收入项目，例如，实行13%增值税低税率的大宗农副产品，实施专门的限额抵免法。又如，谨慎对待境外投资所得的税收饶让抵免。鉴于税收饶让抵免并未在主要对外投资大国中达成一致共识，并且给予境外投资企业的外国所得予以税收饶让抵免会直接影响到我国的税收收入，有可能造成我国税收收入的流失。所以，在税收条约修订时，我国对是否列入税收饶让抵免条款的问题仍需谨慎，需要模拟测算比较采用税收饶让抵免前后我国所获取的税收收入的差异。唯有取得可靠的模拟测算税收收入数据之后，才能够判断是否应该引进税收饶让抵免条款。

（3）打造富有国际竞争力的金融税制——自贸区的税收政策应与金融开放相兼容。前面分析的英国和美国金融革新的历史经验证据已经证明了税收激励与金融开放相兼容的重要性。从区内开设居民和非居民自由贸易账户的做法来看，上海自贸区采取的是“内外分离型”的渐进金融开放路径，上海自贸区目前以及为将来所许诺的开放程度略微高于20世纪80年代的纽约IBF，但远远不及“内外一体型”的伦敦或香港。纽约IBF金融开放程度不够导致纽约州税收激励的政策打了不少的折扣。这是上海自贸区特别需要引以为戒的。上海自贸区不能建设成国内“税收洼地”，但同时也不能成为国际“税收高地”。比较国外自贸区的建设，由于我国内地既没有实行类似于迪拜“一国两制”的特殊金融税制，也没有实行如新加坡和香港特区的低税负政策和宽松的反避税措施。因此，在现行金融税制下，上海自贸区实际上成了国际“税收高地”。

从逻辑上讲，我国首先要避免本国的税源外流，在此前提下，才谈得上维护区内和区外的税收公平竞争。为避免税源外流，必须打造富有国际竞争力的金融税制。可以说，维护本国税源，防止本国税源外流，不仅是上海自贸区针对境外投资实行特殊税收政策的合理性解释，也是扭转上海自贸区现行税制下国际“税收高地”不利局面的政策起点。

例如，对境外开放的国内人民币债券市场应具备国际税收竞争力。上海打算允许非居民到上海发行人民币债券。这一点，可以从中国证监会的一份官方文件中得到证实。《中国证监会支持促进中国（上海）自由贸易试验区若干政策措施》的第三条规定：“区内企业的境外母公司可按规定在境内市场发行人民币债券。根据市场需要，探索在区内开展国际金融资产交易等。”考虑到我国已经并将继续在海外设立人民币结算中心（目前已经将伦敦、香港作为境外的人民币结算中心），在不远的将来，或许会出现境外的离岸人民币货币市场和离岸人民币债券市场，即将来外国债券发行人可能会在伦敦发行以人民币标价的债券，这时，上海的面向境外发行者的债券市场将会与伦敦、香港等地的境外离岸人民币债券市场产生竞争。为了在未来的竞争中取胜，上海的债券投资者的投资回报率须不低于境外离岸市场的债券投资者投资回报率。假定不考虑违约的可能性，债券的投资回报率主要受到两方面因素的制约：一是债券的利息率；二是发行地政府对债券持有者的利息收入所课征的利息税率（也有的国家称之为利息预扣税）。在金融自由化的背景下，国内闲置资金和国外闲置资金是可以自由流动的，如果上海面向境外募集者发行的人民币债券需要对持有者课征利息税（或其他名目的税收），而伦敦、香港等地的离岸人民币债券市场对债券持有者不课征同类的利息税，那么，很显然，将来上海面向境外发行者的人民币债券市场将不再具有国际竞争力。

参考文献

[1] Alles M.: "WillXBRL improve corporate governance?: A framework for enhancing governance decision making using interactive data", *International Journal of Accounting Information Systems*, 2012, 13.

[2] Ashcraft A.: "New evidence on the lending channel", *Journal of Money, Credit and Banking*, 2006, 38.

[3] Bank of America Merrill Lynch: "The secrets of arbitrage and China's inflated trade data", 2013, 5.

[4] Barry Eichengreen: "What to Do with the Chiang Mai Initiative", *AEP conference paper*, 2002.

[5] Bartley, Chen and Taylor: "Avoiding Common Errors of XBRL Implementation", *Journal of Accountancy*, 2010, 2.

[6] Battaglia F., A. Gallo: "Securitization and systemic risk: An empirical investigation on Italian banks over the financial crisis", *International Review of Financial Analysis*, 2013, 30.

[7] Berger N., C. Hunter, S. Timme: "The efficiency of financial institutions: A review and preview of research past, present and future", *Journal of Banking and Finance*, 1993, 17.

[8] BIS: "Innovation in credit risk transfer: Implications for financial stability", *BIS Working Paper*, 2008.

[9] Blanco L., C. Rogers: "Do tax havens really flourish? Accounting for endogeneity in growth regressions", *Pepperdine university school of public policy working papers*, 2011.

[10] Bonson E, Cortijo V, Escobar T, etc.: "Implementing XBRL Successfully by Mandate and Voluntarily", Online, 2009, 33.

[11] Boritz J. E and No W. G.: "Assurance on XBRL—Related Document: the case of United Technologies Corporation", *Journal of information systems*, 2009.

[12] Bovee M, Kogan A, Nelson K, etc.: "Financial Reporting and Auditing Agent with Net Knowledge (FRAANK) and extensible Business Reporting Language (XBRL)", *Journal of Information Systems*, 2005, 19.

[13] Butkiewicz J., Gordon L.: "The economic growth effect of offshore banking in host territories: Evidence from the Caribbean", *World Development*, 2013, 44.

[14] Charles River Associates International: "Taxation of the Financial Services Sector in the UK", prepared for the City of London Corporation, 2010.

[15] Cobb S.: "Global financial information, compliance incentives and terrorist funding", *European Journal of Political Economy*, 2004, 20.

[16] Dario F. Robertson: "Japanese Offshore Banking: Toward A World Financial Center In Tokyo", *The Fletcher Forum*, 1984.

[17] Debreceny R, Farewell S.: "Adios! Airways: An Assignment on Mapping Financial Statements to the U. S. GAAP XBRL Taxonomy", *Issues in Accounting Education – Teaching Notes*, 2010, 25.

[18] Debreceny R., Farewell S, Piechocki M, etc.: "Does it add up? Early evidence on the data quality of XBRL filings to the SEC", *Journal of Accounting and Public Policy*, 2010, 29.

[19] Debreceny R, Gray G L, Rahman A.: "The determinants of Internet financial reporting", *Journal of Accounting and Public Policy*, 2002, 21.

[20] Diamond D., P. Dybvig: "Bank runs, deposit insurance, and liquidity", *Journal of Political Economy*, 1983, 91.

[21] Dornbusch, R. and Park: "Flexibility or Nominal Anchors?" *Exchange Rate Policies in Emerging Asian Countries*, 1999.

[22] Elliott R K.: "Twenty – first century assurance", *Auditing – a Journal of Practice & Theory*, 2002, 21.

[23] Ellul A., N. Yerramilli: "Stronger risk controls, lower risk: Evidence from U. S. bank holding companies", *NBER Working Paper*, 2010.

[24] Fang L., L. Min: "An integrated performance evaluation of financial holding companies in Taiwan", *European Journal of Operational Research*, 2009, 198.

[25] Gary Gorton: "Slapped in the Face by the Invisible Hand: Banking and the Panic of 2007", *Oxford University Press*, 2009.

[26] Girardone C, B. Casu: "Financial conglomerate: efficiency, productivity and strategic drive", *SSRN Working Paper*, 2004.

[27] Global Financial Integrity 年度报告。

[28] Goldman Sachs: "Copper curve ball——Chinese financing deals likely to end", 2013.

[29] Hines J.: "Do tax havens flourish?", *Tax Policy and the Economy*, 2005, 19.

[30] Houston J, J. Christopher, D. Marcus: "Capital market frictions and the role of internal capital markets in banking", *Journal of Financial Economics*, 1997, 46.

[31] IMF: "Containing systemic risks and restoring financial soundness", *Global Financial Stability Report*, 2008.

[32] Keeton W.: "Bank holding companies, cross – bank guarantees and source of

strength", *Economic Review*, 1990, 75.

[33] Kerrie Sadiq, Bring OBUs Onshore: "Assessing the Concessions", *Journal of Australian Taxation*, 1998.

[34] Kwan S., E. Laderman: "On the portfolio effects of financial convergence: A review of the literatures", *Economic Review*, 1999, 2.

[35] Law No (9) of 2004 In respect of The Dubai International Financial Centre.

[36] Longbrake W.: "Financial management of banks and bank holding companies", *Financial Management*, 1973, 3.

[37] Masciandaro D.: "Offshore financial centres: explaining the regulation", *SSRN Working Paper*, 2006.

[38] McKinnon, R.: "The East Asian Exchange Rate Dilemma and the World Dollar Standard", *ADB*, 2001, 2.

[39] Oordt M.: "Securitization and the dark side of diversification", *Journal of Financial Intermediation*, 2013.

[40] Paige F., D. Fraser, J. Kolari: "Bidder returns in bancassurance mergers: Is there evidence of synergy?", *Journal of Banking& Finance*, 2007, 31.

[41] Paul McCulley: "The Shadow Banking System and Hyman Minsky' s Economic Journey", *Economic Theory and Philosophy*, 2009.

[42] Pinsker R., Li S.: "Costs and benefits of XBRL adoption: Early evidence", *Communications of the Acm*, 2008, 51.

[43] Plumlee R. D and Plumlee. M. A.: "Assurance on XBRL for Financial Reporting", *Accounting Horizons*, 2008, 3.

[44] Pozsar Zoltan., Adrian Tobias., Ashcraft Adam., Boesky Hayley.: "Shadow Banking", *Federal Reserve Bank of New York Staff Reports*, 2010.

[45] R. Flood, M. Mussia: "Issues Concerning Nominal Anchor for Monetary Policy", *NBER Working Paper No.* 4850, 1994.

[46] Rajendra P. Srivastava and Alexander Kogan: "Assurance on XBRL Instance Document: A Conceptual Framework of Assertions", *International Journal of Accounting Information Systems*, 2010, 11.

[47] Robert A. Mundell: "A Theory of Optimum Currency Areas", *American Economic Review*, 1961, 51.

[48] Ronald I. Mckinnon: "Optimum Currency Areas", *American Economic Review*, 1963, 53.

[49] Roohani S F Y, Koizumi M.: "XBRL: Improving transparency and monitoring functions of corporate governance", *International Journal of Disclosure and Governance*, 2009, 6.

[50] Rose A., M. Spiegel, "Offshore flnancial centers: Parasites or symbionts?", *Economic Journal*, 2007, 117.

[51] Roubini, N.: "The Rising Risk of a Systemic Financial Meltdown: The Twelve Steps to Financial Disaster", http://www. rgemonitor. com, 2009 - 07 - 05.

[52] Schmid M., I. Walter: "Do financial conglomerates create or destroy economic value?", *Journal of Financial Intermediation*, 2009, 18.

[53] FSB: "Shadow Banking: Scoping the Issue: A Background Note of the Financial Stability Board", 2011 - 04 - 12.

[54] Steenkamp L P, Nel G F: "The adoption of XBRL in South Africa: an empirical study", *Electronic Library*, 2012, 30.

[55] Thomas C.: "Governing the financial or bank holding company: how legal infrastructure can facilitate consolidated risk management", *Federal Reserve Bank of New York*, 2003, 9.

[56] Spies M.: "An ontology modeling perspective on business reporting", *Information Systems*, 2010, 35.

[57] Tucker P.: "Shadow Banking, Financing Markets and Financial Stability", *London: Remarks to BGC Partners Seminar*, 2010.

[58] Vander Vennet R.: "Cost and profit efficiency of financial conglomerates and universal banks in Europe", *Journal of Money, Credit and Banking*, 2002, 34.

[59] Watson L A.: "Sorry wrong number - Study finds financial results of 209 listed Indian companies dont add up", *International Journalof Disclosure & Governance*, 2009, 6.

[60] Williams S P, Scifleet P A, Hardy C A.: "Online business reporting: An information management perspective", *International Journal of Information Management*, 2006, 26.

[61] Williamson, O.: "The Case for a Common Basket Peg for East Asian Currencies", In S. Collignon, J. Pisani—Ferry, and Y. C. Park, eds., Exchange Rate Policies in Emerging Asian Countries, 1999.

[62] Yoon H, Zo H, Ciganek A P.: "Does XBRL adoption reduce information asymmetry?", *Journal of Business Research*, 2011, 64.

[63] 陈雨露、马勇："混业经营与金融体系稳定性：基于银行危机的全球实证分析"，《经济理论与经济管理》2008 年第 3 期。

[64] 郭云钊、胡传雨："离岸金融业务对经济发展的影响研究——基于香港地区的实证检验"，《中央财经大学学报》2013 年第 3 期。

[65] 许明朝、高中良："论中国离岸金融模式的选择"，《国际金融研究》2007 年第 12 期。

[66] 余永定："从当前的人民币汇率波动看人民币国际化"，《国际经济评论》2012 年第 1 期。

[67] 张谊浩、裴平、沈晓华："香港离岸金融发展对大陆金融深化的效应——基于离岸金融中心的实证研究"，《国际金融研究》2009 年第 6 期。

[68] 刘晨阳、田华："避税港型离岸金融中心对我国跨境资本流动的影响及监管建议"，《财政研究》2011 年第 9 期。

［69］孟浩：“离岸市场对货币主权国金融市场的影响分析——基于亚洲美元市场的实证研究”，《区域金融研究》2011 年第 3 期。

［70］张瑞军、孟浩：“香港人民币离岸市场对内地金融市场风险的度量与预测研究”，《区域金融研究》2012 年第 4 期。

［71］周天芸、余洁宜：“信用风险转移与中国商业银行的系统性风险”，《金融论坛》2012 年第 8 期。

［72］曾之明、岳意定：“人民币离岸金融中心发展模式及策略选择”，《中南财经政法大学学报》2010 年第 1 期。

［73］张明、何帆：“人民币国际化进程中在岸离岸套利现象研究”，《国际金融研究》2012 年第 10 期。

［74］赵磊：“对美国次贷危机根源的反思”，《经济学动态》2008 年第 11 期。

［75］范阳，陈卫星：“澳大利亚资产证券化市场的发展及对中国的启示”，《国际金融研究》2007 年第 2 期。

［76］潘江涛：“离岸人民币资产证券化及其法律问题”，《证券市场导报》2013 第 7 期。

［77］何小锋、来有为：“中国离岸资产证券化的实践探索”，《世界经济》2000 年第 9 期。

［78］王敏：“资产证券化市场的国际监管改革与未来发展”，《金融监管》2011 年第 3 期。

［79］陈辉：“地方政府融资平台跨境资产证券化探讨”，《福建金融》2013 年第 6 期。

［80］王斌：“对我国资产证券化中 SPV 税收制度的探讨”，《涉外税务》2010 年第 8 期。

［81］马力、许源：“中国资产证券化之路：现状和前瞻”，《穆迪评级研究报告》2007 年。

［82］巴曙松、牛播坤：“利率市场化与资产证券化兴起：来自美国经验的启示”，《湖北经济学院学报》2013 年第 5 期。

［83］韩鑫韬、葛志苏、孔文佳：“韩国信贷资产证券化的发展经验及启示”，《武汉金融》2013 年第 8 期。

［84］赵旭：“日韩资产证券化发展的经济与借鉴”，《亚太经济》2010 年第 4 期。

［85］郑睿：“澳大利亚金融监管协调机制研究”，《吉林工程技术师范学院学报》2013 年第 11 期。

［86］唐宏飞：“国际金融监管协调机制的比较研究与启示”，《区域金融研究》2014 年第 3 期。

［87］吴超、李西江：“宏观审慎监管框架下金融监管协调问题研究”，《华北金融》2012 年第 8 期。

［88］陈立：“金融监管协调的国际做法和经验”，《金融发展评论》2010 年第 7 期。

[89] 陈宜民：“交叉性金融风险的合力监测：枣庄案例”，《金融发展研究》2009年第2期。

[90] 何帆：“危机之后的亚洲货币合作”，《国际经济评论》2001年1—2。

[91] 兰德尔·亨宁：门小军译，“清迈倡议的未来：亚洲货币基金组织”（上、下），《国外社会科学文摘》2009年第7期。

[92] 李成、王建军：“国际金融危机：直向性传染到交叉性传染的动态效应分析”，《财经科学》2009年第6期。

[93] 刘涛：“后金融危机时代的东亚货币金融合作反思”，《国际问题论坛》2008年第8期。

[94] 中国人民银行调查统计司课题组：“我国资本账户开放的条件基本成熟”，《中国金融》2012年第4期。

[95] 中国人民银行调查统计司课题组：“协调推进利率、汇率改革与资本账户开放”，《中国金融》2012年第9期。

[96] 人民银行天津分行金融稳定处课题组：“天津市银行业跨市场交叉性金融业务研究”，《华北金融》2008年第3期。

[97] 中国人民银行枣庄市中心支行课题组：“场交叉性金融工具运作模式及风险控制”，《济南金融》2008年第5期。

[98] 盛文军：“交叉性金融工具发展和风险防范”，《河北金融》2006年第3期。

[99] 王春峰：《金融市场风险管理》，天津大学出版社2001年版。

[100] 王海龙：“跨行业交叉性金融工具的监管缺陷及其改进”，《上海金融》2006年第3期。

[101] 王鹤立：“我国金融混业经营前景研究”，《金融研究》2008年第9期。

[102] 吴晓灵：“东亚金融合作：成因、进展及发展方向”，《国际金融研究》2007年第8期。

[103] 余永定、何帆、李婧：《亚洲金融合作：背景、最新进展与发展前景》，工作论文No.08，中国社会科学院国际金融研究中心2001年。

[104] 张斌、何帆：“亚洲货币单位对东亚货币合作和人民币汇率改革的影响”，《管理世界》2006年第4期。

[105] 张宇燕、张静春：“货币的性质与人民币的未来选择——兼论亚洲货币合作”，《当代亚太》2008年第2期。

[106] 张蕴岭：“区域合作的政治经济学”，《世界经济与政治》2004年第6期。

[107] 赵锡军、李悦、魏广远：“亚洲货币合作：理论与可行性研究”，《中国人民大学学报》2007年第5期。

[108] 钟伟、张明：“全球金融稳定性三岛和亚元的未来”，《经济研究资料》2001年第6期。

[109] 周伟忠、谢斌：“现阶段我国跨行业交叉性金融工具的监管”，《上海金融》2004年第8期。

[110] 宋文兵:《国际短期资本的流动机制》，复旦大学出版社2000年版。

[111] 田宝良:《国际资本流动——分析、比较与监管》，中国金融出版社2003年版。

[112] 李翀:《短期资本流动的成因: 效应与风险》，人民出版社2004年版。

[113] 冯国钊、刘遵义:“对美中贸易平衡的新估算”,《国际经济评论》1999年第5期。

[114] 李治刚:《国际短期资本流动及其监管研究》，西南财经大学2008年。

[115] 李东平:“近年中国贸易顺差虚假程度及其对货币政策的影响简析”,《国际经济评论》2008年第5期。

[116] 牛晓健、钱科:“非正常国际资本流动的测算: 比较与评论”,《经济问题探索》2010年第4期。

[117] 权莹、聂世扬、宋会丽:“加工贸易项下异常资金流入有关问题探讨”,《华北金融》2011年第7期。

[118] 陈俊、汪晓勤:“中国贸易项目下资本流动规模估算研究”,《贵州财经大学学报》2013年第4期。

[119] 外汇局福建省分局国际收支处课题组:“被‘嫁接’的跨境人民币与贸易融资”,《外汇管理》2013年第7期。

[120] “‘保税区一日游’猫腻: 一笔货‘进出口’80次”,《Vista看天下》2013年第13期。

[121] “融资铜虚惊一场，高盛猜对开头猜错结尾”,《证券时报网》2013年6月18日。

[122] 刘玉廷:“推广应用XBRL推进会计信息化建设”,《会计研究》2010年第11期。

[123] 赵现明、张天西:“基于XBRL标准的年报信息含量研究”,《经济与管理研究》2010年第2期。

[124] 应唯、王丁、黄敏、王颖:“XBRL财务报告分类标准的架构模型研究”,《会计研究》2013年第8期。

[125] 查尔斯·霍夫曼: 财政部会计准则委员会组织翻译,《XBRL在财务报告中的应用(IFRS和US GAAP版)》，中国财政经济出版社2008年版。

[126] 中华人民共和国财政部:《企业会计准则通用分类标准》，中国财政经济出版社2010年版。

[127] 《中华人民共和国国家标准(GB/T 25500. 1—2010) 可扩展商业报告语言(XBRL) 技术规范第1部分: 基础》，中国标准出版社2010年版。

[128] 高锦萍、付景林:“基于XBRL的纳税呈报研究”,《税务研究》2010年第9期。

[129] 林琳、潘琰:“XBRL鉴证业务理论基础建构”,《当代财经》2011第8期。

[130] 李争争、张天西、赵现明、吴忠生:“XBRL信息披露质量研究综述”,《科技

管理研究》2013年第10期。

[131] 高锦萍："信息技术视角的审计研究成果综述"，《当代财经》2010年第6期。

[132] 肖蕊、谭雅静："我国资本市场XBRL数据应用框架研究"，《证券市场导报》2010年第10期。

[133] 聂萍、周戴："基于XBRL环境网络财务报告网页呈现质量实证研究"，《会计研究》2011年第4期。

[134] 史永、张龙平："XBRL财务报告对分析师预测的影响研究"，《宏观经济研究》2014年第6期。

[135] 丁剑平、赵晓菊："自贸区金融开放与改革的理论构思——基于要素流动速度不对称视角"，《学术月刊》2014年第46期。

[136] 向松祚："中国经济三大失衡"，《新财经》2013年第6期。

[137] 贾玥、李克强："金融改革决心坚定 利率市场化继续推进"，人民网2013年9月10日。

[138] 仰炬、唐莹："中国（上海）自由贸易试验区金融创新研究"，《国际商务研究》2014年第5期。

[139] 青云："上海自贸区的基础与发展方向"，《国企》2013年第9期。

[140] 王道军："上海自贸区建立的基础与制度创新"，《开放导报》2013年第5期。

[141] 陈时兴："民间融资的风险成因与制度规范——以温州金融综合改革试验区为例"，《国家行政学院学报》2012年第5期。

[142] 林小文："浅谈温州金融综合改革试验区的发展前景"，《对外经贸》2012年第11期。

[143] 中国建设银行温州分行课题组："银行业对接温州市金融综合改革试验区策略浅探"，《浙江金融》2012年第5期。

[144] 郭俊野："温州：借贷危机后的变革征程"，《新产经》2014年第4期。

[145] 张雪春："从温州金改看我国未来金融改革的方向"，《黑龙江金融》2014年第1期。

[146] 张萌："珠三角、长三角及环渤海地区金融发展比较研究"，《中国证券期货》2012年第11期。

[147] 颜昌武："珠三角金融改革试验"，《决策》2012年第8期。

[148] 游建雄："美国次贷危机对珠三角企业的影响及对策"，《武汉职业技术学院学报》2011年第10期。

[149] 姚月清："剖析泉州金融改革——动因、现状与方向"，《湖北科技学院学报》2014年第34期。

[150] 吴国培："泉州金融综合改革的探索"，《中国金融》2013年第3期。

[151] 贺海峰："泉州'金改'：地方金融与实体经济的'新舞步'"，《发展》2014年第1期。

[152] 江涛、范起兴："泉州金融服务实体经济综合改革试验若干问题的探讨"，《福

建金融》2013 年第 4 期。

[153] 郑良芳："推进金融综合改革试验区的成效、难点与建议"，《武汉金融》2013 年第 12 期。

[154] 牟怡楠："云南省区域金融中心建设研究"，《哈尔滨金融学院学报》2014 年第 3 期。

[155]《时代金融》编辑部："云南沿边金融综合改革试验区起航"，《时代金融》2014 年第 1 期。

[156] 潘旭涛、杨瑶："青岛获批财富管理金融综合改革试验区"，《人民日报海外版》2014 年 2 月 20 日。

[157] 袁诚、张晨曲、刘姗："青岛：财富管理主打普惠金融"，《新金融观察》2014 年 3 月 3 日。

[158] 赵东："中国（上海）自由贸易试验区金融创新研究"，《吉林金融研究》2014 年第 1 期。

[159] 傅军："探索财富管理新路，青岛将建五大中心"，《青岛日报》2014 年 2 月 18 日。

[160] 王涛："上海自贸区金融开放创新显现三大进展"，《中国信息报》2014 年 4 月 9 日。

[161] 胥会云："上海自贸区金改：扩大成果更有意义"，《第一财经日报》2014 年 6 月 4 日。

[162] 张新："上海自贸区金融改革扎实顺利推进"，《金融时报》2014 年 3 月 8 日。

[163] 沈杭："温州'金改'两周年：'四大体系'建设成效显著"，《金融时报》2014 年 3 月 29 日。

[164] 谭浩俊："温州金改关键在于惠及企业民众"，《中华工商时报》2014 年 2 月 17 日。

[165] 郭安丽："珠三角金改实施一周年，广东再推试验区建设"，《中国联合商报》2013 年 7 月 1 日。

[166] 朱文彬："'补短板''扩开放'双管齐下，广东金改再出发"，《上海证券报》2014 年 6 月 5 日。

[167] 李丹丹、屠光绍："上海自贸区金改有四大环节"，《上海证券报》2013 年 12 月 28 日。

[168] 约翰·赫尔著：王勇、索吾林译，《期权、期货及其他衍生产品（第 8 版）》，机械工业出版社 2012 年版。

[169] 李豫："借鉴新加坡经验，尽快将上海建成国际金融中心"，《金融研究》2001 年第 8 期。

[170]《中国（上海）自由贸易试验区指引》，上海交通大学出版社 2014 年版。

[171] 张晓冬："深圳，一个离岸金融特区的设想"，《中国城市经济》2008 年第 2 期。

［172］刘振芳："东京离岸金融市场"，《上海经济研究》1997 年第 5 期。

［173］张亚欣："新加坡政府推动型金融中心形成的关键因素及启示"，《经济纵横》2007 年第 1 期。

［174］邓之驹："离岸金融业务与税收问题"，《涉外税务》1990 年第 3 期。

［175］杨月芳："加勒比国际金融中心的特点及其与美国金融中心的抗衡"，《外国经济与管理》1988 年第 12 期。

［176］闫云凤、杨来科："国际金融中心建设中的财税政策：纽约的启示"，《上海金融》2009 年第 2 期。

［177］丁岩："海外扩张样本：日本与德国"，《21 世纪经济报道》2010 年 1 月 13 日。

［178］寇彬、梁旭："日本境外投资保障机制的启示"，《金融时报》2013 年 9 月 16 日。

［179］叶笑中："香港与新加坡税收优惠政策比较"，《涉外税务》1992 年第 4 期。

［180］《完善我国境外投资的税收激励政策》，中华人民共和国财政部网站 2014 年 6 月 6 日。

［181］李丰："我国离岸银行业务税收制度的法律缺陷及弥补"，《涉外税务》2003 年第 11 期。

［182］朱焱："银行离岸业务亟需'靠岸'——对于银行离岸业务的几点思考"，《国际金融》2011 年第 7 期。

后　记

本书是上海金融学院国购·自贸区金融研究院在关注中国（上海）自由贸易试验区建设发展过程中对自贸区金融改革与创新内容开展项目研究而遴选出来的部分成果。立项项目的选题来自上海市人民政府发展研究中心、自贸试验区管委会等单位，为期一年的过程中经历了公开招标、跟踪辅导、中期检查和结项汇报等流程，各项目负责人再根据专家建议反复修改中期和结项报告，提炼后的成果交由研究院汇编出版。

本书分为上下两篇：上篇——发展中的自贸区金融市场体系建设，包括三章；下篇——发展中的自贸区金融制度创新，亦包括三章。两篇的逻辑关系在于：金融市场体系建设关乎自贸区金融改革的根本，配套的制度创新也需亦步亦趋才能相互促进、良性互动、整体推进、重点突破，形成改革的强大合力。

第 1 章由同济大学闻岳春教授负责的课题“交叉性金融业务与产品开放的跨关、跨区、跨市场风险研究”编辑而成，课题组成员为：程天笑、付一书。

第 2 章由中国人民银行朱微亮副研究员负责的课题“自贸区交叉性金融业务跨关、跨区、跨市场研究”编辑而成，课题组成员为：殷林森、聂峰、张伟华、朱金秀、刘晓明。

第 3 章由海关总署研究中心周维颖研究员负责的课题“贸易项下国际短期资本流动及跨境套利贸易风险治理研究”编辑而成，课题组成员为：张文、田仲他、王桂梅、岳绍冬、赵文兴、王翀、李忠民。

第 4 章由上海金融学院马颖教授负责的课题“XBRL——可扩展商业报告语言在自贸区的应用研究”编辑而成，课题组成员为：徐海洲、刘文国、王丹、任海峙、张周、孙峥嵘、梁兴丽、方浩然。

第 5 章由上海金融学院张毅强副教授负责的课题“自贸区金融改革创新与金融综合改革试验区建设的共性与个性比较研究”编辑而成，课题组成员为：刘光溪、胡列曲、张学森、张震宇。

第 6 章由上海金融学院章辉教授负责的课题“中国（上海）自贸区金融税收政策研究”编辑而成，课题组成员为：彭海艳、谭郁森、唐善永。

国购·自贸区金融研究院王莹、殷林森、武望舒对全书的结构框架进行了设计编排，对部分章节进行了适当调整，对部分文字内容进行了修正。

全书的完成得到了上海金融学院校长王洪卫、副校长吴大器的大力支持与悉心点拨；

中国（上海）自由贸易试验区管委会及相关部门给予了调研支持；上海市人民政府发展研究中心提出了修改建议；中国财政经济出版社赵力老师、吕小军老师进行了细致的编辑出版工作，在此一并致谢！

自贸金融创新与改革的研究尚是新生事物，我们期待每位读者的真知灼见和慧语箴言，从而让此项研究更深入、更持久。

上海金融学院

国购·自贸区金融研究院

2015 年 1 月